U0593529

现代工商管理经典教材

Organizational Behavior

组织行为学

影响力的形成与发挥

黄贺 ‖ 著

经济管理出版社

ECONOMY & MANAGEMENT PUBLISHING HOUSE

本书中文简体版由前程文化事业有限公司授权经济管理出版社独家出版发行。未经书面许可，不得以任何方式复制或抄袭本书内容。

图书在版编目（CIP）数据

组织行为学——影响力的形成与发挥/黄贺著. —北京：经济管理出版社，2014.7

ISBN 978 - 7 - 5096 - 3128 - 7

Ⅰ.①组…　Ⅱ.①黄…　Ⅲ.①组织行为学　Ⅳ.①C936

中国版本图书馆 CIP 数据核字（2014）第 109008 号

组稿编辑：陈　力
责任编辑：杨国强
责任印制：黄章平
责任校对：雨　千

出版发行：经济管理出版社
　　　　　（北京市海淀区北蜂窝 8 号中雅大厦 A 座 11 层 100038）
网　　址：www. E - mp. com. cn
电　　话：（010）51915602
印　　刷：北京银祥印刷厂
经　　销：新华书店
开　　本：787mm × 1092mm/16
印　　张：25
字　　数：423 千字
版　　次：2015 年 6 月第 1 版　　　2015 年 6 月第 1 次印刷
书　　号：ISBN 978 - 7 - 5096 - 3128 - 7
定　　价：69.00 元

· 版权所有　翻印必究 ·

凡购本社图书，如有印装错误，由本社读者服务部负责调换。

联系地址：北京阜外月坛北小街 2 号

电话：（010）68022974　　邮编：100836

推荐序

组织行为学在管理上的应用和意义

一种"实然性"和"应然性"的学科

组织行为是人们在组织系统中的行为。传统上，人们假定个人这种行为是组织特性下的产物；但在今天，组织却必须配合成员——尤其所谓的"知识工作者"——使他们能自主发挥其知识与创意。即使在这种组织和个人主客易位的情境下，组织除了具有支持人员的运作与发挥的功能外，尚可经由愿景与文化的塑造，使个人的努力与群体的合作以有效达成组织的目标。

人们针对上述意义下的组织行为进行有系统的研究结果，逐渐形成一种学术领域（disciplining field）成为"组织行为学"。基本上，这种研究所采立场是属于"实然性"（positive）的。同时，也如本书中所称，这一学科就所关心的议题整合了各类社会学科的知识和观念，逐渐发展成为本身的一个知识体系。

但是，这一学科本身又构成另一应用领域的上游知识来源。这一应用领域称为"管理"或"管理学"，这就是根据"组织行为学"所发展的观念或理论，用于管理实务上以增进管理绩效。在这层次上，组织行为学又表现有其"应然的"（normative）的成分。

对于商、管学院的学生，尤其是 MBA 学生而言，学习"组织行为"主要是基于上述实务目的。换言之，就是希望将这门学科中所获得的知识应用到"群策群力以竟事功"的管理绩效上。

1

提供管理一个真实的内涵和观点

将组织行为知识应用于管理上，代表人们对管理这一组织功能性质的一大转变。在早期科学管理运动下，人们几乎不认为人有自主意识和行为倾向的，在组织——主要在工厂内，人员的行为是依照组织规定的分工范围、标准化程序和工作方法行动，犹如机械中的零组件；甚至到今天，还有许多人将组织中的个人比拟为机器中的螺丝钉。也许唯一一项不同的，就是人要靠经济动机方面的激励。其实，这类激励也未尝不可视为使机器顺利运转的润滑油！

探究组织行为在管理上受到的重视，其起源一般可溯及一些社会心理学家的努力与贡献。其中最为著名的是始于 1924 年且历时达 10 年的霍桑研究（the Hawthorne studies）。在这长期一连串的实验中，学者发现，在组织中，人们的行为并非全然取决于经济或技术条件，而深深受到个人情绪、群体力量以及种种非正式因素的影响。这方面的研究发现，开启了管理学派中的行为学派，或是说为管理提供一种行为的观点和情境（perspective）。

在这一转变中，人们发觉人终究不是机械，也不只是追求经济动机满足的动物，管理必须建立在对于人性的认识、关怀和尊重上。这也就是麻省理工学院麦克里高教授于 1960 年所著《企业的人性面》这本划时代著作的主题。

不幸的是，传统的机械模式并没有由于上述观念的改变而消失。尤其在今天的台湾，仍然有不在少数的企业经营者或经理人，在心里或口头上所深信不疑的，仍然是职位应有严格的划分和界定，工作者必须丝毫不差地遵守标准作业程序，一切都应该为了配合生产技术和制程的需要。在这种信念下，对于员工的各种动机和需求，一方面以遵守纪律为理由加以排除；另一方面企图付出金钱报酬以为补偿。论者认为，这是由于中国台湾有相当多企业所从事的是属于代工制造性质的业务，从事这类业务，企业赖以取得订单的主要手段，即在于低成本、低不良率、短交货期，因此很自然地，就会采取机械模式的管理。

管理必须根植于人性

在一切要求标准化和制式化的管理模式下，所付出的代价是牺牲了工作者的创意、企图心和热情。不幸的是，这些所牺牲的却正是今后企业创新的必要条件。因此，企业为了通过创新开拓生机，显然必须跳脱上述狭隘而刻板的管理模式，改采取重视人的因素，以培育和发扬创意、企图心和热情的管理模式。换言之，此时人们必须在管理上重视组织行为这方面知识并加以应用。

以下是这种转变的几个例子：

例如，人们对于目标的观念，不再只是一种数字或时程，而是代表一种愿景和憧憬。如杜拉克所说，企业的目的是"为一机构创造一种不相同的明天"，也就是希望借此激发人们献身的热情以及持久的凝聚力量。再如 Bartlett 和 Ghoshal 两位学者在 1984 年《哈佛企管评论》所发表一篇宏文，其标题是"Changing the Top Management：Beyond Strategy to Purpose"，将目的提升到策略的前面。

又如，一向被认为属于管理中的最核心功能——"规划"而言，依传统观念，规划是建立在对未来的预测数字上，据以估计所应投下的资源以及所能回收的报酬——当然也可能考虑到风险以及成功概率这些因素。然而人们在这过程中所考虑的，都是一些实体和财务数字，仿佛只要依照这些数字操作，就自然获得所要的结果。事实上，某种任务能否达成，主要取决于参与者的创意、承诺、信任、合作这些行为因素，不幸的，这些关键行为要素却被疏忽了。

再如，当代组织变革大师 Kotter 于发表"组织变革八步骤"后，引起众多企业重视，并应用在公司变革上，结果不如预期。基于这方面的事实，Kotter 教授针对几十个真实案例进行深入探讨，他发现"变革最根本的问题，是在于改变人们的行为"，而真正让人们改变其行为的，不是通过逻辑和说理，而是通过人们的亲身感受。这也构成他和 Cohen 合著的《引爆变革之心》（the Heart of Change）一书中的主要论点：组织变革应该以"目睹—感受—改变"（see - feel - change）取代"分析—思维—改变"（analysis - thinkchange）。

总而言之，忽视一组织内人的行为而奢谈管理，在明兹伯格（Henry Mintzberg）这位大师眼中，只是一些"表面堂皇的空阔理论"。如许多人都知道的，这位大师为了真实了解经理人行为，他亲自实地观察经理人如何分配工作时间和从事哪些活动。结果他发现，经理人的日常工作似乎和当年费尧（Henry Fayol）所说的"规划、组织、协调与控制"毫不相干；反之，他发现一个组织的活力乃来自人类的愿景、意识形态和文化，而非来自机械型官僚组织以及"想当然尔"的理性分析。最令他担心的是，多

少年来人们对于组织与管理的认识，将理性或机械性分析置于创意和活力之上，结果使组织内的人不知不觉间失去心智能力、活力和想象力，因而摧毁了一个组织的真正效能的源泉。

对于人性的科学研究

近日有越来越多类似的呼吁出现在管理新著中。一方面有汤姆·彼得斯（Tom Peters）所提出的《重新想象！》（Re－imagine，2003）；另一方面有哈默尔（Gary Hamel）所描绘的《管理大未来》（the Future of Management，2007）。他们其实都在强调，管理必须回归人性，并且发挥人性中积极而有创造力的成分。但是了解人性，并不是代表一种纯哲学或文学的想象，也植根于科学的土壤上。而组织行为学就是代表在这土壤上不断萌芽，伸枝展叶而开花的结果。

中山大学黄贺教授多年钻研组织行为学，累积丰富而独到的心得和经验，如今将这种珍贵的结晶著作成书，分享读者。个人有幸先睹为快，拜读之余，深感本书对于这门知识的意义与重要性有极中肯的阐述，尤其全书结构中所选择的议题，自性格、学习至文化与变革等，可以说是属于组织行为的深层问题，黄教授针对这些议题撷取了各种社会学科精华加以融合。这样一本书，不但可使读者获得各问题上的科学知识，还可进而应用到本身所面临的种种管理实务问题上，可说兼顾深刻的理解和应用诀窍两方面的需求。有此效果，黄贺教授在这本书上所投下的巨大心力和时间是十分值得的，个人除在此敬表感佩之外，谨就组织行为在管理上的意义，略抒己见并以就教。

元智大学讲座教授
中国台湾评鉴协会理事长

4

自　序

本书架构采用传统的组织行为的三个层次（个人层次、群体层次、组织层次）：个人层次的重要内容包括知觉、态度、激励、工作方法以及工作压力等；群体层次的重要内容包括沟通能力、群体动力、决策拟定与冲突处理等；组织层次的重要内容包括组织文化、组织变革等。

此外，组织行为学是经理人企图发挥影响力的一门学问，所以，本书的内容也从经理人如何形成与发挥影响力的角度着眼：一方面有赖于本身的条件（包括性格、学习、伦理），另一方面也有赖于对客观条件的利用与操控能力（包括权力、领导与考评的适当运用）；个人条件的建立及客观条件的利用，都能够对各层次的组织行为产生影响。

美国管理学会在 2007 年费城年会中将组织行为学终身成就奖颁给 Gary Latham 教授，由于他曾专访中国台湾中山大学，我与他结识，所以特地参加典礼。在聆听他的受奖感言时，有两个很强烈的感触：首先，体会到组织行为学真是一门极具实用性的科学，Latham 教授专注于目标设定理论的研究而闻名，还实际把它运用在生活当中，造就了自己的成功；其次，他的演讲以"去掉 OB 与 HRM 之间的分隔线吧！"为题，鼓励在人力资源管理领域内，加强组织行为学的应用，更让我心有戚戚焉，因为他的论点正与本书编写的方向不谋而合。

许士军老师愿意为本书写序，作者最感荣幸并衷心感铭，不仅是因为他在管理学术界的崇高地位，还因为他是中国台湾参与国际上组织行为领域研讨的先驱，他在 1972 年对组织气候量表的探究，激励了众多学者对组织行为学的研究。与许老师结缘于 1989 年，当时他在新加坡大学教书，在 AIB 年会上看到来自中国台湾的与会者就非常高兴。我翻看自己当时的日记，有这样的记载："许士军教授带着我、赖文彬、庄正民、高泉旺参观国立新加坡大学，感慨良多，他们的学生可真用功！许教授学者风范，让我觉得'如沐春风'一语一点也不形容过分，他还掏腰包请客，是我生平第一次吃大闸蟹，令我不能忘情"，可见能付诸行动的关怀最能打动人心，许老师的感召力来自其出乎自然的长者胸襟。

作者由于有过"被领导"与"领导"的工作经验，对组织行为这门学问才有较深切的体会，而产生撰写本书的动机。因此之故，我特别感激我的老师林基源教授与刘维基教授（他们后来先后担任过中国台湾中山大学的校长），我在中国台湾的中国国际商业银行服务了8年，之所以会转到学术界发展，完全是由于他们的指导与引荐；我也必须感谢其后的张宗仁前校长，他任命我担任国际交流处处长，负责中国台湾中山大学的国际化工作，那三年的领导经验与磨炼非常难得；前些年，管理学院院长空缺，半年的过渡期，杨弘敦校长请我代理院长职务，显示对我高度的信任；从这些经历中，深刻体会到"对一个人最大的奖赏，就是给他工作的机会"[1]这两句话的真意。

我还必须感谢在我的教学与研究中的许多学生与助理，大家切磋激发的智慧火花，很多已被纳入本书中，但由于人数众多，我是无法写出全部的名字来一一致谢了。当然，也须感激我的家人，包括我的母亲关平、内子陈璧霞以及儿女约恺与缨凯，他们对我的爱与宽容是我快乐与活力的泉源。

每章的章首诗句是本书的特色之一，因为诗可以舒展自己内心世界的观念与思想，较易引起读者共鸣，中国台湾经济日报曾刊登一篇题为"在管理学里加些诗词"的文章[2]，认为管理学科添些柔性文藻以引入清流，或可"收刚柔并济之功，解人际的僵局，化功利之恶名"，我对这种主张深表赞同。的确，诗的本质是我们动情时候的感觉[3]，而组织行为学基本上是研究我们如何动心起念的一门学问，引用诗句应有助于对生命情境的体会，Van Buskirk 与 London 两位教授即认为诗词是一种深层智力（deep intelligence），特别适用于组织行为的教学[4]。

两岸分隔一甲子，各学术领域的名词语汇与英文名词翻译因而产生差异，中国台湾教育研究院已与中国大陆相关单位合作，致力于审定工作，希望先行对照，逐步一致，以利两岸学术之交流。本人有幸应邀参与其中的"人力资源与组织行为"名词审译小组，2012年底，中国台湾方面审译工作完成并公布时，适逢本书改版，可对比修正，幸甚。

于中国台湾高雄市西子湾

目　　录

第 1 章　导论

1.1　组织行为的定义 …………………………………… 2

1.2　组织行为学的重要性 ……………………………… 3

1.3　组织行为学的基本信念 …………………………… 4

1.4　组织行为学的趋势 ………………………………… 7

1.5　组织行为学与人力资源管理 ……………………… 10

自我测验：你的管理动机有多强 ……………………… 11

主题案例：向子贡学习 ………………………………… 12

　　　　　杰克·韦尔奇的实战智慧 ………………… 14

第 2 章　性格

2.1　性格的决定因素 …………………………………… 17

2.2　五大性格特点 ……………………………………… 18

2.3　自尊 ………………………………………………… 19

2.4　胜任感 ……………………………………………… 20

2.5　内控型性格与外控型性格 ………………………… 22

2.6　A 型性格与 B 型性格 ……………………………… 23

2.7　高自我监控者与低自我监控者 …………………… 24

2.8　马基维利性格 ……………………………………… 26

2.9　MBTI 性格测验 …………………………………… 27

2.10　情绪智力与情绪劳务 ……………………………… 29

自我测验：你是高自我监控者还是低自我监控者 …… 30

主题案例：周瑜人急智短 ……………………………………… 31

豪小子板凳球员变明星 ……………………………… 33

第3章 学习

3.1 学习是个人的基本驱策力 …………………………… 36

3.2 学习的原理 ………………………………………… 37

3.3 学习的途径 ………………………………………… 38

3.4 行为修正术 ………………………………………… 41

3.5 四种主要的增强过程 ……………………………… 42

3.6 学习型组织 ………………………………………… 43

3.7 标杆学习 …………………………………………… 45

3.8 知识工作者的学习 ………………………………… 46

3.9 教育训练计划绩效评估 …………………………… 47

自我测验：你是否具有胜任感（self-efficacy）………… 49

主题案例：台塑成功的 e 化表现 …………………………… 50

春水堂 ………………………………………… 51

第4章 伦理

4.1 何谓企业伦理 ……………………………………… 54

4.2 企业核心价值观 …………………………………… 55

4.3 企业伦理的四原则 ………………………………… 56

4.4 企业伦理气候 ……………………………………… 58

4.5 信任 ………………………………………………… 59

4.6 正直 ………………………………………………… 60

4.7 忠心的争议 ………………………………………… 61

4.8 企业社会责任 ……………………………………… 63

自我测验：伦理困境 ………………………………………… 64

主题案例：安然公司的揭发者 …………………………… 70

理律律师事务所 ……………………………… 71

第5章 知觉

5.1 知觉的本质 ………………………………………… 74

5.2 选择性注意 ………………………………………… 75

5.3 归因理论 ···························· 76

5.4 社会认定理论 ······················ 78

5.5 刻板印象 ·························· 79

5.6 投射作用 ·························· 81

5.7 第一印象 ·························· 82

5.8 比马龙效应 ························ 83

5.9 代沟与知觉差异 ···················· 84

5.10 周哈里窗的应用 ··················· 85

自我测验：内外控量表 ················· 86

主题案例：台大医院难以置信的错误 ········ 88

明基 BenQ ···················· 90

第6章 态度

6.1 态度的定义 ······················· 93

6.2 与工作有关的态度 ·················· 94

6.3 认知失调理论 ····················· 98

6.4 计划行为理论 ····················· 99

6.5 员工态度调查 ····················· 100

6.6 员工态度是奖酬制度的成功关键因素 ······ 101

6.7 员工自愿离职的问题 ················· 102

6.8 人力多样化趋势下员工态度的调适 ········ 104

自我测验：学生对学校的态度 ············· 105

主题案例：李英爱的敬业态度 ············· 106

诚品的体验式经济 ·············· 107

第7章 激励

7.1 激励与工作绩效的关系 ··············· 110

7.2 以需求为基础的激励理论 ·············· 111

7.3 双因子理论 ······················ 114

7.4 目标设定理论 ····················· 115

7.5 公平理论 ························· 118

7.6 分配公正与程序公正 ················· 120

7.7 期望理论 ························· 121

7.8　增强理论作为一种激励理论 ·················· 123

7.9　员工入股 ·················· 123

自我测验：你在需求层级的哪一层 ·················· 125

主题案例：林义杰"拥抱丝路" ·················· 126

事业绩效奖金引发争议 ·················· 127

第8章　工作

8.1　工作价值观 ·················· 130

8.2　专业分工 ·················· 132

8.3　工作特性模式 ·················· 133

8.4　工作扩大化与工作丰富化 ·················· 135

8.5　工作空间设计 ·················· 136

8.6　工作轮调 ·················· 137

8.7　工作生活质量 ·················· 138

8.8　有助于工作与生活均衡的新措施 ·················· 139

8.9　弹性工时 ·················· 141

自我测验：工作满意度 ·················· 143

主题案例：新竹货运——启动服务的数字战士 ·················· 143

掌握天气的统一超商 ·················· 145

第9章　压力

9.1　压力的问题 ·················· 148

9.2　压力的"一般适应症候群" ·················· 149

9.3　压力的来源 ·················· 150

9.4　压力适应的个人差异 ·················· 153

9.5　压力管理 ·················· 155

自我测验：角色冲突与角色模糊 ·················· 158

主题案例：过劳死 ·················· 158

奇美实业 ·················· 160

第10章　权力

10.1　权力的意义 ·················· 163

10.2　权力的来源 ·················· 164

10.3 权力服从 ················· 165

10.4 授权 ················· 168

10.5 赋权 ················· 169

10.6 组织政治 ················· 170

10.7 组织部门的权力 ················· 172

10.8 影响力 ················· 173

自我测验：权力欲望 ················· 174

主题案例：千古奇谜：为何乾隆宠爱大贪官和珅 ················· 175

第11章 领导

11.1 领导与管理的差异 ················· 178

11.2 特质观点的领导理论 ················· 179

11.3 行为观点的领导理论 ················· 180

11.4 领导的权变理论 ················· 182

11.5 领导者—成员交换理论 ················· 187

11.6 转换型领导与交易型领导 ················· 188

11.7 魅力型领导 ················· 190

11.8 真诚领导 ················· 192

11.9 领导替代理论 ················· 193

自我测验：你的LPC分数 ················· 195

主题案例：智利矿灾造就头号英雄人物 ················· 196

温世仁的领导风格 ················· 197

第12章 考评

12.1 绩效考评的意义与目的 ················· 200

12.2 绩效考评制度的由来 ················· 200

12.3 绩效标准的基础 ················· 202

12.4 控制理论 ················· 203

12.5 绩效衡量误差 ················· 204

12.6 考评面谈 ················· 207

12.7 认知评价理论 ················· 208

12.8 绩效标准错置的"愚行" ················· 210

自我测验：你对绩效回馈是否有强烈的欲望 ················· 211

主题案例：孔子如何考评他的学生 ……………………………… 212

第13章 决策

13.1 决策与决策模式 …………………………………………… 216

13.2 理性决策模式 ……………………………………………… 217

13.3 有限理性决策模式 ………………………………………… 218

13.4 决策风格 …………………………………………………… 219

13.5 情绪对决策的影响 ………………………………………… 221

13.6 参与式管理 ………………………………………………… 222

13.7 承诺升高的现象 …………………………………………… 226

13.8 群体决策 …………………………………………………… 228

13.9 垃圾桶决策模式 …………………………………………… 230

13.10 决策过程中，创造力的提高 …………………………… 231

自我测验：你的直觉能力 ……………………………………… 232

主题案例：八掌溪事件 ………………………………………… 234

华为任正非 ………………………………………… 235

第14章 团队

14.1 团队与团体的分别 ………………………………………… 238

14.2 团体发展过程 ……………………………………………… 238

14.3 团体的构成要素 …………………………………………… 240

14.4 常见的团队类型 …………………………………………… 245

14.5 增进团队效能的途径 ……………………………………… 246

14.6 团体成员的利社会行为 …………………………………… 248

自我测验：团队满意度 ………………………………………… 249

主题案例：惊爆十三天 ………………………………………… 250

李锦记 ………………………………………… 252

第15章 冲突

15.1 冲突的定义 ………………………………………………… 256

15.2 冲突观念的演进 …………………………………………… 256

15.3 冲突的过程 ………………………………………………… 257

15.4 冲突的类型 ………………………………………………… 258

15.5　冲突管理 ·· 259

15.6　通过谈判以解决冲突 ····················· 263

自我测验：你的冲突处理风格为何 ·········· 266

主题案例：机制设计可解冲突 ·················· 267

　　　　王安石与新旧党争 ····················· 268

第16章　沟通

16.1　沟通的意涵 ·································· 272

16.2　沟通的知觉模式 ··························· 272

16.3　沟通的障碍 ·································· 274

16.4　主动倾听 ····································· 276

16.5　正式的沟通管道 ··························· 277

16.6　非正式的沟通管道：小道消息 ········· 279

16.7　走动式管理 ·································· 280

16.8　政治正确的沟通 ··························· 280

16.9　沟通的性别差异 ··························· 281

自我测验：你的倾听技能有多好 ·············· 283

主题案例：戴笠空难身亡之谜 ·················· 284

　　　　后劲抗争事件 ··························· 286

第17章　文化

17.1　组织文化的定义 ··························· 289

17.2　组织文化的层次 ··························· 289

17.3　创始人的影响力 ··························· 290

17.4　组织文化的四种功能 ····················· 292

17.5　X理论、Y理论、Z理论 ················ 293

17.6　组织社会化过程 ··························· 294

17.7　组织文化的潜移默化 ····················· 295

17.8　强势文化 ····································· 297

自我测验：你喜欢哪一种企业文化 ··········· 299

主题案例：慈济人 ······························· 300

第18章 变革

18. 1 组织变革的管理 ……………………………………… 303

18. 2 促使组织变革的力量 …………………………………… 304

18. 3 计划变革的策略 ………………………………………… 305

18. 4 Lewin 的三阶段变革模式 ……………………………… 307

18. 5 变革的阻力 ……………………………………………… 307

18. 6 变革阻力化解之道 ……………………………………… 309

18. 7 Kotter 的组织变革八步骤 …………………………… 310

18. 8 企业流程再造 …………………………………………… 312

自我测验：你对变革的容忍度 ………………………………… 313

主题案例：东隆五金重整案 …………………………………… 314

　　　　　GE 公司的"合力促进" ……………………………… 316

各章附注 ………………………………………………………… 319

附录　自我测验分数的计分方式与说明 ……………………… 351

索引 ……………………………………………………………… 357

第1章 导论

此情可待成追忆，只是当时已惘然

唐·李商隐·锦瑟

无缘由的愁绪如此强烈，这一切的记忆都如此清晰。我们心中充满了友情与爱意，然而，多少次，因为瞬间错过、因为不善表达，此情此意竟被冰封成永远的遗憾！是谁牵引着这份感觉？谁能化解这许多的心结？我愿潜心钻研行为之学，以期遗憾不再！

▶▶ 1.1　组织行为的定义

组织是由两个或两个以上的个体所组成，组织成员为达成共同的目标而合作，它也许是几个人组成经营的小公司，也可能是大至一个国家的政治活动。人们参与组织，有所贡献也有所收获，但最让人好奇的，却是这个过程中人们所显示的行为。组织行为学便是在探究组织成员在组织运作过程中的态度、行为以及绩效表现，其知识可应用来提高组织的效能。

组织行为学系统地研究三项要素：个人特质、群体特性以及组织结构，这三项要素对组织行为产生决定性的影响，同时它们也代表了三个分析层次：个体层次讨论性格、知觉、态度、激励、学习、个人决策等问题；群体层次的问题包括团队行为、领导、权力与冲突等；组织系统层次则更为复杂，探讨组织结构设计与工作设计对行为的影响，包括绩效评估、奖酬系统、组织文化、组织变革，这些都对组织行为的决定过程，产生极大的影响力。

如同其他社会科学，我们研究组织行为，注意组织成员行为产生的整个过程，运用经验法则或具研究架构的方法，目的是希望能归纳出一些研究发现，或验证我们所提出的假设。组织行为学研究组织成员的行为时，必须应用科学的方法，包括系统性的观察与衡量等。组织行为学者利用现象分析与分类统计技巧，建立理论架构，其研究常常是跨学科的，并运用现有各类社会学科的知识，广泛引用、整合、运用现有各类社会学科的知识与观念，包括心理学、社会学、社会心理学、人类学、政治学、经济学等。

组织行为学

综合运用各种与人类行为有关的知识，研究组织成员工作行为的规律，了解并预测组织成员的行为，因势利导，以达成组织的目标。

组织行为学是一门应用性的学科，它综合运用各种与人类行为有关的知识，研究组织成员工作行为的规律。因组织成员间的互动具有高度复杂性，如果错失最佳处理时机，则事倍而功半，甚至难以补救而悔不当初。因此，组织行为学可以帮助经理人去了解并预测组织成员的行为，因势利导，以达成组织的目标。

1.2 组织行为学的重要性

    企业经理人只要接触过或学习过组织行为学，绝大多数会感受到这门学科的重要性，原因虽有所不同，但其背后的一个重要原因可能是了解到组织行为的知识面与应用面有着紧密结合。对组织成员而言，可通过对组织行为学的学习，让自己成为一个有效的领导者或一个快乐的工作者；对企管顾问而言，运用组织行为理论，可向企业提出实际的改善建议；对组织行为学者而言，现代社会众多组织提供了许多研究数据，可运用科学的方法进行研究，获得组织行为的通则。

    组织若因各种问题而不能顺畅运作时，"人"的因素常为关键所在。个人在企业组织里，必然与其上司、伙伴与部属密切互动。许多人基于好奇心理，想了解个别行为对组织产生何种影响，而组织环境又对个人造成何种冲击。但除了了解外，我们更希望能够预测个体行为，以便采取有意义的行动来协助组织与个人提高效能。

    对组织行为的了解有助于对组织行为的预测，而如果能够预测组织行为，就能加以控制，因此，自古统治者无不寻求了解人民的行为、心态，并基于对人性的不同看法，而导致不同的学说。例如，我国数千年来尊奉儒家，推崇《论语》，乃因历代的帝王认定其有助于王朝的控制与治理。但时至今日，在多元价值社会中，人们的行为举止已非任何一种意识形态可以完全规范，在人们享有更多行为的自由后，就须回归人性的探讨，而且需要借助科学方法以研究人们行为的规则。因此，组织的有效治理，依赖于各种有系统研究人性的社会科学。

    总之，组织行为的研究一方面可以协助增进组织的绩效，另一方面可以改善工作人员的福祉。前者的重要问题如绩效目标如何设定、组织沟通质量如何达成、个人决策与群体决策的比较等；后者的重要问题如工作设计的人性化、工作压力的减轻等。今天的大学生，将是明日某个组织的重要成员，因此在专业能力之外，更需具备组织行为学的知识与技巧，如果能处理好人际关系，对如何成为一位受重用的部属有清楚的认知，并为将来当一位受尊敬的经理人做好准备。

▶▶ **1.3 组织行为学的基本信念**

现代的组织行为学具有许多信念与看法，引导着研究者的研究方向，第一个共识就是必须探求增进工作生活质量的途径，第二个共识是认为对人的管理必有异于对事物的管理，须讲求人性化。至于对组织行为研究的方法，绝大部分的学者采用开放系统以及权变理论的观点，分别说明如下。

1.3.1 工作生活质量

西方学者对工作生活质量的研究可回溯至 20 世纪 20 年代的霍桑研究（Hawthorne Studies），该研究发现，工人间的人际互动关系是影响工人行为的最重要因素。Stein（1983）认为，工作生活质量包含五个关键成分：自主、被赏识、归属感、进步发展、外部酬偿。组织行为学者相信，通过适当的工作设计，个人利益以及组织绩效是可以同时兼顾的，员工因而能够享有更佳的工作生活品质。

美国麻省理工学院教授 Douglas McGregor 出版《企业的人性面》一书，书中所提出的 X 理论与 Y 理论，分别代表两种极端的人性假设，最为人所乐道。18 世纪工业革命后，人口迅速增加，大量的劳工寻求赖以糊口的工作，工厂大量设立，工作环境十分恶劣，雇主则视员工如同可抛弃的机器。明显的，当时的企业经营者对员工有极负面的看法，他们假设人们天生是懒惰的、不负责任的，因此必须严格控制。这种对人性的看法，McGregor 称之为 X 理论。

现代企业经理人对人性抱持了较乐观的看法，虽然仍有人相信员工是倾向懒惰的，但更多的管理者觉得并不那么单纯。我们发现大部分的人时而努力、时而偷懒，但如果员工被有效奖赏，或面对一个极具吸引力的成功机会时，他们多会主动努力去工作。因此，一般而言，员工是乐于工作的，对其工作是有责任心的，对自己的工作绩效也会具有自我控制的能力。管理者的责任就是创造一个有利的环境使员工愿意工作。这样的看法，McGregor 称为人性假设的 Y 理论[2]。

企业经理人若采信 X 理论，对员工自然不信任，严格控管之下，势必导致员工工作生活质量低劣。但若根据 Y 理论，员工并非与生俱来就倾向懈怠工作和规避责任，因此如果管理出了问题，问题的症结往往是管理者的管理方法不当，而不应立即归咎于员工。所以，组织行为学者热衷于了解哪些组织因素会使员工愿意承担责任、提高工作绩效，又同时可以满足员工的个人需要。

1.3.2 管理人性化

人性化管理的一个重要因素是同理心（empathy），人性化管理是指经理人会将员工的感受与需求列为首要考虑，把员工的感受与其他因素作全盘综合考虑后，才制定决策。有些企业在欣欣向荣时，不吝与员工分享成果，携手同心；在受到危机冲击时，自然较可能得到员工的支持，共体时艰、同渡难关。可见经理人对人性的洞察力很重要，组织生命力不是依靠硬件，而是依赖人性软件所激发出来的组织行为表现。

人力是企业最重要的资源。事实上，许多大企业之所以卓越，在于用对了人才。而他们也总是能善待这些人才，方能保有企业或机构的长期发展以及员工个人的成长满足。通用公司的总裁 Sloan Alfred 就曾说："你可以拿走我全部的资产，但是只要把我的组织人员留下来，五年之内我就能把所有失去的资产赚回来。"

1963 年创立在美国得州达拉斯的 Mary Kay 化妆品公司，就是一个注重人性管理的公司[3]，Mary Kay 以《圣经》马太福音中的"你愿意他人如何待你，你就应该如何待人"作为公司经营的黄金准则。Mary Kay 最重视的规则就是"批评必须同时包含赞美"，也就是大家熟知的"三明治技巧"：批评事，不要批评人，而且一定要以赞美来开头，讨论问题之后，再以赞美作结束。

现在企业经营环境不断改变，管理方法也须随之调整。例如，所得持续增加后，员工会开始注意休闲生活，也开始关切工作生活的品质；民主风气普及后，员工会开始要求工作上的公平、公正；职业妇女的比例增加后，形成愈来愈多的双薪家庭，因此企业调动员工时，须考虑员工的配偶因素；员工的知识水平日渐提高后，必须以新的管理方式来对待。因此，对人性的了解成为现代管理者必须具备的素养。

人性化管理

指经理人会将员工的感受与需求列为首要考虑，把员工的感受与其他因素作全盘综合考虑后，才制定决策。

1.3.3 组织是一个开放系统

组织行为学的讨论，常把注意焦点放在组织成员的行为而非组织本身，但组织的变动势必影响内部工作环境，进而影响其成员的行为。所以组织行为学者必然注意组织的本质：在什么情况下组织会改变？组织的结构如何形成？组织如何与环境互动？经理人须对这些重要的问题加以理解。组织是一个结构化的社会系统，由朝向共同目标而努力的群体及个人所组成。个人与工作群体之所以合作而组成某种形式的组织，是为了追求共同的组织目标，例如，在某一利润目标下生产及销售某一产品。然而组织目标能否实现，除了主观的努力外，更与外在环境的变化有着密切的相关。

近代的管理学研究，注重开放性与生态性，著名的管理学者 Daniel Katz、Robert Kahn、James Thompson 等将组织视为处于外界大环境中的一个开放系统（open system）。开放系统理论认为，组织和社会系统一样，它与环境间的动态关系是交互影响的，组织能自外界接受各种输入（包括资源、物料、能源、信息消息等），然后加以转变而输出（包括产品与服务）[4]。

组织作为一个开放系统，不仅和环境有关，而且和本身内部各单位相连；它与内部各单位产生互动影响，整合成一个完整体系，同时也借着外在环境体系来改变其内在体系，以适应环境。因此，组织并不是稳定不变的，而是动态的、不停地变动的实体，我们应致力谋求组织能应对变化，产生良性循环而持续苗壮。

1.3.4 组织行为的问题没有"最佳解决方案"

权变理论

权变理论认为世界上根本没有"一种最好的方法"，管理概念须针对现实的需要，随时修正。

组织行为最佳的诠释观点是权变理论（contingency theory），权变理论认为世界上根本没有"一种最好的方法"（one best way）来解决所有的问题，管理概念须针对现实的需要，随时修正[5]。权变理论观点挑战传统观点"以不变应万变"的各种管理原则，认为任何一种管理制度，若全面移植到某一组织，通常是问题重重的。

我们认为组织行为会受到许许多多因素的影响，包括个人因素（如个人价值观）、结构因素（如组织阶层是否扁平化）、外部环境因素（如社会失业水平）等，所以，对组织行为的问题，学者常给予"视情况而定"的答案。实务问题，一般来说，通常没有最好的、唯一的解决方案。如讲到激励的方法、领导的方式、组织做决策的程序等，都可提出多种途径来，每一种主张都有其道理，但每一种主张的背后都有一些基本假设，假定某一种因素会产生作用。然而，组织内的行为是各种交互作用力所造成的复杂结果，管理者的预测或假设往往会出错。

再以员工生产力为例，它受到许多原因影响，个人的特质固然重要，如个人的工作价值观、工作技能及工作动机。不过这些仅代表答案的一部分，我们还须考虑情境因素，例如员工的家庭因素、同事们的配合程度等。同时，组织的环境因素也须纳入考虑，例如这个行业的前景，对员工的士气也必定会产生间接或直接的影响。

影响工作行为的因素的确很复杂，我们发现，愈来愈难找到一个直接的答案；相反地，往往必须加上"在某个情况下"或"其他的情况不变时"等假设，因为教科书上所提及的模式无法完美地解释以及预测组织行为，这一点的确让不少人感到失望。但我们必须正确地认知到，组织行为学是一门科学，我们追求的应是正确的答案，而非简化的答案。

1.4　组织行为学的趋势

我们研究组织行为时，须强调其动态、变化的特性，仔细观察组织成员是怎样与外界互动的。由于 21 世纪将持续国际化、科技化、多样化，而且随着变化加剧，工作的性质与内容亦大幅转变，组织行为学也因此面临许多新的课题。

1.4.1　国际化对组织行为的影响

世界潮流倾向自由开放，表现在经济活动上的就是激烈的企业竞争，企业走向国际化、全球化，跨国公司面临不可忽视的跨文化管理问题。跨文化管理的困难在于各国的文化与语言的差异，经理人要用心了解，以同理心去体会对方的感觉，并了解对方的肢体语言，尽可能站在对方的立场设想，才可以作出较容易为大家接受的决策，使公司能顺利运作。

一个开放系统的外界环境产生变化后（如外界资源、工作、人力、技术），必定会影响到组织，组织成员须对环境具有高度敏感，愿意学习，愿意去改变，而非固步自封。在开放的组织系统里，员工的学习成为重要的关键因素，唯有通过学习才能提升能力，应付外界的挑战；为了促成共识，组织成员间的沟通亦变得极为重要。在变革的过程中，有人表现优异而深获重用，也有人搭不上改变的列车而惨遭淘汰。因此，企业的任用制度与训练制度必须配合，俾使组织得以培养并重用具有国际观、前瞻性而又有能力的组织成员。

自由贸易的趋势缩短了国与国的距离，形成了许多跨国性企业，通信科技的进步逐渐使得世界变成一个地球村。管理者不仅要面对不同的法律与政治制度，也要面对不同的经济情势与赋税政策，更需要了解不同国家间的文化差异，这些都是现今管理者所面对的，不同于以往的挑战。

1.4.2 科技发展对组织行为的影响

信息科技突飞猛进与交通事业的发达，的确已相当程度改变了现代组织的结构。许多例行性的工作都已自动化，人们可以去做些更有挑战性的工作。随着信息科技的使用，管理者的控制范围扩大，组织亦逐渐趋向扁平化。科技文明与计算机化对人类生活冲击很大，其中工作性质的改变则引发职场许多新的组织行为。以户籍数据登记作业为例，在以往人工操作的时候，民众为了出生、结婚、身份变更、死亡或迁徙而申请登记时，数据传递缓慢又时有出错，而当事人须两地奔波，疲惫不堪。当户籍承办人员面对大批等候民众，往往因为工作乏味、情绪欠佳而常常被喻为晚娘面孔，造成民众的负面观感。自从户政业务计算机化以后，资讯传递迅速准确，服务质量因此大幅提升。例如，结账柜台使用镭射扫描器，减少繁琐的键入工作，也降低错误的机会，结账人员就有更多的时间与顾客接触，促进人际关系。可见科技发达不仅改变人们的工作性质与工作方式，也间接改变了组织行为。

通过信息科技的运用，经理人已经大量降低例行性工作的负荷，通过影像科技与网络，经理人也可减轻从事各种管理角色活动所花费的时间与精力。不过，在知识社会中，却衍生出经理人另一个重要的角色，一般称之为知识促进者（knowledge facilitator）[6]，也就是说，未来的经理人必须拥有知识管理的能力，能够激励身为知识工作者的组织成员们，有效地去创造知识，并将抽象的知识有效地外显化，使大家得以快速地汲取他人的知识，并将之有效地运用。

随着互联网及电子邮件的运用，世界各地几乎已无国界之分，但通讯便捷导致信息爆炸时代的来临，这对人们来说不见得是件好事，反而容易产生信息忧虑症。例如，人们离开虚拟的网络世界，却发现无法面对真正的工作问题，也不一定有能力和他人相处合作。科技的便利反倒造成人们与真实世界互动的困难。因此，经理人应用科技必须慎重，才能充分发挥其正面效益，避免产生负面的后果。

1.4.3　多样化的挑战

近年来，劳动力多样化是一显著的趋势，组织行为学不能忽略这样的变化。最明显的变化是越来越多受过良好训练的女性投入职场，与男性合作或竞争，所以性别在组织行为上的差异首先受到重视。此外，尚有种族、文化上的多样化趋势，都引起组织行为学者的关注。

以中国台湾现况而言，女性投入劳动市场的人口比率逐渐增加，其中某部分因素是由于平权观念的提升，组织行为学者因此更关心女性的人格特征、工作能力、职场歧视、托婴等相关问题。其次是外籍劳工的冲击，现在企业组织所雇用的劳工很少是单一种族了，同一组织内将存在着不同文化、不同价值观的员工，管理面临的重要课题是如何发展与培养出一种能避免冲突与偏见的组织文化。

一般人会对特定种族的人存有偏见，而作出不利的判断，认为自己的种族与文化是比较优秀的，容易导致"我族中心主义"（ethnocentrism）[7]，这是多样化组织在管理上最大的问题。2005 年 8 月，高雄捷运泰劳抗争事件爆发，震惊世界，影响了中国台湾的国际形象，此一事件即起因于有关部门完全以自我为中心，对泰国劳工毫不尊重。因此，女性、外籍劳工以及弱势团体成员所占的比例增加后，经理人必须学习如何管理异质性高的员工。人力资源政策与实务必须改变，才能发挥异质性高群体的优点，并避免其缺点。例如，针对女性比例增加，组织应修正调职与晋升的策略，先进的企业组织甚至考虑提供老人与儿童的照顾服务，以适应夫妻均外出工作的趋势。

我族中心主义　认为自己的种族与文化是比较优秀的，是多样化组织在管理上最大的问题。

1.4.4　正向组织行为学的兴起

近 10 多年来，心理学的新潮流正向心理学（positive psychology）愈来愈受到重视，正向心理学强调发展个人的长处、强项与潜能，认为是预防心理疾病与行为偏差的有效途径。由于组织行为学受到心理学的影响极大，所以不少组织行为领域的学者也开始提倡正向组织行为学（positive organizational behavior, POB），关注正向心理学如何能从企业的角度作出贡献，并研究如何提高组织成员的正向特性与正向能力。有些著名的商学院

正向组织行为学　从企业的角度，研究如何提高组织成员的正向特性与正向能力。

9

或管理学院已开设"正向组织行为"相关课程，但有可能取名为"快乐课"、"快乐管理学"、"正向管理学"等，因为"正向组织行为"一词的以往用法是指一切有利于组织目标实现的行为（如组织公民行为），可能会混淆。

 ## 1.5　组织行为学与人力资源管理

在组织理论发展的初期，一般研究重点在于如何安排一个合理的组织结构，这些早期的研究从"理性"与"效率"的观点出发为组织设计制订了若干原则。这种偏重正式组织的研究，对事业经营效率有着极大的贡献，一直到今天，我们仍然需要这些原则，以作为设计一个理想组织的基础。然而，过去的组织理论是以工作、职位、程序及手续等为基础，其所关心的对象，只是工作事件而非人员。这些理论主张，组织是根据责任、活动与任务而设立，人员在组织系统中属次要地位，人员被安置于组织各阶层与职位，不是根据其自身的愿望和需要，而是根据正式组织本身的需求。

上述这种看法，自行为科学兴起后，即受到重大的质疑，因为组织实际上是由"人力资源"所构成，而人是有思想、有感情、有身心需要的，其行为深受心理、生理及物质环境的影响。因此人在组织中所发生的作用，必定影响组织的性质与形态。所以，观察组织，不仅需注意其正式的结构，还要注意组织成员各种生理上、心理上复杂的欲望和动机以及隐藏在正式结构后的"非正式组织"。

在人力资源的管理上，学者提出三个组织行为上的影响层次及其注意重点。

首先是个人层次的行为，例如，经理人的知觉问题与评估问题会直接地影响员工选拔与考核的结果，须谨慎为之，避免偏差；经理人也须明了个人是如何学习、如何适应变革的，才能有效运用报酬、升迁等激励手段，来提升员工的工作满足程度。

其次是群体层次的行为，组织成员在工作场合的日常接触中，会相互作用而产生一定的行为关系。有时候，这些成员有着相似的性格与动机，有时则否，因而导致不同的行为趋向，经理人可根据团体动力学的基本原理，通过规范、学习、领导与发展等方法，促进群体里的人际关系与劳资关系的和谐。

最后是组织层次的行为，为增进组织整体的效能，人力资源管理须与其他如营销、财务、生产及研发等管理功能相互配合。同时，组织内部不同工作性质与技术的各单位，为了适应外部环境的变动，在人力上的需求也不相同，人力部门势必需要采取权宜措施以求配合，这些配合措施常须应用组织行为学的建议。总之，通过组织行为的研究，可以提供人力资源管理重要的参考。企业资源的分类可用几个英文字母 M 来代表，包括 Man（人力）、Material（物力）、Money（财力）、Machine（机器）等，人力被认为是其中最重要的一环，而组织行为学主要探讨组织内个人行为、行为调整与自我管理、团队沟通互动、组织发展等重要的人员问题，是经理人最重要的功课。

自我测验

你的管理动机有多强

以下是管理动机（motivation to manage）的衡量[8]，请就你的欲望强度在下面的七点量表上，为每题圈选一个数字，然后加总，就可得出你的管理动机的分数（得分说明请参阅附录一）	非常弱	很弱	颇弱	中等	颇强	很强	非常强
1. 与上级维持良好关系的欲望	1	2	3	4	5	6	7
2. 为了公司需要而参与各种竞赛的欲望	1	2	3	4	5	6	7
3. 为了公司的需要而参加各种工作、争取表现的欲望	1	2	3	4	5	6	7
4. 主动积极参加能提高公司竞争力的各种活动的欲望	1	2	3	4	5	6	7
5. 企图说服或影响别人做你认为重要的事的欲望	1	2	3	4	5	6	7
6. 希望自己与众不同、受人注意的欲望	1	2	3	4	5	6	7
7. 参与日常各种行政工作的欲望	1	2	3	4	5	6	7

总分 = ＿＿＿＿＿＿

主题案例

向子贡学习[9]

近年来，海峡两岸的著名大学相继为企业家开设国学研究课程，显示孔孟学说与老庄思想不但没有被遗忘，反而成为华人企业管理的智慧泉源[10]。在中国内陆的国学热其实更甚于台湾地区，已延伸到社会各阶层[11]。

值得深思的是，向古人学习的内容大多是细腻的人际问题，可见，组织行为领域必然最受到这一股国学热的影响，促使我们从古籍中找寻养分。因为，中国思想不论是儒、道、佛都富有实践理性，是具有时空穿透力的智慧积淀。

对企业管理的学生而言，子贡应该是首先被想到的学习对象，因为他有经营才能，靠着经商积累大笔财富，堪称以文促商、以商养文的成功典范。子贡（公元前520～前456年）是卫国人，老家在河南省鹤壁市浚县，比孔子小31岁，17岁拜孔子为师，深得孔子真谛和儒学精髓，誉为"孔门十哲"之一，聪敏机智，善于外交辞令，被列入言语科。子贡至少有以下值得我们学习的地方：

（1）品德高尚。孔子曾称赞子贡有如"瑚琏"玉器，指子贡是庙堂人才，可以为国家做事。

（2）好学深思。庄子曾赞称"子贡为智"；子贡的师生对话在《论语》有36则，属最多，孔子被形容"温、良、恭、俭、让"，就是出自子贡的深入观察。

（3）辅导后进。例如，同学子禽怀疑孔子周游列国是求官心切，他马上纠正子禽的误解。

（4）经营才能。子贡"亿则屡中"，对市场与投资眼光非常精准，孔子学生中只有子贡被收录于史记的《货殖列传》，被称为"儒商始祖"。

（5）慷慨解囊。子贡名"赐"，是他性格的写照，他是孔子周游列国时经济上的支援者。

（6）光耀母校。子贡曾先后在鲁国、卫国为相，出使足迹踏遍大半个中国，由于他的大力宣扬，使孔子名扬于天下。

子贡靠着经商积累大笔财富，堪称以文促商、以商养文的成功典范。子贡深得孔子真谛和儒学精髓，誉为"孔门十哲"之一。

司马迁《史记》中记载"子贡结驷连骑，束帛之币以聘享诸侯，所至，国君无不分庭与之抗礼"，对子贡的经商才能极为表扬，称其富可敌国；对子贡的外交成就也有极高的评价，说他能够存鲁、乱齐、破吴、强晋、霸越，十年之间五个国家的政局都因子贡的折冲而起了一番变化。子贡的确才高志远，是一位不同凡响的政治家，符合孔子所说的士的标准："行己有耻，使于四方，不辱君命。"

《史记》还说子贡喜欢"扬人之美"，能够站在一个欣赏的角度去肯定别人，真的不容易。但子贡却不能匿人之过，常常对他人有所批评，这点孔子常常告诫他。子贡曾问孔子有哪一句话可以一生奉行？孔子说："是恕吧！己所不欲，勿施于人"，恕其实就是匿人之过，可见孔子对子贡一再叮咛。孔子对子贡谆谆教诲，子贡认为"贫而无谄，富而无骄"就很了不起，孔子却指出那只是及格，"贫而乐，富而好礼"才能拿高分，令子贡折服不已。孔子还给子贡六字箴言："言必信、行必果"，这六个字不啻是管理的精髓，让子贡一生受用不尽。

在孔子去世后，多数弟子皆守丧三年，只有子贡在孔子墓旁盖了间草屋，守丧六年。子贡视师志为己志，弘扬道德与仁政思想，北大著名学者李零先生说："子贡是孔子死后事实上的掌门人。"

【思考题】

1. 子贡的许多长处，都不是孔子教的，他的许多成就好像与孔子的教导也没什么关系，然则，子贡到底敬佩与感激孔子什么呢？

2. 我们能否设想，假如子贡没有遇到孔子，他留下的历史身影会有什么不同呢？

主题案例

杰克·韦尔奇的实战智慧[12]

GE 公司（General Electric Co.）前任执行长杰克·韦尔奇（Jack Welch）被《商业周刊》誉为"过去 75 年来最伟大的创新者，美国企业的标杆人物"，比尔·盖茨说："只要和杰克一谈起管理，就能感受他四射的热力……"韦尔奇在带领 GE 公司的 20 年间，不断缔造 GE 公司传奇，让 GE 公司股价上涨了 30 倍，GE 公司市值暴涨 4000 亿美元，荣膺 1999 年《财星》杂志"20 世纪最佳经理人"（Manager of the Century），他领导 GE 公司的制胜秘诀，至今仍被广为探讨。

1935 年，韦尔奇出生在美国马萨诸塞州的沙林（Salem），是家中独子，从小就热衷于体育运动，有益其领导能力的培养。在马萨诸塞大学毕业后，又在伊利诺大学拿到化工硕士与博士学位。1960 年，他进入 GE 公司位于马州 Pittsfield 的塑料部门，那是一个活力十足的工作环境，没有传统组织的官僚气息。他在这样一个不拘形式的环境中，表现优越，激发出强大的自信。在他 33 岁时，成为最年轻的公司总经理。由于 GE 公司有着严谨的接班规划制度，第 7 任执行长琼斯很早就谨慎地寻觅继任人选，考虑名单达 96 人而韦尔奇不在其中，韦尔奇是在最后阶段才列入，竟能脱颖而出，1980 年，45 岁的韦尔奇当上 GE 公司第八任执行长。

韦尔奇上任时，GE 公司表现并不怎样出色，经过通货膨胀的调整，GE 公司的股票价值仅为 10 年前的一半。韦尔奇大刀阔斧地进行企业改造，他卖掉 200 多个企业（都是他认为在各自产业领域中无望成为第一、第二名的事业），却又并购 70 个企业（包括金额达 60 亿元的 RCA），终于把 GE 公司从传统的制造业转型为多元化的全球企业。

韦尔奇可说是制造组织急迫感的最佳实践者，在他 20 年执行长任内，几乎每3~5年就会提出变革运动，从初期的组织精简、合力促进、最佳实务、六标准偏差，到后期的无疆界组织、全球化与目标拉伸（stretch）运动。为了推动组织扁平化，去除组织结构中叠床架屋现象，各种改革总共裁减了15万名员工，得到一个他深恶痛绝的"中子弹杰克"（Neutron Jack）的绰号。

各种新政中，不得不提"合力促进"（work - out），韦尔奇将建立无疆界组织的成效归功于"合力促进"已先为公司建立了文化基础（"合力促进"较详细介绍见本书第18章），也因为"合力促进"的实施，才能推动像六标准偏差这样大的计划，韦尔奇声称："合力促进定义了我们的行为准则，六标准偏差定义了我们的工作准则。"

当《商业周刊》记者请韦尔奇以最简单的话来阐述其管理理念时，他认为有两个放诸四海皆准的简单原则：第一，管理者要关心人；第二，奖励最好的员工。企业要好好培育员工，奖励表现好的员工，他们就会把事情做好，然而，表现最差的就要赶快让他们走，不宜久留。

总之，韦尔奇最重视人才，每年参与数百位高级主管的考核，如果有人考绩滑落，他一定属于最早知道的人。韦尔奇的管理风格强调坦诚，凡事追求第一，无时无刻不以人、团队和利润为中心。

【思考题】

1. 韦尔奇由一位从事产品设计和开发的工程师，经历各种职位以及伴随而来的各种考验，最后脱颖而出，担任公司最高职位，他有哪些关键能力？

2. 韦尔奇一方面强调关心部属、指导部属和重视培养部属自信的机会，另一方面又大量裁员，其间是否有自我矛盾之处？

课后练习

1. 我们研习组织行为学的理由何在？

2. 请为组织行为学下一定义，并说明其与人力资源管理学的关系。

3. 我们若承认组织是一个开放系统，就应如何进行对组织行为的研究？

4. 举出三个你认为最重要的组织行为学的课题，并说明。

5. 请以个人的经验或观察，说明科技发展对组织行为学的影响。

第2章　性格

仰天大笑出门去，我辈岂是蓬蒿人
唐·李白·南陵别儿童入京

前代历史争鸣斗艳，江山磅礴，代有才人。诗人欣然赴任的诗句，千载后余留豪情万千，然而，在世界经济大战已然展开的当前，身处唯立场、唯学历、唯身份的社会中，引领风骚的领袖英雄何在？真性情如我，何处是安身立命之所？

▶▶ 2.1　性格的决定因素

性格（personality）是指一个人对其周围环境的整个心理反应，也就是其对人、对事、对物的一种心理倾向。性格为个人心理系统与行为趋向的组合，决定个人适应外在环境的独特形式[1]。一般人常用可衡量的性格特点来描述人的性格。著名经济学者王作荣以自己的经验为例，认为一个人的命好不好实际上是性格的问题，而且江山易改，本性难移，人的一生实际上受到自己性格的影响很大。

性格是遗传而来，抑或由后天环境造成，一直让研究者争论不休，这显然不是简单的是非题；性格似乎是先天遗传及后天环境交互影响而形成。此外，第三种因素——情境，则愈来愈受到重视。例如，不少人对诗仙李白的性格很感兴趣，从他是西域人、成长背景、仕途波折三方面，都可以发现影响性格形成的因素，使得李白的性格与同时代的杜甫迥然不同，并且反映在其诗作上。

在这三个因素中，首先，对遗传的重要性已有一些研究发现，例如，有一项研究，样本是百对以上出生后即隔离扶养的双胞胎，在这些双胞胎上找到许多相似之处，研究者的结论是，50%的性格差异以及40%的工作兴趣是由基因所决定[2]。

其次，环境在性格形成的过程中，同样扮演着很重要的角色，如我们成长过程的文化熏陶、幼年的制约习惯、亲友和社交团体的规范、自身的经验都会影响性格的形成。文化所建立的规范、态度和价值观，会代代相传。在某一种文化长期孕育出来的意识形态，常具有其独特性，例如，中国古代在经过1000多年的科举制度颂扬儒家的学说后，已使其深入人心，影响每个中国人的思想与行为；又如，北美洲人民的信念是勤劳、成功、竞争及独立，通过书籍、学校、家人和朋友灌输这些信念，结果导致在北美洲长大的小孩倾向于富有企图心与行动力。

最后，情境是第三个影响性格形成的因素，遗传及环境对性格造成的效果，会受到情境的影响。因为人的性格通常呈现稳定且一致的状态，却会在不同的情境下产生变化。情境会影响性格，但各种情境却难以划分，

性格

指一个人对其周围环境的整个心理反应，也就是其对人、事、物的一种心理倾向。

组织行为学——影响力的形成与发挥

学术界目前尚未能发展出可以厘清情境因素的系统性方法。

 2.2 五大性格特点

传统的性格研究主要描述个体行为的持续性特征，例如害羞、胆怯、顺从、懒惰、野心勃勃、忠诚、富攻击性等。这些特征若在不同的情境中持续出现，可称之为性格特质（personality trait）。但由于性格特质的种类过多，从事预测行为的研究时，如果要考虑如此多项特质，此研究的应用价值就变低。因此研究者应力求简化这些特质于可以控制的范围。

五大性格因素模式（big five factor of personality）堪称是人格理论中最具重要性也最具发展潜力的领域，源自于 Allport 以及 Cattell 等学者对人格特质的相关研究。他们延续前人的人格研究，区分人格特征名词，从辞典中挑出 17935 个描述人格特质和个人行为的用词，Cattell 的贡献在于把人格特质的变项大幅缩减，并将最后的结果设计成 16 种因素的人格问卷，为"五大性格"奠下基础。随后的一些学者对其研究进行了重复性验证，不约而同地得到五个因素，经 Goldberg 正式命名为"五大"（big five）[3]，认为一个人的性格可以从五个维度（简称 OCEAN）进行评估，包括开放（openness to experience）、尽责（conscientiousness）、外向（extraversion）、亲和（agreeableness）、神经质（neuroticism），如表 2-1 所示。

五大性格
认为一个人的性格可以从五个维度进行评估，包括开放、尽责、外向、亲和、神经质。

表 2-1 五大性格

性格方面	定义及举例	与工作绩效的关系
外向（extraversion）	指个人在人际关系上的舒适程度。如健谈、果断、有活力、热情、活跃等	与工作绩效的关联性视职业的类型而定，例如，外向程度可用来预测销售业务员的工作表现，因为这种工作要求很好的人际关系。开放性指对于外在事物的接受程度，可以预测作家、设计师的工作表现，因为他们都需要创新求变
开放（openness to experience）	指好奇及迷恋新奇事物的程度。如想象力、有洞察力、聪明、有修养、直率、创造性、思路开阔等	

18

续表

性格方面	定义及举例	与工作绩效的关系
亲和（agreea-bleness）	指顺服他人的程度。如友好、合作、真诚、愉快、利他、有感染力等	大多数的工作需要经过合作或通过团队的形式来完成，成员需具备待人友善、容易相处的个性。任何职业我们几乎都能从一个人的责任感与卖力的程度来预测其工作绩效
尽责（consci-entiousness）	主要衡量是否值得他人信赖的程度。如有责任心、有条理、坚忍不拔、公正、拘谨、克制等	
神经质（neuroticism）	无法容忍压力的程度。相关的特性如忧郁、敏感、消极情绪等	此项为反向指标。对于工作绩效而言，愈能抗压愈好。许多行业需要能高度控制情绪者，如演艺人员

　　性格虽然具有持续性与稳定性，但一个人的性格仍可能随着时间和情境的迁移而有所改变。我们每个人都应该时时刻刻检视自己在性格上的弱点，并加以警惕，这不单为了工作绩效，也为了增进人际关系。企业在用人之初，应当审慎地任用性格特质符合需求的人员。

▶▶ 2.3　自尊

　　从心理学的观点，自尊（self‐esteem）是一个人自我概念的评价，通常是通过一个相当稳定、整体及长期的评估，来衡量一个人对自己的感觉。有些人非常欣赏自己，而有些人却常埋怨自己，我们称此项个人特质为自尊。自尊可说是所有让人能应付生活基本挑战，觉得自己有资格享有幸福人生的种种经验能力。

　　自尊对个人行为的影响极为深刻，因为有高度自尊的人遇到困难时，比较会勇于接受挑战。一个人具有健康的自尊心，比较会表现出理性与宽容的态度，并能忍受逆境而坚持下去。自尊的个性是一种重要的心理需求，其程度高低对个人健康、人际关系、工作表现、升迁际遇乃至家庭幸福等各层面都有重大的影响。

自尊
一个人自我概念的评价，通常是通过一个相当稳定、整体及长期的评估，来衡量一个人对自己的感觉。

由于组织成员可以借由组织中的角色来满足自己的需求，并影响其自我认知，因此，自尊与工作背景或工作能力均有高度相关，三点结论[4]包含：

（1）民主式领导可提高员工自尊，信任员工能力，采用人性化与民主式的控制方式，可提升员工自尊。

（2）自尊与工作态度成正相关，当组织中工作条件不确定性很高时，自尊更显重要，高自尊的员工相信自己具有应付的能力，视组织不确定性为一种试炼。

（3）自尊与工作绩效有关，两者互为因果，高自尊的员工主要依赖其技巧能力来完成工作，低自尊员工因缺乏自信，则较依赖环境。

从自尊的研究中，我们发现对自己愈肯定的人，对成功的期许也愈高。高度自尊的人相信自己的能力绰绰有余，可以轻而易举地完成任务。所以他们在选择工作类型时，喜欢冒较大的风险，并排斥凡事因循旧规的工作任务。而低度自尊者对外在影响的反应较敏感，并且非常介意别人赋予的评价，因此倾向于寻求别人的赞同与肯定。也因为如此，在管理工作上，低度自尊者偏向采取较为人接受的行动。

而 Maslow 的需求理论认为，自尊是由工作中获得的尊重和肯定；是为满足生理与安全等需求后，所产生的第四层次需求。所以，自尊与工作满足感也存在着某种关系，高度自尊者较满意自己的工作。

▶▶ 2.4 胜任感

胜任感

人们对于自己是否有能力组织且执行某些活动以达成特定任务的认知。

胜任感（self - efficacy）或称自我效能、自我效力、效能动机，指人们对于自己是否有能力组织且执行某些活动以达成特定任务的认知。简言之，是一个人对于自己能够成功完成一件事情的把握程度。Bandura 认为胜任感是指个人对于达成特定工作的自我能力的判断[5]，并指出胜任感的四个主要来源：

（1）经过实地控制体验的方式。也就是说，成功的经验往往能够造就高度的胜任感。

（2）模式化的过程。通过将现有的成功策略转换与应用到不同的情境，可增强信心。

（3）社会支持。社会上他人的实质支持或鼓励，也是胜任感的重要来源。

（4）对自己身心健康的信心。通过了解自己的生理状况，如情绪、压力、疲劳病痛等，也影响胜任感。

日本知名的企业家土光敏夫[6]曾说过："原本只能获得 60 分的事情，假如你意志坚定，充满信心地去做，很可能就会产生 80 分的效果"，高胜任感的人对一项具体任务会有积极、充满干劲的态度，做事情的成功率较高，低胜任感的人则反之，如图 2-1 的模式所示。

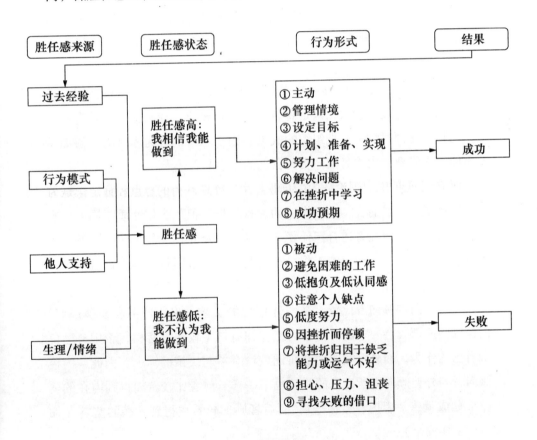

图 2-1　胜任感与成功率的关系

胜任感的研究对人力资源管理有许多启示，一般而言，在工作设计方面，富挑战性和自主性的工作较容易增加员工的胜任感；在教育训练上，好的经验与角色塑造的历练可以增加员工对工作的胜任感；在目标设定上，应依照员工的能力和胜任感制定，视成果再进行调整；辅导及奖赏

上，经理人应通过对员工表现的赞赏与信任，让员工了解他们所拥有的知识和技能，以增强其胜任感。

 2.5 内控型性格与外控型性格

人们对自己能否主宰本身命运有不同的看法，有些人认为自己被命运所摆布，人生只是机会与运气的组合而已，这些人可称为外控型性格者（externals）；有些人则认为命运可以自我掌握，我们称之为内控型性格者（internals）[7]。

因为外控者认为，工作绩效是环境与组织运作的结果，自己难以控制，因而对工作较难投入，满足感较低，工作疏离感较高；而内控者则相反，内控者能面对情境，把组织的成果归因于本身的行为和努力，假如情境不能令人满意，内控者倾向责备自己而不会归咎他人。

研究证据指出，内控者较主动地去收集信息，企图心也较强，尝试着去控制环境，一般而言，在工作上的表现较佳，但依工作性质不同，仍有程度上的差别。内控者适合担任复杂的管理性及专业性的工作，以及能胜任开创性及需要独立作业的工作；相对的，外控者则较适合听命行事、从事例行性高的工作。

另外，内控倾向者比较不受团体压力的影响，也比较不容易被说服，内控倾向的部属会要求能对自己的工作拥有自主权或发言权，希望自己负责自己的作为，而外控倾向的部属比较没有参与决策的需求。因此，内控倾向者与外控倾向者所追求的奖赏也不一样。前者比较希望得到内在的奖赏（如成就感、表扬、奖状等），而后者则比较希望得到外在的奖赏（加薪、工作安全）。

表2-2比较内控者与外控者的一些主要差异，值得作为人力资源管理上的参考。

外控型性格

认为自己被命运所摆布，人生只是机会与运气的组合而已。

内控型性格

认为命运可以自我掌握。

表 2-2　内控型与外控型的差异

类型 ＼ 向度	内控型	外控型
对命运的看法	自主性高，认为自己可以掌握命运	自主性低，认为环境主导自己的命运
对工作的态度	较投入，满足感高	较难投入，对工作疏离
对人际关系的态度	充满自信，易与人相处；但可能较坚持己见而沟通不良	缺乏自信，较易妥协而听命于他人
处理信息的能力	比较努力收集信息，善于利用信息，常嫌信息不足	满足于信息的数量，不想收集更多的信息
动机与期望	动机较强，较能控制时间，并充分利用，常表现强烈的自我成就	动机较弱，不易表现自我成就
工作绩效	若绩效与报偿成正比时，会表现较佳的工作绩效	一般对工作绩效的表现，常诉诸于组织与环境

2.6　A 型性格与 B 型性格

A 型性格（type A personality）是指个性急躁、求好心切、富进取心、具侵略性的一种性格[8]。A 型性格的人通常具有下列行为特质：

（1）常对时间感到压迫感，好像总有做不完的事情。

（2）保持强烈的成就动机，要求高标准，具野心及远大的目标，对工作相当投入，除工作外鲜有其他的兴趣。

（3）好胜且喜欢竞争，即使是在团队的工作上，也会有意无意的想显现出自己独特的贡献，对竞争者更是怀有敌意与戒心，因此，常无法信任且放心的将事情交由他人处理。

相反的，B 型性格（type B personality）者则具有下列特质：

（1）做事步调较缓慢，生活方式较为轻松。

（2）比较有耐性且不易动怒。

（3）不喜欢竞争，即使在竞争的环境下，也不要求一定要胜利。

A 型性格
指个性急躁、求好心切、富进取心、具侵略性的一种性格。

B 型性格
做事步调较缓慢、比较有耐性且不易动怒、不喜欢竞争。

A 型性格与 B 型性格的人格特质的比较如表 2 - 3 所示。

一般来说，A 型性格的人或许在工作上较易有比较好的表现，但是却容易因为压力，出现情绪紧张、过度敏感、易怒、头痛等状况，是心血管疾病及冠状动脉疾病的高危险群。不可否认的，积极的态度固然有助于个人成就的发展，但太过积极却会造成身体心灵的压力，进而带来疾病，甚至影响到人际关系与人格的发展。相对的，在现实生活中，B 型性格者的消极放松的态度，虽然轻松自在，却容易导致懒散懈怠。

表 2 - 3　A 型性格与 B 型性格的比较

A 型性格行为	B 型性格行为
积极、侵略型	消极、平和型
竞争性强	不喜竞争性强的工作及游戏
个性倔强	态度从容，随遇而安
办事速度快	做事慢但有方法
在工作环境及社会地位上努力，急欲升迁	对于目前工作上及社会上的地位深感满意
希望大众对自己的努力加以肯定	不追求大众对自己的肯定
易被人与事激怒	不容易被激怒
被迫沉静时会感到心定不下来	喜爱优哉的感觉
说话快	说话慢
一次做好几件事，以力求成长	一次只做一件事
走路、行动及进食的速度快	走路、行动及进食的态度从容不迫
对于任何迟缓都感到不耐烦	对于迟缓有耐心且不生气
对时间很有概念，做事赶在期限以前完成	对时间没概念，不在乎期限
几乎每次都准时	经常迟到
经常绷着脸或握拳头	脸部表情轻松

 ## 2.7　高自我监控者与低自我监控者

自我监控（self - monitoring）最早是由 Snyder 提出[9]，指个人能依据活动情境而调整自我表现的程度，也就是个人为了适应外界环境，而调整

24

个体行为的能力。此能力牵涉到自我情绪对外的表达程度，也与个人对思想及言语的控制有关。高自我监控者时时注意所处的环境，并且在乎自己的社会行为是否符合情境中或人际间的适当性，对于社会情境相关人物的表情、心态与自我表现特别敏感，并且会利用这些线索调整自己的行为或语言表现[10]。

　　高自我监控者会根据环境不同而采取不同的行为，因此其公众角色和私下角色有时会有明显的区别。而低自我监控者则倾向不调整自己的行为表现以符合社会情境与人际关系，他们通常比较关心的是在社会中，自己的感觉和情绪是否充分地表达出来，因此他们是以自己的态度及价值观作为行为标准，往往在各种情境下会表现真性情，具有很高的行为一致性。一个人若能不在乎自己行为是否合乎社会规范与适当的人际关系，就像许多艺术家一样，自在地表达自己的态度、特质与性情，其实相当令人羡慕，因为大多数的人们处在商业场所或身在团体生活中时，要表现得和私下一致十分困难。

　　在企业管理的场合，通常高自我监控者因为善于控制情绪，会随着情境的不同来调整自己，而表现较大的行为差异，能在不同的对象面前，展现不同的面貌。他的谈话较具指导性、变化性，这类的人在需要扮演多重乃至矛盾的角色的管理阶层时，将较为成功。

　　个人能否顺应情境而调整自我表现，对于个人的工作表现会有很大的影响。尤其是必须控制自己情绪的工作，高自我监控者能缓和这些工作可能产生的负面结果。因为他能了解何种状况下要展示何种情绪，运用何种面部表情来使顾客满意，与顾客之间的良性互动程度较高，而能增加工作绩效，产生工作满足感，并且由于高自我监控者容易适应环境，通常也较能顺从组织规范，产生较高的组织承诺。我们可归纳出高自我监控者与低自我监控者的不同，如表 2－4 所示[11]。

自我监控
指个人能依据活动情境而调整自我表现的程度。

表 2－4　高自我监控者与低自我监控者的比较

高自我监控者	低自我监控者
在乎自己的社会行为是否合乎情境、人际关系的适当性，并以此作为调整语言、非语言表现的指针	不在乎自己的社会行为是否合乎情境、人际关系的适当性，所以不倾向调整自己的行为以适应情境和人际关系
对于社会情境的相关人物的表情、心态和自我表现特别敏感	较关注在社会情境中他们的行为是否充分反映出个人基本的价值观、感觉和态度

续表

高自我监控者	低自我监控者
语言和非语言行为间有较高的差异性	语言和非语言行为间有较高的一致性
说话较具指导性，改变话题较为频繁，较常谈论他人但少提及自己，谈话较为顺畅	对同伴较为随和且较为自我开放
会随着情境的不同，来监视或调整自己，表现出较大的行为差异	虽然面对不同的情境及人际关系时较无反应，却能维持社会行为的一致性与稳定性

2.8　马基维利性格

16 世纪的 Niccolo Machiavelli 写了一本有关如何获取及操纵权力的书《君主论》（The Prince），描述个人如何才能够争夺社会影响力以控制别人。与之相似的还有中国古代集法家大成的韩非，其所著的《韩非子》亦是教导君王如何巩固权力、收服臣下。后来，具有这种倾向的人，就被称为马基维利性格者（Machiavellianism）或权术主义者。一般马基维利性格者都具有高度的自尊心与自信心，对于争取社会地位与权力有强烈的企图心，凡事只顾及自己的利益，为达一己之目的，任意操纵控制别人，个性上冷酷、冷静、现实、无罪恶感。

马基维利性格

行事独断，与人保持情感上的距离，并相信为达目的可以不择手段。

高度马基维利性格的人，行事独断，与人保持情感上的距离，并相信为达目的可以不择手段。马基维利性格者与别人相处，会觉得投入感情无济于事，常不愿受到既定规则的约束，而是反过来利用规则，视情况发挥，作为达到个人目的的手段。因此，马基维利性格者在组织的权利斗争或冲突中，常常能居于优势。他们操纵控制的事情较多，赢的概率较大；他们不易被人说服，但却较容易说服别人照自己的意志行事。在政坛或职场这些利益与权力冲突纠葛激烈的场域中，马基维利性格者特别容易凸显，例如秦始皇时的丞相李斯、法国前总统密特朗等人，都是典型的马基维利性格者。

依据马基维利在《君主论》的论述，人的本质是自私的，人类不论对于权利或物欲都是无止境的。他直言不讳地否定一般公认的道德，反而认为一个好君主须具备狮子与狐狸的特质：要如狮子般的勇敢与残酷，有时又必须如狐狸一般阴险狡诈。君主的手段无须被道德所束缚，当必要时，欺诈和暗杀皆无不可。在论述"令人畏惧要比受人爱戴更安全"时，马基维利认为，一般来说，忘恩负义、反复无常、装模作样、虚情假意、避险唯恐不及，逐利却不甘于人后是人的天性。

马基维利在其书中主张，在守信有好处时，君主应当守信，否则就不需要守信，君主有时候必须不讲信义，"但是必须会把这种品格掩饰好，必须惯于作一个伪善者、口是心非的伪君子。人们要么头脑简单、要么容易顺从眼前需要，因此欺骗人的人总会找到愿意受欺骗的人"。

在商业代理、产品销售领域里，具备高度马基维利性格的人容易操纵他人以达到自己的目的，他们一般不感情用事，遇到尴尬的事情也不顾面子，所以往往有较高的业绩，但整体管理评价却很低。在项目管理的领域中，马基维利性格者因为无法与他人诚信互动，则较不易成功。

2.9　MBTI 性格测验

MBTI

源自 Carl Jung 的性格分析，旨在反映个人性格类型，发掘性格潜能、改善人际关系。

麦布二氏性格类型量表（Myers–Briggs Type Indicator，MBTI）源自 Carl Jung 的性格分析，全球每年有数百万人使用这套测验，已成为近年心理辅导界与工商界广泛使用的性格测验，旨在反映个人性格类型，发掘性格潜能、改善人际关系，并对个人兴趣及职业发展取向，具良好的预测作用[12]。

基于多年来的实证观察，Jung 归结出心理类型论，主张人类各方面的意识与心理活动都可归纳为感觉（sensation）、直觉（intuition）、理性（thinking）、感性（feeling）四大范畴。此四种功能代表个体对意识的导向，可称为"定向功能"（orienting functions）。人们原则上在不同情境下会维持心理活动的特殊形式或偏好，而这种偏好不仅影响个体在情境中所注意的事物，同时也影响他们下结论的方式。

MBTI 利用四组对立的性格特质，除了上述感觉相对于直觉、理性相对于感性的因子之外，还加上外向（extraversion）相对于内向（introversion)、判解（judgment）相对于理解（perception）两组变项，发展出16种人格类型。了解受测者的人格类型，可预测其行事风格、待人处事态度、决策领导方式，在人力资源管理实务上具重大意义。表2-5对四组对立的性格变项稍加说明。

表2-5 四组对立性格特质

	受测者的倾向是：	受测者的倾向或是：
心理能力的倾向E或I	外向（extravert）：着重外在世界，因注意外在事情而获得动力	内向（introvert）：着重内心世界，因反省、感觉和意念而获得动力
认识外在世界的方法S或N	感觉（sensing）：使用五官收集资料，强调事实，注重实际和具体观点	直觉（intuition）：注重事情的可能性与关联性，看见潜在远景
依赖什么方式做决定T或F	理性（thinking）：根据客观事实，倚重分析来做决定，注重公平原则	感性（feeling）：下决定时，以个人观点出发，重视个人价值、喜好和原则
生活方式和处事态度J或P	判断（judging）：喜欢有条理的生活，以目标为本，逐步实践计划	理解（perceiving）：不介意突发事件，喜欢弹性生活，注重过程而非目标

依据这四种相对的心理类型，可分成16种性格类型，有助于将人力资源依其个性配置到最合理的工作环境。个人也可依此探索个人的性格潜能，有助于检讨个人生涯定位及事业发展。这16种性格类型以及其合适的职业类型如表2-6所示[13]。

表2-6 16种性格类型

享乐型	责任型	能力型	理想型
ISTP 工技者型	ISFJ 保守者型	INTP 建筑师型	INFJ 作家型
ESTP 促进者型	ESFJ 推销员型	ENTP 发明家型	ENFJ 教育家型
ISFP 艺术家型	ISTJ 信托者型	INTJ 科学家型	INFP 追求者型
ESFP 艺人型	ESTJ 行政者型	ENTJ 陆军元帅型	ENFP 记者型

一般而言，能力型的人有科学的头脑，喜欢精确复杂的工作；理想型的人敏感，容易发现他人的内心感受；责任型的人天生健谈、受人欢迎、

负责尽职；享乐型的人有艺术的气质，喜欢自由自在、天马行空的工作环境。企业内员工找对了工作岗位，不仅乐在工作，更可发挥所长，增益人力资产价值。企业可借由 MBTI 测验，筛选出具有所需特质的员工，避免"千里马难遇伯乐"或"千里马难寻"的遗憾。例如，公司拟招聘研发人员，"ENTP 发明家型"人员对研发的环境应会有相得益彰的效果，"ISTJ 信托者型"属内敛保守的人员，较适合行政会计等工作环境。

2.10　情绪智力与情绪劳务

情绪智力（emotional intelligence，EQ）[14] 是指一个人能否适当处理自己的情绪，使生活更加美好的能力。Daniel Goleman 声称："一个人的成功，情绪智力占 80%，专业能力只占 20%。"[15] 在这个互动交流频繁的知识经济时代，团队合作的重要性常凌驾于个人英雄主义之上，通过团体或团队，个人的智能才得以发挥得淋漓尽致，因此，能促进人际关系效能的情绪智力，是成功企业不可或缺的必备条件。

情绪智力（EQ）是可以培养的，了解自己并尊重别人的感觉与想法，在彼此沟通的过程中，学习站在别人的观点来看世界，学习接受被批评的雅量，才足以适应多元文化的变迁。Peter Salovey 将情绪智力分为五个情绪智力层面，简述其重点如下：

（1）认识自身情绪的能力（self - awareness）。此为 EQ 的基础，有高度自我认知的人会确认并且了解自己的心情，以及情绪上的需要，明了自己的极限，知道何时该向人求助。

（2）管理情绪的能力（self - regulation）。包括如何自我安慰、摆脱焦虑、悲观、愤怒、妒忌等负面心情，安抚自己，做情绪的主人而不受其宰制。这是一种控制与重新导正情绪及行为的能力，例如，延缓判断的时间，去谨慎思考行为可能造成的结果，而非冲动地做出错误的动作或言语。

（3）自我激励的能力（self - motivation）。包括对目标的专注、保持乐观、发挥创造力、自制力、拥有高度热忱等。当人们没有达到预期的目标时，具有高度自我激励能力的人依然乐观，引导自己的情绪到有利于目标达成的方向。

（4）同理心（empathy）。认知他人的情绪，将心比心，了解他人的感

情绪智力
一个人能否适当处理自己的情绪，使生活更加美好的能力。

受和需要，具同理心的人较能从细微处察觉他人的需求。

（5）社交技巧的能力（social skills）。这是一种管理他人情绪的能力，能够理解并应对别人的情绪，维持圆滑的关系，促进人缘、领导能力、人际和谐程度。充分掌握人际关系的人常是社会上的佼佼者。

由于家庭、学校教育中常疏忽情绪教育，导致在社会压力逐渐升高的环境下，青少年犯罪问题、离婚问题等皆显著恶化。在现今社会，情绪失控甚至成为社会乱象的源头。情绪的掌控能力不仅深深影响一个人的健康状况、工作能力与家庭和谐，也会影响企业的生产力与竞争力，尤其反映在"情绪劳务"的工作上。

情绪劳务

是指员工在工作时需做好情绪的控制，显示出合适的脸部表情及肢体动作。

所谓情绪劳务（emotional labor）[16]是指员工需要长期或经常性地和顾客高度接触的工作，员工在工作时需做好情绪的控制，显示出合适的脸部表情及肢体动作，也就是在工作场合中能妥善管理个人的情绪。例如，公司的客服人员必须很有耐心与热忱去解决顾客的问题，他们必须隐藏自己的疲惫、看法与真正的情绪，同时可能需要表现更多的其他正面情绪去满足顾客的心理需求。又如，教师的行为举止对孩童们极有影响力，因此教师是在每日课堂里情绪管理的重要示范角色。

情绪失调

一个人被要求的情绪和真正的情绪产生冲突。

然而，不是每个人都能长期压抑自己的情绪，当一个人被要求的情绪和真正的情绪产生冲突，便称为情绪失调（emotional dissonance）。情绪失调往往是引发工作压力和疲劳的重要因素，由于员工心理长期失衡，将会对现有工作感到倦怠或产生排斥，公司支持情绪劳务最佳的办法，就是雇用和工作要求的情绪状态相符的人。

自我测验

你是高自我监控者还是低自我监控者

以下是自我监控测验[17]，请根据以下各题叙述，回答对（T）或者错（F）（得分说明请参阅附录一）：

（　）1. 我发现模仿他人的行为很难

（　）2. 在宴会或社交场合，我并不会试着去做或说一些他人会喜欢的事或话

（　）3. 我只能与人谈论我已有的理念

（　）4. 在我几乎没有信息的主题下，我仍可以即席演讲

（　）5. 我想我会表现出感动或娱乐他人的样子

（　）6. 我会是一个好演员

（　）7. 在一群人中间，我很少是众所瞩目的焦点

（　）8. 在不同的情境和不同的人之间，我会有不同的表现

（　）9. 我不是一个善于使他人喜欢我的人

（　）10. 我不像平时表现出来的我

（　）11. 我不会为了取悦他人或获取他人的喜爱，而改变我的观点（做法）

（　）12. 我有考虑过成为一名演艺人员

（　）13. 我从不善于表演猜字或即兴演出的游戏

（　）14. 我很难改变自己的行为，去适应不同的人和不同的情境

（　）15. 在宴会中，我能允许他人的玩笑及传闻

（　）16. 在公司里，我会感到有点尴尬，以致我没有表现出我应表现的样子

（　）17. 我可以面不改色地直视着对方说谎

（　）18. 当我真的不喜欢某些人，我可以装出友善的样子

主题案例

周瑜人急智短

《三国演义》对历史人物的性格描写得很生动，诸葛亮与周瑜在性格上的对照带给我们许多启示。诸葛亮的性格属于思维敏捷、反应迅速的类型，面临各种情境能够快速反应，身在险境而处变不惊，不管是舌战群儒，还是草船借箭，各种状况都能化险为夷。但他的性格却又老成持重、稳定安详，设法谨慎地了解环境，准确地推测对手的行为，例如"隆中对"，他必是对天下大势相当了解，且经过一番深刻的思考，才有可能向刘备提出。所以，无怪乎世人常道"诸葛一生唯谨慎"。

周瑜则是一位年轻得志、文武双全的雄才，24 岁就被授予建成中郎将，34 岁率军破曹，敢请精兵数万以抗百万雄师，取得了历史上有名的赤壁之战的辉煌胜利，在才能方面不下于孔明，但嫉妒心和自制力不够，而

31

导致了他的失败。

周瑜的缺点主要表现在少年气盛、性急、易怒，这是他性格的致命弱点。《三国演义》生动地描写了周瑜接连的几次大怒，对周瑜而言，嫉妒成为他的致命缺点，以致他处处跟诸葛亮作对，急欲证明自己技高一筹。相较于周瑜，诸葛亮的气度就大得多，虽然知道周瑜想谋害他，但为了刘孙同盟的顺利运作，而一次次的化解周瑜的诡计，充分表现他以大局为重的广阔胸襟。

当赤壁大战开战之际，周瑜因风向的问题，心急败坏导致身体不适，造成军心不稳。周瑜的情绪自制力不足，影响了思考，也大大地影响了决策，当反间计、苦肉计、连环记都成功后，周瑜趾高气扬，满心欢喜，以为一用火攻就可以大获全胜。不料一阵西北风惊吓了他，于是气得立即"大叫一声，往后便倒，口吐鲜血，诸将急救起时，却早不省人事"（见《三国演义》第四十八回），周瑜气病后不久便一命呜呼，临死前，仍不甘心地仰天长叹："既生瑜，何生亮！"

由此可见，性格影响一个人的深远。在竞争环境里，我们若能够了解自己和对手的性格，知己知彼，将更能够取得胜算。诸葛亮的处变不惊以及宽容的气度值得我们效法，而我们亦当时时警惕自我，才不致落得像周瑜"人急智短"的下场。

【思考题】

1. 请问你的个性比较像周瑜还是诸葛亮？请举实例说明。

2. 请与大家分享你是怎样控制自己的情绪。

周瑜是一个叱咤风云的人物，耐人寻味的是，正史和小说中周瑜的性格却是迥然不同的（图片来源：维基共享资源）。

主题案例

豪小子板凳球员变明星[18]

林书豪是第一位中国台裔 NBA 球员，在加入纽约尼克队后，刚开始只有零星上场的比赛机会，一直到 2012 年 2 月，因为纽约尼克队上老将受伤，在教练有点"死马当活马医"的安排下，林书豪被派替补上阵，而取得表现的机会。

大显身手，将自己的快速灵活特质发挥到了极致，林书豪一夕之间成了超级明星，并带领尼克队连赢 7 场比赛。他的魔力让美国人为他造了 Linsanity（林疯狂）的新单词，掀起全球性的热潮，两度登上《运动画刊》封面，并且获得美国总统奥巴马的赞扬。

NBA 球员常被认为运动神经发达但头脑简单，林书豪却是一个奇妙的异数，是所有 NBA 文化元素的反面，他顶着哈佛的学历闯进 NBA 殿堂，他为篮球运动缔造美好的新章，也激起人们的惊叹。对纽约而言，"豪小子"奇迹增添了城市的骄傲；对美国亚裔而言，他粉碎了亚洲人无法成为篮球高手的刻板印象。

林书豪非常意识到自己崛起与团队关系的改变，他在追求表现之际，也努力维持队友的信赖。最明显的是，他每场比赛都制造大量助攻，帮助队友得分，让他们融入由他掌控及发动的攻击队形，这是林书豪的篮球 EQ，也是他赢取团队信任的不二法门。1988 年出生的林书豪在大放异彩后，却能表现超龄的稳健与宽容，依旧保持谦逊，把荣耀归诸团队。

他曾因肤色而受到压抑与轻视，但凭着过人的毅力和智慧，终能从板凳球员变成了一颗璀璨的新星。林书豪现象正是把很多种"不可能"变成了"可能"，他与 NBA 顶尖球员较量时，毫不畏惧，屡屡切入得分，又领袖群伦，穿针引线，组织进攻，能不断演出逆转惊奇，很重要因素是他的个人素质。在充满霸气和强调个人英雄主义的 NBA 球员中，林书豪的谦虚、教养、宗教虔诚、团队精神，确实与众不同。

运动团队运作成功依赖成员对于团队目标的坚持及纪律的遵守，林书豪主攻后卫，必须能够执行教练下达的战术，并与场上队友并肩作战，与教练及队友间沟通合作无碍，因此必须依赖诸多沟通技能，包括倾听技巧、表达能力及肢体语言等，经常是依靠个人内在驱力、个人自律、与专注态度，例如，林书豪和队友费尔顿模拟手翻《圣经》、高指上天的"书呆子打气法"，就让球迷见识到不同的魅力。

林书豪的成功绝非偶然，若不是出于对篮球的热爱，他不可能锻炼出如此"人球一体"的神奇技巧；若不是双亲的教养与理解，他不可能有如此华丽的人生冒险，他这样的人格特质，在商业化的 NBA 职篮是一种极稀有的资产。

【思考题】

1. 林书豪具有哪些令人印象深刻的人格特质？你认为哪些与他的领导力有关？哪些会让他成为一个受喜爱的团队成员？

2. 现有不少华人在美国生活与就业，林书豪的成功对他们有什么启示？

课后练习

1. 自尊与胜任感的差异何在？

2. 本章所提的各种性格中，你认为何者对企业领导人最为重要？请解释。

3. 你认为哪一种性格对当今的人最为重要？理由何在？

4. 请指出一位高度马基维利性格的知名人士，评估其对社会的正负面影响。

5. MBTI 性格测验如何有助于企业或个人进行职业生涯规划？

第3章　学习

山重水复疑无路，柳暗花明又一村
宋·陆游·游山西村

学而时习之，不亦乐乎，有朋自远方来，不亦乐乎。学问不只是自书本上念来，益发自做人做事上体验得来。学有所成，然后始有所谓知己，这道理很少有人领悟！自己先成为伯牙吧，子期自会出现！求学问就如同求知己，即便过程何其曲折，但报酬亦何等丰美！

3.1 学习是个人的基本驱策力

学习

因经验或练习，使行为或知识产生较为持久改变的历程。

学习（learning）是指因经验或练习，使行为或知识产生较为持久改变的历程。学习是一辈子的事，永远不嫌晚，俗话说："活到老，学到老"，只有不想进步的人才会为自己找借口，拒绝学习。其实，从婴幼儿牙牙学语、学走路开始，我们的一生中总是不断地在学习，即使迈入老年阶段，我们还是一直在学习，只是学习态度积极与否而已。不过，在这个社会快速变迁的时代，若不加紧学习的速度，就难免成为被环境淘汰的对象，变成众人所取笑的 LKK 一族。

学习是个人基本驱策力之一，但学习要伴随着行为的持久性改变，才是有效的学习，也才可借由持续加强个人的驱动力，不断的学习，实践个人的目标。Paul R. Lawrence 与 Nitin Nohria 提出人类四种基本驱动力（drive）的模式，经由实证研究，他们发现每个人在做决策时，或多或少都会受到获取（drive to acquire）、结合（drive to bond）、学习（drive to learn）、防御（drive to defend）四种力量所驱动：获取力是为了求得资源以便提升自己的生活条件；结合力是为了发展与他人的亲密互利关系；学习力是为了适应自己所处的环境，进而掌握最佳机会；防御力则是为了保护自己与自己亲近的人，以避开损害[1]。

我们每个人的行为取向都受到上述四个驱动力的影响，个别驱动力若表现得太过强烈就会出现负面的效果，例如，当一个人在组织里面求取个人资源的驱动力太强时，与他人建立亲密且互利关系的驱动力便会受损。Lawrence 与 Nohria 的研究发现，一个组织在四种驱动力均衡存在时，该组织的整体绩效最好。因此他们建议领导人，要用心平衡组织内的四种驱动力，但要维持四者均衡并不是件容易的事，就像骑独轮车般，领导者要时时刻刻注意前后左右的均衡，组织才不致倾倒。

历年来关于组织内个人行为的诱因与驱动力的研究有很多，Lawrence 与 Nohria 最先强调"学习是决定个人行为的驱动力"，对照目前多变的环境，个人的确需要不断地学习才能适应环境变化，学习驱动力的高低对个人与组织的发展也愈来愈重要，因此领导人应致力于维持组织内良好的学习气氛与动力。

学习是一种经过练习使个体在行为上产生较为持久改变的历程，换句话说，学习是一种历程、是行为的改变与练习。亚里士多德说："人类天生好奇。"人们会因好奇心而主动地探索他周围的一切。所以，天生的好奇心是学习最好的驱动力。只要给予启发好奇心的学习环境，人们就会用最适合自己的方式学习。然而，要有效地维持长期且有意义的学习，动机是绝对必要的。长期且有意义学习，如掌握某一门学科的教材，需要个体不断地作出积极的努力，把新观念及新材料组合到自己的参照架构内，同时还要能集中注意力、坚持不懈以及提高对挫折的忍受度以面对学习中的各种问题。其实，动机与学习间的关系是典型的相辅相成，动机可以增强行为、促进学习，而所学到的知识反过来又可以增强学习的动机，形成有效的正循环。

3.2　学习的原理

桑代克（E. L. Thorndike）利用迷笼进行实验研究，将一只饥饿的猫关入此笼中，笼外放一条鱼，饿猫急于冲出笼门去吃笼外的鱼，但是要想打开笼门，它必须一次完成三个分离的动作：猫必须学习开门，从尝试错误中得到经验，因而产生学习效果。Thorndike 由此研究与分析影响学习的因素，最后将这些发现归纳为三个原理[2]：

3.2.1　准备律（law of readiness）

当个体在心理与生理上有准备时，所表现的行为通常较令人满意。反之，若在未准备的状态下，则学习结果多半不如人意。同理，当个体有备而来时，如果不让他有所表现，也会产生挫败感。桑氏发现，猫在饥饿的状态下，较易引发其碰触门闩与出笼取食的反应。也就是猫已做好反应前的准备工作，因此随时随地可以做出预期的反应动作。个人在学习的准备上，主要涵盖两方面：一为身心状况，例如，在学习写字或弹琴时，得先检视其细部动作的发展，包括手指的灵巧度及眼手的协调性等；二为学习动机，个体若具备求知欲与好奇心，将能提高学习动机，增进学习效果。

准备律
当个体在心理与生理上有准备时，所表现的行为通常较令人满意。个人在学习的准备上，一为身心状况，二为学习动机。

3.2.2　练习律（law of exercise）

练习律

学习的历程中，个人反复练习可以强化刺激与反应的联结，增进学习效果。

当个体反复练习，强化情境与反应之间的联结时，该联结关系有可能建立。桑代克发现，猫练习的次数愈多，开启笼门的动作愈迅速而正确。在学习的历程中，个人反复练习可以强化刺激与反应的联结，增进学习效果。同时，根据记忆理论，个体接受外界刺激时，首先形成极为短暂的感官记忆，在进行初步的数据分析后，才进入短期记忆，并在历经多次反复练习后，最后纳入长期记忆。因此，桑代克由分析结果指出，练习是形成长期记忆的必经历程。

3.2.3　效果律（law of effect）

效果律

指情境与反应间的联结关系，反应后若能获得满足的效果，则行为会产生增强的现象。

指当情境与反应间的联结关系可以改变时，如果反应之后紧接着呈现令人满意的刺激，则该联结关系将有被强化的可能；反之，若行为反应所得到的结果是负面的，则联结关系将被削弱。桑代克一再强调效果律的重要性：若取走笼外的食物，猫的反应动作将立即消弱，不再主动而积极地进行开启迷笼的动作；当笼外重新放置食物时，猫的反应又立即恢复原来的水平。这告诉我们，反应后若能获得满足的效果，则行为会产生增强的现象，刺激与反应间的联结也同时获得强化。由此可知，个人学习某项行为后，其所获得的待遇，也能决定学习的效果。所以，我们对愿意学习的人，应给予正面的、积极的以及鼓励性的回馈。

▶▶ 3.3　学习的途径

在组织行为领域里，有三种学习途径较重要，分别为古典制约学习、操作制约学习、社会学习，以下将一一介绍。

3.3.1　古典制约

古典制约（classical conditioning）[3]学习过程是巴夫洛夫（Pavlov）的伟大发现，巴夫洛夫以狗的唾液腺分泌来进行实验，他在狗进食之前或当中，给它铃声作为刺激，经过几次练习后，狗即使未吃到东西，但只要听到铃声，也会分泌唾液。狗看见食物或进食时会分泌唾液流口水的反应，巴夫洛夫称为"非制约反应"（UCR），而把引起唾液分泌的铃声称为"制约刺激"，因制约刺激的出现而流口水的反应则称为"制约反应"。这种通过制约刺激和非制约刺激之间产生某种联结，然后逐渐由制约刺激取得非制约刺激的特性，导致最后即使制约刺激单独出现，也会使个体产生制约反应的学习过程，就是古典制约学习历程。所以，实验的最后阶段，狗即使只听到铃声都会流口水的现象，巴夫洛夫认为这个现象是通过学习而来的。

古典制约是制约刺激 CS（conditioned stimulus）与非制约刺激 UCS（unconditioned stimulus）重复配对出现多次后，单独呈现制约刺激 CS 时，也会出现类似非制约刺激时所引发反应的情形，在此时称其反应为制约反应 CR（conditioned response），操做的因素是在行为发生之前，其简单历程可显示如下：

CS（如前例中的铃声）——→没有反应

CS + UCS（如前例中的食物）——→UCR（狗流口水）

CS + UCS（如前例中的食物）——→UCR（狗流口水）

（重复数次）　　　　　⋮

CS（如前例中的铃声）——→CR（狗流口水）

在日常生活中常见到商业广告运用古典制约的实例，例如，有一些汽车广告以亲情作为诉求，因亲情让我们有好的感觉，通过密集的广告播放会让人将亲情与该牌子的汽车进行联结，进而对这型汽车产生好的感觉，提升品牌形象。此外，我们在看到交通警察的时候，通常会比较遵守交通规则，也许是因为看见警察唤起我们上一次被开罚单不愉快的感觉。

3.3.2　操作制约

操作制约（operant conditioning）[4] 的著名学者有桑代克（Thorndike）与史金纳（Skinner）等人。史金纳认为，行为是通过学习，而非一时的反射作用，伴随行为而来的"结果"，则会强化或减弱行为的产生：如果结果是好的，则行为会增加；反之则会减少。例如，小孩按时把功课做完，就可以看电视或不会被父母唠叨，如此一来可加强小孩"做功课"的行为；相反的，如果小孩不按时做功课，就会被打或不准看电视的话，就会减弱其"不做功课"的行为。

大体说来，相较于古典制约的生物性，操作制约多了个体的主动性，而不限于生理上的反射作用。操作制约是利用控制行为结果（如前例中小孩可以看电视或会被打）来改变行为（如小孩按时做功课）出现的机率，操弄的因素是在行为发生之后。简言之，古典制约是与刺激操作联结，操作制约的联结对象则是反应。例如，马戏团的训练方式就应用许多操作制约，会翻跟斗的海狗每翻个跟斗，它就会从训练师手中得到一条鱼的奖赏。因此，一个行为的持续发生与否，全看这个行为发生之后的增强物，或叫做"回馈"的强度。

操作制约的应用例子很多，如海岸防卫队利用鸽子搜救遇海难的人，因为鸽子可以长时间注视着水面而不会疲劳，且具备优越的色彩视觉，利用鸽子上述特质，对鸽子施以操作制约后，鸽子会对橘色物体产生反应。他们将三只鸽子放在直升机下的玻璃室中，分别面对着不同方向，一旦鸽子侦测到橘色救生背心，就会啄按键通知驾驶者该往哪个方向飞，提高搜救成功的机率。

3.3.3　社会学习理论

社会学习理论
探讨个人认知、行为与环境三者及其交互作用，人类是一种有能力处理信息、解释信息的动物，具有自我导引和自我调适的能力。

班度拉（Albert Bandura）所提出的社会学习理论（social learning theory）[5]探讨个人认知、行为与环境三者及其交互作用，对人类行为的影响，是介于制约学习与认知学习之间的观点。社会学习理论认为，人类是一种有能力处理信息、解释信息的动物，具有自我导引和自我调适的能力。人类不全然受到外在环境的制约，人类也能够自我控制。

班度拉认为观察者首先观看榜样行为，同时将之记忆并且储存，以作为日后模仿的依据。班度拉强调环境的重要，主张行为是个体与环境互动的结果。而"模仿"与"学习"是人类行为定型的基础，人们经常通过模仿与学习他人的动作，来发展出自己的"行为模式"。

班度拉的主要贡献是他的学说本于学习理论，却又不受其羁绊，而能融合认知理论（cognitive theories）的观点[6]，发展出社会学习理论。针对上述个人论、环境论和互动论的得失，班度拉提出了以社会学习理论为基础的交互决定论（reciprocal determinism）[7]，强调行为、个人与环境三者是互相影响、彼此联结的决定因素。这些因素的相对影响力，视情境和行为的性质而有所不同。有时候，环境的影响力足以钳制行为，有时候环境反而深受人为因素影响。

社会学习理论的意义有三：首先，就认知而言，人类的行为会受该行为的结果影响，借着察觉行为与结果的关联，能够促进其学习；其次，就环境而言，人类的学习发生于社会环境中，学习的产生，除了直接经验之外，还有借着观察他人行为而产生的替代性学习（vicarious learning）；最后，就认知与社会环境的连结而言，认知是人们学习的工具，社会则是学习的情境，这种观察作用自会产生学习效果。

应用在企业管理方面，社会学习理论认为员工会寻找典范（model），因为典范能帮助员工学习新的任务、技能与规范，而且员工会借由观察典范在环境中的互动模式，来评估典范行为的效用。所以，领导者可借由社会学习理论来管理员工，通过与员工充分沟通互动，来促进员工行为的正面强化，导引部属并塑造最终期望的行为。社会学习理论主张一个人的行为与态度会对另一个人产生影响，领导者的身教是一种最有效果的模范。另外，建立下属的胜任感也是此理论另一个改变行为的重要机能。

3.4　行为修正术

由行为学派学者史金纳（Skinner）所提出的增强理论（reinforcement theory）[8]，专注于找出行为与环境间制约因子的关系，而不探究员工心里的想法或内在需求。此理论主张行为的建立，乃是依据行为的后果，若行为表现所导致的后果是令人愉快的，则会增加行为的表现，称为增强作用。凡任何能够加强行为发生的刺激，称为增强物（reinforcer）。某项行为若伴随着奖励，则该行为再发生的机率就会上升；某项行为若招致惩罚，则该项行为再度发生的机率就下降。"行为修正术"（behavior modification）[9]是运用此原理以塑造员工的行为。

行为修正术的功效，积极而言，可增进个体良好行为；消极而言，则能消除个体的不适当行为。行为论者根据行为发生之后，不同性质的增强物的给予或撤除，发展出四种基本的增强策略：

（1）正增强（positive reinforcement）。行为表现后得到酬赏，行为也因而强化，此为正增强策略。奖赏是教育上的金科玉律，守规矩的学生得到鼓励，所以更乐于守规矩。

（2）负增强（negative reinforcement）。负增强是为了避免受到制裁或痛苦的威胁，而增强目标行为。例如，戴太阳眼镜后（行为），阳光不再刺眼（厌恶的刺激），所以有人一出门就会戴上太阳眼镜。

（3）惩罚（punishment）。惩罚指某人在某种特定情境下作出不良的行为后，若被施予厌恶的刺激物，那么他在下次类似的情境时，出现类似行为的机率将降低。但学者普遍认为，惩罚虽能立竿见影地抑制不良行为，却也容易招致负面后果，包括惩罚只将注意力集中在不适当行为上，却未能指出适当的替代行为；惩罚只暂时地抑制不当行为，无法根除不当行为；受处罚者将学习如何避免惩罚，而非学习正确行为；受处罚者会产生恐惧、不安与焦虑等负面情绪，长期将对身心有不良影响。

（4）消除（extinction）。对于不良的行为反应，我们停止或降低以往增强物的水准，即可减少该行为或反应的出现，此即消除策略。例如，小朋友不用功、考试不及格，就减少其观赏卡通影片的时间，应可减少小朋友不用功的行为。也可故意忽视个体的行为，令个体的行为在得不到回馈反应后，因而行为减弱，乃至不再出现。例如，调皮的学生一直喧闹，老师故意不去理会他，学生有可能自觉无趣而不再喧闹。

表 3-1　四种基本的增强策略

名称	方式	行为	结果
正增强	给予所爱	准时上下班	给予全勤奖金
负增强	取走所恶	准时上下班	移走打卡钟，不必再打卡
惩罚	给予所恶	常常迟到早退	给予记过或解雇
消除	取走所爱	常常迟到早退	不能领绩效奖金

 3.5　四种主要的增强过程

如果我们决定运用正增强的策略，仍须讲究增强的过程，增强的过程有连续性（continuous）与断续性（intermittent）两种。每当良好行为一出现就给予增强，称为连续性增强；断续性增强又可分为比率制（ratio）以及时间制（interval）两种，这两种制度又可分为固定或变动两种形式，如图 3-1 所示。

42

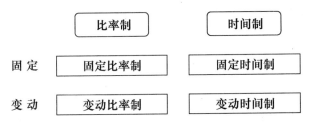

图 3-1 断续性增强时程

（1）固定比率制（fixed - ratio）。当行为累积至某一特定次数，即给予增强。如按件计酬制即是，工作者得到的报酬与其投入的心力呈正比。

（2）变动比率制（variable - ratio）。增强程度根据各人行为而有所不同。例如，直销业的业务人员的奖金完全根据所达成的业绩而定，但他有时运气奇佳，不费吹灰之力就达到目标，但有时却费尽九牛二虎之力也无所获。

（3）固定时间制（fixed - interval）。每隔一个特定时间就给予报酬，时间是最主要变量，且固定不变。如月薪制度是根据员工投入工作的时间来发放，而非根据工作的表现，这样的薪酬制度往往无法彰显薪酬与绩效之间的关系。

（4）变动时间制（variable - interval）。一段时间内会有一次增强，但这段时间并非固定不变，且长短无法预知。例如，某课程的随堂考试占分不低，但教授却不让学生预知何时会举行考试。

经实验证明，应用连续增强，会让行为人容易得到满足，一旦增强物（激励的诱因）被抽离，行为很快就消失。相对地，断续性增强的增强效果比较不容易消失，像赌场的老虎机（slot machine）会让人难以自拔。

 ## 3.6 学习型组织

瓦肯思和马席克（Watkins & Marsick）认为学习型组织（learning organization）是一种持续学习与转化的组织，它以个人学习为起点，进而扩及整个工作团队，同时强化组织创新与成长的能力，以创造美好的未来。学习型组织的成功关键是在于领导者与一群愿意全心全力献身组织的伙

学习型组织

持续学习与转化的组织，它以个人学习为起点，进而扩及整个工作团队，同时强化组织创新与成长的能力。

伴，领导者扮演组织的设计师、仆人与教师多重角色，带领组织伙伴共同学习、成长[10]。

学习型组织可从个人及组织两方面来论述，就是组织与成员建立共同愿景，在支持学习气氛下，不断学习创新，组织与成员形成同时进步发展的动态组织。相较于传统科层组织强调指挥、管理控制、法定地位权威、专注于短期目标的达成，学习型组织则重视信任、授权沟通、合作、愿景的建立。

彼得圣吉（Peter Senge）在 1990 年出版了《第五项修炼》，掀起了全球的学习革命。为实现学习型组织，彼得圣吉提出五项修炼的策略[11]，分别说明如下：

（1）自我超越（personal mastery）。组织学习乃基于团体中每个参与者对学习的意愿与能力，借由建立个人愿景、保持创造力、客观面对现实、培养专注与运用潜意识的方式，来追求自我突破与卓越精进。由此可知，唯有通过组织中每个成员对自我的期许与学习承诺，组织学习方能展开，故自我超越是学习型组织的基础。

心智模式
深植人们心中，对周围世界运作的认知基模。

（2）改善心智模式（improving mental models）。心智模式是深植人们心中，对周围世界运作的认知基模，并深深地影响个体行为。唯有以开放的心灵，随时审视自己内心世界，借由对话与反思（reflection）不断澄清、改善个体对世界认知的图像，并了解他以何种方式影响个人行动和决定，方不致使固有的思考盲点阻碍学习。

（3）建立共同愿景（building shared vision）。成员共同参与勾勒，发展出理想组织的未来具体印象，建立组织目标、价值观与使命，凝聚组织成员的向心力与认同感，并主动为达成组织目标与愿景全力以赴。

（4）团队学习（team learning）。有别于过去，现代组织的学习基本单位是团体而非个人。团队学习乃汇集众人智慧，通过理性的沟通与对话相互学习分享，其效益自是较个人智慧周延完善。就个人而言，团队学习的成长效果也优于其他学习方式，因此学习型组织特别强调以团队方式共同学习成长。

（5）系统思考（systems thinking）。指面对问题能观照全貌，综合审慎考虑其间各项因素的互动关系，而非断章取义、偏狭思考；反之，将落入"见树不见林"或头痛医头、治标不治本的窘境。系统思考是五项修炼的核心，整合贯穿上述各项修炼的理论与实际。

44

3.7　标杆学习

标杆最初是指工匠或测量员在测量时作为参考点的标记，后来渐渐衍生为衡量的基准或参考点。在企管词汇中，标杆指的是同类中最好（best – in – class）的成就，而这样的成就，会成为其他拥有相似作业流程的企业作为参考学习的典范。

"标杆学习"（benchmarking）[12]由全录（Xerox）公司于 20 世纪 70 年代末期开始倡导，它们使用"竞争标杆学习"（competitive benchmarking）这个概念和方法，从生产成本、周期时间、营销成本、零售价格等领域，找出明确的衡量标准或项目，然后将公司在这些项目的表现，和主要竞争对手进行比较。

全录公司将"标杆学习"定义为一种持续将公司的产品、服务、作业，与最强的竞争者或领导公司加以比较的过程。它们认为，一家企业唯有与其他拥有类似作业方式且表现杰出的组织比较，分析彼此作业与成果的差异，才有办法真正深入问题核心。

标杆学习一个很基本的原则，就是在了解生产方式、产品服务等信息之前，先彻底地了解自己本身。所谓"知己方能知彼"，企业必须收集、分析自己内部作业的信息，并且进行检讨，找出需要改进的部分，这是在企业往外部收集资料前的准备步骤。有很多的标杆学习团队常常太急于收集外界数据，一开始就被"与其他组织进行交流互动"的想法所吸引，而忽视了内部调查的重要性。

依"标的"（target）或"目标"（goal）的不同，标杆学习主要可分成三种主要类型：

（1）内部标杆学习（internal benchmarking）。假设组织内某部门的工作流程比其他部门更具绩效，可以将这个部门的做法当作其他部门的标杆。

（2）竞争标杆学习（competitive benchmarking）。找出对手的产品、流程及经营成果的特定信息，然后再与自己组织的类似信息作比较，有助于进行市场定位。

标杆学习
一种持续将公司的产品、服务、作业，与最强的竞争者或领导公司加以比较的过程。

45

（3）功能/通用标杆学习（functional/generic benchmarking）。寻找在某些领域表现卓越的企业作为学习的模范，而不论标杆企业的所属行业，学习焦点在优异的作业流程。例如，全录公司学习宾恩邮购公司（L. L. Bean）的订单处理与仓储作业流程。

尽管拥护标杆学习的学者与经理人很多，却也有人提出不同的意见，他们就"选择性偏差"的可能危险向企业提出警告。实际上，向优良案例学习，也是一种冒险。他们认为成功案例能够激励人心，但如果经理人也能同时关注对手失败经验，则更能找出高绩效的秘诀。

3.8 知识工作者的学习

彼得·德鲁克曾说："21世纪企业最大的挑战，是如何增加知识工作者的生产力。"首先提出"知识工作者"这个名词，他对此名词下了一番批注："现在的知识很快就落伍了，成为知识工作者首先必须受过正式教育，然后在整个工作生涯中，得接受能让他们的知识与时俱进的进修教育"。

不可讳言地，IBM过去的转型经验为我们做了最佳示范。从数字上来看，IBM在1985年共聘用了约42万名员工，创造了约510亿美元的营业额，到2001年，员工人数减少至316000名，营业额却成长至约860亿美元，平均每位员工所创造的营收提升了近1倍。从商品来看，IBM的产品内涵更可反映出员工能力的改变，1985年，IBM主要是以硬件产品为主，现在则以信息服务为主，需要不断地替客户提供专业服务，两者对员工能力的要求完全不同。

IBM员工的能力可以配合业务的需要而转变，究其原因，是依靠"动态式工作环境"使员工在任何时间或地点，都能取得其所需信息。由此可知e化在知识管理中的重要性，借由e化提升员工能力，不仅是知识管理的核心，更是企业维持竞争力的保障。结合员工与信息，就是所谓的智能资本管理，让员工能够找到所需要的信息，通过学习，提升自己的能力，以学习如何"学习"。

然而，知识工作者往往相当忙碌，时间有限，所以其学习必须讲究效率，无论用什么方式处理知识来源，都应该培养高效率的学习方式。因为要学的东西何其多，如果不分轻重缓急，其效果必然大打折扣。聪明的知识工作者会尽可能结交几位博学多闻的良师益友，从他们身上学习。这些良师益友能挖掘组织上下的各种问题，知识工作者从而懂得选择学习的方向，又能将其心得互相交换，帮助彼此学习。

一般而言，知识工作者追求学习上的突破性效果，他们可采取的方法包括参加有关管理、新科技和产业的研讨会议以及研习课程；阅读与工作有关的文章；加入在线论坛，并提供信息给别人；亲自拜访相关部门，了解其工作内容和做事方法；亲自与客户接触，听取他们的改进意见；奖励分享信息的人，营造全面学习的环境；向同事报告自己的项目成果与专业技能；对完成的专案确实地进行事后检讨。

3.9 教育训练计划绩效评估

人才乃企业竞争力的所在，处在知识经济时代，企业对员工的教育训练更加重视，更付出宝贵的资源，因此经理人对其成效不可不察。除此之外，尚须进一步设法提升训练成效。训练的目的是为了借由员工的发展，提升绩效而达成组织的目标，而不是为训练而训练。训练必须能向上与员工发展、绩效评核及目标管理整合，才能有效提升员工素质。

训练计划的绩效评估有赖于良好的评估模式及方法。模式主要是提供系统化思考的指导方针并协助有效地解决问题。在教育训练界最常被使用的评估模式是 Kirkpatrick 于 1959 年提出的四层次评估模式（four – level evaluation model）[13]，如表 3 – 2 所示。依 Kirkpatrick 四个层次，此模式是简单而主观的满意度调查方式，以至于客观而可计量的测定方式。

表 3 – 2 Kirkpatrick 训练计划绩效评估四层次

反应层次 （reaction level）	①衡量学员对训练课程的喜爱及满意程度 ②于训练课程结束后立即评估，一般均采用问卷方式进行评估 ③训练中，最常使用的评估方法为单向的"随堂观察"及双向的"访谈学员"，在训练后，最常使用的方法是单向的"问卷调查/课程评估表"，也常使用双向的"访谈学员"

续表

学习层次 （learning level）	①评估学员对训练内容的了解及吸收程度（由思考如何应用而产生学习） ②如以纸笔测验、面谈、观察或实作测试等方式进行评估，训练课程前后各评估一次 ③比较着重于训练后的评估，最常使用的是单向的"纸笔测验"、"问卷调查"，也常使用单向的"课后作业"、双向的"心得报告"
行为层次 （behavior level）	①必须评估学员对训练内容的应用及熟练程度（通过学习而改变行为或习惯） ②于学员回到工作岗位后衡量当企业员工受过训练之后，是否能实际运用受训所学技巧，如果不能将受训时所增长的技巧运用在实际工作上，则该项训练毫无成效可言 ③通常在训练后三个月进行，常使用的方法是技能训练上常用以评估的单向"技能鉴定"，偶尔使用单向的"专题研究（发表）"、"问卷调查（对学员、对主管）"
绩效层次 （result level）	①评估训练内容使学员的个人绩效及其组织绩效提升的程度（因行为改变而产生具体结果） ②以成本效益分析、生产力指针、主管访谈、专家评量等方式进行评估，于训练结束，学员回到工作岗位一段时间后进行评估 ③通常半年一次或一年一次，进行双向的"绩效评核"，偶尔也在训练后 3～6个月进行单向的"竞赛及发表"

　　我们可以借麦当劳说明训练绩效评估的重要，在麦当劳，有超过75%的餐厅经理、50%以上的中高级主管以及1/3以上的加盟经营者是由计时员工开始的。一直令外界好奇的是，究竟麦当劳有何训练的魔法，又是如何认定训练的效益。与其他企业不同的是，麦当劳的训练发生在真实的工作里面，它不只是一个课程。它强调对人才的重视，主动执行训练计划。例如，在麦当劳香港汉堡大学的课程中，有一堂叫做"与成功有约"，目的是让高级主管有机会分享成功经验，帮助其成长。

　　麦当劳除了有很好的训练需求分析，针对需求去设计训练计划，同时也重视训练的成果。麦当劳努力完成反应、学习、行为、绩效四个层次的评估。

　　（1）在"反应"层次上，也就是在上课结束后，利用评估表调查受训者的反应，加以调整以符合学员的需求。

（2）在"知识"层次上，汉堡大学重视考试，上课前会有入学考试，课程进行中也会有考试，主要想测试大家究竟保留了多少知识。

（3）在"行为"层次，对于在课程中学到的知识能否改变工作行为，麦当劳在上课前会请直属主管先针对学生的职能做一些评估，训练后再做一次评估，看是否有改善。

（4）最后在"绩效"层次，课后要求学生必须设定行动计划，执行之后会由其主管鉴定训练的成效。

自我测验

你是否具有胜任感（self - efficacy）

以下是一般胜任感的量表[14]，请阅读左边的每一题的叙述，当成是对你的描述，你是否同意其说法？请圈选右边的一个数字，表示你的同意程度（得分说明请参阅附录一）	非常不同意	不同意	很难说	同意	非常同意
1. 我将能够达成我所设定的大部分目标	1	2	3	4	5
2. 当面对困难的任务时，我很确定我会完成任务	1	2	3	4	5
3. 一般而言，我认为我有能力获得对自己重要的结果	1	2	3	4	5
4. 我相信，只要我下定决心的任何作为，我多半会成功	1	2	3	4	5
5. 我将能成功地克服许多挑战	1	2	3	4	5
6. 我有信心能够有效地进行许多不同的任务	1	2	3	4	5
7. 我能够把大部分的事情，做得比别人好	1	2	3	4	5
8. 即使事情是艰苦的，我也能把它做好	1	2	3	4	5

总分 = _____

主题案例

台塑成功的 e 化表现

对于一般人来说，台塑集团有名的是它的管理及制度流程，但其实它 e 化的成功经验，更常常是其他公司取经的对象，因此成立了台塑网销售 e 化经验，而统一企业采用它的工程管理系统，鸿海选择了电子市集，精英计算机更选择了商业流程自动化。各大企业的采用，使得台塑网在信息服务市场占有一席之地。而台塑成功的 e 化表现在采购人员每人每月处理的案件上便可看出，每月从 131 件增加到 662 件，人员却精简了 70%，每年平均节省了 23% 的采购成本，节省的成本高达 412 亿元新台币。

对于组织来说，e 化只不过是一种能让组织降低成本、提升效率的工具，但是要如何让 e 化成功呢？让组织能够学习 e 化并加以实践，领导人的决心以及企业文化的驱动占了极重要的角色。

领导人的坚持

台塑集团准备要进行 e 化时，当时台塑、南亚与台化三大公司各自拥有专属的信息人员，各自发展公司独立的 ERP 系统。为了避免重复设计系统的浪费，于是将各分公司的信息人员整合到总管理处的部门，重新设计一套通用的管理流程与信息系统。但是此举却遭到很多子公司反对，认为它们自己就可以做，不需要总管理处干涉。最后，在王永庆一声令下后，决定统一由总管理处集中各分公司的程序撰写和制度设计。由于采取强制的做法，才能为日后台塑集团管理计算机化奠定良好的基础。

企业文化的驱动

制度要成功，除了领导者的决心外，还需要企业文化的支持。e 化冲击最大的是员工，员工的排斥或配合成为 e 化是否能够顺利执行的关键，此时文化扮演极为重要的角色。台塑最重视的是"管理合理化"，管理合理化是王永庆的信念，而台塑 50 年来追求管理合理化和制度优化，早已经融入到企业文化里了，从上到下的观念都是一贯的，所以台塑的人看见一件事，就会设法将其再简化，这已经成为台塑文化的一部分了。因此台塑在推动 e 化时，花了许多的时间与员工沟通并灌输他们观念，让他们知道 e 化是管理合理化的方法，提高员工的接受程度，并且让员工参与 e 化的过程，一起找出最好的方法，用文化来驱动 e 化的进行。

由台塑 e 化成功的例子，我们可以发现，在推动组织学习时，重要的是领导者的决心及支持，并且辅以组织文化，让员工能够熟悉并且接受学习，如此才能够贯彻整个组织学习，达到学习的目的。

【思考题】

1. 企业 e 化过程最常见的问题有哪些？
2. 在 e 化过程中，企业如何激发员工正确的学习态度？

主题案例

春水堂

春水堂是结合插花、挂画、焚香、音乐的现代茶馆，自 1983 年推出第 1 杯泡沫红茶开始，台湾饮茶界因为春水堂而有了革命性变化，开启了茶饮料的新纪元，珍珠奶茶的发明，更将春水堂的茶饮事业推向高峰，而被茶艺界尊称为"茶博士"的春水堂总经理、身兼茶艺联谊会理事的刘汉介，正是推动冷饮茶的最大功臣。春水堂推动冷饮茶这一路走来，愈来愈受消费者青睐，其实与春水堂长期建立的企业文化息息相关。

春水堂有着一套独特的经营理念——"顾客第二"的哲学。他们认为要先有优秀的员工，才能有源源不绝的顾客；要让顾客获得满意的品茶享受，必须先让每位员工成为"茶的专家"。因此，春水堂的员工必须不定期的接受教育训练，从饮茶的历史文化、茶具的认识运用、茶的制造到泡茶精髓，都必须深入了解与学习，甚至店内四季变换的摆设都是学习项目之一。此外，训练课程还包括了公司规章、味嗅觉的鉴定、生活礼仪、服务业待客之道等，每门课程 2～3 小时不等。至于外场、柜台与调茶各有 13 堂课程，品管方面则有 15 堂课程，其中有产品、制作流程的认识、原汁茶的辨识、手摇茶的姿势教导、各式茶叶外观的辨识等。员工每年要接受大约 140 个小时的训练，内容不但有基础技能的训练，更设有教导员工待人处事、应对进退的课程，例如，长辈晚辈之间的对待礼仪、行走坐卧的伦理顺序等。培养一个店长至少需要 2 年以上的时间，要学会冲泡至少

100 种以上的营业茶，还要学会传统茶的即席表演。而当员工担任干部后，刘汉介会亲自给员工上一堂课，希望借此引领员工思索自己的未来，看员工是否能传承春水堂的精神与理念，让员工仔细思考去留问题。

春水堂开设职训课程，不容许作表面功夫，每位员工参加课程的种类、学习成绩，都列入考绩标准，而在人员晋升时，公司会邀请总经理、经理和外界专家作评审，针对这些内容进行测验。除此之外，总经理以身作则，每月带领主要干部开读书会，而每家分店也都比照办理，由店长每周举行读书会。春水堂对员工训练的扎实度，充分展现公司对人员品位的要求及对茶文化种子的深耕。

【思考题】

1. 春水堂颠覆传统，采取"顾客第二"经营哲学，是基于何种背景使然？

2. 春水堂的员工训练有何特色？

课后练习

1. 比较古典制约学习与操作制约学习。

2. 请列出四种基本的增强策略，各举一例说明之。

3. 社会学习理论强调"模仿"的学习功效，但一般人对"模仿"的评价不高，你有何看法？

4. 胜任感是怎样影响我们的学习行为？

5. 你是否同意以下的观点："我们的大学是一个学习进修的场所，所以，大学必然是一个学习型组织。"请说明你的看法。

第4章 伦理

千江有水千江月，万里无云万里天

宋·雷庵正受·嘉泰普灯录

世态炎凉，社会这座巨大的冰山，不知隐藏了多少不为人知的人间酷寒。重视伦理的声声呼唤，可曾让是非之心胜过利害之心？明月可以反映在无数条江面上，有水则月映，有岚则虹生，是再自然不过的事，伦理是做人的基本原则，本该与水之映月相同，究竟是谁使它变得复杂了呢？

4.1 何谓企业伦理

企业伦理

在企业内，通过管理者倡导与员工认同，形成一套处理企业与消费者、供应者、竞争者、政府、社区、公众、劳资等关系的行为准则。

伦理（ethics）是一个社会的道德规范系统，赋予人们在动机上或行为上的是非善恶判断基准。伦理也是一套符合人们价值系统的行事规则，其功能是使人们的决策行为得到协调与合作，达成互利的结果。企业伦理就是在企业内，通过管理者倡导与员工认同，形成一套处理企业与消费者、供应者、竞争者、政府、社区、公众、劳资等关系的行为准则。

企业成员如果缺乏伦理观念，其行为不遵守伦理规范，将导致严重的后果，例如，《纽约时报》被公认为全球新闻业的典范，其编辑采访的作风严谨，却在 2003 年，在头版显著位置刊登长达 7500 字的文章，向读者及相关人士致歉。原来该报 27 岁记者杰森·布莱尔（Jayson Blair）在 36 篇新闻稿中大肆抄袭并编造"独家新闻"，此事件成为《纽约时报》创刊 152 年以来最大丑闻，并引以为奇耻大辱。事实上，《纽约时报》并非爆发伦理缺失的第一家知名企业。在 2001 年发生的安然（Enron）公司破产案，就已成为美国一连串企业丑闻的开端，这家全球前 500 大公司排名第 16 的公司，在做假账事件东窗事发后仅仅两个月就迅速瓦解。此案令各界震惊，同时也让公司治理与企业伦理成为企业关注的热门课题，诸多企业忙着审视、构建公司内部的伦理守则，并且思索如何落实。许多企业还设置了伦理长（ethical officer），开始为员工开设伦理课程，甚至接受员工举发企业内部存在的种种不当行为。

在一企业体系内，企业伦理所提供的社会秩序，有助于解决组织成员个别绩效难以评估所产生的困扰，进而舒缓工作监督与报酬分配的张力，管理成本于是得以降低。基于追求自利的人性假设，组织的任一成员皆可能有投机主义（opportunism）的问题[1]，但在个人工作情况无法有效监控时，企业伦理却使得组织成员无须有形规章的约束与专人监督，仍能忠诚的为组织乃至组织中的其他成员尽力。不但如此，在个人工作绩效（个人对组织的贡献）难以有效评估的情况下，企业伦理又使得组织成员间的报酬分配，可以采用种种与绩效无关的其他标准（如年资、抚养亲属人数等），从而降低了因报酬分配问题而引发成员冲突的可能。

同时，就企业而言，企业伦理则有助于维护交易秩序、降低交易成本。通常，一提到维护交易秩序，人们首先想到的总是各种精微缜密的契约内容，也就是通过法律途径来维护交易秩序。法律是维护交易秩序的一项重要机制，而且与伦理所界定的群己关系已难截然二分，然而，其实际作用仍有不足之处。此时，隐含于整个社会网络中不成文的社会规范正发挥其稳定的功能，对维护交易秩序具有不可忽略的影响力。而这些不成文的社会规范或各行业的"行规"，不容忽视地，正是构成企业社会中的企业伦理主体。

4.2 企业核心价值观

企业伦理的推动与落实，最有效的途径是让高标准的企业伦理深入企业各阶层，企业伦理一旦成为企业的核心价值观，就会发挥影响力，使员工的行为符合伦理。对成功的企业而言，经营策略固然需因适应环境而改变，但其"核心价值观"却长存不变。对于这个议题，詹姆·柯林斯（Jim Collins）颇有其个人见解。他长期投入研究企业如何迈向卓越，曾先后出版了《基业常青》与《从 A 到 A＋》两本脍炙人口且引起企业广泛瞩目的书，他认为卓越企业首先必须确定其核心意识形态，此核心意识形态包括核心价值观与使命感。

许多成功的企业都有非常鲜明的核心价值观，且多年奉行不渝，即使历经了多次领导人的世代交替，仍然丝毫没有泯灭或扭曲。例如，沃尔玛百货，其核心价值观是"服务顾客，永远给顾客最低的价格与最多的选择"；而迪斯尼的核心价值观则是"以创造力、梦想与想象力为千百万人制造快乐"，对迪斯尼来说，没有任何事比为顾客制造快乐重要；而以惠普风范"HP Way"著称的惠普公司（以及从惠普独立出来的安捷伦科技），仍确切实践着"诚信、尊重与关心人的价值"的核心价值观，至今，惠普风范对诚信的要求依旧极为严格；韩国三星（Samsung）从过去生产廉价产品翻身一跃成为国际舞台要角，就是因为它们坚信"只有领先的人才能存活"，于是笃实奉行"第一主义"以及"重视人、培育人"的价值观。

企业伦理

企业的一种规则、标准与原则，在特定的情境下，作为道德行为的指引，规范了企业与环境间、企业与企业间、主管与部属间、员工个人与团体之间的关系。

欧美有一些非常成功的企业，之所以能够经营得有声有色，全因为它们能把企业同时定位在追求利润与推动良性的社会变迁之上。例如，1976年在英国创始的美体小铺（Body Shop），其创办人 Anita Roddick 一开始即深信，在企业界赚钱不需要出卖灵魂与良心，于是在她的领导下，"美体小铺"不设营销与广告部门，反而设立环境部门。秉持着"我们只有一个地球"的原则下，策划员工参与地球环保与人权的各种计划。结果她发现，员工在参与各种有意义的活动之后，不仅提高对公司的向心力，改善工作士气，而且也提升了员工的质量与视野。Anita Roddick 已于 2007 年过世，享年 64 岁，但她致力推动的企业良知，以一个女企业家的身分，其信念和坚持对后来的经营者必定有其长远的影响力。

在中国台湾的企业中，奇美实业董事长许文龙带领企业称霸全球 ABS市场，企业经营得如此成功，他却认为"企业不是目的，而是获得幸福的一种手段"。也因为这样的信念，奇美 20 多年前即实施员工入股制度，目前公司有 85% 的从业人员都是股东，而入股资金由公司无息借贷，希望做到员工的薪资与分红股票相等，使得从业人员的年总收入有达到台湾企业中最高水平的可能。不仅如此，公司也相当重视公益事业，众所皆知的有奇美医院与奇美文化基金会，造就了更多人的幸福。

▶▶ 4.3　企业伦理的四原则

企业伦理（business ethics）是将伦理判断标准予以扩充，应用至企业经营所能到达的范围，如社会期望、公平竞争、人际关系的运用、社会责任的界定、企业内部合作及协调、对外协商、顾客服务、供货商合作关系、通信处理等。企业伦理是企业的一种规则、标准与原则，在特定的情境下，作为道德行为的指引。因此，企业伦理就是营利单位在追求自己的利益时必须遵守的一些原则，它规范了企业与环境之间、企业与企业之间、主管与部属之间、员工个人与团体之间的关系。哲学家与伦理学者提出了不少伦理价值观与逻辑基础，但大致可归纳成功利主义、个人权益、分配正义及照顾四个重要的原则[2]，企业伦理的建立需要员工与企业双方共同努力，在这四个原则之间取得平衡，兹分述如下：

4.3.1　功利主义原则（utilitarianism principle）

此原则以决策的结果为考虑，企业的社会责任之一是替股东获取最大利润，因此，在从事自由竞争时，必须在法律容许范围内，妥善运用其资源，以创造或提高利润。当面对伦理困境时，企业应以组织中大多数成员的利益最大化为主要的决策基准，以判断决策是否合乎道德。例如，决策者依此原则，会认为裁减现有 10% 员工是合乎道德的，此举虽然影响到被裁员的员工权益，但若生产力因此提高，则其他 90% 员工的工作更有保障。

4.3.2　个人权益原则（individual rights principle）

此原则主张充分尊重与保护个人的权利和自由，关注重心置于个体上，若个人利益与群体利益有冲突时，以个人权益为主要的考虑依据。最常被强调的个人权益包括迁徙自由、身体安全、言论自由、隐私权等。例如，基于保障员工发言权，员工告发其上司违法时，公司应该对员工加以保护。该原则可能的负面结果为过于强调保护个人的各种权利，反而模糊了组织达成工作目标的焦点。

4.3.3　分配正义原则（distributive justice principle）

当面对伦理困境时，此原则主张以组织的规范，或以国家社会的法律标准为主要的考虑基准。管理者应于法律的规范下，公正公平地执行各项政策，使成员不因肤色、年龄、性别等差异而受到歧视。此观点保护那些没有权力的利害关系人，但也可能因为过分强调公平，而降低员工创新与提高生产力的意愿。

4.3.4　照顾原则（care principle）

根据照顾原则，一个人对自己的特殊关系加以保护或偏袒，是道德正确的行为。主张此原则的学者认为，我们的自我知觉是建立在与他人的关系之上，所以，我们势必要支持与维护这些关系，才能够正向影响我们的自尊与自我价值。但此原则很可能导致徇私主义与鼓励搞小团体，并与上述的功利主义及分配正义原则互相冲突。所以，必须基于被管理者的同意（consent）之下，遵循此原则才比较有正当性。

4.4 企业伦理气候

伦理气候

组织气候的一个方面，属于组织文化的一部分。

组织文化

组织内部系统共有的信念与价值观，因此形塑与引导员工的行为。

伦理气候（ethical climate）是组织气候的一个方面，属于组织文化的一部分。组织文化被视为组织内部系统共有的信念与价值观，因此形塑与引导员工的行为。组织气候如在成员心理上认同，具体表现在个人行动中的组织实务运作和程序。若将伦理内涵融入组织的实务运作和程序，就形成了所谓的"伦理气候"[3]。伦理气候的形成可以帮助组织规范伦理准则，引导公司内部成员认知何者是正确的伦理行为，有效地解决企业内与伦理有关的议题。

企业实务上，塑造企业的伦理气候，可以通过若干管理实务来达成，包括高级主管以身作则；不断宣扬企业经营理念以收宣示效果；制定明确的伦理规范；以招募活动筛选并录用品德操守较佳的员工；将伦理行为纳入员工升迁的考虑；企业内部进行伦理教育训练活动；改变组织文化进而重塑组织的伦理气候。

关于伦理气候类型，由 Victor 与 Cullen 两位学者的研究[4]，针对四家不同规模公司的 872 位员工进行调查，经分析归纳成为五种伦理气候类型，分别命名为工具导向、公司规范导向、独立导向、法规导向及关怀导向：

（1）工具导向（instrumentalism）。面临决策困境时，通常只关注公司的整体利益。

（2）公司规范导向（rule）。公司非常强调利他原则，让所有员工利益达到最大是管理当局努力的方向，而每位员工都很关心彼此的利益。

（3）独立导向（independence）。公司尊重员工个人的判断能力，以其个人道德为依归。

（4）法规导向（law & code）。决策时依据公司内部的规范以及法律、职业的准则，一切依法行事。

（5）关怀导向（caring）。面临决策困境时，公司的员工都只顾及自己的利益。

五种伦理气候类型中，规范导向、独立导向、法规导向和工具导向的伦理气候有助于提升组织内部的伦理行为，对组织绩效有正向的影响；而关怀导向的伦理气候，则会导致组织内部不伦理的行为，也会影响到组织绩效，形成负向的组织绩效。

东方国家的文化及价值观体系与西方有相当差异，我们理应发展适合自己的企业伦理模式，让组织成员能够抵抗环境的诱惑，建立稳固的伦理规范，并且加以落实，朝向长期健康的伦理气候发展。对我国企业经理人而言，这才是真正具挑战性的课题。

▶▶ 4.5 信任

信任（trust）就是一个人基于对别人的乐观预期而自己甘冒受伤害风险的一种心理状态，信任不仅冒着让自己受伤害的风险，同时也涉及自愿地将资源或资源控制权转移给他人[5]。要达到信任必须先建立关系，我们借着沟通去了解对方，进而铺展其间的人际关系，决定双方信任的程度。

信任就像空气、阳光、水一样，无所不在，我们对整个社会的信任，对陌生人的信任，对世界的信任，我们依靠着它作息而不自觉。许士军指出："现代企业的典章制度必须建立在信任上，而信任就是一种伦理关系"[6]，而企业若想靠企业伦理构建公司以及员工间的信任，以追求永续经营，首先要讲求公司治理与信息透明。信任是一种社会资本，信任度愈高，社会愈和谐，经济活动愈顺畅，生活也愈安乐。信任是一种相互的承诺与激励。在信任之前，先要对自己、对他人有信心。哈佛管理学者肯特在潜心研究了许多企业和球队的胜败原因后，发现赢者都有一个共同点，他们都对周围团队具有信心，使他们能抓住机会，有突出卓越的表现。

企业内外关系的发展中，有三种类型的信任运作其中，包括认同基础的信任（identification – based trust）、知识基础的信任（knowledge – based trust）、算计基础的信任（calculus – based trust）[7]。

4.5.1 认同基础的信任

所谓认同是指完全内化他人的欲望（desire）与意图（intention）。此种信任之所以发生，是因为双方都能有效地了解、同意、认同彼此的需要。此种信任可以允许一方成为另一方的代理人，相信自己的利益会完全

信任
一个人基于对别人的乐观预期而自己甘冒受伤害风险的一种心理状态。

59

受到防卫与保护，无须监督。

4.5.2　知识基础的信任

此类型的信任是建立在对他人的可预测性（predictability）之上，而对他人的正确预测有赖于长期摸索、不断互动以及定期沟通。我们对他人所知越多，就越能正确预测他人的所作所为，信任就会持续下去。其实，即使预测出他人不值得信任，"可预测"仍可提升信任，因为我们能预测他人破坏信任的方式。

4.5.3　算计基础的信任

此种类型的信任是建立在吓阻的基础上，此时，惩罚的威胁成为比奖励更重要的原因。人们愿意维持自己言行的一致性，因为害怕自己如果破坏信任关系之后的结果。所以，此种信任可看作是持续的、市场取向的及经济的计算。

正直

言行一致，也与所信奉的原则与承诺一致，即使在诱惑和压力之下也能维持一致。

 4.6　正直

正直（integrity），或称诚信，可定义为"言行一致，也与所信奉的原则与承诺一致，即使在诱惑和压力之下也能维持一致"[8]。傅佩荣认为"integrity"有"完整人格、表里如一、言行一致、值得信赖"等意思[9]，他觉得此词很难贴切翻译。不过，正直在一般人心目中的解释，多半等同于诚实。例如，家乐福的行动纲领中对正直的描述是"信守承诺，对顾客、员工与供货商都诚实相待"[10]。正直的人坚守自己的信念，有勇气和力量，由于正直者言行一致，容易赢得别人的友谊和钦佩，也就容易获得别人的信任[11]。

正直有"完整"（wholeness）的重要意涵，意指一个人的言行与其价值观相符，而其价值系统不相互矛盾，因而享有完整的人格。从一个人"信念"、"言语"、"行为"的一致程度，我们可判断其是否具备完全的正直，一个完全正直的人必然"心有坚信、言其所信、行其所言"[12]。

许多企业经营的不正直行为导致消费者对其缺乏信任，实在不胜枚举。例如，2013 年 1 月的一则"米粉不是米做的"新闻报道，市面上 52

件米粉的检测，竟发现九成都不合格，有标榜为"纯米制"的米粉含米量竟为0%，取而代之的是廉价的玉米淀粉。差不多同时，英国和爱尔兰则传出发现超市出售的牛肉汉堡包中掺杂马肉，可称为"挂牛头卖马肉"事件，这些欺骗行为已到了令人难以置信的地步。

具有正直品德的人格外令人尊敬，2003 年 11 月台北市发生一件车祸，一位从事教堂工程监工的美籍人士因违规穿越马路，不幸被机车撞成重伤，其美籍妻子竟表示车祸起因于其夫未遵守交通规则，她不但不起诉，还向那位肇祸学生道歉，承办警察说这种情况是第一次看到。报纸则有"包迪夫妻不但为中国台湾的教会而努力，无心插柳，他们也给混浊不清的中国台湾社会带来正面的示范"、"法律观念，中外有别"等评论[13]。该美籍女士的行为实为其正直人格的具体表现，因为正直者就是对行为准则有所深信，又能行其所信，不因客观事实牵涉自己利益而有所不同。"正直"是最常见的企业共同标榜的一项价值观，例如，宝洁公司（Procter & Gamble）的核心价值观是领导才能、主人翁精神、正直、积极求胜、信任；再如，美国惠氏药厂（Wyeth），其核心价值观是优质卓越、正直、尊重他人、领导能力、团队合作。但以台积电（TSMC）对"正直"的强调最为人所熟知，张忠谋常强调台积电的四个价值：正直、客户导向、创新、工作投入，把"正直"放在首位，认为这是台积电上下一以贯之的重要精神。

由于"诚信正直"是台积电取才的第一考虑，对此，台积电还特别以文字明确诠释，以供全公司同人遵循："我们说真话。我们不夸张、不作秀。对客户，我们不轻易承诺，一旦承诺，必定不计代价，全力以赴。对同业，我们在合法范围内全力竞争，但绝不恶意中伤。同时，我们也尊重同业的知识产权。对供货商，我们以客观、清廉、公正的态度进行挑选及合作。在公司内部，我们绝不容许贪污，不容许派系及小圈圈产生，也不容许公司政治的形成。至于我们用人的首要条件是品格及才能，绝不是关系。"

▶▶ 4.7　忠心的争议

忠心
尽自己最大努力，把事情做好的决心。

我国文化对"忠心"（loyalty）非常看重，《论语》仁篇说："尽己之谓忠"，忠心就是尽自己最大努力，把事情做好的决心。例如，我国宋代

名臣范仲淹逝世后，与他相交近 30 年的富弼，撰《范文正公文》盛赞范仲淹一生报效国家百姓，"凡有大事，为国远图"适足以用"以忠以义"四字来形容。

然而，我们却发现，现实世界里，"忠心"往往成为不道德行为的挡箭牌，有些组织成员为了表达对组织或上级的忠心，愿意违反本身的道德良知而去达成任务。其实，忠心与道德行为不能画上等号，行为人仍必须自负责任。这种情况在"越南战争"时有一例子，一群美军在越南一个名叫美莱的村子里，滥杀无辜，结果在军事法庭中，这些军人都被判刑，而不能以"奉命行事"的说法来自我辩护。

在现实的职场生活中，常会有派系斗争的问题，许多员工不得不选边站，为了表示对所拥护主管的"忠心"，而对不同派系的人做出许多不道德的事情，例如，恶意的攻讦，或是听从主管命令，恶意陷害不同派系的人员等，这些均是将"忠心"作为合理化不道德行为的借口。更有甚者，跟着主管以许多不道德的手段，如炒作股票、掏空公司、偷工减料、做假账、逃漏税等来牟取暴利，这些员工没想到的是，一旦弊案被揭发或财务发生周转困难，企业将面临危机，非但会丢了工作，甚至须替企业背负庞大的债务与法律责任。

员工在企业内努力工作，付出劳力、时间与健康，企业给予合理的报酬与职位，本是两蒙其利的雇佣关系。如果企业正派经营，自然相安无事，但若经营者不走正道，除非员工能抗拒名利的诱惑，有说"不"的条件与勇气，否则通常很难置身事外。再加上员工与经营者之间的信息是不对称的，员工无法获得足够的信息，于是常为企业的表象所迷惑。

然而，当公司员工确实知悉公司的一些不道德的行为或是不合法的产品时，为了忠于职业良心，就不应对公司与上司盲目地效忠。所以，组织成员必要时不但可以，而且必须揭发公司不道德的行径，这种人在西方被称为 whistle blower（揭发者），也就是揭发公司内部道德瑕疵者。可以想见，在忠心与道德之间作选择必然是痛苦的挣扎，所以，组织成员若要揭发组织经营阶层的某种不道德行为，应先确定达到下列三种条件：应有相当合理和可靠的资料，相信公司的行为的确是不道德的；已遵循公司内部制定的沟通途径而未得合理解决；这事如果不被揭发，会招致相当的祸害和后果。

4.8　企业社会责任[14]

企业社会责任（corporate social responsibility，CSR）意指一企业有责任以合乎伦理道德的方式来经营，一个愿意负担社会责任的企业，必须尽量使其企业行为带给社会正面效用，降低负面影响。它指的是企业除了对股东负责，也就是创造财富之外，还要对全体社会承担责任，此社会责任一般包括遵守商业道德、保护劳工权力、保护环境、发展慈善事业、捐助公益事业、保护弱势团体等。

企业是一个开放系统，为追求永续经营，必须与其所处的环境中各个利害关系人建立良好的互动关系，以达到互利双赢的结果。企业对于各个利害关系人的关系，如股东、员工、顾客、供应商、政府、小区，都有一定的伦理规范，这些规范都属于企业伦理的讨论范围。

所谓的利害关系人（stakeholder）是指所有影响企业，或受企业影响的个人或团体，主要包括供货商、顾客、员工、股东以及企业所处的区域、全国甚至国际[15]。图 4-1 列出企业可能的利害关系人，分成主要与次级两大类。

企业社会责任

企业有责任以合乎伦理道德的方式来经营，使其企业行为带给社会正面效用，降低负面影响。

利害关系人

指所有影响企业，或受企业影响的个人或团体。

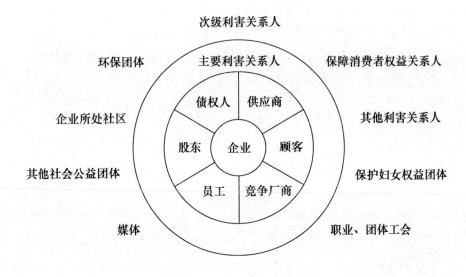

图 4-1　企业的利害关系人

企业经营者对 CSR 的不同响应方式，可大约分为四类：

（1）阻碍式（obstructionist response）。企业经营者的行为已属非法或不符伦理要求，他们对问题采用掩盖的态度。

（2）防卫式（defensive response）。企业经营者只求合法，无意多负额外责任。

（3）顺应式（accommodative response）。企业经营者满足企业伦理的要求，对利害关系人的福祉给予平衡的处置。

（4）主动式（proactive response）。企业经营者积极主动负担起社会责任，尽心尽力对利害关系人给予关怀与协助。

CSR 是企业在全球化时代必备的通行证，是企业永续经营不得不面对的趋势，中国台湾企业已警觉 CSR 时代来临，从公司治理到照顾员工权益，从供应链管理到追求国际环保标准，愈来愈多的标准要求形成经营的压力。例如中国台湾公司已积极推动 CSR，强调公司治理是企业基本社会责任，也强化客户服务，在过滤诈财简讯方面，用户只要向中国台湾大哥大检举诈财简讯，查证属实者，前 100 名可以得到回馈金；至于多媒体简讯部分，任何露三点的图片一律删除，总经理张孝威公开表示："对社会不适当的东西绝对不能做"，这项决定让中国台湾大哥大每个月少了上百万元的收入。此外，中国台湾大哥大还通过 BS7799 国际信息安全标准认证，强化信息安全的保护及管理，显示其对 CSR 重视的态度。

不过，也有不少专家学者从反面观点来看待企业的社会责任，其中最知名学者要算是 Milton Friedman，他在《资本主义与自由》中曾提及"企业唯一的一项社会责任是替股东获取最大利润，也就是运用其资源于各项业务，从事公开、合法的自由竞争，以期提高利润"。他认为，如果公司以其资金去从事不能创造利润的活动是不适合的。

自我测验

伦理困境

下述每一个伦理困境都列有四个响应行动，虽然并不一定互相排斥，但仍请你在 A、B、C、D 之中，圈选一个你最有可能采取的响应行动。然后针对全部四个响应行动，在其右边所列示的数字中，圈选一个数字，表达你赞同的程度（全部填答完毕后，可参考附录一，比较你的响应行动与别人的异同）。

（1）你是营造业老板，正进行一项金额相当大的政府工程合约。这个合约规定整个工程必须如期完工，每一个进度是否合乎质量规定，是由政府单位的人员勘察后认定。此外，如果工程延迟，则要扣掉工程费至少10%的罚金。虽然你对自己的工程有信心，但你了解政府单位的查核标准也许不是完全公正、客观。你会怎样做？

	不可能 这么做				一定会 这么做	
A. 想办法找较具影响力的人士或高层，向查核单位表示关注或美言	1	2	3	4	5	6
B. 你会常常带点茶叶、酒等小礼物去拜访查核单位，设法维持友善的关系	1	2	3	4	5	6
C. 不与查核单位搞私人关系，将全部时间用在带领员工，按期施工，并维持工程质量	1	2	3	4	5	6
D. 设定奖惩办法，奖励公司各个负责施工的部门按期施工，如果质量出问题，或工程延误，就扣除该部门的奖金	1	2	3	4	5	6

（2）你是销售副总裁，看过整个公司去年八个销售部门所统计出来的数字后，你公布今年的销售竞赛冠军奖金（20万元）颁发给第三部门的陈经理。当天下午，你就收到第六部门林经理的电子邮件，林经理表示根据他自己的记录，你所公布的数字好像有误。你自己又确实的检查了一遍，发觉林经理有一笔海外的数据你没有计入，所以，林经理才是销售冠军。但是，你认为这份数据大概不会有人知道，也不大可能会被其他人发现。你会怎样做？

	不可能 这么做				一定会 这么做	
A. 回信给林经理，说你已经复查过了，没有发现错误	1	2	3	4	5	6
B. 告诉所有部门的经理你弄错了。你决定将林经理和陈经理并列第一，都获得奖金20万元	1	2	3	4	5	6
C. 告诉所有部门的经理你弄错了，林经理才是冠军，陈经理不能获奖	1	2	3	4	5	6
D. 回信给林经理，说你弄错了。但是因为已经公布，不便更改，你答应会私下补偿他	1	2	3	4	5	6

（3）你负责公司的薪资及考勤计算。老板除外，公司一共只有5位员工。某苏姓助理很优秀，但全薪只有21900元，你知道她有经济压力。然而，公司因为不赚钱，所以没有福利、没有奖金、台风假不给薪、加班也没有加班费。你一直对这位优秀员工感到委屈，曾替她向公司申请加薪未果。本月底你计算考勤时，发现苏助理曾因急事请假一天，而她的特休假只剩5小时，所以，超过了3小时，依规定，她就不能领取全勤奖金1000元。你会怎样做？

	不可能 这么做				一定会 这么做
A. 从宽处理，你认为超过3小时是小事，让苏助理仍能领取全勤奖金	1 2 3 4 5 6				
B. 你自己不做决定，但向老板说明事实，为苏助理求情，希望能通融一次，让苏助理领到全勤奖金	1 2 3 4 5 6				
C. 按照公司规定办理，不让苏助理领取全勤奖金	1 2 3 4 5 6				
D. 从宽处理，向苏助理表示，同意预支明年的特休假3小时，让她本月还是可以领取全勤奖金	1 2 3 4 5 6				

（4）你是一所国际学校的校长，学校规定女学生的裙子长度必须超过膝盖。查沃第是该校的董事长，也是最主要出资者，握有人事任免权，所以没人敢得罪他。最近，令人头痛的事发生了，查沃第的女儿转到这所学校，她非常叛逆、不守规矩，时常穿不合规定的裙子到校，也不理你的好言相劝。你曾经向查沃第提过此事，然而，查沃第的女儿不管父亲的劝告，照样穿短裙到校。你担心其他同学模仿，你会怎样做？

	不可能 这么做				一定会 这么做
A. 修改校规，删除裙子不可过短的规定	1 2 3 4 5 6				
B. 向同学们说，董事长的女儿你管不到。若其他同学犯规，你则必须处罚	1 2 3 4 5 6				
C. 你每次看到查沃第的女儿，都训示她要遵守校规，但没有真正地处分她	1 2 3 4 5 6				
D. 你认为校规必须一体适用，严格报行，你决定依规定处分查沃第的女儿	1 2 3 4 5 6				

（5）你是某大学今年国际研讨会的四位承办人员之一，这是你第一次承办这种性质的盛会。会议前一天，各国的贵宾都已来到，大会请你替贵宾们安排市区游览以及购买本地各种名产。身为本地人，你觉得 A 商店的东西相当不错，贵宾们会很喜欢。于是你带着他们去 A 商店购物。大家相当满意，买了不少东西。离开之际，A 商店老板把你叫住，私下给了你高达消费总额两成的"回馈金"。你会怎样做？

	不可能 这么做					一定会 这么做
A. 自己收下，你认为这是惯例，没什么不对	1	2	3	4	5	6
B. 暂时自己先收下来，等忙完研讨会后，在检讨会上再讨论如何处理	1	2	3	4	5	6
C. 回到学校就告知大会主席这件事，并将回馈金交出，作为研讨会的额外收入	1	2	3	4	5	6
D. 向 A 商店老板表示拒收，并表示如果可能的话，请给这些顾客打 8 折优惠	1	2	3	4	5	6

（6）你是某知名公司的人事科长，最近公司要招考营销部门的秘书，你负责面试，现在审阅资料，突然发现有一位应征者是与你非常要好的朋友的女儿。你会怎样做？

	不可能 这么做					一定会 这么做
A. 你觉得应该亲自负责面试，只要这位好朋友的女儿表现不太差，应该协助她被录取	1	2	3	4	5	6
B. 你请一位同事代替你来负责面试，表示公正，但是你会找一些考古题目给好朋友的女儿参考	1	2	3	4	5	6
C. 你请一位同事代替你来负责面试，为了避嫌，不去过问这次招考的进行	1	2	3	4	5	6
D. 你仍然决定负责面试，但完全一视同仁，铁面无私	1	2	3	4	5	6

（7）你是一个白手起家的成功人士，目前在商业界居于领导地位，而且担任一个著名的慈善团体的董事长。然而，你年轻时曾经走上歧途，屡次吸毒，在警方留下纪录。不过，你后来戒毒成功，没有人知道你这一段

不光彩的过去。现在，你的慈善团体准备为青少年举办一次大规模的"反吸毒"活动，请你致开幕词。你会怎样做？

	不可能 这么做				一定会 这么做	
A. 绝口不提自己不光彩的过去，也不强调这次活动的"反吸毒"主题，你以一位成功人士的身份，劝勉青少年要做一个有用的人	1	2	3	4	5	6
B. 找一个借口，请其他人代替你去致开幕词	1	2	3	4	5	6
C. 向与会的青少年坦白承认自己过去曾经吸毒，以及后来戒毒的种种痛苦经验，希望他们不要犯这种错误	1	2	3	4	5	6
D. 你绝口不提自己过去曾经吸毒，只是强调自己反对吸毒的理由，希望青少年千万别去吸毒	1	2	3	4	5	6

（8）你是一个文理补习班的老板，你有一位非常要好的朋友阿强，常常到补习班来，有时也会帮点小忙，因此，补习班的学生与家长都认为阿强是补习班的一员，而你也从来没有澄清阿强的身份。今天有一位学生家长找上门来，说阿强老师有骚扰其女儿的行为，他要控告补习班。你会怎样做？

	不可能 这么做				一定会 这么做	
A. 你强调阿强不是补习班的老师，他的所作所为与补习班无关，你请家长自己去找阿强理论	1	2	3	4	5	6
B. 你强调阿强不是补习班的老师，但你愿意协助这位家长报警调查该事件	1	2	3	4	5	6
C. 你先向家长表示深切道歉，强调会调查清楚，尽快给家长一个交代	1	2	3	4	5	6
D. 你表示不想听信片面之词，请家长提供人证或物证，你才会去调查处理	1	2	3	4	5	6

（9）你是某减肥食品的总裁，你为了有效提升业绩，在年初公开向所有外勤业务员宣示，全年度业绩确定后，你要晋升业绩数字最佳的人担任销售经理。年底结果显示，张三与李四两人明显优于其他人，张三以些微

差距领先李四，按照你当初宣示的晋升办法，应该提升张三为销售经理。然而，据你私下了解，张三有一部分业绩系由其亲戚好友在接近年底时所认购，而李四的业绩皆来自不特定的顾客，你认为李四的销售能力比较强。你决定晋升谁？

	不可能这么做				一定会这么做	
A. 宣布提拔李四，向大家说明张三向亲友拉业绩是不能持久的，李四的业绩才是真实的，所以，你认为李四比较适合当销售经理，相信大家都能够谅解	1	2	3	4	5	6
B. 你向大家承认当初办法不够周延，建议修订晋升办法，进行公平的竞赛，将晋升的事延后一年再决定	1	2	3	4	5	6
C. 你决定提升张三，不去计较张三之前那种对其亲朋好友的强迫性销售行为	1	2	3	4	5	6
D. 你决定提升张三，但你不顾张三的难堪，宣布以后的销售业绩竞赛，为求公平，必须要排除向亲友推销的部分	1	2	3	4	5	6

（10）你是一家钢铁公司的新任科长，厂长希望你要秉持大公无私精神，整顿纪律，特别强调"厂内喝酒一律开除"的规定，你觉得受到厂长的重用，答应全力以赴。有一天，因进口船期延误，生产线缺料，恐将停工。所以，你私下劝动几位技术员假日出来加班。加班那天的中午闷热难耐，你就带冰凉饮料准备慰劳员工，却赫然发现他们正在喝酒，违反了一再倡导的厂内不可喝酒的规定。你会怎么做？

	不可能这么做				一定会这么做	
A. 你体谅喝酒的员工的配合假日加班，你私下告诫他们，这次特别原谅，以后不得再犯，并嘱咐大家要保密	1	2	3	4	5	6
B. 你要求喝酒的员工立下切结书，保证绝不再犯，你强调万一再查获，决不宽恕	1	2	3	4	5	6
C. 你将喝酒的员工一律送人事处，由人事处依规定议处，是否开除由公司决定	1	2	3	4	5	6
D. 你将喝酒的员工一律送人事处，建议依照规定，全数开除	1	2	3	4	5	6

主题案例

安然公司的揭发者

美国安然公司（Enron）成立于 1985 年，以销售电力和天然气产品起家。随着业务扩张，逐渐跨入煤、塑料、金属、纸浆等商品的销售与运送。1999 年，安然公司提供网络交易平台，让客户可以在线进行天然气、石油等大宗物资的远期信用交易。该公司不仅用媒介撮合买卖双方，甚至会扮演买卖双方的角色，所以业绩蒸蒸日上。到 2000 年，公司营业额达到巅峰，年度营业额达 1008 亿美元，净利高达 9.8 亿美元，资产总额为 655 亿美元，雇用员工超过 20000 人，是全美国排名第 7 位的企业。华尔街的证券商，对安然公司的股票一片看好，认为未来将持续成长，所以对客户提出"买进"或"强力买进"的建议，该公司的股价也达到历史天价——每股 90 美元。

安然公司所创的"能源交易"，是风险极高的业务。因公司针对不同客户扮演买方或卖方的角色，在营业初期还会小心翼翼地做避险的动作，但随着业务范围不断扩大，就不再避险。每当交易出现亏损，安然便在财务报表上动手脚。其做法是由该公司成立了数百个不需在母公司财务报表上揭露的子公司，用安然公司的股票为抵押品向银行大举借贷，来弥补操作衍生性金融商品的亏损。而负责签证的安达信（Anderson）会计师事务所，明知安然公司过于热衷结构复杂的交易，且有部分金额未列入资产负债表，却没有采取进一步补救措施。

2001 年 8 月，该公司发展部副总裁华金斯（Sherron Watkins）写了一封长达 7 页的信函给公司执行总裁雷伊（Lay），警告该公司即将爆发财务丑闻。但公司非但置之不理，高层主管反而对员工宣布，该公司前景看好，鼓励投资者买进；2001 年 10 月下旬，安然公司终于向美国财长请求纾困，但遭到断然拒绝。同年 11 月，安然公司宣布重新调整 1997~2000 年的年度财务报告，让获利减少 59000 万美元，同时增加负债 62000 万美元。安然公司的股票价格随即暴跌至不到 1 美元；12 月上旬，安然公司向法院申请破产。写出警告信 5 个月后，华金斯的信函曝光，成为指证公司高层和会计师事务所事前知情的最有力证据。

2002 年，美国《时代》杂志（Time Magazine）选出三位女性为年度风云人物，除了华金斯外，还有向董事会揭发世界通讯公司（World Com）做假账，掩饰 38 亿美元亏损秘密的古柏（Cynthia Cooper）以及在 911 恐怖攻击事件发生前，写备忘录给联邦调查局局长的干员罗里（Coleen Rowley）。《时代》杂志称她们是 whistle blowers（揭发者），因为她们基于道德勇气的告发行为，让因循包庇的组织文化不至于更加恶化。更重要的是如《时代》的评论："她们冒了工作、健康、隐私权、精神健全和一切的危险，让我们知道迫切需要的信息，知道这些重要机构的内部出了问题。"

【思考题】

1. 试分析"揭发者"对组织与社会的重要性。
2. 文中所提到的三位揭发者都是女性，你认为是巧合吗？

主题案例

理律律师事务所

2003 年 10 月 15 日，理律律师事务所员工刘伟杰盗卖客户新帝公司（San Disk）托管股票新台币 30 亿元。盗卖客户股票弊案爆发后，这个华人最大的律师事务所，在完全无预警下，面对将近 30 亿元、公司面临倒闭的危机。很多人认为是理律的"信任"文化让刘伟杰有机可乘。但不可思议的是，在几乎崩溃的信任危机中，理律居然没有背弃信任，反而用长年对客户、员工累积的信任，化解了危机。

在短短的 1 个月内，理律就和对方达成赔偿协议，一肩扛起的不仅是 30 亿元的债务，还有业界及社会大众对理律的期许。当年度先偿付 2000 万美元，其余 4800 万美元以信用状做保证，分 4 年偿还（2004 年的 1200 万美元也已经如期付清），但是不足的 1800 万美元，居然取得新帝公司最大的信任，可以连续 18 年由理律每年提供 100 万美元的法律服务、公益慈善和教育投资的方式，以无形资产代偿。

而这项协议的一个重要且具建设性部分就是"社会责任的实践"。新帝公司同意理律提供长期法律服务作为赔偿，以 18 年的时间，每年由理律提供约 100 万美元，共计 1800 万美元的法律服务额度，对新帝公司提供法律服务。在此期间，若新帝公司每年的法律服务额度未用完，新帝公司与理律法律事务所同意，将依该未用罄的余额，由理律以提拔赔偿额的方式，共同进行公益与慈善活动，其中 1/3 作为新帝公司在美国加州的公益慈善赞助或相关活动的举办经费；1/3 作为理律在台湾公益慈善赞助或相关活动的举办经费；1/3 则由新帝公司和理律共同举办系列的公益讲座或法律讲座。

几乎破产的理律，剩下的唯一资产就是多年在信任文化下累积的信誉，没想到，新帝居然认同"法律服务"及"公益慈善"这种无形资产，愿意以其代抵作为赔偿。前证期会主委、现任公司组织研究发展协会理事长吕东英说："理律与新帝所创造出来的模式，是很重要的一种价值，在未来的社会中，信任、道德、公益都会变成一种有价的无形资产。"

理律没有放弃，没有以破产作为逃避；相反地，理律以负责任的态度来面对整起事件。对于企业来说，社会责任是重要的，理律也如此认为。由理律的个案可以看出，企业对于社会责任的重视并不是白费力气，在必要的时候，长期对于社会责任的关心，反而会成为企业生存的一项助力。

【思考题】

1. 从理律律师事务所的危机事件，我们得到哪些启示？

2. 为何企业社会责任会成为企业生存的一项助力？

课后练习

1. 企业经营者对企业社会责任（CSR）有哪几种响应方式？

2. 企业内外关系的发展，建立于三种类型的信任之上，请分别说明。

3. 一般的看法："企业处在竞争激烈的环境中，是无法做到完全正直的！"请问你的看法如何？

4. 企业伦理有哪四个重要的原则？你最信奉哪一个原则？请说明之。

5. 如何培植一个企业的伦理气候，请抒己见。

第5章　知觉

曾经沧海难为水，除却巫山不是云
唐·元积·离思

登东山而小鲁，登泰山而小天下，然若以为最高至美已然见过，余不足观，百尺竿头不进一步者，仍囿于己见。更多的人敝帚自珍，识见自元限，夏虫也，不足与语冰矣。这深受分化的社会啊，还有什么可以让我们齐笑或同哭！

5.1　知觉的本质

知觉

人们通过视觉、听觉、触觉、嗅觉、味觉去获得环境的各种信息，所谓知觉就是选择、储存、组织、解释这些信息的过程。

人们通过视觉、听觉、触觉、嗅觉、味觉去获得环境的各种信息，所谓知觉（perception）就是选择、储存、组织、解释这些信息的过程。知觉的研究非常重要，因为我们的判断与行为是根据对事实的知觉，而不是根据事实的本身。然而，知觉与客观的事实却经常存在差距，以致对同一件事物，不同的人可能有不同的知觉。

历史上有名的濠梁之辩便是一个有关知觉的故事[1]：一天，庄子跟惠子站在桥上，见到水中看似悠游的鱼儿，两人开始针对鱼儿是否快乐而开始辩论起来。庄子说："儵鱼出游从容，是鱼之乐也。"惠子反驳："子非鱼，安知鱼之乐？"庄子回应："子非我，安知我不知鱼之乐？"惠子最后说，我不是你，固然不知道你，但你也不是鱼，你不知道鱼的快乐，是可以完全确定的！这个故事中，庄子以一个艺术家的雅致去揣测鱼儿的快乐，而惠子却以一个哲学家的严谨，去探求事实的真实性。可见人们因为自己的经验，对周围环境的知觉不尽相同，就会对同一事物有着极为不同的解读与看法。

2007年6月上旬，中国台湾发生的"打虎变抓狗"事件也是很典型的例子。当时台北县林口乡传出老虎咬死十几只羊的事件，目击的印度尼西亚籍女工史多莉斩钉截铁地说看到老虎，老虎还向她"吼"了一声，她惊吓得从阶梯摔落到地面，爬出羊舍求救。事后，警方判断是獒犬所为，兽医们从现场分析，至少两只猛兽入侵，但不大可能是老虎。不过，台北县长宁可信其有，亲自带领30多人，浩浩荡荡上山搜捕，一无所获。经过两天，羊群饲主目睹野狗攻击羊群，诱捕笼也捕到一只野狗，确定"凶手"是野狗，向社会大众致歉。然而，印度尼西亚女工仍坚称"没看错"，同时，上百网友涌进"台湾动物紧急救援"网站，痛批台北县政府拿流浪狗当代罪羔羊，认为"3只饿到无力的狗短短3天袭击了38只羊，是今年度最夸张的新闻"[2]！

组织行为学者认为个人的行为方式是由其对环境里的人、事、物的知觉决定的，所以，知觉一直是组织行为学的重要研究主题。影响知觉的因素众多，有生理上与心理上的许多因素，例如，一个人的健康状况极大程度地决定了他对外在世界的看法，不过，组织行为学家比较重视的是可操作的因素，如学习、动机、注意力等。

早在 70 多年前，心理学家 Leeper 即开始研究短暂的学习经验对知觉的影响[3]，他以同时具有少女与老妇的特征的图片，让受试者分组去判断。有一组先看一张完全是少女特征的照片 15 秒钟，然后再看老妇图，全数小组成员都判断图片为少女。另一组先看一张完全是老妇特征的照片，也花 15 秒钟，再看少女图，却几乎全组都将之视为老妇。同一刺激竟导致如此截然不同的知觉判断，可见知觉是非常主观的。

5.2　选择性注意

选择性注意
只注意到自己想要接收的信息，却漏掉其他的信息。每个人都会让以往的经验、本身的想法和感觉介入信息接收的过程。

注意力是指人们关注一个主题或一个事物的持久度。当各种事物的信息供给，超过人们可以吸收消化的负荷量时，人们对不同事物的信息的注意程度就必然产生差异。所谓选择性注意（selective attention）是指我们只注意到自己想要接收的信息，却漏掉其他的信息。每个人都会让以往的经验、本身的想法和感觉介入信息接收的过程。在充满各种视听刺激的真实世界中，我们纵然眼观四面，耳听八方，也仅能撷取有限的外界信息作进一步的认知处理，并抑制未被选择的事物，以免对被选择的事物产生干扰。

在中国台湾，我们很容易发现到，蓝绿选民各自选择收看不同政治色彩的政论节目，这些不同政治立场的选民只接收他们愿意接收的信息，这种选择性注意，其实是心理学正常的现象。事实上，人们通常不会也不可能对周围的所有事物都加以注意。

一个人的关心与兴趣决定其注意的方向。一位爱鸟人士走进森林，他很可能会注意到一般人不会注意到的一种特别的鸟叫声。令人动容的另一个场景是，在嘈杂的火车上，一位熟睡的母亲，对火车经过隧道时发出的极大声响浑然不觉，但当怀中的婴儿小声啼哭，母亲却立即注意到了。

图 5 - 1 少女与老妇

英国认知心理学家 Broadbent 以有系统的科学方法来研究选择性注意[4]，一开始进行听觉测试，他们让受试者两个耳朵戴上耳机，左右耳传入不同的信息，要求受试者只专注倾听其中一个信号。结果发现，受试者可以完全了解实验者要求注意倾听的信息，但是对于被忽略的信息，受试者则只注意到物理特征的改变（如声调高低等），而无法进一步理解信号的内容，因此 Broadbent 构建出一个"过滤理论"。根据这个理论，他认为所有的信号（包括被忽略的以及被倾听的）都在物理特征的层次上被处理。然而，只有被倾听的信息才能再做进一步高级的处理，那些被忽略的信号就被过滤掉了。广告业者重视那些外在因素最能影响选择性注意，例如，较大的事物、移动的物体以及具闪光效果的事物总是比较容易吸引注意力，所以，热气球一定会比公布栏更吸引注意力。在广告强度方面，长时间且重复次数多的广告当然容易吸引注意力，但是会产生效益递减，并引起厌倦，所以广告商通常会中断一阵子，然后再推出下一波广告。

归因理论

我们之所以对人们的行为会有不同的解释，是因为我们对该行为的归因不同。

 ## 5.3 归因理论

我们对工作环境中的事物，无论大小，通常都会不自觉地去寻找发生的原因，这是一种"寻找意义"的过程。人们试图解释事件的原因，以便更能预测及控制所处的环境，而做出最佳的反应。当我们要对他人做出奖励或处罚的决定时，也必须先判断行为者的原因，所以归因的过程相当重要。

归因理论（attribution theory）认为我们之所以对人们的行为会有不同的解释，是因为我们对该行为的归因不同。我们观察一个人的行为时，会尝试以内在归因或外在归因来解释其行为，内在归因是认为当事人的行为在自己的控制之下；外在归因则认为，当事人行为是被外在的控制所影响。例如，有某位员工上班迟到，老板有可能认为此员工是因为昨晚狂欢以致睡过头，就是内在归因；如果老板认为此员工是因为交通事故塞在路上而迟到，就属于外在归因。

归因理论由被誉为归因理论之父的 Heider 首先在 1958 年倡导[5]，但过去众多归因的研究，社会心理学并未能提出一个统合的归因理论。在此仅介绍较普遍应用，由 Kelley 提出的归因理论，指出三个评估共变的重要因素，这三个因素的不同安排，将导致对于行为的三种不同因果的结论[6]。这三个因素是独特性、共识性与一致性。如果将这三个因素视为独立，则它们可形成一个三维的立方体，因此，Kelley 的归因模型有时又被称为"归因立方体"。

（1）独特性（distinctiveness）。行为者是否常常在其他场合也是以相同的方式表现其行为？例如一个员工上班常迟到，而且他在公司开会时也常常迟到，那么，其"独特性"就低，独特性愈低，则愈倾向内在归因。

（2）共识性（consensus）。共识性是在相似的情境之下，不同个体是否会有相同的行为或反应。如果大家有相似的反应，共识性就高。在上述的例子中，如果走同样路线上班的员工都迟到了，就是共识性很高，我们就会对该员工的迟到情形给予外在归因；假使相同路线的其他员工都准时，唯独他迟到，共识性低，我们就倾向于内在归因。

基本归因误差
判断他人行为时，往往低估外在因素的影响，而高估了内在或个人的因素。

（3）一致性（consistency）。行为者是否以往在相同情境下有类似的表现？如果是肯定的话，则该行为的一致性高。如果某位员工几个月来从不曾迟到，某天他迟到了，这迟到的行为就不具有一致性。对一致性高的行为，我们倾向内在归因。

可见，我们对人们行为的不同判断，是出自于对特定行为做出不同的解释所致，如图 5 - 2 所示。

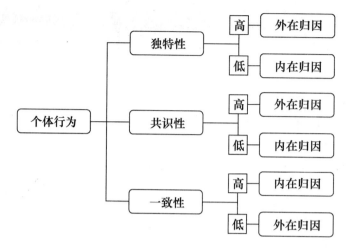

图 5 - 2　归因理论

自利性偏差

常将自己的成功归因于内在因素，而将失败咎于运气等外在因素。

归因过程常常产生错误，最常发生的两种归因误差是"基本归因误差"以及"自利性偏差"。基本归因误差（fundamental attribution error）[7]是判断他人行为时，往往低估外在因素的影响，而高估了内在或个人的因素；自利性偏差（self - serving bias）则指人们常将自己的成功归因于内在因素，如个人努力与能力，而将失败归因于运气等外在因素。

社会认定

人们受到群体身份相互比较的驱动，于此过程中追求他们所归属群体的正面评价，并产生对所属群体的情绪依恋。

▶▶ 5.4　社会认定理论

社会认定（社会认同）建立在自我知觉（self - perceptions）以及对他人的知觉（perceptions of others）的互动过程中。也就是说，人们如何构成对外在世界的意识网络，植基于人们如何定义自己的身份[8]。人作为一个有意识的存在，经由辨识自己的特征，从而肯定自己的个体性，称为个人认定（personal identity）；同时，人们倾向通过辨识自己与其他人的共同特征，从而得知自己的同类何在，肯定自己的群体性，称为社会认定（social identity）。人们受到群体身份相互比较的驱动，于此过程中追求他们所归属群体的正面评价，并产生对所属群体的情绪依恋（emotional attachment）。

社会认定理论（social identity theory）有分类（categorization）、认定

78

（identity）与比较（comparison）三个核心概念。与自然世界的对象一样，社会世界也被区分成许多不同的社会类别，人们借由将自己归类在有归属感、有所偏好喜爱的社会类别内，以达成社会认定的程序；每个人的分类依据虽不同，但都会通过社会分类找到属于个人的定位点，一旦分类完成，对于同类别成员间相似性的知觉，以及对不同类别成员间差异性的知觉，都会比实际上真正的差异来得大。换句话说，会造成强化效应，将导致个人对组内偏袒与组外歧视。

一个人在认定自己所归属团体的同时，也同样是在认定个人的身份。每个人都有诸多的社会身份认定，且依其对个人的重要程度排列等级，影响力可能视社会身份特征突出的明显程度而定，但最重要的因素是其所属团体的社会地位高低。人们借由与其他团体的比较以估计自己团体的价值，比较的结果虽然会影响个人自我印象或社会认定的构建，但既有的自我印象或社会认定却也同时对结果产生影响。归属于社会地位高的团体可以满足个人的形象意识，若感觉归属的团体地位不够高，为了维护自尊的需求，个人就有可能寻找更好的社会身份来社会认定，即所谓"西瓜偎大边"的现象。

认定的选择将影响成员结构的组成与内外关系。寻求正面评价和自尊的驱动力不只在个人层面，也在组织内运作，当成员在社会认定组织的时候，无法满足归属感，成员间的亲密度和相互谅解程度大为降低，不但成员自身表现差，甚至可能危及组织的生存。所以，许多国家鼓吹民族主义或爱国主义，以促进国民的凝聚力，也操纵了国民的社会认定方向，俾有利于当权者的统治。在政党竞争方面，各方为了胜选，也常操纵一些议题，希望巩固本身阵营的社会认定感。

5.5　刻板印象[9]

人们习惯于社会分类，而且倾向于赋予本身所属类别一些良好的特性，对自己不喜欢的社会类别则赋予较不好的特性。这种把人们快速归类，根据所属社会类别赋予特性加以了解与判断的知觉过程，是一种知觉快捷方式，也被称之为"刻板印象"（stereotypes）。例如，我们把人们依性别分类可分为男性与女性，依年龄分类可分为儿童、青少年、成人与老

刻板印象
把人们快速归类，根据所属社会类别赋予特性加以了解与判断的知觉过程。

人，也可依族群、居住地、职业等而加以分类后，再依刻板印象加以判断，得到一些粗浅的印象。例如，我们常认为无商不奸、戏子无情、犹太人很有钱但小气、原住民都爱喝小米酒等，都是刻板印象。虽然刻板印象不全是负面的，如亚洲人数学很好，女生阅读和语文常比男生强，但也往往在暗示这群人在其他方面表现不够杰出。

刻板印象最大的盲点在于忽略人类行为的复杂度，个人借着一些未必符合事实的间接数据去组织和形成个人对事物的认知，并且根深蒂固地支配其思考，即使陷入错误也不自知。刻板印象是构成偏见（prejudice）[10]的主要原因，所谓种族偏见，事实上是因刻板印象而对不同种族偏爱或厌恶的心理作用。在人力资源管理领域里，当触及刻板印象课题时，首先要警惕与辨认刻板印象的存在，设法降低甚至消除特定刻板印象的负面效果。在筛选新进人员时，亦须避免因个人的刻板印象而排除了某些适合的应征人选。

种族偏见

因刻板印象而对不同种族偏爱或厌恶的心理作用。

随着企业国际化程度提高，经营事业须面临来自不同国家的客户，同时也要兼容并蓄，接纳并妥善任用、运用不同文化背景的员工，应如何避免刻板印象的负面效果、审慎处理跨文化差异，是经理人必须小心应对的课题。多样化人力（diverse workforce）同样的反映在国内就业人口组成的变化上，例如性别[11]、族群、年龄层、宗教信仰的改变，虽然各组成分子对组织的各项政策有不同的认知与看法，但是也正好提供了员工互相学习的机会，通过他们的良性互动，可以激荡出对事物的创新看法，从而拟订具有创新性的企业经营策略。因此，经理人要学习如何避免落入刻板印象与偏见，而能将不同背景员工间的冲突转变成正面的、创新的力量，要达成此种境界，首先须建立一个平等而不具官僚气息的组织结构，培植容忍不同意见、鼓励员工向上发展、让每位员工有所表现的企业文化。

企业必须具有一个为员工所清楚、明了的使命目标，因为来自不同背景、拥有不同技能的人们难免产生摩擦，对立的双方可能会把焦点集中在造成双方分裂的差异上，而忽略必须共同面对的挑战。所以，可从明确制定每个人都社会认定的绩效目标开始做起，降低人际摩擦对生产力的冲击。与不同背景或不同文化的同事互动，须凭借着洞察力、同理心与调适力，唯有具备这种能力的经理人才能妥善处理人际摩擦，甚至进一步利用这些摩擦或冲突来产生促使企业进步的动能。

5.6 投射作用[12]

从别人身上看到自己，称为投射。投射作用（projection）是一种潜意识倾向，把自己不为社会接受的动机或缺点加在别人身上，而减轻自己的焦虑。这是一种自卫机制，好让自己的行为合理化。一个典型的例子是成龙曾经说过的一句话："我只是犯了全天下男人都会犯的错"，这句话是他在爆发婚外情的丑闻时，在强大的媒体舆论的压力下所说的。即便是一位拥有优良形象的国际巨星，也企图将这些加诸在自己身上的负面形象归咎于全世界男性的习惯，好为自己脱罪以自我保护，能减低自身焦虑，借以维持自尊。

这种以自己的想法，尤其是坏的想法，去推测他人想法的方式，可以有效地维持自己的自尊或安全感，但若过度地使用这样的自我防卫机制，很容易造成知觉判断的扭曲，将产生负面的后果，轻者在人际关系上造成困扰，严重者可能得到被害妄想症。由于投射作用是常会认为别人具有和自己相似的特质，所以一般而言，在组织或人力资源管理领域，投射作用常发生于对方的年龄、社会地位、身份、性别等背景条件与自己相同的时候。在约 50 年前，杨振宁与李政道同获诺贝尔物理学奖，本属美谈，其后两人却反目成仇，其中恩怨问题，或者避而不谈，或者轻描淡写，一般推测，应是因学术排名而导致争执[13]。但在行为学者看来，两人关系的恶化，很有可能是由于彼此的投射作用所引发。

为人父母者，常将自己没能实现的梦想与动机加诸于儿女身上，这样的情形在目前教育环境中屡见不鲜，父母把自己认为对孩子好的事物拿来要求孩子，"不要让孩子输在起跑点上"，却使得孩子喘不过气来，对于有主见的孩子来说，凡事依照父母的期望行事，更是一件非常痛苦的事情。人们不细察别人的真实情况，而以自己主观的想法来认定他人的需要，这种出于善意的投射作用，也可能造成他人的困扰或痛苦。

在组织中，不当的投射作用是引发冲突的来源，例如，带有投射作用的管理者以为部属的想法与自己一样，在得不到预期的反应后，反而容易造成沟通与管理上的问题，导致错误的决定。在工作表现评核上，考评人

投射
从别人身上看到自己，称为投射。

81

应注意评核的是工作人员的工作表现和担任职务时的行为是否恰当，尽可能避免评核工作人员的个性或品格，因为个性与品格的评核很容易产生投射作用的偏差，考核人须警惕并避免产生这种偏误。

印记

指动物出生后的第一次学习，会永远留在脑海中。

 ## 5.7 第一印象

　　一般人很难摆脱"刻板印象"与"投射作用"的知觉偏差，所以，以上两节讨论有助于我们熟悉这些偏差，建立良好的第一印象（the first impression）。美国的征才专家 L. Otting 指出，根据研究，多达 4/5 的面试，在进行 10 分钟内，面试者就已经做下是否雇用的决定，可见第一印象的重要。第一印象通常是难以扭转的，而你只有一次机会，正如有一句警语："你没有第二次机会来建立你的第一印象。[14]"

　　印记（imprinting）的研究让我们了解第一印象的重要，所谓"印记"指的是动物出生后的第一次学习，会永远留在脑海中，以及此经验所产生的行为影响。例如，雁鸭在发育过程中，发展出对"妈妈"特征的偏好。有些雁鸭从蛋壳孵出来时，会把它看到的第一个会动的东西当成妈妈，第一次听到的声音，当成妈妈的声音，且产生追随的行为。一般认为，公司新进职员如果留给主管或同事不好的第一印象，日后就可能要花上好几倍的工夫，才能扭转主管或同事的不良印象，之后才有机会证明自己的工作能力。因此，新人面对全新的职场文化，要学会恰如其分的应对进退，并且懂得如何避免说错话。

　　形成他人第一印象的重要关键包括外貌、穿着、肢体语言、仪态风度、语言沟通、进退应对、礼仪规范等，Mehrabian 的 "7/38/55" 定律说明了这个看法[15]：在整体表现上，旁人对你的观感，只有 7% 取决于你真正谈话的内容；而有 38% 在于辅助表达这些话的方法，也就是口气、手势等；却有高达 55% 的比重决定于"你看起来够不够分量"。

　　中国台湾单身族已超过 600 万人，一项调查报告显示，单身族常常因为一些不自觉的疏忽而造成失败的约会经验，进而错失姻缘，其中仪态不雅、穿着不得体、身上有异味等，让异性留下不好的第一印象最容易被扣分，团体联谊则因摆臭脸最不受欢迎。

好的第一印象的关键在于"如何满足对方的心理需求"，每个人都希望自己被肯定、与他人的兴趣有所交集、感觉到心情愉快，所以，若要让别人对自己留下良好的第一印象，至少须做到三点：外表干净，衣着得体，让人看了觉得顺眼舒服；要有自信，使对方认为自己充满希望、活力十足；要保持微笑，心情愉快，微笑是拉近人与人之间的距离的最佳利器。

5.8　比马龙效应

比马龙效应

应个人对自己或他人的预期，在后来的行为结果中得以应验。

比马龙效应（Pygmalion effect）一词源自于希腊神话，塞浦路斯王 Pygma-lion 善雕刻，所雕象牙少女像葛拉蒂雅（Galatea）至善至美，王视之为梦中情人，陷入热恋，盼雕像变成真人。爱神阿芙萝戴蒂见其感情笃挚，乃赋雕像生命，使两人结为夫妇。后来，"比马龙效应"即代表一种自我预言的实现（self–fulfilling prophecy），是指个人对自己或他人的预期，在后来的行为结果中得以应验。以社会知觉的角度来看，个人对他人的知觉可能会影响其对待他人的方式与对他人之行为的归因，因而引发对方反应而验证自己的知觉。例如，学期开始时，告诉老师其中部分学生智商很高（事实上，这些学生是被随机选取的），被认为较优秀的学生在学期结束时表现真的比其他学生更好，其原因是老师对这部分学生的表现产生预期，所以改变了他们教导这些学生的态度与方式，而取得这些学生较大幅度的进步。

同理，比马龙效应在企业管理中也可发挥，假若主管认定某些部属为"资优部属"，即使他们其实并非资优，但是经过主管的指点和鼓励，最终也会自然而然成为真正的资优部属[16]。因为被主管认为资优而委以重任的部属，感受到领导者对他的信任，增强了自尊和自信，从而激发出"士为知己者死"的献身精神，无形中刺激了学习动机，加快了成长速度。相反的，如果主管把下属当庸才，他们也就可能变成彻头彻尾的庸才。松下公司的"中级人才"观以及"让 B 级人做 A 级事"等，都属于高期望式激励，是比马龙效应的具体实践。

不过，此效应在人力资源管理可能是一把"双刃剑"，主管使用不当时会伤到自己，有些企业深信"担子压出一流人才"，殊不知过度的压力，将使员工的业绩适得其反。在应用比马龙效应时，必须配置一整套适度的激励机制，主管在评估下属时，须尽量避免先入为主的看法，对部属的潜能应客观的评估。不然，主管会被认为喜欢给人贴上标签，若部属不成材而表现不好，主管可能倾向选择性地寻求证据以印证自己先前的看法，其领导的公正性将受到质疑。

5.9　代沟与知觉差异

代沟

人们对事物的知觉差异是由于所属年龄层不同所造成。

多样化人力的管理问题里，传统上首先注意到所谓代沟（generation gap）的问题，年长与年轻员工间价值观的差别很大。东晋陶渊明的诗："昔闻长老言，掩耳每不喜，奈何五十年，忽已亲此事。"可见，人们对事物的知觉差异往往是由于所属年龄层不同所造成的。人老了，思想性格与行为举止都和年轻人有了距离，在解决问题的方式、评价问题的标准等方面造成许多分歧。

对于世代人类，有美国学者主张以下分类：

（1）资深世代（1922～1943年）。出生在较传统的社会，重视忠诚，尊重职权，注重工作伦理。

（2）婴儿潮世代（1944～1960年）。第二次世界大战结束后，战士解甲还乡，触发了婴儿潮（baby boom），此时期出生的人，一般而言，成就动机很强，注重地位及名誉。

（3）X世代（1961～1980年）。通常被称为迷失的一代，对于旧观念常抱持质疑的态度，对于自己的生存有强烈的危机意识。

（4）Y世代（1981年后）。被认为是20世纪的最后一个世代，或称为网络世代，以前所未有的方式，积极地学习、玩乐、沟通、工作、消费及创造社群[17]。

在中国台湾，"年级"分类已成为知觉差异的参考坐标，例如，七年级是指出生于1981～1990年的人，常被媒体不公平地贴上"草莓族"的负面标签，指其重视物质享乐而抗压性低。在内陆，也有类似分类，例如，"80后"是指1980～1989年出生的一群，而20世纪90年代出生的则被称为"90后"。

以上这些名词的出现，表示人们了解到，随着时间推移，不同世代的人的生活形态、生活品位、工作观念都会产生变化。不同时代的人们对所接受到的信息与刺激，加以不同选择、组织与解释，就形成知觉差异。因此人力资源制度的设计不得不与时俱进，适度调整，唯有持续坦诚地双向沟通，降低不同世代因知觉差异造成的管理困扰，才能有效提高组织整体绩效。

 ## 5.10　周哈里窗的应用

我们如果想增进自我知觉，能够正确地认识自己，周哈里窗（Johari Window）模式是一个有用的分析工具。此模式由 Joseph Luft 与 Harry Ingham 共同提出[18]，故以两人名字命名。周哈里窗让我们了解自我知觉和他人知觉之间的差异，使我们能够改善与他人的互动关系。周哈里窗也有助于了解自己的特质及优缺点，这是处理人际关系与生涯规划的重要基础。

周哈里窗是一种从"自己看自己"、"别人看自己"两个角度加以比较验证的方法，根据自己对自己的了解、不了解，以及别人对自己的了解、不了解，可以将与自我有关的所有信息分成四个部分，分别称为开放我（open self）、盲目我（blind self）、隐藏我（hidden self）、未知我（unknown self），如图 5 - 3 所示。

	自己知道	自己未知
他人知道	开放我	盲目我
他人未知	隐藏我	未知我

图 5 - 3　周哈里窗

5.10.1　开放我

开放我指的是自己知道，他人也知道的部分，例如名字、系级班别、职衔、外表、身高、体重、性别、工作、星座、年龄等公开资料。与他人关系由浅入深的同时，此区域也随之扩大，表示信息共享愈多，愈能促进人际互动关系。

5.10.2　盲目我

盲目我是指自己不知道而别人却知道的部分，例如口头禅、狐臭、特殊偏见等。一个人若能寻求回馈（feedback），也就是多询问别人的意见、多听取别人的建言、经常自我省察，他的盲目我区块就会比较小。

5.10.3　隐藏我

隐藏我指的是自己知道，而他人却不知道的部分，也就是自己不愿意告诉别人的事情，像是缺点短处、身体隐疾、特殊喜好、痛苦辛酸的童年往事等。一个人唯有主动自我揭露（self disclosure），也就是信任他人，以愿意承担风险的态度，增进共同认知与共享资料，才能让别人更认识自己。

5.10.4　未知我

未知我指的是自己与他人都不知道的部分，常是一些未经发掘的潜能、被压抑的潜意识、特性、欲望等。"超跑妈妈"邱淑容是一个很好的例子，她任职公司中，本来没有运动的习惯，由于公司须派出五位女性员工参加运动会，她才发现自己的运动天分，其后屡屡刷新纪录，曾被称"亚洲最会跑的女人"[19]。

周哈里窗的概念是希望人们能清楚掌握自我的四个部分，要使"开放我"愈来愈大而其他三部分愈来愈小，基本上就是要通过"寻求回馈"与"自我揭露"，前者是主动聆听，后者是坦诚分享。换言之，就是要培养"听"与"说"的功夫。

自我测验

内外控量表[20]

请仔细阅读下列每一题的两项叙述后，圈选出一项你比较同意的叙述。或许你可能对两项叙述都表赞同，但请你还是只选一项你比较社会认定的叙述（计分方法以及得分的说明，请参阅附录一）

1. A. 人生中许多不愉快的事情，有一些原因是因为运气不好

   B. 因为做错事，所以才会造成不幸

2. A. 发生战争的主要原因之一，是因为人们对政治不感兴趣

   B. 不管人们如何努力防止战争，战争还是会存在

3. A. 到最后，人们还是会得到他们在这世界上应得的尊敬

   B. 很不幸的是，不管一个人怎么努力，他的价值还是常常会被忽视

4. A. 有人说老师打分数不公平，这种说法一点道理也没有

   B. 学生的分数一定会受到许多偶发事件的影响，且影响的程度不容易知道

5. A. 成为好的领导者是需要有好机会的

   B. 有能力的人却没有成为领导者，是因为他们没有好好利用机会

6. A. 不管你怎么努力，就是有人不喜欢你

   B. 没有办法让别人喜欢自己，是因为自己不懂得怎么跟别人相处

7. A. 我常认为会发生的事，最后果然就发生了

   B. 与其相信命运，不如自己采取某些行动来得有帮助

8. A. 对充分准备考试的学生来说，很少有所谓的不公平的考试

   B. 考出来的题目常常和上课教的没有关系，努力准备其实也没什么用

9. A. 会成功是因为努力，和运气没有什么太大关系

   B. 能够做好一件事，主要是因为有天时、地利的配合

10. A. 一般老百姓能对政府的决策产生影响力

    B. 这个世界是由当权的少数几个人控制，一般的老百姓根本不能做什么

11. A. 我在订计划的时候，几乎都能确定我有办法让这些计划成功

    B. 计划订得再好也没有用，因为很多事情最后都得靠运气

12. A. 我得到我想要的东西，不是因为我运气比较好

    B. 很多时候，丢铜板决定怎么做比较快

13. A. 能当老板，通常是看谁的运气比较好，能先占到一个好位置

    B. 要让下属把事情做好，全看管理者的能力，和运气没有什么太大关系

14. A. 就国际事务而言，我们大部分的人都是受害者，受到一些我们既不了解也不

    能控制的力量所影响

    B. 积极地参与政治和社会事务，人们就能控制国际事务

续表

15.	A. 大多数的人都不了解，他们一生中受偶发事件影响程度有多少
	B. 事实上，没有所谓"运气"这回事
16.	A. 你很难知道一个人是不是真的喜欢你
	B. 你的人有多好，你的朋友就会有多少
17.	A. 到最后，在我们身上发生的所有坏事和好事，都会相互抵消
	B. 大多数人的不幸是因为无知、懒惰、缺乏能力或这三者所共同造成的
18.	A. 只要有足够能力，我们就能防止政治腐败
	B. 一般人很难去控制政治人物的所作所为
19.	A. 有时候，我真搞不懂老师的分数是怎么打的
	B. 我得到的分数和我的努力程度有直接的关系
20.	A. 对于发生在我身上的事情，我常常觉得无能为力
	B. 我不相信机会和运气在我生命中会有这么重要
21.	A. 人们觉得寂寞，是因为他们没有努力去对别人好
	B. 人家会喜欢你就是会喜欢你，再努力讨好别人也没有用
22.	A. 自己种了什么因，就会得到什么果
	B. 有时候，我觉得不大能够控制自己的人生方向
23.	A. 我常常不了解政客为什么会这么做
	B. 到最后，人们还是要为政府的好坏负责，因为政府是人民选出来的

主题案例

台大医院难以置信的错误

2011 年 8 月，台大医院移植团队犯下全球罕见的医疗疏失，竟将艾滋病患者的器官移植给受赠者，造成 5 名病患者感染艾滋病。台大的检讨报告证实，检验师与器官劝募协调师口头沟通出问题，让人难以想象的是，医师竟是在术后 48 小时后，才惊觉事情发生了。

这起超级乌龙事件起因于检验人员用电话告知艾滋病毒检验结果是"reactive"（阳性），但协调师却听成"non-reactive"（非阳性），双方产生严重认知错误。台北医学大学艾滋病防治中心主任廖学聪说，non-reactive 的 non 音调较低，讲太快是可能与 reactive 混淆，因此检验人员若要口头告知艾滋检验结果时，须讲："reactive、阳性、有反应"，或 "non - reactive、阴性、没反应"。

中国台湾移植医学学会理事长李伯璋指出，没人是恶意、故意的，只是单纯的沟通不良，让人意外又遗憾。台大的检讨报告显示，检验师与器官劝募协调师通过电话沟通，却在关键时刻出现致命的失误。李伯璋说，事后协调师、检验师各说各话，但其实检验报告"阳性"、"阴性"，写得一清二楚，若是阳性就应该特别注意，"一个人多问一句，也许事情就不会发生"[21]！

医事检验师公会理事长卢世干解释，reactive 和 positive 都是阳性，但 reactive 表示对抗原有反应，是检验上较专业的用语。"reactive 这个字太高深了！"荣总神经科教授高克培表示，平常大家使用的词是以"positive"代表"阳性"，"negative"代表"阴性"，但医护人员在口语沟通上，却使用"reactive"这个词。医护行政人员一向动不动把英文专业医疗用词挂嘴上，病人像鸭子听雷，有听没有懂，这次连医护行政人员也栽了，台大在程序又没有检查计算机的书面报告，所以才会发生这么严重的疏失[22]。

李伯璋说，台大的事件暴露了器官移植缺乏管理，医院长期自我摸索，成为移植环境隐忧。依规定，在器官移植手术前，医师必须确定捐赠者是否罹患 B 肝、C 肝、梅毒或艾滋病等传染病，检验结果要上传器官捐赠移植登录中心，配对合适的受赠者，受赠名单出炉，医院再以电话及正式报告通知受赠医院。器捐检验结果应以书面为主、口头为辅，但这次事件却是迟至移植手术后，从书面报告才发现出了纰漏，这凸显了医院移植团队的内部管理问题。

中国台湾地区卫生署医事处公布台大医院三大缺失，一是检验员与协调人员口头沟通失误，二是未再确认书面报告或在系统上确认数值，三是移植小组未再确认检验结果[23]。对医疗业务管理疏失，依《医疗法》，最高将面临 50 万元罚款，按情节轻重，台大器官移植业务可能被处一个月以上、一年以下的停业处分。

石崇良说，重大检验报告中，艾滋病毒检验原列在 B 肝、C 肝检验之后，将移至紧急检验报告之首，还要加注警告说明，阳性者不得作为器官捐赠之用。台大医院检讨报告里也提到，此后以电话联络检验结果时，改以中文阴性、阳性取代英文，以免混淆。石崇良坦言，"魔鬼藏在细节里"，但每个医院器官捐赠作业流程不同，急着制定出标准作业流程，只怕是"病急乱投医"，现今要紧的是"厘清病情，再对症下药"，查出问题到底出在哪个环节。

【思考题】

1. 台大医院进行移植手术，未要求移植小组在手术前必须确认检验结果，因此被卫生署认定为缺失，你觉得是否合理？

2. 你自己的就医经验里，是否发现有哪一件事情，你的看法与医护人员的看法有很大的差异？

主题案例

明基 BenQ

BenQ 紫色旗帜在劲风中显得格外的醒目。2003 年，BenQ 品牌创立还不到 3 年，却已经做了约新台币 362 亿元的生意，董事长李焜耀誓言，明基的品牌营收必定会超越代工。紧抓市场话题、趁势营销的功力，正是 BenQ 快速崛起的重要原因。未来，这场"紫色风暴"还将如何席卷全球？

明基在 2005 年前 10 名最有价值品牌中，属最年轻的品牌。2001 年，明基正式脱去绿色的 Acer 制服，换穿紫色的 BenQ 新装，主打"享受快乐科技"的品牌形象；摆脱以计算机周边产品为主的形象，转而切入手机、笔记本计算机、数字电视等新领域，朝 3C 路线发展。

从充满人文气息的大厅空间，以及选择介于科技的蓝色与活泼鲜明的红色中间的紫色作为企业 LOGO 颜色，凸显出明基致力成为人文化科技品牌的决心。明基秉持平实务本的精神，追求卓越创新与关怀社会的文化，声称将消费者摆在第一位，指引出持续开发人性化高科技产品的方向。换句话说，先从人性的观点出发，思考什么是市场真正需要的产品与技术，经过评估所投入的研发项目，将来转化为商机的可能性也比较大。这样的理念，从明基的组织文化一直延伸到研发设计、制造生产及全球运筹与服务系统。

为了强化与品牌的结合度，在 2003 年 6 月全面更换识别标志，将原来的"Q"字，改为以蝴蝶翅膀图案的有机印象，同时成立产品旗舰店，提供消费者体验产品的管道。在品牌标示上，BenQ 大胆使用了紫色，激情而不失质感，配以蝴蝶网格，幻化出梦想和时尚的味道，加深了消费者的知觉程度，也创造了其品牌形象。

品牌国际化是明基的企图心。以运动营销方式提高品牌影响力，与目标消费群进行沟通，已成为近年来国际企业新兴的品牌推广方式之一。明基宣布，其篮球队冠名新浪狮，并在接下来的 2002～2003 年中国男篮甲 A 联赛期间，在场内外举办了丰富多彩的周边活动，以训练有素、热情似火的"紫魔啦啦队"，让每一个明基新浪狮的主场，都淹没在 BenQ 的紫色海洋，在无形中使 BenQ 的品牌形象深植于年轻球迷心中，也使得"紫色"成为消费者心中连结明基的标示与象征。

【思考题】

1. 是否还有与某种颜色具有高度联想的企业或产品？举一例说明。

2. 你最喜欢哪一种颜色？该颜色给你怎么样的知觉？

课后练习

1. 请回忆是否有一件事，你与你的父母有着极大不同的知觉？试分析其原因。

2. 何谓比马龙效应？请举例说明。

3. 请说明选择性注意的现象以及其对我们生活上的影响。

4. 你曾否对某人的第一印象很好，后来才发现原来没那么好？如果你有这样的经验，请说明原因与经过。

5. 我们应该怎样正确应用"归因理论"来解释别人的行为？

第6章 态度

多情却似总无情，唯觉樽前笑不成
唐·杜牧·赠别

报国之心并无二致，但苏武受荣，李陵受辱，世人无奈与无助者，乃命运的恣意宰割，主导了人间的悲与喜。无情不似多情苦，强颜欢笑不成杜欢，人生在世所谋何事？所忧何为？不如相忘于江湖，无负平生，心灵相守更相期。

▶▶ 6.1 态度的定义

　　态度是个人对各种人、事、物所抱持的评价[1]，例如当我们说："我喜欢工作"时，即表达了对工作的态度。更有学者进一步定义，认为态度（attitude）是对某一对象的信念群集、评估后的感觉，以及行为意图[2]。Allport 认为，态度（attitude）是根据经验而系统化的一种心理和神经的准备状态，它对个人的反应具有指导性的影响[3]。态度与行为有相当高的相关性，因此，借由观察态度以预测行为一直是受到关注的议题。

　　态度会产生神奇的力量，美国哈佛大学的一项实验证实了态度的魔力。若干年前，罗伯特博士在哈佛大学主持一项为期 6 周的研究，研究老鼠通过迷阵吃干酪的实验，其对象是三组学生，各分配一组老鼠给学生照顾。主持人向学生形容该三组老鼠分别为天才老鼠组、普通老鼠组、笨老鼠组。6 个星期之后，实验结果出来，天才组老鼠全部迅速通过迷阵，很快就抵达终点，普通组的老鼠也到达终点，不过速度很慢，至于笨老鼠组，只有一只通过迷阵抵达终点。有趣的是，其实根本没有什么天才老鼠与笨老鼠的差别，它们全都是同一窝的普通老鼠。这些老鼠的表现之所以有天壤之别，完全是因为参与实验的学生受了罗伯特博士的影响，对它们的态度不同所产生的结果。

　　综观学者们的研究，态度具有五种特性[4]，分别为：

（1）态度并非与生俱来，而须通过后天环境练习而得。

（2）态度是针对某一对象或状况产生，具有主客体的相对关系。

（3）态度包含认知、感情、行为等成分。

（4）态度具有一致性，一旦形成，将成为性格的一部分。

（5）态度是一种内在的心理历程，只能从当事人的言行中推测得知。

　　在工作环境中，个人情绪问题也是重要变项，情绪会与态度联合产生影响，共同促成了组织中的行为发展。图 6－1 说明了情绪与态度如何影响行为。首先，认知环境使人产生信念，信念创造了对某人或某事的感觉，例如感觉（感到不满意）是因为信念（觉得薪水太少）；其次可能有外来的情绪影响（工作分量加重或挫折），因此促成行为意图（要

态度
个人对各种人、
事、物所抱持的
评价。

求加薪或离职）；最后实际产生行为。在组织中，员工的态度是重要的，因为会影响到工作质量，如果彼此的态度已对实际工作行为产生不良影响，便应找出态度形成的症结，并扭转其态度，工作绩效才可能改善。

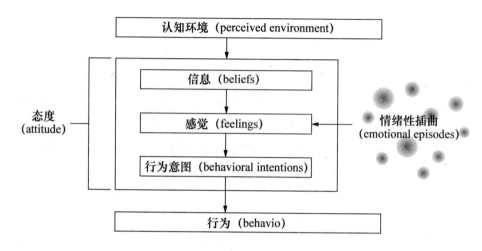

图 6-1　态度影响行为的过程

6.2　与工作有关的态度

组织行为学对有关工作的态度特别感兴趣，而有许多相关的研究，其中以工作满足、组织承诺、工作投入最常被提及。

6.2.1　工作满足

工作满足
员工对工作所抱持的一般性的态度。

工作满足（job satisfaction）是指员工对工作所抱持的一般性工作满足的态度。如果对工作有高满足，员工会抱持着积极、正面的工作态度；相反地，如果工作满足度低时，员工对工作就会抱持着消极、负面的态度。

不同的职业与工作满足之间，存在着非常大的差异。有一些调查研究显示，大学教授、科学家、牧师及社会工作者等从业人员有较高的工作满足，这可能来自他们的工作特性，如挑战性、自主性及技能多样化。有关工作特性的问题，将在本书第 8 章有详尽讨论。

94

在同一职业里，影响工作满足的因素包括薪酬、地位、同事、上司、工作安全与保障等。许多研究显示，薪酬是影响工作满足的前三大因素之一，而在所有的工作满足量表里，薪酬总是主要的衡量项目；地位与工作满足之间具有高度相关性，从研究中可发现，主管阶层的工作满足总是比较高[5]；在工作中，靠的是同事们的协助，彼此融洽相处非常重要；上司的行为极具影响力，若能得到上司的了解与友善对待，员工工作满足自然提高；工作环境安全包括工作时的舒适感觉以及作业的方便程度等，亦不容忽视。

然而最令人好奇的是，工作满足与工作绩效的相关程度究竟如何？也就是说，快乐的员工是否等于高绩效的员工，这个问题已有许多组织行为学者加以研究[6]。多数研究均显示，工作满足与工作绩效之间，呈现着正向的相关，但相关程度不高，因为对员工而言，还有其他更重要的因素对其绩效产生影响，包括个人的企图心、能力、达成任务的意志等。

此外，还有不少研究探讨工作满足与工作绩效的因果关系，传统的理论认为工作满足导致良好的工作绩效，此理论因人群关系运动而趋于流行，主张管理者可借着提高员工的工作满足或士气来增进绩效[7]。然而，也有不少学者认为工作满足乃由工作绩效产生，因表现良好会得到报酬，无论是外在报酬或内在报酬，都会导致工作满足。不过，这种观点不一定否认工作满足可导致绩效，而是认为两者间可能属于一种循环关系[8]。综合以上观点可以发现，学界对工作绩效与工作满足的因果关系，仍缺乏一致的看法。

工作满足的研究发现对人力资源管理者相当重要，例如有关婚姻状况与工作满足的关系，已婚员工可以从家庭中获得部分满足，因此在工作上较易满足；未婚者在工作上追求满足的欲望比已婚者高，比较不易满足。在教育程度方面，多数的研究结果指出，教育程度与工作满足呈现负相关，因为教育程度较高者，其工作选择的机会也较多，所以较易将自己目前的工作与其他的工作进行比较，从而影响其工作满足[9]。

6.2.2　组织承诺

组织承诺（organizational commitment）是指员工对组织及其目标的认同，并且希望维持组织成员身份的一种心理状态，也就是指员工对组织的忠诚度。组织承诺是个人认同特定组织的一种涉入态度或内化信念，它会促进员工从事自发性的创新行为。组织承诺的内涵有三种，分别为信任与

组织承诺

员工对组织及其目标的认同，并且希望维持组织成员身份的一种心理状态。

接受组织的目标和价值、愿意为组织付出努力、维持作为组织成员的强烈愿望[10]。组织承诺较高的人，会感觉自己与组织共融成一体，使其工作绩效提高，离职率降低[11]。

Allen 与 Meyer 整合各种观念后，发展出以下三个方面的组织承诺模式，他们认为当此三种形态的承诺被考虑时，员工和组织间能够达到更好的关系。分别说明如下：

（1）感情性承诺（affective commitment）。员工在情感上对组织的依附、认同及投入。

（2）持续性承诺（continuance commitment）。成员继续留在组织的意愿，成员通常会衡量其他外在就业的机会以及离开组织所付出的成本，以决定对组织的持续性承诺。

（3）规范性承诺（normative commitment）。认为员工对组织的忠诚是一种义务，强调对雇主忠诚是一种须遵守的价值观，例如曾经由组织获得利益后（如技能训练），成员心目中即会产生"报答组织是义务"的想法[12]。

在组织行为与人力资源管理的领域中，组织承诺一直是管理学者极感兴趣的研究主题，主因是组织承诺可以用来预测员工的行为，提供态度与行为连接的实证研究机会。组织承诺受到重视，是基于"高度的组织承诺对组织是有利的"的假设，一般认为，组织承诺除了可以预测离职行为外，也可以用来预测员工的工作绩效[13]。

至于婚姻状况与组织承诺的关系，大多数研究结果发现，已婚者较未婚者对组织有较高的承诺，因为已婚者有家庭的负担，大都追求稳定的工作，使其组织承诺较高。就年龄、年资方面来看，年龄愈大与年资愈久的员工，其组织承诺愈高，这是因为一个人进入组织一段时间后，累积投入了许多心力，若要离开，会产生较高的成本[14]。

Steers 发现，个人特性（年龄、年资、教育、成就感、归属感、自主权、支配权）、工作特性（工作自主性、技能多样性、工作回馈性、工作完整性）和工作经验等，都将影响组织承诺，而且组织承诺与留职意愿为强烈正相关[15]，因此他提出组织承诺的前因后果模型，如图 6-2 所示。

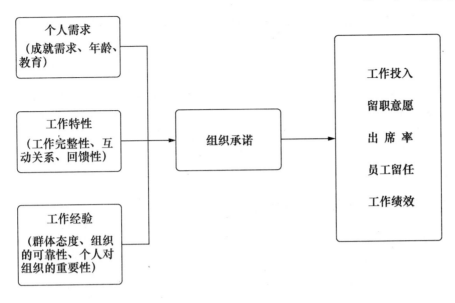

图 6－2 组织承诺的前因与后果

6.2.3 工作投入

工作投入（job involvement）指个人对特定工作的心理认同、主动参与以及自认工作绩效对自我价值的重要性程度。工作投入程度是工作态度的描述及其满足心理需求的程度[16]，高度工作投入代表工作是个人生活的重心。简言之，工作投入是员工一心一意对待、承诺以及关心自己目前工作的程度[17]。Kanungo 认为，工作投入与工作满足有直接的关联存在[18]，而工作投入会受到个人内在需求或外在需求，以及个人知觉到此项工作有满足需求的机会两项因素的影响。

员工对其本职工作产生积极主动的态度和热爱迷恋的现象，就是对工作的投入，早期的学者认为这是因个人内在激励所导致，后来人们将其视为一种工作态度。工作投入程度高的人对他们所做的工作有强烈的认同感与使命感，工作绩效在他们的自我概念中，常居于核心地位，例子不胜枚举，如裕隆集团 CEO 严凯泰、中国台湾中钢创办人赵耀东等，都曾以厂为家，是工作投入的典范。

Robinowitz 与 Hall 综合过去学者对工作投入的研究方向，大致可分为三类看法[19]：

（1）认为工作投入与个人人格特质有关，不易受组织环境影响，例如 Dubin 认为，信仰新教伦理者大都视工作为个人生活重心[20]。

97

（2）认为工作投入受工作环境的诱导所引发。

（3）认为工作投入是个人特质与工作环境因素交互作用所形成的。

不过，研究结果显示，成就动机、工作的内在价值和外在价值、组织气候等因素，都会影响员工的工作投入，亦即工作投入并非只受单一因素影响。

 6.3　认知失调理论

认知失调

当个体知觉到有两个认知（包括观念、态度、行为等）彼此不能调和一致时，这种不一致会让人产生心理冲突。

所谓认知是个体以既有的认知结构为基础，解释他所观察到的社会行为（包括自己的与他人的）。Leon Festinger 在 20 世纪 50 年代后期，提出认知失调理论（cognitive dissonance theory），失调就是不一致的意思，当个体知觉到有两个认知（包括观念、态度、行为等）彼此不能调和一致时，这种不一致会让人产生心理冲突。为此，个体必须放弃或改变其中一种认知，以迁就另一认知，以便恢复调和一致的状态。Festinger 认为，任何形式的不一致都会导致心理上的不舒服感，而当事者会倾向努力消除这种失调，使不舒服感消失。

因此，领导者应避免员工认知失调的产生，例如在工作分派上，须了解员工的态度，不要指派与员工态度不兼容的工作。最理想的情况是，在招募甄选时，便能找到价值观与组织相符合的员工，不但有助于解决认知失调的问题，更可以增加工作满足程度和生产力。

更令学者感兴趣的是，当人们碰上认知失调的问题时会如何解决。例如我们一定会买自认为好看的衣服，因为我们认为它好看（态度），才会买它（行为），此为认知调和。但很多时候，行为却可以反过来引导态度或认知，因为根据认知失调理论，认知一旦与行为脱节时，人们就会感到焦虑，所以当买了衣服回家一穿，却发现不好看时，购买的人自然会觉得痛苦，因为认知到衣服是不好的，但却买了，认知跟行为产生失调，仿佛自己是个傻瓜。这时候，购买者会尝试将衣服退回店家。如果不能退的话，他很有可能改变其认知而想说服自己：这衣服还是有可取之处。也就是说，我们不仅择己所爱，却也会说服自己去爱己所择，这种行为的产生，无非是避免让自己的认知与行为发生失调的情况。

98

因此，我们找到了一个有效的管理原理，那就是"行为决定态度"。在态度和行为的关系上，一个人若先有某种行为（无论主动或被动），长期形成习惯后，就会改变态度。比如说，政府劝导人们使用汽车安全带，可是效果不大，无法改变人们不爱系安全带的态度。后来制定法律，不系安全带被视为违法，由交警加强监督执行，人们虽然发牢骚，但还是被迫要系上。经过相当一段时间，即使交警降低执行强度，但人们却有可能改变其态度，觉得系安全带是正确的，的确能保障驾驶人的安全。

这是认知失调理论的奥妙之处，社会心理学家发现，我们只要有办法诱使某人顺服了我们，甚至吃了我们的亏，他为了避免觉得自己愚笨或无能，就有可能反过来为我们辩护。这样的技巧已经在企业管理中被广泛利用，尤其被应用在营销管理的实务方面。

6.4 计划行为理论

态度固然与行为有相当关联性，但态度不等于行为，就像歇后语"雷声大，雨点小"所形容的，有时候人们的态度看来声势浩大，其行动却可能远不如预期。因此，态度与行为之间的真正关系有待澄清。Ajzen 提出的计划行为理论（theory of planed behavior，TPB）在这一方面做出了贡献[21]。

计划行为理论认为，行为意图（behavioral intention）决定具体行为，而行为意图是受到三个因素所影响，"态度"只不过是其中之一，其他两个重要因素是"重要他人支持与否的主观规范"以及"个人对外在环境的控制能力"（见图 6-3）。首先，主观规范（subjective norm）指个人所感受到的社会压力，即重要他人（如父母、配偶、好友等）认为应否实行该特定行为的压力。其次，行为控制知觉（perceived behavioral control）乃指个人知觉到完成该特定行为的容易或困难的程度（包括时间、金钱、技能或政策等个人无法掌控的因素），反映了个人过去的经验以及预期的阻碍。

总之，如果个人对某特定行为的态度愈是正面、主观规范对从事该行为愈支持、对该行为的控制知觉愈强，则个人从事该行为的意图也愈高。计划行为理论的三个考虑因素，简单地说，我想不想（态度）、别人的看法怎样（主观规范）、我做不做得到（行为控制知觉）。

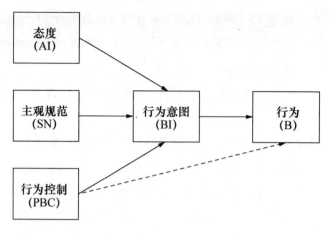

图 6 - 3　计划行为理论模式（Ajzen，1989：p. 252）

由于计划行为理论可预测个人的实际行为表现，其重要性不言而喻，此理论几经改进，操作化提高后，早已被应用于国外相关研究，并成为企业诊断的利器。中国台湾大约在 20 世纪 90 年代中期也广泛应用此理论于消费行为、医务管理、营销管理、职业生涯规划等各个学科的研究中。

员工态度调查
组织诊断的主要工具之一，借由员工的意见或反映，发现组织潜在的问题。

6.5　员工态度调查

员工态度调查是对企业人力资源状况进行评价的一种最客观且经济的方法。通过员工态度调查，可以了解员工对管理者的态度、对自身所从事工作的态度以及对企业人力资源管理活动效果的态度三个层面的信息。通过有效的员工态度调查，企业不仅可以评价自身的人力资源状况，还可获得大量有关组织开发方面的建议、获得在政策和实践上改进的依据、表达管理人员关心和尊重员工参与决策的愿望、给予员工表达对组织情感的机会、发现员工的抱怨等效益。

员工态度调查是组织诊断的主要工具之一，借由员工的意见或反映，发现组织潜在的问题，进而找到改善问题的切入点，提升员工的工作满足与组织承诺。例如，美商惠悦协助企业了解自身的状况与探讨问题的重点，使其得以与市场同业进行比较，在过程中就应用了员工态度调查方法，从三项指标和十个方面分析员工的认知及工作态度，并通过科学的调查方法，进行完备的了解[22]。

表6-1是员工态度调查的简单范例。通常员工拿到的问卷，均是一组问题或陈述，这些问题会事先依照管理阶层想了解的信息来设计。问卷回收后，依员工各项分数再行分类加总，也可依各部门、工作小组、分公司或全公司为基准，算出平均分数。

表6-1　员工态度调查表范例

	非常不同意	不同意	很难说	同意	非常同意
1. 能在这家公司工作实在太棒了	□	□	□	□	□
2. 如果我努力的话，必定可以优秀	□	□	□	□	□
3. 这家公司的薪资待遇绝不比其他公司差	□	□	□	□	□
4. 这家公司的升迁决策相当公平	□	□	□	□	□
5. 我了解公司所提供的各种福利措施	□	□	□	□	□
6. 我的工作让我可以充分发挥所长	□	□	□	□	□
7. 我的工作很有挑战性	□	□	□	□	□
8. 我信任我的上司	□	□	□	□	□
9. 我可以很自在地与上司讨论自己的看法	□	□	□	□	□
10. 我知道上司对我的期望	□	□	□	□	□

态度调查的结果常令管理阶层震惊。很多经理人觉得公平的政策或规定，在员工心里却不这么认为，这种知觉扭曲的结果，会让员工对工作或公司有负面的态度，管理阶层必须加以重视。定期调查员工的态度，可以协助主管们更明白员工是怎么看待公司及工作的。因为员工的行为是根据他自己的知觉，而非根据客观的真相。定期调查员工态度，有助于管理阶层及早发现潜在问题及员工的想法，才能加以应对。

6.6　员工态度是奖酬制度的成功关键因素

奖酬制度（incentive pay system）又称为奖金制度，是依照一般员工对于工作质量与数量方面的表现程度，分别给予报酬，实为一种激励性的薪资计划，通常是搭配固定薪资而形成完整的薪资制度。奖酬制度应考虑衡量奖酬的标准必须与组织的目标有关连，使员工个人与组织都能获利；须有基本薪资的保证，以维持员工基本生活需求；奖酬标准必须公平、合理且为员工能力可以达成；组织需提供资源以协助员工达成奖酬标准。

组织制定奖酬制度是为了鼓励员工提高绩效或生产力，因此员工是否接受奖酬制度将根本地影响该制度的有效性，因此在制订奖酬制度之初，即应考虑员工的态度。Gerstner 于《谁说大象不会跳舞》中，明白指出员工只会做公司检核的部分，因此企业必须要通过奖酬加强员工行为，但此套"奖酬制度"必须要与绩效管理、营运策略产生连动才能真正对公司产生帮助。因此，对企业而言，设计一套适合企业文化的奖酬制度，影响十分巨大。

奖酬制度除了制度本身的设计外，员工若具备工作投入、工作满足等内化的工作态度，以及在组织承诺、信任等外在工作态度上得到满足，也将极大地影响奖酬制度的成败。身为一位管理者，必须设计出一套符合绩效管理、营运策略的奖酬制度，以热情来感染员工，并拟定方案来促进变革，借以产生实际行动，让员工相信企业的愿景，进而使得员工的向心力与工作热忱均同步提升，如此方能发挥奖酬制度的最大功效。

为了促进奖酬制度的成功，可采取一些做法，促成员工的有利态度，包括建立员工参与机制，让员工能感受到公平合理以及公司实现承诺的坚持；让员工感受其努力程度与奖励息息相关；让员工有自尊，感受公司提供自主管理的工作环境；满足自我实现的需要，组织提供员工职业生涯发展所需的培训与晋升；合作互利，公司奖励并保护员工的知识财产权，达成员工与公司双赢。

▶▶ 6.7 员工自愿离职的问题

IBM 的创办人 T. J. Watson 曾这么说："员工是企业最重要的资产，你可以接收我的工厂，烧掉我的厂房，然而，只要留下这些人，我就可以重新建立起 IBM。"从他的这些话中，我们深刻体会到人才对于企业的重要性，人才是支撑企业大厦的支柱，所以，企业对人才的流失问题绝不可掉以轻心。

过高的员工流动率（turnover）可能导致生产受阻、质量下滑、沟通不畅、运作失调、员工士气低落等问题，进而降低劳动生产率。同时，员工流动的成本也是相当高的。根据保守估计，员工流动后的替代成本是所离开员工月薪的2～3倍，其中的直接成本包括招募、面试、测评、推荐、查核等方面的成本，以及安置新员工的有关费用；间接成本包括新员工被雇用之前相应设备的闲置，以及新员工在适应工作期间而导致的生产率下降。关于流动率的高低，有一点需要注意，如果无法留住高素质的员工，低流动率可能还不如高流动率。所以，不仅要考虑员工流动的量，还要考虑员工流动的质。

组织中离职的情况很多，在性质上，可分为自愿离职与非自愿离职两种，自愿离职如找到薪酬较高、工作条件较好的工作，或因与上司相处问题、配偶调职、小孩就学等原因而离职；非自愿离职例如遭到解雇、强迫退休、患病不能工作等。在组织行为的研究里，当然对自愿离职比较重视，因为这种现象可能显示了组织中存在着许多问题。

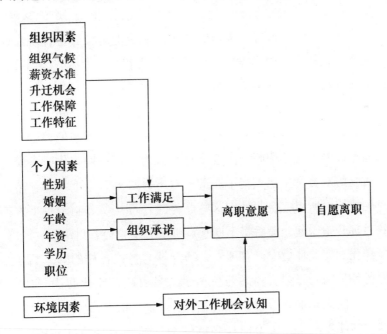

图6-4 离职原因的分析

一般而言，当员工的工作满足愈高、组织承诺愈高、团体凝聚力愈大时，员工的离职率愈低。造成员工流动的原因主要来自企业内部，如果企业所提供的工作内容令人不满意、工作条件差、工资待遇不公平、缺乏职

103

业发展机会，员工流动率就可能会很高。组织外工作机会的多寡也是影响员工离职的主因之一，因为员工即使对于工作不满意，在失业率较高的时期，员工多以保住现有工作为最优先的考虑，较不易离职；反之，在失业率较低的时期，外在的工作机会多，员工若对工作不满意时，就容易导致离职的行为[23]。

6.8 人力多样化趋势下员工态度的调适

人力多样性

意指同一组织内的成员在年龄、性别、种族、宗教、社会背景、经济条件等方面存在着差异。

人力多样性（diversity）意指同一组织内的成员在年龄、性别、种族、宗教、社会背景、经济条件等方面存在着差异。在第1章里，我们已探讨过劳动力多样化对现代企业经营的挑战，由于我们正处于快速变迁、多元化、全球化的时代，物流、金流、人流、信息流、知识流等快速流通的时代，正如大前研一所观察到的，目前企业经营已经进入一个无国界（borderless）的时代，以往国与国之间的障碍限制企业跨国营运，现在这种障碍已急速下降；反之，跨国营运的优势则明显上升。为适应此趋势，企业必须招募多样性人才，找对人、放对位置、做对事。

中国台湾就业人口的组成，近年来变化幅度也很大，除了女性劳动人口增加，外籍人士也日渐增多，年长与年轻员工间价值观的差异扩大，造成彼此间摩擦的可能性增高。高度多样化人力进行协同合作时，误会难以避免，对立的双方常把焦点集中在造成双方分裂的差异上，而忽略必须共同面对的挑战。所以，企业处理这些摩擦时，可从明确制定每个人都认同的绩效目标开始做起，最后将不同观点带上会议桌公开讨论。

文化智力

能理解陌生文化并融入其中的能力。

多样化的商业环境中，管理人必须能够与各式各样的同事共处，了解同事们各种不同的习惯、姿态与价值观。具有高度文化智力（CQ）的人员善于与不同文化的人互动，文化智力（CQ）指的是能理解陌生文化并融入其中的能力。文化智力的许多属性与情绪智力（EQ）相似，但它较情绪智力又向前迈进一步，它能使人区分什么是因文化而有的行为，什么是特定人士的特有行为，什么又是一般人皆有的行为。文化智力的培养有助于员工面对多样化的劳力，并调适正确的工作态度。

多样化人力的环境里，经理人须特别重视员工彼此对待的态度，因此应投入资源进行员工训练，以学习融洽相处之道。相关训练课程中应包含自我评估的训练，受训者需花时间检视自己如何处理道德及文化的问题，并且以分组讨论或座谈会方式，分享自己的心路历程。训练课程可安排活动，以引发成员的深层思考。例如，影片《迷情追缉令》（Eye of the Beholder）中描述人一出生就得依照眼球的颜色分类隔离，让成员借此感受判断人的标准竟如此的不合理。除了相关的训练课程安排外，有些公司在人资部门设置心理咨询师，甚至与外界的心理咨询顾问公司合作，以解决员工的态度调适的问题。

自我测验

学生对学校的态度[24]

同学们对学校是抱持着怎样的态度呢？相信这是校方很重视，而且可以通过一些态度量表加以衡量并与他校比较的。下列量表是一个很简单的例子，请阅读左边每一题的叙述，你是否同意其说法？并在右边适当的方格圈选一个数字，表示你的同意程度（计分与得分的说明请参阅附录一）	非常同意	同意	有点同意	无所谓	有点不同意	不同意	非常不同意
1. 我会很愉快地在本校完成我的学业	1	2	3	4	5	6	7
2. 我之所以留在本校，是因为我别无选择	1	2	3	4	5	6	7
3. 我觉得学校的问题就是我的问题	1	2	3	4	5	6	7
4. 我来本校注册入学是一种需要，不是一种盼望	1	2	3	4	5	6	7
5. 我对本校没有一种强烈的归属感	1	2	3	4	5	6	7
6. 我对本校有着很深的感情	1	2	3	4	5	6	7
7. 在本校我没有一种大家庭的感觉	1	2	3	4	5	6	7
8. 在本校求学，对我个人很有意义	1	2	3	4	5	6	7

总分 = ＿＿＿＿＿＿＿＿

主题案例

李英爱的敬业态度

2003 年，MBC 电视的古装戏《大长今》在韩国播映时，以高达平均收视率 52.5%，打破了所有的收视纪录，获得当年度最受欢迎剧集；2004 年 5 月 18 日，《大长今》在中国台湾播放，打破了韩剧收视在台不景气的僵局，获得了有线电视收视率第一。领衔主演的李英爱（Lee Young Ae）身价也水涨船高，代言费高达 2000 万元新台币，成为在台身价最高的韩国艺人。

生于 1971 年，李英爱毕业于汉阳大学德语系，并获得电影戏剧硕士。她天生丽质，早在 14 岁便已经成为时装杂志的封面女郎。真正的演艺之路则始于大二时，接拍与华人天王刘德华合作的一个巧克力广告。自 1993 年起，拍摄十几部电视剧，如《你家的老公如何?》、《火花》等；她的电影事业更是一帆风顺，2000 年的《共同警备区域 JSA》打破韩国票房最高纪录，更在 2001 年获颁第二届大韩民国影像大展最佳演员奖殊荣。她是韩国最有人气的广告明星，不分男女老少都喜欢的女演员，也是一位典范人物。她白里透红的肌肤，是担任化妆品代言人的不二人选，被韩国人形容为"像氧气的女人"，亦是韩国高身价的广告明星之一。

在拍片现场的李英爱，经纪人李周烈这么描述她："她总是努力把事情做到最好，无论多么小的事；她话很少，但想得很深。"《大长今》的导演李丙勋也对她的认真敬业态度夸赞有加。他举例说，在摄氏零度以下的气候里，她为了要融入剧情，会刻意提早到拍摄现场，尽管寒气凛冽，她会裹着大披肩发抖地在旁观看他人录像并记诵台词。演出时，李英爱会全身心地将自己融入角色中，为了剧情需要，她可以在 10 秒内掉下泪来，让导演和工作人员都对她的精湛演技深感折服。靠《大长今》爆红的李英爱在后续的电影演出时，并不恃宠而骄。根据记者在拍摄现场报道，其中有一幕要重拍，导演要求李英爱将头微偏再转回来，这细微的动作后来成了观众对本片的深刻印象，这让记者们不得不佩服导演的专注以及李英爱的敬业态度。

2005 年 5 月 1 日在中国香港地区无线台播出《大长今》大结局，最高收视率 49 点，收看观众多达 321 万人，差不多占中国香港地区人数的一半，可说是万人空巷的最佳写照。通过李英爱的魅力与其精湛的演出，韩剧彻底征服了挑剔与多变的东亚观众口味！

【思考题】

1. 请以简单的两句话说明李英爱的处事态度。

2. 很多人爱看韩剧，请说一说你对韩剧的态度。

主题案例

诚品的体验式经济

在1998年7月，美国《哈佛商业评论》发表了经济学家 Joseph Pine II 和 James Gilmore 所合著的"迎接体验经济"一文，他们认为从农业经济开始，演进到消费产品的生产制造，最后延伸到服务业，每推进一步，都将造就新的经济价值。什么是所谓的体验经济呢？就马斯洛的层级需求理论，认为人的需求由低到高分为生理、安全感、认同归属感、自尊、自我实现五层，而体验式经济（experience economy）所强调的是超越基本的生理需求层级，而达到认同归属、自尊与自我实现的层次。

中国台湾书店的经营也已渐渐提升到体验式的层次。书店的经营者认为，书店存在的价值，应该具备知识性与文化性，并且能为顾客提供适切的服务。以前，中国台湾地区的书店有一个很大的缺点，往往只是扮演卖场的角色，把各类的书籍摆放在一起而已，未能建立一套知识库，或致力于带给读者或顾客更好的服务。现在，许多人不嫌交通麻烦，放弃在网络书店或邻近书店买书，而执意用原价到诚品书店去选购，为什么呢？因为读者可以借由温馨宁静的空间布置，不受店员言语或视线干扰，享受绝佳的书香环境，有一种自然而然地提升自己气质的感觉。

强调体验式经济的诚品书店吸引不少民众到店内看书（照片由联合报系提供）。

诚品书店除了运用空间装潢、陈列和现场POP（point of purchase）外，员工对客户的服务更是整体设计的一环，让读者感觉到轻松、亲切的气氛和友善的环境，营造出读者口碑。诚品书店所有应征进来的柜台员工都是爱书者以及书的推荐者，即所谓有"书感"的人，他们的工作是了解书以及顾客，在书店中以亲切、专业的态度提供有用的书籍信息及服务。现在，诚品已经开了31家店，年营业额更是突破了40亿元新台币，而且诚品的员工对诚品的忠诚度及向心力都非常的强，这都是靠员工对"诚品"的认同所达成的。

评论家南方朔有感而发地说："诚品早就不是书店，而是一种仪典、一种市集、一种论坛、一种活动，或者是一种魅惑、一种必须。"除了所谓知识的风情外，参与"演出"的售货人员的雍容优雅态度，也是值得我们密切观察的重点。

【思考题】

1. 你有在诚品书局阅读或购买书籍的经验吗？请分享你的经验。

2. 请举出另一个例子，说明体验式经济。

课后练习

1. 一般人都强调工作满足与组织承诺对组织的正面作用，你是否能想象在哪些情况下，工作满足与组织承诺对组织的作用是负面的？

2. 认知失调理论在企业管理实务上应用甚广，请举一些例子说明。

3. 请阐述员工离职对企业的影响。

4. 企业在制定奖酬制度之初，应进行哪些态度的调查？

5. 你曾否见过或认识某一位对工作非常投入的人？请试着分析其原因。

第7章 激励

世人都晓神仙好，唯有功名忘不了

清·曹雪芹·好了歌

何时，内心终于承认了，我纵然踩着与他人不同的步伐，听着不同的鼓声，但对敲出这种鼓声的人，我无力抗拒！终于理解我做不到清高，这张名利的天罗地网，怎样才能脱逃？我怎样才能活出生命的格调？不复受制约于得奖的企盼，不再有给奖的傲慢。

7.1 激励与工作绩效的关系

激励

一个唤起以及指引目标行为的心理历程。

在组织行为学里，激励（motivation）是一个唤起以及指引目标行为的心理历程，也是组织成员愿主动为组织目标努力的意愿，而这种意愿的强烈程度，与此努力能否满足个人的需求具有密切相关。人才是企业最重要的资产，在这个充满竞争的市场环境里，企业成功的关键是拥有人才，且能让人才有所表现。西方俗话说，把马儿引到水边是一回事，有没有本领让马儿饮水却是另一回事，激励就是设法提高员工的工作意愿去为组织效力的一门学问。

美国 Gostick 与 Elton 曾有大规模的访问调查，发现卓越的企业都是"胡萝卜企业"[1]。在商场上，"胡萝卜"是指用来启迪与激励员工的物品，它是人人想要的东西。员工最希望从老板那里得到褒奖，盼望得知自己的长处或潜力受到称赞。若能把这样一种赏识和激励员工的"胡萝卜机制"深植于企业文化中，不但能防止人心涣散，更能提供现代组织所需的养分，带动企业成长。

绩效（performance）是指某一项行动方案达成目标的程度，Blumberg 与 Pringle 提出三因子互动的工作绩效模式[2]，将工作绩效视为能力（ability）、激励（motivation）及机会（opportunity）的函数，亦即 P = f （A × M × O），由此式可知：

（1）工作绩效是能力、激励、机会三项因素交互影响之下的结果。

（2）能力因素包含年龄、技能、教育水平、知识、智力等。

（3）激励因素为心理性的，包含工作动机、工作状况、工作满足、压力等。

（4）机会因素则多为外在因素，包含工作条件、同事、机器设备、上司的领导行为、组织运作情况、大环境的经济状况等。

从此绩效函数的思维，可见光拥有能力良好的员工是不足以产生良好绩效，同时还必须注意工作设计、奖励制度、管理制度等方面是否能同时有效地激励员工向前冲刺。Blumberg 与 Pringle 的模式融合了个人因素及环境因素，整合了过去许多有关工作绩效的研究结果，如图 7 - 1 所示。

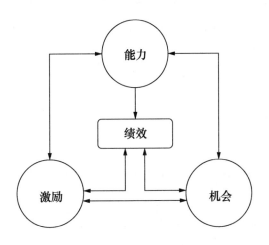

图 7－1　工作绩效的决定因素

7.2　以需求为基础的激励理论

以需求为基础的激励理论旨在探讨人们真正的需求，从而使企业能够采取正确的激励措施。人是复杂的动物，连带使人力资源管理成为一门复杂学问。除了金钱的诉求外，近代成功的公司都会以其他更符合员工需求的制度来吸引人才，例如强调友善的工作伙伴、舒适的工作环境、高度自主的制度等。最常被提及的激励理论包括马斯洛、亚得弗、麦克利兰等学者所提出的理论，以下仅就几个具代表性的理论加以介绍。

7.2.1　马斯洛需求层级理论

由马斯洛（Abraham Maslow）提出的需求层级理论（hierarchy of needs theory）是广为大家所熟悉的激励理论，其将需求层级分为五种，由低而高依序为生理的需求、安全的需求、社会的需求、自尊的需求以及自我实现需求[3]。前两项是较低层级的一般需求，可经由外在资源得到满足。后三项强调的是较高层级的需求，着重心理层面的成就。马斯洛认为，一般人在低层次的需求获得满足之后，才会往上一层次的需求而努力，因此，

111

组织要鼓励员工努力工作，应当尽力满足员工当前的需求。然而，低层次的需求在被满足之后就不会再产生激励作用，只有高层次的需求所导致的驱动力才是持久不断的。各需求层级的内容如下：

（1）生理需求（physiological needs）包括饥饿、居住、性或其他生理的需求。

（2）安全需求（safety needs）包括身体上和情感上的受保护感、安全感等。

（3）社会需求（social needs）包括爱情、友情、归属感、接纳感等。

（4）尊敬需求（esteem needs）包括内在的自我尊重、成就感、自治感等，以及外在的尊重如社会地位、同僚认同、上司注意等。

（5）自我实现需求（self-actualization needs）包括发挥自我潜能、自我成长、自我实现等。

在工作场所里，组织员工的各层次需求可能得到满足，也可能受到挫折，状况如图7-2所示。

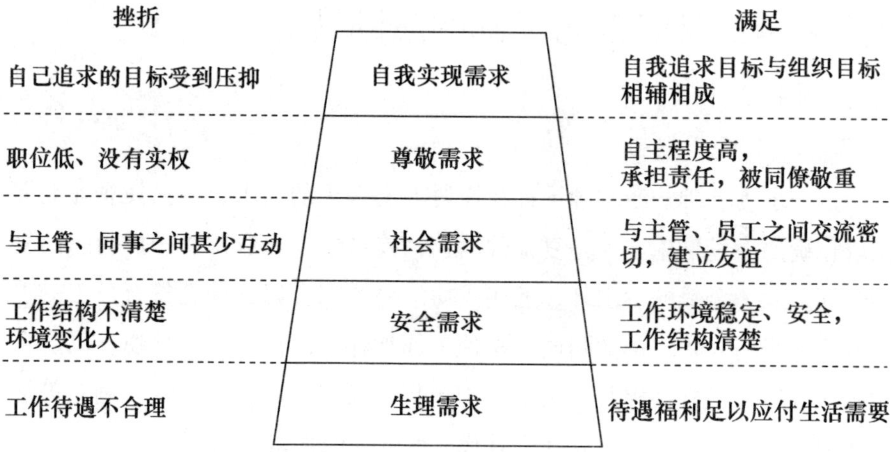

挫折		满足
自己追求的目标受到压抑	自我实现需求	自我追求目标与组织目标相辅相成
职位低、没有实权	尊敬需求	自主程度高，承担责任，被同僚敬重
与主管、同事之间甚少互动	社会需求	与主管、员工之间交流密切，建立友谊
工作结构不清楚环境变化大	安全需求	工作环境稳定、安全，工作结构清楚
工作待遇不合理	生理需求	待遇福利足以应付生活需要

图7-2 马斯洛需求层级

马斯洛为心理学所开辟的人本心理学（humanistic psychology），有别于行为学派（behaviorism）与精神分析学派（psycho analysis），经常被称为心理学第三势力。人本心理学主张以正常人为研究对象，强调心理学的研究主题是个人的经验、价值、欲念和情感，其目的是促进个人成长，达成自我实现以造福社会。随着生活的富裕，金钱的重要性已逐渐降低，取而代之的是更高层次的成就感。马斯洛创造"开明管理"（enlightened management）这个名词，认为拥有愈高层次需求的人，心理就愈健康，因此要在激烈的竞争中生存，就必须放弃独裁管理，实行开明管理政策，使人尽其才，达成自我实现，使其潜能得以发挥。

7.2.2　亚得弗的 ERG 理论

亚得弗（Alderfer）的 ERG 理论，是由马斯洛的需求阶层理论衍生而来，他将需求层级修改成生存（existence）、人际关系（relatedness）及成长（growth）三级[4]。生存需求是指对物质与实体的需要；人际关系需求是指与他人建立及维持良好人际关系的需求；成长需求是能产生贡献以及能取得个人发展机会的需求。亚得弗理论与马斯洛的理论的比较，大略如下：

（1）生存需求（existence needs）。相当于马斯洛理论中的生理和安全需求。

（2）关系需求（relatedness needs）。相当于马斯洛理论的社会需求和尊敬需求。

（3）成长需求（growth needs）。相当于马斯洛理论中的自我实现需求。

不过，亚得弗的论点与马斯洛需求层级理论最大的不同在于 Alderfer 认为需求之间存在着动态关系。当较低层次的需求被满足后，较高层次的需求就愈增强；但若追求高层次受挫时，则会退回到低一层次的需求。

7.2.3　麦克利兰的三需求理论

McClelland 所提出的三需求理论（three needs theory）认为，在组织环境中人们有三种重要的需求：成就需求（need for achievement）、权力需求（need for power）以及亲和需求（need for affiliation）[5]。成就需求意指在某个工作目标上超越他人、追求成功的欲望；权力需求是希望能控制他人、影响他人使其顺从自己的意志；亲和需求是希望与别人建立和谐亲密的人际关系。不过，人们的需求结构相当复杂，因此每个人在这三种不同需求上有许多不同比例的混合。以工作环境而言，高成就需求的人喜欢在风险适中、可以自负职责、工作回馈性高的环境下工作；权利需求高的人则喜欢在竞争性强、有明显阶级区分的环境下工作；亲和需求高的人则喜欢一个温暖而友善的工作环境。

▶▶ 7.3 双因子理论

赫兹伯格（Frederick Herzberg）受到马斯洛需求理论影响，极力思索"员工到底想从工作中得到些什么"？他于 20 世纪 50 年代研究 200 位美国的会计人员与工程师的工作之后，发展出"激励—保健"双因子理论（two - factor theory）。此理论将影响员工行为的因素分成两大类，一类属于避免员工产生不满的保健因子（hygiene factors），另一类才是激励员工发挥潜力与达成目标的激励因子（motivation factors）[6]。

保健因子
确保员工不会产生工作不满足，但却不一定能带来激励。

保健因子用来确保员工不会产生工作不满足。保健因子若处理妥善，员工可以免于不满足，但却不一定能带来激励。换言之，保健因子的安抚效果远大于激励效果。保健因子包含公司本身、公司的政策与管理、员工感受到的监督方式、工作条件、人际关系、薪资、职衔、保障性等。

激励因子
能激发员工内在驱动力，产生更高的工作绩效。

激励因子大多与执行某一工作有关，能激发员工内在驱动力，产生更高的工作绩效。激励因子包括成就感、成就受赏识、工作责任感、对工作的兴趣、成长性、晋升更高级职务等。

传统上认为，工作满足与不满足是相对的工作态度，在同一条连续带上。但赫兹伯格的研究发现："与工作环境有关的保健因子可消除员工的不满足感；与工作表现有关的激励因子则使员工产生工作满足感。"所以，他认为工作不满足与工作满足是两个独立的现象，其一是从"工作不满足"到"没有工作不满足"，其二是从"没有工作满足"到"工作满足"。如图 7 - 3 所示。

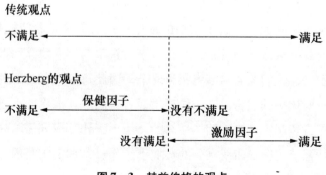

图 7 - 3 赫兹伯格的观点

尽管赫兹伯格的双因子理论仍有受到质疑的地方（例如样本的代表性），但在 20 世纪 60 年代大为流行，促成工作丰富化、员工参与等风潮。企业界为了让员工发挥潜能、提高工作效率，进而达成组织目标，开始采用激励理论提出的技巧，因而促进了劳资的互相了解与尊重。

双因子理论在人力资源管理上有若干启示：

（1）仅以单一的激励方法无法适用于全部的员工，要想提振士气与留住优秀员工，需要靠组织不断的变革来符合员工不同阶段的需求。

（2）企业须强调工作丰富化，提高工作挑战性，使员工得到较多的自主权，才能增进工作满足。

（3）由于激励因子主要与工作满足有关，保健因子则与不满足有关。研究发现，会留在组织内工作的人多半与激励因子有关，而离职的人多半与保健因子有关，白领阶层对工作本身的激励因子有较多的期待，蓝领阶级对工作以外的保健因子有较高的期待[7]。

（4）保健因子与激励因子两者可以形成四种组合（高保健与高激励、高保健与低激励、低保健与高激励、低保健与低激励），公司在实行激励政策时要同时涵盖保健因子与激励因子，尽可能做到高保健与高激励。

▶▶ 7.4 目标设定理论

20 世纪 60 年代末期，洛克（Edwin A. Locke）提出了目标设定理论（goal-setting theory），认为追求特定目标的企图心，是激励人们努力的主要因素。具挑战性的目标以及明确的目标本身就具有激励的作用[8]。而较困难的目标，一旦被人们接受的话，比简单的目标更能导致较高的绩效。根据目标设定理论，目标的两个最重要的特性是目标的明确度（goal specificity）以及目标的困难度（goal difficulty）。在员工有达成任务的能力、员工接受该目标设定的前提之下，困难的目标比容易的目标更能导致员工的高绩效。

Locke 与 Latham 等学者长期研究目标设定和工作绩效的关系，实证研究结果证实，目标管理确实有其功效。一旦困难的目标被接受，就会比中度或简单的目标导致更高的工作绩效。同时，目标设定理论假设，困难及明确的目标如果被接受，工作绩效会比"尽力去做"（do your best）或没有目标高。

目标设定理论极重视绩效回馈（performance feedback），绩效回馈就是提供有关目标进展的信息。有些研究指出，没有回馈的目标不会改善绩效，但若给予具体的目标后，回馈就能够改善绩效；Erez证明目标和回馈都不足以单独改善工作绩效，而是两者都必须同时存在[9]。

综合学者们对目标设定理论的许多研究，目标设定程序可以归纳如图7-4所示[10]。

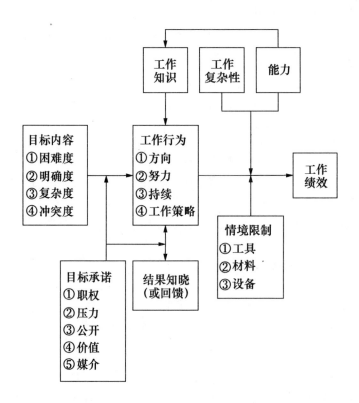

图7-4　目标设定程序

7.4.1　目标管理

目标管理（management by objectives，MBO）是由美国管理学家彼得·杜拉克（Peter F. Drucker）在1954年首次提出，是一种以建立目标为基础的管理程序。目标管理特别强调员工与上司共同参与，设定具体、确实而又能客观衡量成果的目标。

116

杜拉克认为："任何一个组织都必须有一套管理原则，作为该组织管理人员的行动指导，并且使得各单位的个别目标与组织目标取得协调，进而促使组织的团结。"具体来说，就是管理者以工作"目标"来管理部属。换言之，管理者在事前和部属商定彼此都可接受的目标后，应充分授权给部属，让部属有充分的自由以选择达成目标的方法或手段，并于事后以原先所订立的目标和部属实际执行的结果进行绩效评估，并做调整，以确保目标达成。目标管理的实施步骤大致可以区分如下：

（1）企业高级主管设订组织的长期目标，据以拟订组织的各项策略。

（2）组织内各层次主管人员分别设定其支持性的短期目标（大抵以年度为准）。

（3）各阶层主管人员根据短期目标拟订各项行动计划或方案。

（4）构建一项衡量成果及监督管控的制度（关键绩效指标 KPI），使各相关资料得以向较高层次主管回馈。

（5）检讨实际成果，据以考核员工，并采取必要的修正措施。

综合言之，目标管理有具体的目标、参与式决策、定期完成、绩效回馈四项要素[11]。目标管理以 Y 理论为中心，组织要有效地实施目标管理，就必须缔造一种环境，让员工能自我控制、自我引导、专业成长，使其在完成组织目标的同时，也能满足个人的需求。目标管理主要优点有以下几项：①集中目标，易达成预期效果；②主管更容易授权，管理幅度大为提高，更容易发觉绩优人才以及便于培育人才；③有了目标之后，公司在进行规划工作时能更完整；④训练下属能有自我控制的观念，并使员工的工作满足度提高；⑤改善上下级之间的关系，发挥团队精神。

至于目标设定理论与目标管理之间的关系，可以确定的是，目标管理支持设定一个具体的目标以及必须提供绩效回馈。根据目标管理的精神，要让员工认定的目标应是可以达成的并愿意接受的，这点与目标设定理论一致。依据目标设定理论，如果设定的目标能够稍微困难一些，促使员工必须努力才能达成，更能显示目标管理的效果。

7.4.2　目标 SMART 原则

根据目标设定理论的研究发现，实务界对如何设定一个理想的目标，有了一些原则可以依循，最为人所熟知的是"目标 SMART 原则"（SMART goals）[12]，代表五个最重要的目标特性：

S 代表具体的（Specific），指要针对特定的工作指标，不能模糊笼统；

要用具体的语言清楚地说明要达成的行为标准。例如，不说"我想减肥"，而应该说"我想减轻五公斤"。

M 代表可度量的（Measurable），有一组明确的数据，作为衡量是否已达成目标的依据。当然，并非所有目标达成都可以衡量，也要"尽可能写出具体的数字"来。例如"快乐的人生"无法计量，但若设定"每天大笑五次"、"每天大声唱三首歌"，就不但能够测量，而且可以逐渐提高数字，以示提升目标层级。

A 代表可达成的（Attainable）[13]，指目标门槛不宜过高或过低，是在付出努力的情况下可以实现的目标，会让人感觉有点难但却又有信心达成的目标大概就是理想的目标。达成目标时，不仅会得到成就感，而这个成就感也将激发热情与干劲，成为追求下一个目标的原动力。

R 代表结果导向（Result - oriented）[14]，目标是要实现的，要看到成果才算数，否则，都只是在"画大饼"而已。个人目标的结果应该有助于组织目标的达成，而组织目标的最终结果应该能促成组织愿景的实现。

T 代表有时限（Time bound），指目标须有时间限制，要制定明确的完成期限，不然，一般人多会拖延。对庞大的目标，可视为小目标的集合体，为这些小目标各自定义出完成期限，大目标自能促成。

7.5 公平理论

公平理论（equity theory）又称社会比较理论，最初是由美国心理学家 Adams 提出来的，认为人们是依据相对报偿，而非绝对报偿来决定其努力的程度[15]。人们不仅关心自己的努力得到多少报偿，更关心自己和他人间的比较关系。因此，员工在评估薪酬是否公平时，会与组织外部或内部的参考对象进行比较。当比较结果被认为不公平时，员工就感到不满意，从而影响员工对于工作上的各种决策。受影响的员工为求达成心目中的公平，可能会调整其行为以应对，包括离职、玩忽职守、迟到、降低努力等方式。

个人知觉到自己与参考对象的各种所得成果与投入，两者之间形成一个比率，可用来进行比较，如图 7-5 所示。

118

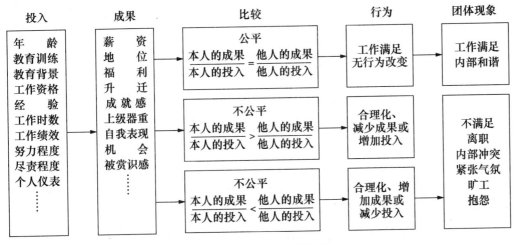

图 7-5　公平理论的模式

公平理论的研究有两项有趣的发现：

（1）在大多数情况下，偏高报偿所造成的不公平，对行为的影响远不如偏低报偿所造成的不公平，即人们较能忍受（或许欢迎）对自己有利的不公平，并给予合理化的解释。

（2）公平理论所指的公平是感觉上的公平，而未必是事实上的公平，而且每一个人对公平的感受是不同的。根据公平理论的观点，当员工认为不公平时，会有以下六种主要的反应：①改变自己的付出（例如降低或增加自己的努力程度）；②改变自己所获得的报酬（例如争取采用其他报酬的方式）；③扭曲对自己付出与报酬的认知（例如我现在知道我比别人认真多了）；④扭曲对参考对象付出与报酬的认知（例如他的工作不如我想象的差）；⑤改变参考对象（例如我赚的钱虽然没张三多，但比起李四来算不错）；⑥改变目前的工作，或离开造成不公平的情境（例如离职）。

中国古代就有"不患贫而患不均"的说法，可见不公平可能带来的心理冲击。公平理论预测，员工觉得工作报酬太多或太少时，他们会采取行动以维持公平的感觉。公平理论对人力资源管理者有着许多启示，管理者必须在部属间维持一个相当平衡的诱因和报酬，影响激励效果的不仅是报酬的绝对值，还必须考虑报酬的相对值；奖赏也必须慎重，提升公平感觉的奖赏可促进工作满足和绩效，反之，引起不公平的奖赏会破坏重要的工作关系；为避免产生不公平的感觉，企业可采取各种手段使职员产生一种主观上的公平感，在企业中造成一种公平合理的气氛。例如，有些企业采用工资保密的办法，使职员无法得知彼此的收支比率，以免职员相互比较而产生不公平感。

7.6 分配公正与程序公正

企业制定薪酬制度，有效率、公平、适法性三种基本考虑。在企业方面，最关心的应是效率，所以，企业所制定的薪酬制度，必须配合企业目标。例如当企业致力于创新时，其薪资就不应过于强调员工的年资。不过，这些期盼与激励员工的因素必须明确，让员工明白什么样的行为是公司所鼓励的，所设定的目标必须是可衡量的，这才能有效地区别员工的贡献程度。然而站在员工的立场，最在意的却是公平，对于自己所付出的努力，希望能获得企业合理的薪酬待遇。

分配公正

员工认为其工作量、薪资、奖励和其他同事比较起来，是否公平的认知。

所谓合理的薪酬管理在于薪酬制度的公正性，包含分配公正（distributive justice）及程序公正（procedural justice）两个意涵[16]。分配公正是指员工认为其工作量、薪资、奖励和其他同事比较起来，是否公平的认知。程序公正是指员工感受到主管在处理奖惩过程是否公开，其办法和标准是否符合公平原则的知觉。

就分配公正而言，从上节（7.5）对公平理论的讨论，我们知道员工会以所得报偿和付出的比例与参考对象进行比较后的心中感受，来决定他们的满意度与表现，他们的衡量标准主要是基于自身所认定的价值，而非绝对价值或管理者所认定的价值。

程序公正

员工感受到主管在处理奖惩过程是否公开，其办法和标准是否符合公平原则的知觉。

就程序公正而言，最重要的是，个人相信在决策制订的过程上，自己是受到公平的对待的。若裁决的过程是公正的，即使个人受到不利的对待，个人也比较能够对其结果持肯定的评价[17]。程序公正有三大决定因素：

（1）过程控制，也就是个人是否相信，自己在决策制订之前，有无机会说明自己的立场。

（2）决策控制，也就是个人在决策的过程中是否拥有权力。

（3）互动公正，也就是决策本身与决策程序是否曾向当事人完整解释，以及在决策过程中与决策后，个人是否得到尊重。

当员工对薪酬的分配公正认知愈高，其薪资满意度也较高，且与员工工作绩效呈正相关。当组织在政策上采取公开、沟通、参与、申诉等做法[18]，可使员工提高其对程序公正的认知，则员工的组织承诺也相对较高。可见薪资的分配公正与程序公正都会对员工行为产生极大影响，这方面的实证以 Greenberg 的个案研究最为著名[19]。

Greenberg 曾针对某制造业三家不同地区的制造厂进行调查，此公司因失去两笔大订单，不得不降低薪资水平，为了不缩编人力，管理阶层决定削减 15% 薪资以弥补损失。在此研究中，以其中第一厂为对照组，维持其原来的薪资水平；第二厂进行削减薪资，并对员工进行合理的公开解释；第三厂也进行薪资削减，但提出不合理的解释。结果显示，第一厂厂内失窃损失基本维持 3%，第二厂由减薪前十周的 3% 上升至执行减薪后第十周的 4.8%，薪资恢复后的十周又恢复到 3%。没进行合理解释就减薪的第三厂，厂内失窃损失由薪资削减前十周的 3% 上升至执行薪资削减政策十周内的 8%。研究显示，员工在其所分配到的报酬比例受到改变时，会产生偷窃公司财物行为以弥补减薪的损失，Greenberg 的发现与分配公正及程序公正的预测方向完全符合。

7.7　期望理论

期望理论（expectancy theory）是激励的过程理论之一，强调员工如何在不同的行为及努力程度中做出选择。期望理论最早由 Victor Vroom 于 20 世纪 60 年代提出[20]，其基本假设认为员工追求满足，希望正面结果（红利、奖赏）而避免负面结果（裁员、降职）。期望理论也假设员工是理性的，总是谨慎处理信息，善用与工作及能力有关的信息，据以决定工作的方向以及应该努力的程度。

期望理论认为，当人们决定某种行为时，是基于他认为这样做或这样的行为，可以得到某种预期的成果，而成果是具有价值性或吸引力的。概括而言，期望理论建立在价值（valence）、工具性（instrumentality）与期望性（expectancy）三个概念的基础上。因此，期望理论也常被称为 VIE 理论。

价值（valence）即吸引力，指个人对从工作可能得到的成果的重视程度，可能是 −1 ~ 1 的一个数字，负值则表示此成果具有负效用。工具性

（instrumentality）是指绩效与成果报酬的关联性（performance – outcome linkage），是介于 0 ~ 1 的一个概率数字，表示员工对把工作做好后能得到成果报酬的相信程度。期望性（expectancy）是指努力与绩效的关联性（effort – performance linkage），代表员工个人对自己付出努力后能使绩效提高的相信程度，可以 0 ~ 1 的一个概率值来表示。

期望理论看似复杂，却不难了解，主要说明个人受到激励的强度，是由上述价值、工具性与期望性三者共同决定的，缺一不可。换言之，若要有效地激励员工，就须使员工相信自己努力后能有所表现（E – P 关联性），又相信自己有所表现后能得到报酬（P – O 关联性），而且这个报酬对员工是有吸引力的。

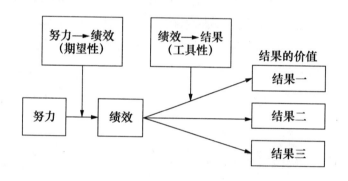

图 7 – 6　期望理论模式

期望理论对人力资源管理实务的重要启示，是我们必须设法提高员工对价值、工具性与期望性三者的认知。

（1）增强 E – P 期望性。要提高员工们能成功执行工作的信念。在做法上可提供明确的目标，给予员工足够的时间、资源与训练，使其深信努力力必能达成任务。例如在教学的场合，教师在评量上要能给予学生"用功就能得到好成绩"的期望，才能促成学生努力念书的行为。

（2）增强 P – O 工具性。增强员工良好绩效可导致特定结果的信念。在工作过程中，让员工产生适切的期望，深信达成绩效后就有奖酬。实际的做法是以较精确的评鉴制度来衡量员工的表现，奖酬的承诺绝不可轻易变动。

（3）提高结果价值。工作报酬要能符合员工的期望（具吸引力），若吸引的诱因不足，会影响激励效果。公司必须发展更多个人化的奖励制度，使其确实符合个别员工的需要。

7.8　增强理论作为一种激励理论

本书在第 3 章已详细讨论过增强理论（reinforcement theory），它是行为修正术的理论基础。增强理论实行为论的观点，认为强化物决定行为，"结果"是影响行为的主因。换言之，如果人们采取某种行为后，立即（或预期）导致可喜的结果出现，那么，我们若能控制这个结果（强化物），则能增加该行为重复出现的频率。增强理论认为强化物控制了行为，所以根本不必在意人们的认知。由于增强理论忽视个体的内心状态，严格来讲，它并不算是激励理论，但是增强理论极有助于行为控制分析，许多组织行为学者也将增强理论视为极有效的激励理论[21]。

我们探讨增强作用对组织行为的影响，可以得到几个结论：

（1）要导致行为的改变，某些增强方式是不可或缺的，例如员工均盼望上司赞赏，所以上司赞赏常为有效的增强方式。

（2）组织须讲究其所采用的报酬形式，因为各种报酬形式的效果不一。

（3）增强作用的时机也要适当，它决定了学习的速度及效果的持久性。

（4）虽然增强作用对组织成员的行为有相当重要的影响，但绝非是唯一的影响因素。

7.9　员工入股

员工入股的制度常被称为 ESOPs（employee stock ownership plans），员工入股是一种现代企业的福利制度，指股份有限公司进行股权分配时，提供种种有利的条件，让所属员工取得公司股票成为股东，具有减少劳资对立、增进员工向心力、分担风险等功能。

123

员工入股有广义及狭义两种说法。广义而言，公司股权代表营利单位的损益负担，只要员工愿意承担事业经营成败的风险而参加股权，公司可依奖励、斡旋、援助等方式，使员工持有公司股票，作为推进公司方针或政策的工具；狭义而言，员工入股是指股份有限公司基于法律规定，提供各种方便的制度，让员工取得所属公司的股票，故属于一种员工福利计划。

目前常见的员工入股制度有四种[22]：

（1）员工新股认购权，即在公司现金增资时保留一些股份由员工承购。

（2）库藏股（公司自公开市场买回自家的股票）转让给员工。

（3）股票选择权，即公司与员工约定，在员工服务满一定时期后，得以约定价格及数量等条件转换成股票。

（4）员工分红配股，即公司以股票形式分派盈余给员工。

入股制度在劳资关系上很有意义，因受雇者参与了经营成败风险的承担，亦属于公司的股东，理论上更有权参与公司的决策，此时其与公司的立场一致，其财富的请求权能否实现依赖该营利单位未来的营运状况及获利能力，因此在劳资利益一致的前提下，更有助于劳资的和谐及生产营运效率的提升。

至于"分红配股"制度更是公司将公司利润以股票的形式分给员工，以慰劳绩优员工。在2008年之前，中国台湾地区未宣布实施"分红费用化"政策，分红配股盛行于高科技行业。在此制度下，底薪只是员工总薪酬的一小部分。如果底薪不高而工作繁重，员工会认为分红配股是理所当然的，视分红为正常薪酬的一部分。然而，这部分的薪酬的价值受股价起伏所左右，不是员工所能掌握，股价变动时必然影响员工的工作意愿。

理想的薪资结构应该包括底薪、奖金、分红三部分。其中，底薪至少要满足员工的基本生活开销。奖金部分则依据员工的表现和对公司的贡献而分配，让员工充分了解这一部分奖酬是可以通过努力争取的。而最后才是分红，这部分反映公司营利，公司获利而额外分享给全体员工，以犒赏员工全年的努力。若依此标准检视中国台湾一般科技产业的薪资结构，会发现台湾企业界的薪酬实际上只有第一和第三部分[23]。这样的方式将使真正表现优异的员工得不到最适当的奖励。

至于股票选择权，则是公司设定一个特定价位让员工在一个特定期间内可以拿现金来认购公司股票，不是马上可以执行的权利。按理，员工持

股票选择权

公司设定一个特定价位让员工在一个特定时期内可以拿现金来认购公司股票。

有股票选择权后，必然会长期为公司努力工作，以便将来公司股票增值后行使认股权证，便可以获利。相对于有些员工领了员工股票红利之后就离职，显然员工认股权是能够留住人才的好方式。但是由于股票选择权的实施，必须在股票的市价高出认股价格，且有相当差价的时候，才会对员工造成诱因，因此，容易造成经营者只注重短期的利益，甚至为了促使股价上扬而进行不当的操作，忽略了企业永续经营的问题。

激励的主要目的是要使员工能够努力工作、绩效提升，进而留住人才、减少离职率。但是，在激励员工的过程中，不能损害到公司的生存。因此，不管是员工分红配股还是股票选择权，激励方式的选择应以能促成公司与员工双赢局面为首要考虑。

自我测验

你在需求层级的哪一层[24]

以下是个人需求各方面的重要性衡量，为每题圈选一个数字，表示对你的重要程度（计分方法与得分说明请参阅附录一）	非常不重要	不重要	很难判断	重要	非常重要
1. 与同事一起和谐地工作	1	2	3	4	5
2. 继续学习与工作有关的技能	1	2	3	4	5
3. 自己的工作付出能得到高的薪资待遇	1	2	3	4	5
4. 被同事接受与赏识	1	2	3	4	5
5. 在工作上维持我的自主性	1	2	3	4	5
6. 在工作上能得到正常的加薪	1	2	3	4	5
7. 在工作上能交到一些亲密好友	1	2	3	4	5
8. 对自己有自信心	1	2	3	4	5
9. 公司有很好的福利措施	1	2	3	4	5
10. 与同事能以坦然、诚实的态度相处	1	2	3	4	5
11. 在工作上有个人成长与发展的机会	1	2	3	4	5
12. 感觉安全，不受到别人的威胁或伤害	1	2	3	4	5

总分 = _____

主题案例

林义杰"拥抱丝路"

2011年，35岁的中国台湾超级马拉松好手林义杰，以150天完成长达10000公里、横跨6国的"拥抱丝路"（Running the Silk Road）壮举，创下了人类史上首次以长跑横越丝路的纪录。活动团队共四人，除林义杰外，参加的跑者还有中国大陆两人、加籍一人，最后只有林义杰及白斌跑完全程，他们自4月20日从土耳其伊斯坦堡圣索菲亚大教堂出发，经过伊朗、土库曼、乌兹别克斯坦、哈萨克斯坦，最后9月16日抵达中国西安。

林义杰靠着冲劲、勇气、毅力，完成艰难的旅程，除了在伊朗发生疑似中毒事件外，经费预算庞大、沿途各国的签证、险恶天气及环境，都是很大的挑战。但林义杰认为，最大的挑战是必须在150天跑完全程，每天必须跑70公里，对跑者的体能，是极大的考验。他透露自己途中耗损了20多双跑鞋，一双跑鞋用不到10天。

在这段艰辛的历程期间，林义杰每天清晨4点半起床，一起床就要面对70公里的无形压力，5点吃饭，5点半乘车到前一天的跑步终点，在车上没人说话，气氛安静却诡异，只听到车子轰隆隆的声音，其实每个人心里是惶恐的。然而，林义杰设法自我鼓励，意念中从来没有想过"放弃"这两个字，而且他身为团长，还须设法安慰与激励队员们，讲讲笑话以分散队友对痛苦的注意力。

林义杰的自我激励的方法就是设定每天的目标，做好心理准备，努力以赴，必须完成。林义杰强调设定短程目标：每天70公里，完成一天就是一天，不会去多想其他，他警告工作人员也告诉媒体朋友，绝不可跟他讲什么跑了几天或还有几天等的话，这会对他有不利的影响。在跑步时听台湾的音乐，也是林义杰自我激励的方式，让自己感觉有如身在台北，能克服寂寞孤单，也能集中意志去完成当天的跑程。

"拥抱丝路"的最后7天，有14位企业家专程前来参加，变身为"丝路大使"，参与跑完从兰州到西安的行程。由于林义杰秉持着一个信念："任何人都可以跑，只要有耐心和决心"，所以，他要带着这些不会跑、没耐心跑的丝路大使，挑战生命中的不可能，最有效的激励方法也是制定明确的目标：一天设定 20 公里目标，要在"对目标的坚持"下，成功地挑战自我，让他们能够充分体验到达成目标后身心畅快感觉的美好[25]。

【思考题】

1. 本案例中，林义杰自我激励的做法，应用了目标设定理论的哪些原则？

2. 林义杰具有哪些价值观，促使他走上像"拥抱丝路"这样艰辛的旅程？

主题案例

事业绩效奖金引发争议[26]

中国台湾地区事业员工每年按惯例领取的年终奖金，包括指"绩效"和"考成"奖金；绩效奖金须先排除政策因素，再经公式（影响要素包括决算、营业支出、用人支出等），核算盈余后发给，上限为 2.6 个月。但 2012 年，由于景气低迷，日子难过，很多人归咎于油电双涨，指责"中油"、台电的经营绩效不彰，并强烈批评事业亏损连连却仍然发放高额绩效奖金。

为消除这股民怨，中国台湾地区于 2013 年 1 月 7 日要求中油、台电、台糖和自来水公司四家，年度发放的绩效奖金，最高不得超过 1.2 个月，将较现行 2.6 个月，大砍一半以上，初估平均每位员工将少领约 10 万元新台币奖金。此外，中国台湾地区规定，自次年度起，所有事业（含官股银行）必须要有盈余，才能发放绩效奖金，但最高也不得超过 1.2 个月，若亏损则"一毛钱都不能发"。至于考成奖金，则维持现行 2 个月的规定不变。

不过"盈余"的定义，是否包括"政策性因素"在内，则有待进一步讨论。对此，响应则是油电之所以出现亏损，源于中国台湾地区规定油电冻涨，这种因政策因素造成的亏损却要砍删绩效奖金，难怪油电员工会感到委屈。

中国台湾地区大砍事业绩效奖金后，许多事业员工议论纷纷，"不是台电、'中油'出问题吗，怎么我们也有事？"尤其事业都属有盈余的"金鸡母"，员工大叹，"奇怪，怎么赚钱也被砍"。

2013 年 2 月 2 日，油、电、糖、水、铁路及各公营行库等超过 20 个事业员工大动员，不少人带着家属、4 万多人把凯达格兰大道挤满，喊出他们的愤怒，因为眼看着要过年了，2013 年度的绩效奖金，却得有盈余才能发放，甚至连 2012 年度的都要追回。他们也抗议中国台湾地区制定齐头式的 1.2 个月绩效奖金制，计算方式不够公平合理，有事业员工指出，事业的"绩效奖金"与公务员的"年终奖金"类似，公务员年终奖金还有1.5 个月，"绩效奖金"最高只有 1.2 个月，说不过去。

台电员工抱怨，很多政策性的任务，像节能补助，都交给台电去做，应该考虑各种事业属性不同，不该齐头式平等，要订出公平合理的计算方式。

台湾烟酒公司工会理事长赵铭圆则表示，不能接受"齐头式平等"的砍法，绩效奖金弹性缩小是间接鼓励员工怠工。他表示，烟酒公司面临开放竞争市场，同样要负担政策任务，例如收购烟叶、葡萄和米粮，米酒配合政策降价，但每年贡献税捐仍达 400 亿元~500 亿元新台币，2013 年税后盈余超过 100亿元。赵铭圆表示，工会赞成依贡献度弹性调整奖金，有赚钱就多发，做不好就不发。当前的处理方式，只想把别人拉下来，哪里是公平、正义。

中国台湾地区表示，目前已经着手研拟绩效奖金计算方式，但各工会还是质疑，研拟过程并没有公开透明，它们要求参与讨论，否则下次将动员更多人再度走上街头。

【思考题】

1. 事业常常声称，要负担政府所交付的政策任务，而致绩效不彰，而现在又课以绩效的要求，非常不公平，你同意他们的说法吗？对政府这似乎是个两难情况，如何解决？

2. 自从事业绩效奖金引发争议后，似已导致事业员工士气不振，服务热忱降低，报道称台电的睦邻经费减少或停止，"中油"也首次在过年期间油价不再冻涨，你认为其间是否有因果关系？

课后练习

1. 请比较马斯洛的需求层级理论、亚得弗的论点以及麦克利兰的三需求理论。

2. 请说明赫兹伯格的双因子理论对人力资源管理的贡献。

3. 请举例说明绩效函数 $P = f(A \times M \times O)$。

4. 根据目标设定理论，哪一种目标最具有激励效果？

5. 试以你目前所从事的工作或学习，判断何种激励理论对你最有效，请说明。

第8章　工作

花开堪折直须折，莫待无花空折枝

唐·杜秋娘·金缕衣

人生真正的愉悦，来自生命价值的实现，若生命价值无实践的可能，人的一生何异于宝物变成散落遍地的碎片？工作是为了创造生命美好的价值，人若拥有自己愿意全心投入的工作，何其幸福！乐在其中欲罢不能的感觉，又是何其美好！

8.1 工作价值观

价值观

一种持久的信念，是个人或社会对某种行为模式或事物的结果状态的偏好。

价值观（values）是一种基本的信念，带有判断的色彩，从其中可以看出个人认为什么是对的、什么是错的、什么是可接受的。Rokeach将价值观定义为一种持久的信念，是个人或社会对某种行为模式或事物的结果状态的偏好[1]。他并将价值观分为"目的价值观"与"工具价值观"两大类，前者与个体追寻的目的状态有关（如和平、健康、成就感、舒适生活等），后者与个人行为方式有关（如负责、独立、忠诚等）。

由于人们价值观的差异，我们不管如何行动，都会听到不同意的声音。从家喻户晓的"父子骑驴"故事就可以发现，故事中的驴若给小孩骑，会被批评为不孝；若给父亲骑，则会被责备虐待小孩，两人同骑，又被说是虐待动物；若两人都不骑，又被笑太笨！可见一个组织，若希望其员工具有相似的想法与步调，就必须使员工间具有相当程度的价值观一致性（value congruence）。如果价值观一致性很低，大家就容易有歧见、沟通困难，此时员工们感受压力较高，工作满意度也较低。不过，也应注意，若价值观一致性过高，且缺乏良性冲突，组织会缺乏创新行为，也可能在组织决策时考虑不够周全。

许多学者致力于价值观分类，由社会心理学家 Schwartz 提出的两方面价值观模式，曾应用在多个国家，得到实证支持[2]。其第一个方面是勇于变革（openness to change）相对于保守现状（conservation）；另一方面是自我利益（self-enhancement）相对于自我超越（self-transcendence）。根据这两个方面，可分成四群，共有 10 种个人价值观：勇于变革的两种价值观是自我导向以及刺激；保守现状的价值观包括遵守规范、安稳、传统三种价值观；自我利益方面的价值观包括权势、成就、享乐；自我超越则有仁慈、关注人类福祉两种价值观，如图 8-1 所示。

工作价值观

个人对其工作与职务所赋予的意义，也是人们诠释其工作经验的判断标准。

工作价值观是个人对其工作与职务所赋予的意义，也是人们诠释其工作经验的判断标准。工作价值观也可看作是个人的内在需求，是个人从事工作活动时所追求的工作特性或属性[3]。工作价值观会引导个人对于特定工作或工作活动做出适当的选择与反应。彼得·德鲁克（Peter F. Drucker）曾提出四个问句："我真正想做什么？我为什么要去做？我现在正在做些什么？我为什么这样做？"这是面临工作选择的人都应该深思的关键课题。我们唯有了解个人的人格特质、能力、工作价值观等问题，才能厘清工作生涯选择的迷思。

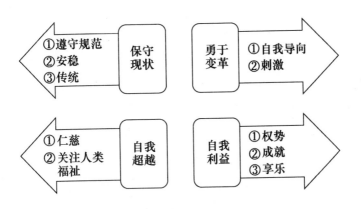

图 8-1 Shalom Schwartz 价值观模式

不同的人选择工作会有不同的考虑，很多人常说最好"钱多、事少、离家近"，有志气的人说要有挑战性、有发展性，不同的工作期望影响个人不同的职业选择。一般人对工作的期待包括以下几点：

（1）保障性。工作有保障，不受经济波动所影响。

（2）归属感。与上司、同事关系良好。

（3）受肯定。工作能力受上司、同事肯定。

（4）有变化。工作内容不要一成不变。

（5）创新性。可发挥自己的创意。

（6）自主性。能以自己的方式作业。

（7）有权责。可以支配他人。

（8）利他性。可以帮助他人。

（9）报酬福利。可维持有尊严的生活水平。

（10）成长性。可满足学习成长的需求。

（11）家庭生活。可兼顾自己的家庭生活。

8.2　专业分工

专业分工

将工作拆解成几个部分,每位员工只需专精于生产活动中的某项工作。

专业分工(job specialization)是指将工作拆解成几个部分,由不同的人各自负责完成,故每位员工只需专精于生产活动中的某项工作,而不必样样精通。亚当·史密斯于1776年出版了典经济学的重要著作《国富论》,首先提出劳动分工(division of labor)的概念,并推论劳动分工将使劳工的生产力大幅提升。史密斯认为,组织和社会能获得经济利益的主因是通过分工——将工作划分为更小而重复性的单位。分工是将工作划分为狭窄且重复性的动作,可提高工人的技术与熟练度,节省因工作转换而损失的时间,以及创造省力的方法与机器来增加生产力。其后泰勒将其进一步归纳为四个原则[4]:科学化研究任务操作的优化;慎选工人并给予科学化训练;充分合作以确保合适的工作方法;管理者与工人各自的责任要清楚划分。

其后,许多研究显示泰勒的原则在劳动力密集的产业中确有其贡献。费尧的十四项原则里,第一项即为分工原则,他认为工作应加以细分,借由专精以提高效率。韦伯主张的阶层式组织,基本上也是分工的设计,而其分工的认定即所有工作都被化约为简单、例行性以及妥善规定的任务。

专业分工虽是重要的组织设计途径,但不是一种可以无限提高生产力的方法。过度强调分工反而会造成人力不经济的现象:无聊、疲劳、压力、不良质量、旷职率与流动率上升,并因而抵消它在经济上的效益。

工业时代大量生产单一规格的产品,所以通过垂直分工的模式最有效率,适合层级式的组织管理;到了知识经济时代,由于任务多元、市场多变,再加上时间压缩及无形价值的提高,新的需求将刺激新市场的形成,并持续挑战传统的管理模式。于是,企业流程再造的风潮兴起,不少企业以流程取代部门,团队取代个人,组织内专业分工的重要性已降低,组织与组织间的专业分工却提高了。

8.3 工作特性模式

Hackman 与 Oldham 将工作特性与个人对工作的反应的关系加以精简及系统化，提出工作特性模式（the job characteristic model，JCM）。此模式是目前最广为运用的工作特性分析架构，此模式提出五项重要的工作特性，并预测这些特性对员工的生产力、士气和满足的影响[5]。

在模式中，各项工作特性会产生不同的心理状态，其心理状态将影响个人的态度与行为，包括内在工作动机、工作满足、工作绩效及缺勤与流动率等。而工作特性、重要的心理状态与个人及工作结果的关系，又受到个人成长需求强度的影响。工作特性模型如图8-2所示。

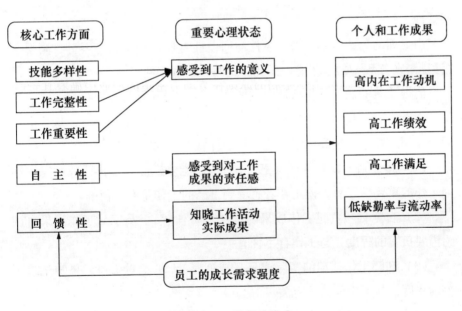

图8-2 工作特性模式

每项工作均可用五项工作核心方面来描述，分别是：

（1）技能多样性（skill variety）。指在工作上能够使用不同技术和多种操作方式的程度。技能变化性高的工作中，工作者必须运用不同技术与才能，才能将工作成功完成。

133

（2）工作完整性（task identity）。工作者能够做完整的一件工作，而非一件工作的部分，才能够明白确认其努力成果。衡量工作的完整性必须有明显的起点与终点，且工作者能明显地看见工作历程的转变及工作的成果。

（3）工作重要性（task significance）。工作对于他人的实质影响力的程度。

（4）自主性（autonomy）。工作者对于工作的计划、使用的设备、工作的程序等具有自行决定的权力。

（5）回馈性（feedback）。工作中让工作者个人直接而清楚获知自己工作绩效情形的程度。其回馈的来源包括完成工作的本身、主管的意见、同事的反映。

基于这种内在激励作用大小的观点，可应用"激励潜在分数"（motivating potential score，MPS）加以衡量。MPS 的公式如下：

$$激励潜在分数 = (\frac{技能多样性 + 任务完整性 + 任务重要性}{3}) \times 自主性 \times$$

回馈性

由上面的公式可知，若自主性与回馈性有任何一个接近零分，则整个"激励潜在分数"便趋于零，因此，这两者的重要性极高。

值得注意的是，工作特性模式的核心是三种重要的心理状态，它们促使工作者产生自我内在的激励，这三种心理状态都必须具备时，这种内在激励作用才能达到较高水平。这三种心理状态的内容如下：

（1）感受到工作的意义（意义感）。技能多样性、工作任务的完整性与工作的重要性三者，使工作者感受到自己的工作是有价值的。

（2）自觉必须负起工作成果的责任（责任感）。员工对工作成果自认为需要负责的程度，与工作自主性有关。

（3）知晓工作活动的实际成果（成就感）。员工对工作成果知晓或了解的程度，与工作回馈性有关。

此外，我们应用工作特性模式时，须考虑到个人成长需求的差异，成长需求属于一种较高层次的需求，对应需求层级理论中的自尊需求与自我实现需求。成长需求高的员工更希望工作具有激发性与挑战性，希望能在工作中运用自己的独立思考、创造与想象力。因此，个人成长需求强度具有调节作用，而这种调节作用会影响工作特性、心理状态与工作成果的关系。

8.4 工作扩大化与工作丰富化

从事管理科学者以时间与动作分析的技术，系统地分析工作，以求工作效率最大化[6]。不但是工厂，连办公室的工作也被设计成简单化、专精化、计算机化。在此取向下，工作效率虽然增加，成本也下降，但结果是员工的替代性提高，员工对工作的控制力降低，会产生一些副作用，如工作质量降低、员工缺勤、离职等问题。工作变得枯燥后，员工无法从工作中得到心理的满足，工作意愿随之低落，情绪不佳，于是有人提出工作扩大化与工作丰富化的对策。

8.4.1 工作扩大化

工作扩大化（job enlargement）就是把工作水平式地扩张，让一个工作有更多同一性质等级的任务[7]。换言之，工作扩大化是将某项工作的范围加大，使所从事的工作任务变多，同时也产生了工作的多样性，目的在于消除工作的单调感，使员工能从工作中感受到更大的心理激励。然而，工作扩大化若只单纯增加任务的数目，后果往往不会令人满意，员工可能会抱怨，从之前一件差劲的任务变成要身兼三个差劲的任务。因此，企业须随时留心于提供深具趣味性或挑战性的任务，以提高员工的学习意愿与工作兴趣。

工作扩大化

把工作水平式地扩张，让一个工作有更多同一性质等级的任务。

8.4.2 工作丰富化

工作丰富化（job enrichment）是从激励的角度来进行工作设计，针对工作扩大化的缺点而加以改良，工作扩大化扩大工作的范围，工作丰富化则增加工作的深度（job depth）。工作丰富化是增加垂直方向的工作内容，也就是让员工对自己的工作有较大的自主权，让其酌量肩负起某些上级的任务，如规划及评估。员工对其工作有较大的自主权后，就有更大的自由度与独立性从事完整的活动，同时快速得到回馈以评估自己的绩效，能及时矫正。

工作丰富化

增加垂直方向的工作内容，让员工对自己的工作有较大的自主权。

图 8-3　工作丰富化的来源

人不只是为钱而工作，也为工作带来的内在满足而工作，这些满足来自执行任务、解决问题和达成目标，此为工作的内在报酬（intrinsic reward）。无论是工作扩大化或工作丰富化，都可以增加工作的变化或提高工作的意义，在无法立即给予员工升迁时，这些工作设计更为重要。

8.5　工作空间设计

工作空间主要是一个让员工专心并能发挥个人潜能的地方，企业总是希望员工能够专心工作，所以常提供以墙壁隔开的，一个个不受干扰的工作空间。企业同时希望员工之间能够有良好的沟通互动，却又发现没有任何其他东西能够比墙壁更有效地阻止员工互相交谈。

现时许多公司为了鼓励员工能够多沟通而采用了开放式的空间设计，让人们可以轻易地看到同事，有利进行沟通。然而，因为开放式空间里，员工丧失了隐私及个人空间，其工作压力大幅增高，因此企业必须设法在开放式空间以及员工隐秘性之间取得一个平衡点。

工作空间设计被认为是影响工作团队沟通与绩效的重要环节。企业提供员工一个安全、舒适的合理工作空间，可以有效发挥员工工作效率；大多数空间设计讲究"人因工程"，着重安全舒适，并促使工作人员采取正确的作业姿势，达到减轻疲劳，提高工作效率；有的企业设计各式创意空间，期望激发员工创意。

136

至于工作空间的面积，传统上，员工的地位是决定空间大小的关键，愈是高级人员，办公室愈大。然而，自从组织中平等意识抬头之后，高级人员的专属空间遭到缩减，甚至被去除了，组织中各种原本提供给专人使用的空间都在减少。若以工作团队取代传统阶层时，组织必然减少对大型的主管办公室的需要。

▶▶ 8.6　工作轮调

工作轮调（job rotation）指有系统地调整员工的职务，为了避免工作过度专业化带来枯燥的负面影响，而用来改善组织经营效率的对策之一。借由工作轮调的过程，可以使人员增加适应各种不同类型工作的能力与经验，使组织富有灵活性，提高了员工综合素质，落实人才培育。同时，实施工作轮调的另外一个目的是可以发现错误以及防止弊端。同时，员工借着轮调的机会，可以发觉到自己更多的潜能，经过工作转调可以培养自己的第二专长，不仅可以强化自己的职场竞争力，更能提升个人在组织的附加价值，成为多职能工。

例如日本丰田公司的岗位轮换培训制度，对于岗位一线工人采用工作轮调的方式，培养和训练多功能作业员，提高工人的全面操作能力。通过工作轮换的方式，使一些资深的技术工人和生产骨干，把自己的所有技能和知识传授给年轻人。在日本，工作轮调是一件稀松平常的事，因为日本倾向通才的培养，所以每位员工、甚至主管都有工作轮调的机会，工作轮调是被视为理所当然的。反观国内则较倾向专才的训练，如果大学时期主修会计，那么整个职涯的主要工作恐怕都脱离不了财务会计相关，这样一来，人员的格局会被局限，想象力与能力均无法发挥到应有的水准。

相对于传统的正式课堂训练，工作轮调常被认为是一种在工作中的训练，它主张经过员工职务上的轮流调动以增加员工的历练，这种历练通常是员工升任较高职务所必需的[8]。从人力资源的观点，员工初进公司通常做专业的操作性工作，但随职务的升迁，愈需发展通才技能，尤其当公司多元化发展时，高级经理更需多元的才能，才能担任整合性的管理任务。在协助员工学习多元化的专业知识与技能上，Campion 认为工作轮调是一

工作轮调
一种在工作中的训练，它主张经过员工职务上的轮流调动以增广员工的历练。

种较进步的生涯发展策略，以增进工作经验的宽度[9]。

事实上，一般的大型公司如有意培养某中高级主管时，就会有计划地安排该人选轮流在几个部门各待上 3 ~ 5 年，以便熟悉各部门的作业，这是为了栽培其将来更上一层楼。国际性企业即具备工作轮调的概念，并实际推行此项政策，如 IBM、HP 的人资部主管会由业务部或财务部调任。所以，若员工已具备若干年的工作经验，且有工作轮调的机会，更应该充分了解工作轮调的目的，自我评估轮调后的工作内容是否让自己有更多的机会学习新事物，对未来职涯规划是否有帮助。而对于初入职场的工作者来说，虽然可借由工作轮调找出自己的兴趣及专长，但是也应该尽早确定发展方向，而非因此在每个部门蜻蜓点水般地待过。以金融业为例，在顾客导向的竞争环境下，银行高层往往要求职员加速业务轮调，由过去 5 ~ 10 年才换一次"座位"的旧习，缩短成三个月至半年即需调整职务，让每位同仁均能快速熟悉多项业务，以达到各自独当一面的能力。特别是面对顾客的第一线柜员，更须积极学习金融业的"十八般武艺"，不论存提款、汇款、代收税金手续费、开户作业、征信、授信等，均须样样精通，以达成"全能柜员"的效果，每一个行员因此肩负起"百货店式银行"的多样化工作，而落实了工作扩大化。

8.7 工作生活质量

工作生活质量（quality of work life）概念的提出，在于人力资源管理及组织发展学者发现，组织的目的不应该只是追求绩效的提升，也应该重视人员的满意，甚至是增进组织全体人员的繁荣幸福。推行工作生活质量，对员工做"全人关怀"，帮助其成长，可以增加员工的快乐感受及向心力。工作生活质量可划分为三大层面[10]，如图 8 - 4 所示。

综合言之，工作生活质量的主要范畴包括：

（1）身心灵发展。给予员工一个没有污染的健康的工作环境，可以安心工作、可以学习、可以分享、可以终老，愿意待一辈子，这是感觉的部分。

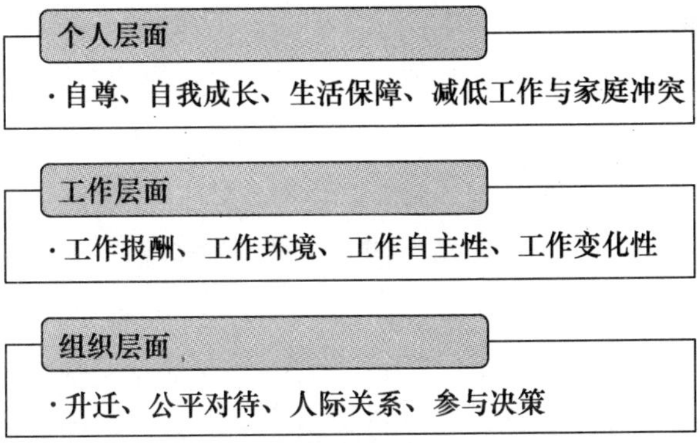

个人层面
·自尊、自我成长、生活保障、减低工作与家庭冲突

工作层面
·工作报酬、工作环境、工作自主性、工作变化性

组织层面
·升迁、公平对待、人际关系、参与决策

图 8 - 4　工作质量划分的三大层面

（2）工作环境。安全、舒适、经济、有益的环境可以改善工作绩效，提高人们的工作意愿。例如高质量的照明系统、良好的办公室格局等，这是实体的部分。

（3）生涯发展。这是现代人普遍重视的，公司必须在生涯规划、教育训练与升迁报酬等方面上做有系统的规划，员工才会满意。

（4）决策参与。公司有良好的沟通，让员工参与决策，以满足员工的内在成就动机。

（5）工作保障与福利。工作权的保障及各种福利措施的设计，都能满足不同员工在不同阶段的需求。

（6）信息分享。通过信息分享可以提升员工们的一体感与满意感。

近年来，工作生活质量的课题渐受重视，涉及员工间、管理者与部属间、员工与工作间的协调整合以及工作条件的改善等。整体工作生活质量满意度对工作绩效有显著正面的影响。换言之，有满意的员工才有满意的顾客，让员工有满意的工作生活品质，才可以使其提供高质量的服务，替企业创造绩效。企业必须重视工作生活质量才有竞争优势，也有助于达成永续经营的目标。

8.8　有助于工作与生活均衡的新措施

可口可乐总裁狄森（Brian Dyson）曾在某大学的毕业典礼致词中说："想象一下，生活就如同一项掷球活动，你的双手必须轮流抛掷'工作'、

'家庭'、'健康'、'朋友'以及'精神生活'五颗球，而且不可以让任何一颗球落地。你将很快发现工作是一颗橡皮球，如果它掉下去，会再弹回来。而其他四颗球是玻璃做的，如果你让任何一颗球落下，它就会磨损，甚至粉碎，将不可能再和从前一样。"[11]

均衡生活的道理，大家都懂，但是做起来却很难。很多上班族都得照顾父母与小孩，也想发展个人兴趣或参与小区活动，而这些都需要时间[12]。过去，公司主管面对员工这一类需求，大多认为员工下班之后的事与公司无关。但由于人口结构上已发生很大的改变，例如职业妇女数量增加，迫使很多妇女面临如何在工作与家庭之间取得平衡的问题；又例如企业面临竞争不得不精简缩编，员工的工作压力与忠诚度是严重的问题。

现代社会中，常见许多人时间不够分配，逃避或忽略家庭的问题，或者将工作上的负面情绪带回家，使家庭成为另一处战场。如果企业的态度又过于保守，武断地划分公私领域，将会使"工作"与"生活"成为对立的两极。所以，很多企业已把员工在家庭与工作之间的冲突问题，交给人力资源部门研拟各种方法，以协助员工的个别需要，以下是常见的人事措施：

（1）弹性工时（flexible work time）。在企业的人力弹性应用中，弹性工时的应用最为普遍，在8.9节将有较详细讨论。

（2）工作分摊（job sharing）。工作分摊是指多人共享一份工作的雇用安排。在工作分摊的安排下，原本一人一份全职变成一人少于一份全职，而腾出来的工作及职份则另聘他人。工作分摊容许那些愿意以金钱换取生活空间的较高薪人士，通过分摊自己的职务，以部分薪资增聘他人，一方面可减少自己的工作时间来享受生活，另一方面可使他人赚取收入。

（3）通信上班（telecommuting）。所谓通信上班是劳动者于雇主主要营业场所之外的职场，或是于自行选择的职场中，借计算机信息科技与电子通信设备来履行劳务的劳动形态。这不仅有助于员工兼顾生活、减少通勤成本，也有助企业减轻办公室设备与空间成本。其他优点还有增加企业的弹性、提振员工士气与生产力、扩大员工招募的来源等。但相对地，通信上班增加管理者在监督控制方面的困扰，增加团队合作的困难，也可能产生人际互动的问题。

（4）个人假期。为了使员工能够进行充电，企业通常会有年假可供员工利用，用于旅游或其他计划。对于员工的长期人生规划，企业可以留职停薪等方式，让员工进行进修或休息的规划。

（5）托儿服务。随着女性普遍投入职场，企业中的托儿、育婴服务也是一项重要的福利。这项服务可以使女性从业人员没有后顾之忧，兼顾家庭与工作。

（6）提供协助与服务。公司在衣食住行各方面提供员工自助餐厅、员工宿舍、提供交通车往返，或让便利商店、书店、银行、洗衣店、旅行社等厂商驻厂服务，让员工的工作与生活更加便利。此外，可提供各类法律咨询服务及员工协助方案，协助员工解决问题。

（7）定期举办活动。一年一度的员工运动会、厂庆、亲子家庭日、员工旅游，可以通过各类活动举办各类的运动竞技与趣味竞赛，让员工与家人参与活动，维持身心健康，促进亲子关系；有些企业在例假日让员工眷属进入公司，甚至提供休憩场所等。

均衡的生活与工作的最高境界，不外乎是"乐在工作"，要从工作中得到乐趣，不要让自己变成工作的奴隶，而要让自己变成工作的主人。工作的乐趣不限于达到终点的刹那，而应当是工作过程中的每一时刻。

8.9 弹性工时

弹性工时（flexible work time，可简称 flex time）的制度，允许员工自行安排工作时间，取代传统的固定上下班时间的制度，员工只须在要求的时间内，完成工作目标即可。更有一种比较极端的弹性工时的做法，称为压缩工作周（compressed work week），即是每天增加工作时数，而能够减少工作的天数，例如每天工作 10 个小时，但每周只需工作 4 天。员工愈能支配自己的工作时间，其工作满意度愈高，目前台湾某些较大型公司的管理层级，已经采用这种工作模式。

弹性工时制度有一个核心时间（core time）的概念，所谓核心时间是指所有员工都要出现的工作时间，在非核心时间的时段，员工才有较大的弹性，如图 8-5 所示。

一般认为，弹性工作时间有许多优点，包括：

（1）使员工对自己的工作更具责任感，员工们由于彼此协调上下班的时间，团队精神逐渐建立。

弹性工时
允许员工自行安排工作时间，取代传统的固定上下班时间的制度。

141

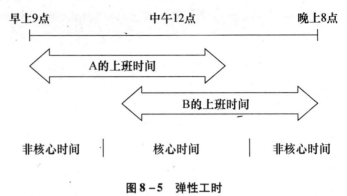

图 8-5 弹性工时

（2）创造一段安静的时间，也就是核心时间之外的时间，这时段由于同事们的干扰较少，专心工作，效率因而提高。

（3）弹性工作时间对劳工是一种吸引力，习惯了弹性工时制度的员工不愿意转到未实行这种制度的公司，人事流动率因而降低。

（4）允许员工按照自己的生活节奏工作，员工的生理时钟不一，弹性工时制度降低因工作时间固定所引起的心理压力。

（5）可避免高峰时间塞车之苦，员工比较轻松从容。

不过，弹性工作时间也有以下的缺点：

（1）管理成本可能会增加。

（2）由于办公室或工厂须延长开放时间，许多费用（例如水电费等）都会增加。

（3）由于并非所有员工都能随时在场，可能会造成业务运行不顺畅、监督困难。

一企业应否施行弹性工时制，要看个别企业的成本效益分析，不同的产业、不同的公司会有不同的情况。在大环境潮流之下，这样的弹性制度设计已被视为一项员工福利，能增进员工的向心力。由于每个人的工作时间不同，实施弹性工时制最重要的是厘清责任，公司内部须形成一种"自律"的组织文化，以约束员工的行为。因此，弹性工时、工作分摊、通信上班等制度的实施，自律都是非常重要的前提，每位员工必须都尽到职责，才不会影响企业的效率，反而能提高员工的表现。

自我测验

工作满意度

以下是工作满意度的衡量[13]，共有 9 个指标题，请为每题圈选一个数字，表示你对目前工作的满意程度，最后将分数加总（计分方法与得分说明请参阅附录一）	很不满意	不满意	没特别感受	满意	非常满意
1. 我把事情做好，被注意到的程度	1	2	3	4	5
2. 我做的工作，得到认可的程度	1	2	3	4	5
3. 我做工作有好表现时，得到称赞的程度	1	2	3	4	5
4. 我的待遇和在其他公司同样工作的待遇比较，我觉得	1	2	3	4	5
5. 我的待遇，以我的工作量来看，我觉得	1	2	3	4	5
6. 我的待遇与同公司里的其他同事比较，我觉得	1	2	3	4	5
7. 我的上司对待部属的方式	1	2	3	4	5
8. 我的上司对员工抱怨的处理方式	1	2	3	4	5
9. 我的上司与其部属员工之间的个人关系	1	2	3	4	5

主题案例

新竹货运——启动服务的数字战士

　　新竹货运传送服务的第一线人员是营业驾驶人，他们以整齐制服，配备着掌上型终端机、倒车雷达、腰挂式条形码机、电子遥控锁和专用手机，让顾客在收、取货传送服务之际，立即能感受到企业的整体服务质量，更打破了一般人对货运从业人员"做粗工"的刻板印象。

成立已逾65年的新竹货运，在1991年起转型为物流中心，在2000年，更因为引进日本佐川急便（Sagawa Express）的技术，使新竹货运从科学管理的工作哲学转变为采取行为学派对于工作的做法，也因此从货物运输业转型为物流、运筹服务业。

新竹货运的规模不是中国台湾第一，但创新能力却居于领先地位。20世纪90年代初期，新竹货运就开始公司内部信息整合的工作；很少人知道的是，新竹货运是中国台湾地区最早导入电子商务、建置"货物追踪系统"架构的本地货运公司。新竹货运很早就开始运用信息系统构建管理机制。多年前，新竹货运利用EDI（电子数据交换）开始了电子商务的雏形，并借此发展成为提供客户随时查询货品状态的追踪系统。随着网络的兴起，新竹货运的网站，也开始提供打入客户的密码，就可以查到托运货品的状态与信息。

货运驾驶人变身营业驾驶人，采取工作扩大化与丰富化并行，是新竹货运建立服务差异化的策略成果。服务业具有服务人员和服务本身难以分离的特性，因此传送服务的本身就是服务质量的一环，足以反映出企业作业流程、系统运作、员工专业能力等整合能力，也加深了驾驶员的自主性与决策的自由裁量权。从第一线服务人员足以影响服务质量和营销的效果，新竹货运借由充满速度、科技感的形象，强调运载的不只是货品，而是顾客的信任与期望的服务质量，也提升了其生产力以及员工的工作满意度。

2003年10月，新竹货运与远传电信合作，在服务车上装设卫星定位系统，让客户随时可以掌握货物的即时消息。

2004年12月，新竹货运再导入影像扫描追踪系统，所有的签收单以扫描影像储存，让送货人和收货人的送、收货情况，可以实时、透明化。而就在新竹货运工作变化的同时，流通运输的市场也在变化。无店铺营销、电视购物风行，带动省内宅配市场快速成长，新竹货运也立即随着市场变化而调整其营运策略。

【思考题】

1. 请问你是否与新竹货运有过接触的经验？请与其他货运业作一比较。

2. 新竹货运怎样进行其工作扩大化与工作丰富化的程序？

主题案例

掌握天气的统一超商

统一超商自 1978 年 4 月创办后，留学日本回台的徐重仁先生被委以重任，参与经营。原本看好的超商事业，成立后竟然连续亏损长达 7 年，还一度被解散，并入统一企业的超商事业部，直到 1986 年才开始损益两平，公司又被独立出来运作。之后，统一超商不断改写历史、挑战极限。7 - Eleven 一间间小小的、仅 30 多平方米的店面，屡屡创造出令人惊奇的话题。从过去的三角御饭团、强调温馨的关东煮、轰动中国台湾的便当，到信用卡账单、停车费、税单等各种费用的代收、各种商品的代卖与网络交易取货转运，统一超商都走在创新的尖端。

2004 年，统一超商的年营业额已高达新台币 809 亿元，蝉联中国台湾零售业冠军宝座。根据 2004 年的统计，统一超商一年就卖了 9000 万个便当，等于在中国台湾的每一个人 1 年内吃掉 4 个统一超商贩卖的便当。目前已有 4000 多家密集分店的统一超商，还在不断增点，到底它是怎么办到的？

其中最关键的成功因素就是通过信息技术，统一超商导入自动订货系统（electronic order system，EOS）以及销售时点情报系统（point of sales，POS）。通过 EOS 自动订货系统，每个营业据点只要在门市终端机输入后，就能完成订货，省略书写、传递的工作。POS 可记录顾客进到门市部的事务数据，经过分析，便当、鲜食、饮料时间分配、销售的分配就可以完全掌握，让公司知道怎样下订单。每家分店的店长面对高达 2500 多种的商品，要怎么订货？统一超商开发了一套简易的图形订货机（GOT），屏幕上出现的货架画面和实际门市所排列的一样，哪些东西缺货要订货，一目了然。该公司副总经理谢健南表示，"高科技的东西放在门市里，你不能让它变成高科技的东西"。他说，e 化过程中最困难的，莫过于企业流程的配合以及员工心态的调整，以前没有导入 POS 系统时，连资深的店长，每天都要花两个多钟头来计算各天的现金日报表。因为压力太大，所以许多员工不愿意出任店长。但是现在通过 POS 系统，只要按几个按键，现金日报表就出来。

最有趣的是，谢副总说："谁说天气不能掌握?"因为无论白天、深夜、晴天或台风天，对7－Eleven而言，都是各种生意的商机。通过天气变化与客户购买行为信息的搭配，该进什么货、商品如何摆，对店长而言，都再简单不过了!

【思考题】

1. 对你的生活，超商或便利商店的存在有着什么样的影响?

2. 你是否注意到统一超商在近年来又有哪些创新的服务项目?

课后练习

1. 试利用 Shalom Schwartz 提出的两方面价值观模式，判断自己对工作抱持着何种价值观?

2. 请解释工作扩大化与工作丰富化的差异，并各举出一例。

3. 工作生活质量（quality of work life）包含了哪些层面? 哪一个层面的因素对你而言比较重要?

4. 请解释什么是工作特性模式（the job characteristic model）。核心工作中哪些方面比较重要? 为什么?

5. 你是否向往"通信上班"的做法? 请评估自己的个性是否适合这种工作的安排?

146

第9章 压力

世间何物催人老，半是鸡声半马蹄

清·王九龄·题旅店

无止境的工作使我内心枯干，渴望找回一点生机。夜深人静时扪心自问，如此忙碌果真必须？人一切的劳碌，有什么益处呢？许多事情无所谓应该，更应停下脚步，想想人生的意义。最终，一切功名都将如浮云掠去，而那时的我又剩下什么？

▶▶ 9.1 压力的问题

压力

人体所表现出来的一种反应，我们身心所需承受的任何负荷，均可视为压力。

每个人都在追求平安幸福的生活，一旦感受到外界存在着挑战与威胁的情境，就会产生适应性的反应，称为"压力"（stress）[1]。现今许多人口头常提"压力"，但对它的真实面貌却一知半解，其实压力是人体所表现出来的一种反应，我们在日常生活中身心所需承受的任何负荷，均可视为压力。人体的运作本来就是各种压力的承受或排解，有时候压力会使人更具生命力，甚至因压力而激发潜能，反而表现得更好。从这个角度来看，压力有其正面功能。压力之所以危害人体，皆因其强度过大、时间持续过久，或发生频率过多。尤其当压力集中于某一特定器官或机能时，对人体产生的危害最为巨大。外界情境的挑战与威胁大概可分成挫折、冲突和压迫三种类别：

（1）挫折。当一个人的努力遭到阻碍，不论是追求目标时进展受阻，或是缺乏适当目标，都会产生挫折感。个人通常很难妥善地处理挫折，因为挫折常会导致对自我评价的贬低，使个人觉得必然会以某种方式失败，或觉得自己能力不足。

（2）冲突。此时压力来自于同时间出现一个或两个以上不兼容的需求或动机，面对这种情况时，必须要从事选择，当个人试着做出决定时，内心即感觉到冲突。

（3）压迫。为了获得特定目标或特殊行为表现而产生的压迫力，也可能是压力的来源。一般来说，压迫力会使个人朝向目标的行为加速、加强或改变方向。然而，在有些情况下，严重的压迫会使个人的适应资源难以负荷，也就是压迫过度，人在过度的压迫下，将导致不良适应行为。

9.2　压力的 "一般适应症候群"

Hans Selye 是从事压力研究的先驱，他认为压力是个体感受到其内外在环境的平衡状态遭受威胁，这是一种主观性、个别性的感受，取决于个体如何去诠释其与环境间的关系[2]。他提出压力经验的警觉（alarm）、抗拒（resistance）、耗竭（exhaustion）的三阶段模式，称为一般适应症候群（general adaptation syndrome，GAS）[3]。根据此模式，人体面对压力的反应可分为三个时期：

（1）警觉期（alarm stage）。此期中枢神经系统察觉压力并采取反应。压力刚开始产生的时期，可能是一个人接受新的工作任务，或假期刚结束回到工作岗位时，生理反应是心跳加快、血压升高。

（2）适应或抗拒期（the stage of resistance or adaptation）。压力逐渐累积，为了抵抗压力需不断付出体力及精力，能量耗损。通常因为求好心切、不断付出，却更增加能量耗损的速率。

（3）耗竭期（the stage of exhaustion）。此期由于连续性的压力导致身体内的代偿系统失调，无法对压力做出准确的反应。当压力过大，超出一个人所能承受的临界点（如图 9-1 的 P 点）时，个人体力及心力耗尽，工作效率剧降，完全失去动力，终于崩溃或大病一场。

图 9-1 可以说明个人压力经验的三阶段过程。

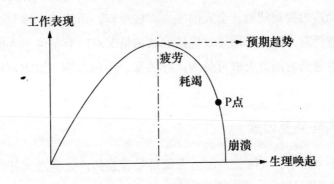

图 9-1　压力经验三阶段

149

压力会引起迎战或逃避的两极反应，也就是生理上的唤起（arousal），若是生理上的唤起很轻微，则此人的注意力难以集中在某个工作上，也就是缺乏动机，动机缺乏将导致工作表现不佳；随着生理上的唤起逐渐地增加，注意力改善，让人处在一种清醒的状态，工作表现也跟着提升，并且在中等的生理唤起水平之下达到高峰；但是随着生理唤起的持续升高，工作表现却不会如预期般地继续上升或维持在一定水平，反而会因为生理上的疲劳、甚至耗竭，导致工作表现的下降；当压力过大以致生理的唤起超出一个人所能承受的临界点时，工作表现将迅速地下降并进入崩溃的状态。

在压力管理的课堂上，一位讲师拿起一杯水，问学生这杯水有多重？有人猜200克，有人推测500克，但讲师强调杯水的重量本身并不重要，重要的是能拿多久，因为拿愈久，就愈觉得沉重，甚至手酸难忍，其实这杯水的重量并没有改变。我们面临压力时也是同样的情形，如果一直把压力扛在肩上，最终将感到压力沉重，身心俱疲。压力管理的守则之一是，工作上的压力不该跟着回家，因为回家是为了休息，休息是为明日做足准备。每天将压力放下而后再提起，才能避免压力愈来愈沉重。

▶▶ **9.3 压力的来源**

现代人在物质上享有科技与经济发展带来的便利舒适，但同时，分工太过细密、环境变化太快、物质选择太多等现代生活特征，也为现代人带来压力与调适的种种问题，个人因压力无法纾解，而造成生理与心理的健康问题日益严重，因工作而导致忧郁症状的情况亦时有所闻。人们在工作场域中所遭遇到的压力大概可分为人际关系、角色扮演、组织环境、家庭生活四种。

9.3.1 人际关系因素

四种压力源中，人际关系压力无疑是最普遍的，尤其当前各行各业都强调团队工作，员工之间的互动愈益频繁，如果遇上不讲理的上司或不容易相处的同事，压力之大可想而知。组织成员通常难免受到组织政治的困扰（组织政治将在本书第 10 章讨论），其他的压力源还包括性骚扰、暴力、威胁等问题。

性骚扰的问题

性骚扰
指不受欢迎、而本质与性有关的口语或身体的行为。

职场上的性骚扰问题也是压力因子。根据美国平等就业机会委员会（EEOC）的定义，性骚扰（sexual harassment）指不受欢迎、而本质与性有关的口语或身体的行为。中国台湾地区将性骚扰界定为："于工作场所或劳动契约履行过程中，意图挑逗或满足性欲，违背他方的意思，以肢体或明示、暗示的语言、图画、影片或其他方法，施予他方，致其人格、尊严、人身自由或工作受侵犯或干扰的行为。"[4]

职场妇女的性骚扰问题层出不穷，受害者常为了顾及颜面或保住饭碗而隐忍下来，不仅个人人格尊严无法维护，职场也无法适切保障其人身安全，当事人即使鼓足了勇气揭发事件，最后依然必须独自承担工作场所的闲言闲语、不被信任、甚至被迫离职等，可见性骚扰受害者承受的压力之大。

职场性骚扰的发生与权力有极大的关系，握有权力的一方向权力弱势者施以和性相关的骚扰行为，受骚扰者往往因其地位而陷入困境。因此在实务中，大多数的性骚扰发生在男性主管对女性部属之间。然而握有权势的女主管也可能骚扰其部属，看过黛咪摩尔主演的《桃色机密》者都应有深刻印象，那场女主管以权势设下圈套，企图逼迫男部属和她发生性关系的激情片段，也是典型的性骚扰。

9.3.2　角色相关因素

在组织里，每一个人都占有一个位置，犹如在一场戏里被要求演出的一个角色，此时，演出者自然会展现角色导向（role orientation）的行为。角色像是一面镜子，让演员发现自己；角色也是认同与欲望的投射，不自觉地透露出内在的想望；角色同时也是别人看待我们的印象，通过别人的眼睛，我们渐渐在别人的期待下形塑自我。然而，当一个人对其角色缺乏了解或适应困难，就会衍生压力源，包括角色冲突、角色模糊、工作超载、工作低载等问题，影响员工的工作表现以及经济福祉。

9.3.2.1　角色冲突

所谓角色冲突（role conflict）是一个角色或行为方式，妨碍了另一个角色或行为方式的履行义务。当个体被预期在工作与非工作活动上扮演不同的角色，但各角色间应具备或应完成的行为或任务互相矛盾时，便会产生挣扎。扮演太多角色以致角色冲突的情况是十分普遍的。有一位小学女性老师回家后，还没能从学校的工作角色中转化回来，常把自己的先生当成学生来对待，就是很典型的角色冲突。

9.3.2.2 角色模糊

角色模糊（role ambiguity）是指一个人不清楚自己角色的工作内容、期望行为、职责，或从属关系。当员工不确定他们应该做什么，以及应该如何执行工作时，就产生不确定感而形成工作压力。因此，角色模糊的压力常发生在新进员工的身上。

9.3.2.3 角色超载与低载

当所担任的职位远超过能力与经验所承载时，称为角色超载或角色过负荷（role overload），例如初任教师者正处于学习的阶段，经验不足，对学校的运作也不熟悉，若是学校将过多的教学或行政工作贸然加诸于初任教的教师身上，就会产生工作过度负荷的重大压力。相对的情形是工作低载，员工没有足够工作量的情况，使其无所事事，能力无从展现，还担心被裁员，也造成员工心理上的压力。2008年底金融风暴，让许多放无薪假的员工都陷入此种压力之中。

9.3.3 组织环境因素

压力是一种面对刺激的反应，刺激可能来自个人内在因素（例如疲劳、饥饿），也可能来自作业环境（例如噪声、上司的要求）或经济环境（例如不景气造成就业困难）。2008年金融风暴引发的景气衰退，使经济情况变得高度不确定，更影响个人对工作的长期规划。许多企业因而大量裁减员工人数，失去工作的人承受不了压力而自杀的相关报道时有所闻。大环境的变化会间接影响到每一个人，造成压力，例如政治的不确定性让个人感到前程茫茫，担忧失去安定的生活。对专业人员而言，科技发展与变化也是压力来源，使其担心既有专业与经验将失去职场价值。

9.3.4 工作与家庭的冲突因素

在此处的"家庭"泛指一个人的非工作场合，亦即一个人在工作场合的压力常常会影响到其非工作的场合；反之亦然，而成为苦恼的来源。根据 Greenhaus 与 Beutell 的研究[5]，工作与非工作之间的冲突又可分为以下三种：

（1）基于时间的冲突（time-based conflict）。因时间分配不均所造成的冲突。当一个人扮演多重角色，却没有足够的时间来扮演好每一个角色，会导致角色间彼此竞争个人有限的时间，引起冲突。最明显的是已婚者的家庭生活，他们有夫妻相处问题、小孩教养问题、可能的婆媳问题等，常需更多时间去处理。

（2）基于紧张的冲突（strain - based conflict）。由某一种角色所产生的紧张状态，干扰到另一个角色，使其无法满足该角色的行为需求。

（3）基于行为的冲突（behavior - based conflict）。当一个角色对特定行为的要求与另一个角色的行为期望相抵触，冲突于是发生。例如一项针对警察人员的研究显示，他们的配偶证实，警察即使回到家中后，其对待子女的方式仍难以脱离警察的行为模式[6]。

9.4　压力适应的个人差异

目前，社会上普遍的文明病包括忧郁症、精神官能症等疾病，多是因为无法排解自身所面临的压力而导致。人们面对带来压力的各种情境，实在不胜枚举，包括社会长期事件、灾害事件、生活改变、日常琐事以及自身的心理因素等。值得注意的是，个体因为智力、人格特质、偏好的不同，对于压力的反应与适应能力往往有着显著的差异。在众多的人格特质中，与压力的适应能力有关，最常被提及的是 A 型与 B 型性格、坚韧性格。

9.4.1　A 型性格与 B 型性格

第 2 章介绍过 A 型性格与 B 型性格，值得深入探讨。Friedman 与 Rosenman 两位心理学家对心脏病病人曾进行过研究[7]，发现有一种称为 A 型行为模式（type A behavior pattern），其行为方式与压力的萌生有关。具有 A 型性格的人极端好胜、富有攻击性、缺乏耐心、有时间急迫感；他们说话办事讲求效率，由于对自己有着过高的期望，因而希望在生活中收获更多。如果 A 型性格者不具备达成自己设定目标的能力，必然产生高于他人的痛苦，长期处于紧张的压力状态下，最终很可能付出罹患心脏病的代价。

153

B 型行为模式（type B behavior pattern）则恰好与 A 型者相反，他们较少竞争性、较少敌意。具有 B 型性格特征的人比较能够放松自己而毫无罪恶感，他们对工作的要求不高、对成败得失看得比较淡薄，因此个性随和、生活悠闲。不令人意外地，研究发现 A 型性格者患心脏病的人数是 B 型性格者的 2～3 倍[8]。通过 A 型与 B 型性格的分类让我们了解，性格特征对压力与绩效之间关系影响的重要性。A 型人动作迅速，追求数量过于质量，较适宜于需要体力与热忱的工作；至于需要谨慎思考与创意的工作，B 型人的表现可能较佳。

最近，研究者提出了第三种行为族群，称作 C 型行为模式（type C behavior pattern），用来预测何种人容易患上癌症或加速他们的癌症病程[9]。属于类型 C 的是极端自我压抑者，常被描述为善良、隐忍或自我牺牲；他们服从外部权威，而且不将消极情绪外露。相关研究似乎已显示，C 型人的被动性格在面对癌症疾病时会较有不利的结果。

9.4.2　坚韧性格

坚韧性格（hardy personality）是某一类性格特征的总和，指能够自觉地采取行动，具有将消极压力转化为积极挑战的能力。具有坚韧性格的人通常具有分辨轻重缓急的能力、内控能力以及接受生活挑战的能力。换言之，坚韧性格者明确意识到自己努力奋斗的方向，受到挫折时并不灰心丧气，不轻易退却。美国认知心理学家 Kobasa 曾对大量被 AT&T 裁撤的员工进行研究，发现具备坚韧性格的人在心理上与情绪上较能积极地克服困难[10]。

坚韧性格包括三种特性：驾控感（control）、承诺（commitment）和接受挑战（challenge），这三种特性被后来的研究者称为坚韧性格的 3C 结构。坚韧性格中的驾控感是指在不利的条件下，个体仍拥有"通过自身行动来改变生活事件"的信念，并在这种信念指导下采取行动，努力对生活事件发挥影响，而非感到孤立无助；承诺是指个体有强烈的责任心，得以感知事件的目的和意义，这种感知通过个体的积极投入来表现，展现出他们相信必能有所收获的信念；挑战是指个体有勇气面对挑战，希望从积极的和消极的经验中持续进行学习，并且认为变化才是生活的正常状态、是促进成长的力量。

我们可以想见，具坚韧性格的人比较不易受到压力的负面影响，因为他们对其从事的工作，能以较积极主动的态度去参与，对周围环境，能感受到自己对生活事件的操控感，而非无力感，故能勇于面对。

9.5　压力管理

压力会引发各种身心反应，如果未能适当地应对压力，将使身心反应未能适当调节，久而久之将伤害神经、内分泌、消化、呼吸、心脏血管、免疫与生殖系统，导致个人罹患疾病。所谓"心病还需心药医"，做好对心理情绪与压力反应的管理，有助于减少心理对于身体的干扰。

9.5.1　个人压力的应对策略

压力应对策略是由 Lazarus 与 Folkman 所提出，被定义为面对压力发生时，所采取的改变或是适应压力的行为模式[11]，其主要目的是排除或减轻个人所感受到的压力，以及面对威胁性情境时的预期性伤害。其应对策略包含了三个层次的评估过程：

（1）初级评估（primary appraisal）：面对事件时判断其是否有害或是有威胁性的。

（2）二级评估（secondary appraisal）：评估内部、外部资源的有效性。

（3）再次评估（reappraisal）：对事件做再次评估，选择适合的应对策略。

他们指出，人们应对困扰的方式可分为两种，一种是针对问题去解决问题，另一种是致力于处理问题所引发的情绪。因此，压力应对的策略可分为以问题为导向的应对策略（problem – focused coping），及以情绪为导向的应对策略（emotion – focused coping）。以问题为导向的应对策略，着重在解决导致压力的问题，当问题解决后压力自然消失；以情绪为导向的应对策略，则是针对减轻或调整因压力而产生的情绪反应，专注在情绪的纾解与支持，对于造成压力的问题本身并无解决方案。

9.5.1.1　压力的应对行为

Lazarus 与 Folkman 提出个体与环境互动应对的模式，认为压力的应对行为是个体与环境互动过程中的一种结果，亦即压力事件的环境系统因素与个体系统因素，都会影响应对策略的选择，他们提出八种不同的应对行为：

（1）面对问题。站稳自己的立场、争取所想要的、试图改变对方的心意。

（2）疏远忽略。持续过自己的生活、当作什么事情都没发生。

（3）自我控制。隐藏自己的感情、不让他人知觉事情有多糟糕。

（4）寻求支持。找对事情有影响力的人来帮忙、让别人了解与支持、接受他人同情。

（5）接受责任。自省、了解麻烦是自己惹来的。

（6）逃避不管。借吃、喝、药物使自己好过些。

（7）解决问题。拟定有效率的行动计划并确实遵循。

（8）再度评估。寻找新的信念、让自己经过此事后会变得更为成熟。

9.5.1.2 应对压力的生活调适

要预防并减轻压力对身心所造成的影响，有两个原则："防患于未然"与"及早发现，及早处理"。前者需要建立健康的心理卫生习惯，让身心经常保持在理想状况，后者则需要时时留意各种异常的身心症候，以便实时处理，避免身心症状恶化至无法处理的地步。具体的建议是：

（1）减少不必要的生活事件。将生活事件分做三类：重要且非做不可、重要但不一定非做不可、不重要也不一定要做。然后，按照事情的重要性与紧急性排定顺序，逐步完成。

（2）维持平衡的生活形态。不安排超过时间、精力所能够负荷的事情，保持生活的规律与稳定性，固定的时间做固定的事情。

（3）尽可能满足自我需求。包括人际亲和、自我实现、生活稳定等需求，检查所做的事情是否与自己的各种需求吻合。

（4）调节人际冲突。学习自我肯定的沟通方式，创造双赢局面。

（5）控制不利的环境刺激。改变可以改变的，接受无法改变的，或者设法转换观点。

（6）充足的营养与适当的运动。维持基本的体力。

（7）理性、正向的认知思考。检验自己想法的合理性，用正向、合理的思考代替负向、不合理的思考。

（8）经常性的放松练习。觉察自己的紧张，立即处理，至少须有两种以上的放松方式（如打坐、瑜伽、洗温泉、按摩等）。

（9）建立适当的社会支持网络。接受自己力不从心的事实，将责任交托给别人，借机休养生息，并从中学习。

9.5.2　员工协助计划

员工协助计划（Employee Assistance Programs，EAPs）旨在帮助员工应付他们的个人问题，因为这些个人问题若不解决，就会干扰到他们的工作表现[12]。现在的企业普遍具有产品生命周期短、复杂性高、技术变化快等特性，使员工的工作压力与日俱增。如何降低员工的工作压力，已成为企业不得不正视的问题。由于实施员工协助计划所获得的有形、无形的效益常常大于其投资成本，因此受到重视。

美国早期企业界推行员工协助工作可以追溯到 19 世纪 80 年代，当时有一个社会工作者被企业界雇用来提供社会服务，其工作性质类似福利秘书。员工协助计划通常是以提供咨询或中介服务的方式而成立，属于员工的一项重要资源[13]。

EAP 协助的项目可能包括健康方面的协助、酒精及药物滥用的协助、对员工儿女的关怀、对员工本身及其长辈的关怀、退休协助、员工重新配置、职业训练、婚姻家庭、财务纠纷、赌博、吸毒、酗酒以及其他有关心理健康问题的咨询，帮助员工认知到这些问题的压力性质，并以事先预防的方法，训练员工自己解决问题的能力，进而增加组织人力的稳定，减少许多管理问题，以达到更高的工作绩效。

在美国企业界的员工协助计划超过 12000 个，《财富》美国 500 强企业有 75％ 使用 EAPs 来处理各式各样的问题[14]。中国台湾松下电器成立的 Big Sister 组织、美国无线电公司的"温馨家园"、东元电机的"心桥信箱"，均属员工协助计划相关方案的推动。此外，省内企业也普遍施行健康福祉方面的员工协助计划，但仍以"健康检查"为主要项目[15]。员工健康方案（wellness program）则是企业界引为标杆的员工协助计划，此种计划中，通常设置专员负责推行四大服务项目，分别为：①生理健康管理；②心理健康与压力管理；③自我保养；④寻求工作与生活的平衡。

自我测验

角色冲突与角色模糊[16]

请针对一个你现在或之前的工作，仔细阅读下列的叙述，对每一叙述句，表示你的同意程度，最左边的数字是非常不同意，最右边的数字是非常同意（计分方法以及得分说明请参阅附录一）	非常不同意	很不同意	不同意	不好说	同意	很同意	非常同意
1. 我很确定我自己有多大的职权	1	2	3	4	5	6	7
2. 我明知要换个方法去做事情，但身不由己	1	2	3	4	5	6	7
3. 我已经妥善分配自己的时间	1	2	3	4	5	6	7
4. 我清楚我的责任何在	1	2	3	4	5	6	7
5. 要做好我的任务，我要冲撞现有的规定与政策	1	2	3	4	5	6	7
6. 我知道公司会怎样考核我，才会让我加薪或晋级	1	2	3	4	5	6	7
7. 我要与工作很不相同的两群或两群以上的人一起工作	1	2	3	4	5	6	7
8. 我很明确知道他人对我的期望是什么	1	2	3	4	5	6	7
9. 我所做的事，是不容易讨好每一个人	1	2	3	4	5	6	7
10. 我在做那些不必要的事情	1	2	3	4	5	6	7

主题案例

过劳死

过劳死（karoshi）指工作疲劳过度而死，已成为当前中国台湾人健康的威胁，各行各业之受雇者，无论白领或蓝领，由于工作压力沉重、工作时间过长，容易导致心血管循环系统方面的疾病，这样的情况已引起大众

158

高度关注。日本研究发现，每日工作超过 11 小时，产生心血管疾病的几率将会提高，因超时工作所导致的睡眠不足，更可能与心血管疾病有关。工作相关压力引发的血压上升、心跳加快、心律不整等，也可能导致心血管疾病进一步恶化。

2003 年初，位于新竹科学园区的中国台湾交通大学，在两周内失去 3 位正值青壮之年的老师，分别是教务长沈文仁因肺癌辞世、电信工程系教授张柏荣猝逝、机械工程系副教授金甘平突然昏迷往生，接连的噩耗让校园弥漫着哀伤的气氛。

教务长沈文仁于 2002 年 8 月 1 日甫接下教务长的行政重担，行程安排非常忙碌；他平时健康状况相当好，健保卡一格也没盖过。未料在一趟赴欧洲学术访问返台后，却开始出现血便现象，紧急到医院接受检查，结果竟是肺癌末期，不到四个月即撒手人寰，享年 52 岁。

张柏荣教授是电信天才，自中国台湾清华大学电机系以第 1 名的荣誉毕业后，负笈他乡，取得美国普渡大学电机博士。返省服务后，张教授对学术研究十分投入且充满狂热，经常废寝忘食，长时间埋首于实验室，并不在意生活条件，经年累月辛勤工作。当他发现自己颈部产生疼痛现象，初时并不以为意，继续埋首研究。不料，在家中突然昏迷，尚未来得及送医，就已回天乏术，张教授璀璨的生命骤然陨落，仅 45 岁。

金甘平副教授，时年 42 岁，美国麻省理工学院机械博士，是省内罕见的半导体制程循环控制专家，正值学术上最具生产力的青壮年。谁也无法预料到，他会因一场看似无关紧要的感冒，在昏迷 3 天后过世。

接连的不幸消息，让中国台湾交通大学及隔邻的中国台湾清华大学的教授们感慨不已[17]；交大主秘李锡坚透露，外界以为教学工作很清闲，其实教授们在学术领域上竞争非常激烈，加上学生、学校及社会的高度期许，形成身心的巨大压力。学者对自我论文的质量要求高，导致杰出人才因过劳而折损，实在是社会的重大损失。

在内陆，过劳死案例也甚普遍，令人印象深刻的例子如浙江美女主播梁薇，常常工作每天至少 14 小时，被称"梁铁人"，却于 2009 年 8 月上海出差期间心脏病突发猝死，仅 28 岁。梁薇主播猝死后，人们才得知她有心脏病，据说她从未透露自己心脏不好，同事也没人知道，她在如此高压力的工作中，却忽视自己的健康。

所以，为避免劳工过劳死事件，雇主平日应建立员工健康数据库，有慢性疾病（尤其是高血压或心脏病等心血管疾病）的员工，应随时观察其健康状况，避免超时工作，并加强员工对工作压力的纾解能力。

【思考题】

1. 根据你的观察，是否觉得大学教授承受很大的工作压力？请说明。
2. 请以自身经验为例，说明有效地纾解压力的方法。

主题案例

奇美实业

奇美实业创办人许文龙先生，从 1953 年起，以不到 10 平方米的厂房白手起家，勤奋加上单纯而专注的经营哲学，从制造简单的"不碎玻璃"（压克力板）作为事业的开端，他持续不断地努力，搭上 1980～1990 年中国台湾化工产业快速起航的经济列车，创造出"北台塑，南奇美"双雄之一的显赫功业。台塑的 PVC 产量称霸全球，而奇美则在 ABS（丙烯腈丁二烯苯乙烯）工程树脂领域快速崛起，成为世界第一大厂。奇美实业抢下 ABS 全球霸主地位后，更陆续将事业版图延伸至冷冻食品、通路物流、光电等新兴产业，同样经营得十分出色。

综观奇美的成功，必须归功于董事长许文龙特殊的领导模式，他的"领导"，并非事必躬亲、大权独握的专制做法，而是近似"无为而治"的统率哲学。许董事长强调，企业经营的目的是为了追求人生幸福，而非仅止于牟利，故早在 1988 年，率先实施双休制度，比政府明文规定的双休还早了 8 年。这么做的原因无他，全因许董事长想给员工更好的生活品质，让员工得以享受家庭的快乐时光。而注重休闲的他，也经常钓鱼、与大自然接触，从身体力行的休闲活动中，思考出奇美企业广阔的蓝图。

奇美的员工几乎不加班，17 点下班铃响，员工即离开办公室，返家享受快乐的家庭亲情。根据报道，一位刚进入奇美实业工作的员工，某天为了完成主管机关的要求，因此向主管报备，要求加班赶公文，而主管竟然怀疑地盯着他："事情有重要到需要加班的程度？"当这位员工忙到 19 点 30 分，总算完成公文，却发现自己被锁在办公室里，无法出去。原来奇美实业设有自动保全措施，18 点一到，大门便自动上锁，任何人进出都必须有保安人员陪同，这位员工忘了通知保安单位他要加班，最后在保安人员的协助下，才得以顺利离开公司。

奇美集团一向将公司定位为一种"追求幸福的手段"——相信对社会有所贡献的企业方有其存在价值,故集团成立40余年来除了善尽企业追求利润的天职外,始终坚持妥善照顾员工生活、不忘谋求社会整体的进步与幸福。这就是奇美实业,在竞争的企业丛林中,我们看见了它独树一帜的经营哲学。

【思考题】

1. 奇美不加班的文化,对员工而言是否是另一种压力来源?试由组织面、群体面和员工个人面讨论。

2. 许文龙的领导模式适用于哪一类型的企业?请加以说明。

课后练习

1. 压力的本质是什么?请说明何谓压力经验的三阶段模式。

2. 压力对人造成的影响一定是负面的吗?请提出自身经验来说明个人看法。

3. 面对压力有哪些应对的对策?观察你自己或身边的人面对压力时采取何种对策。

4. 工作与家庭的冲突,有哪几种形态?如何解决,请提出你的看法。

第 10 章　权力

宰相有权能割地，孤臣无力可回天

清·丘逢甲·离台诗

李合肥经武 20 年不能一战，贪权反辱；孔子用权得时，鲁国大治。有权力的人啊，你舞起这权力的双面刃，何其力狠、面厚、心黑！逼我行使我的不服从！你可否行行好，想想公理与责任，好让权力那可爱的本质再现。

10.1　权力的意义

权力（power）是指 A 拥有能影响 B 的能力，致使 B 必须做其原本不愿做的事。权力通常源于依赖的关系，只有在 A 掌握了 B 想要的事物，A 对 B 才有权力可言。Emerson 提出权力—依赖关系（power - dependence relations）[1]，指出 B 对 A 的依赖程度，与"B 通过 A 的目标达成度"成正比，同时，与"B 在 A—B 关系以外能达成相同目标的可能性"成反比。由此我们可以发现，权力与依赖实为一体的两面。然而，此说法的成立，尚须建立在 B 对自己的行为有自主权的情况下，若 B 的行为已被法律或规范所严格限制，则 A 对 B 的权力将无从展现。

权力也可以解释成强加意图或意愿于某个人或某物的能力，只有当我们对抗阻力时，才能体会到权力的存在，简言之，一个权力关系模式就是一个统治系统。德国著名的社会学家 Max Weber 是为权力下定义的最早学者之一，他把权力定义为"在社会关系中的某位成员，为实现其目标而克服来自各方压力的能力"。

电影《魔戒》的剧情，正反映了人们潜意识里渴望权力的阴暗面。电影里的魔戒是至高权力的象征，几乎所有人都想得到它，那些平时道貌岸然的人，一旦有机会接近魔戒，人性里的阴暗面向就会显露出来，促使他们不择手段要得到它，这种被权力欲望冲昏头的，可称为"魔戒现象"。美国前国务卿基辛格说过一句名言："权力是最好的春药。"[2] 这句话常被引用，然而探究基辛格的原意，其实带点自嘲的味道，因为即使在他担任国务卿最风光的时候，仍然保持着教书匠的理性态度。不过，我们不妨以此句名言自我警惕，权力是一旦享受过就很难戒除的致命吸引力，人都有享受权力的渴望，却少有抵抗诱惑的能耐！

对一般人而言，"权力"似乎隐含着负面的意涵，"权谋"更成为代表污秽的字眼，在如此解读下，拥有权力者会假惺惺地说自己对权力没有什么欲望，有意追逐权力者更是刻意隐瞒自己的意图。其实，我们应从正面去了解权力的意义，因为拥有权力者才有推动政策、实现理想的能力，而组织成员也应该善用其权力与影响力，使组织朝正向发展[3]。

权力
指 A 拥有能影响 B 的能力，致使 B 必须做其原本不愿做的事。

163

10.2 权力的来源

在半个世纪前，French 与 Raven 指出组织内的五种权力来源，分别是正当权、奖赏权、威胁权、专家权和参考权[4]。它们构成了权力拥有者的五个权力基础，前三者由组织中管理职位所赋予，后两者则来自权力拥有者的个人特质。时至今日，French 与 Raven 的理论仍广为引用，但后来Raven 认为，在目前知识经济时代，信息已成为第六个权力来源[5]，因此又提出信息权的概念，以下讨论各种权力来源的性质。

10.2.1 正当权

正当权（legitimate power）来自于正式组织阶层中的职位，也称为法定权力。正当权是由于身居组织的某一个职位而拥有的职权，领导者因为拥有组织中此职位，而具备影响同事或下属行为的能力。从某种程度来说，正当权是职场生涯发展的标志，组织成员的生涯发展通常意味着获得组织授予更多的法定权力。

10.2.2 奖赏权

奖赏权（reward power）来自于有能力分配有价值的东西，管理者为了影响他人，通过奖励其认可的行为，从而获得人们的顺从。也就是说，当拥有权力的人控制着一些关键性事物时，就能相当程度地操纵别人的行为。金钱与权位对大多数人都是有吸引力的，故能影响、改变人们的行为和意志，但这种改变是基于利益交换，无法确保长期的效忠。

10.2.3 威胁权

威胁权（coercive power）源于恐惧害怕，管理当局通过惩罚其不满意的行为来影响他人。个体之所以顺服于威胁权，是害怕不顺服可能带来的处罚或其他不良后果。在组织中，当管理者有权解聘、调迁员工、强迫员工从事不喜欢的工作时，即拥有威胁权。采取威吓手段固然可能改变位居弱势者的意志和行为，但这种强制性的权力容易招致反抗，通常难以长久维持。

10.2.4　专家权

专家权（expert power）来自于个人的专长、特殊技能或知识，是指因为具有某种技能或特殊知识而影响他人行为的能力，例如，医师、会计师、建筑师等都具有专家权力。由于现代社会的工作趋于精细分工，更须依赖各类专家来达成各项目标，尤其在科技导向的社会中，专家权的影响力极大。

10.2.5　参考权

参考权（referent power）来自独特的个人特质，当个人拥有卓越的人际技巧，能使人对其认同、愉悦并尊敬。参考权通常与个人魅力有关，能使别人仰慕而起仿效之心。因此，参考权的获得，必须在个人的行为与操守先能获得人们的信任与敬重的前提下才有可能。

10.2.6　信息权

由于信息是组织形成决策的主要依据，若某一组织成员是掌握信息流向的枢纽者，就拥有信息权（information power）。高级经理人比较有机会控制更多的信息，控制信息即掌握相当的权力。在现今商业社会中，信息是一种重要的商业资源，其阐释与分享的方式，必然影响决策的方式。有学者指出信息与权力的关系，其认为信息与权力运用有直接相关，信息或知识是权力，信息是潜在的权力转化为真实呈现的另一种方式[6]。

10.3　权力服从

权力是控制他人的潜在能力，正式职权（formal authority）则是通过管理职位的正当性来实施此种控制的能力。职权是一项潜在性的能力，其行使的结果不见得能完全符合掌权者的期望，这就牵涉到服从的问题。我们感兴趣的是，在什么情况之下受命令者会决定服从，而在何种情况下，会选择拒绝接受命令？如果下属愿意服从上级的命令，他们的服从是否有一个底线？

10.3.1 米尔格伦实验

米尔格伦实验（Milgram experiment），又称权力服从研究（obedience to authority study），是在耶鲁大学进行的一项实验，其目的是为了测试一个人在面对权威者下达的命令违背自己的良心时，是否能发挥拒绝的力量。

参与实验者的年龄 20～50 岁不等，包含各种教育背景，实验地点在老旧校区的一间地下室，有两个以墙壁隔开的房间。参与者被告知这项实验为"体罚对于学习行为的效用"的相关研究，并得知他将扮演"老师"的角色，教导隔壁房间由另一位参与者扮演的"学生"（学生事实上是由实验人员所假冒）。

"老师"和"学生"分处不同房间，他们不能看到对方，但能隔着墙壁以声音互相沟通。"老师"被给予一具据称从 45 伏特起跳的电击控制器，并被告知这具控制器能使隔壁的"学生"受到电击。"老师"的任务便是教导隔壁的"学生"，他从所取得的答案卷上列出了一些搭配好的单字，逐一朗读这些单字配对给学生听，然后开始考试，念出每个单字，让学生从四个选项作答，按下按钮指出正确答案。如果学生答对了，老师会继续测验其他单字。如果学生答错，老师就对学生施以电击，电击的伏特数随着作答错误次数而提升。

参与者相信学生每次作答错误就真的遭到电击，但事实上，并没有电击产生，而是由假冒学生的实验人员利用录音机播放预先录制的尖叫声，随着电击伏特数提升，尖叫声也愈来愈惊人。当伏特数提升到 300 伏特后，假冒的学生会开始敲打墙壁，吵嚷着自己患有心脏疾病。当伏特数继续提升，"学生"更故意突然停止尖叫，陷入沉默。

到这时，许多参与者都提出希望暂停实验以检查学生的状况的要求，有些人并质疑这项实验。当参与者表示想要停止实验时，实验人员会依以下顺序回复他：请继续；这个实验需要你继续进行，请继续；这是极其重要的实验，请你继续；你别无选择，你必须继续。

如果经过上述的恳惠后，参与者仍然希望停止，那实验便会停止，否则，实验将继续进行，直到参与者施加的惩罚电流提升至最大的 450 伏特，实验才会停止。结果在米尔格伦的第一次实验中，40 位参与者中有 26 个人（65%）都达到了最大的 450 伏特惩罚，而且没有参与者在到达 300 伏特之前坚持停止。后来，米尔格伦在 1963 年将实验结果在《Journal of Abnormal and Social Psychology》发表，影响深远。

　　米尔格伦此一有名的实验，显示出一个普通的市民，只因一位科学家所下达的命令，就会愿意加害于另一个人。此实验结果显示成年人对于权力者的服从意愿其实非常强大。当主导实验的权威者命令参与者伤害另一个人，即使参与者感受到强烈的道德不安，更加上参与者所听到的痛苦尖叫声，多数情况下，权威者仍然得以继续命令他。

10.3.2　巴纳德的权威接受论

　　如同第 10.3.1 节所述，在组织中的成员对其上司有着强烈顺从的倾向，公然反叛在组织中是罕见的，那么，我们又怎样解释许多企业组织内常见的员工混乱无章的情形呢？巴纳德（Chester Barnard）的权威接受论（acceptance theory of authority）可以提供解答[7]。巴纳德认为权威不在发令者，而是在受命者，即视受命者接受或同意的程度大小而定，他认为一项命令能获得部属的接受，必须符合以下四项条件：

　　（1）下属能够且必须了解命令的内容。

　　（2）下属的身心状况有能力去执行该命令。

　　（3）下属相信该命令没有违反组织的目标。

　　（4）下属相信该命令没有违反自身的利益。

　　所以，明智的上司不会把部属的服从视为理所当然，而是回过头来检视自己的命令是否符合以上四项条件，以确保命令的执行。不过，对许多没有争议性的例行决策与命令，部属就会遵命执行而不会刻意去评估，巴纳德称之为"无差异区"（zone of indifference），只要决策内容落在员工的无差异区，则他们很乐意接受上司所做的决策。每一位部属均各有其"无差异区"，主管若加以了解，取得部属的同意和合作，通常是很容易的。

　　巴纳德之所以认为部属不会无条件地服从上司的命令，也与他的贡献满足平衡观点有关，贡献是成员的各种工作表现，满足是组织提供的物质诱因（金钱、物品）、名望及个人权力、工作条件（如空气调节设备）、心理的享受（如自尊、成就感等）。他认为组织成员愿为组织贡献所能，是因为该组织能给他各种满足（包括物质及精神方面），故贡献与满足是相对的。因此，组织的生存与发展，端赖于确保员工的贡献与满足的平衡。

▶▶ 10.4 授权

授权

上司将自己部分
的职权授予下属
去行使，使下属
在其所承担的职
责范围内有权处
理问题。

授权（delegation of authority）是指上司将自己部分的职权授予下属去行使，使下属在其所承担的职责范围内有权处理问题，作出决定，但上司仍须承担最终成败的责任。一个成功的领导者，并不需要事事亲为，而是通过适当的授权，让下级充分发挥积极性和创造力，进而实现自己的目标。授权是一项重要的管理原则，古代许多领导人已具备此种管理智慧，如《埃及记》第 18 章里的经文记载着："叫他们随时审判百姓，大事都要呈到你这里，小事他们自己可以审判。这样，你就轻省些，他们也可以同当此任。"

许多主管都患了被称为时代病的"公文包病"，他们将办不完的公事，带回家挑灯夜战，会产生这样的情况，十之八九都是由于不懂得授权所致。Mooney 与 Reiley 曾指出许多管理者都有一个可悲的管理经验，他们对每一件事情都能有效率地处理好，但事情愈来愈多，最终竟无法应付而被压垮，只因为他们不愿意也不知道如何去授权[8]。事事都要帮部属想好的管理者，实际上是在扼杀其部属的创造力。为了让管理者有时间处理更重要的事，也为了让部属得以学习、成长，管理者必须学会授权。授权的本质在于释放或发展部属的知识、经验与动力，授权的过程可改善领导者与被领导者间的关系，因为被授权者感觉到自己和授权者具有一种伙伴的关系，同时也感觉到双方是在为共同的目标而努力。

常被引述授权的成功范例是奇美公司，奇美董事长许文龙对属下及其子公司授权，使自己有时间参与音乐活动与钓鱼休闲；但另一极端，最不愿授权的著名企业人物是台塑集团董事长王永庆，92 岁高龄仍然不辞辛劳地长途跋涉，去世的前一天还在美国视察子公司业务。授权是参与式管理的最高形态，通过授权而进行领导可称之为委托式领导。一般而言，经理人会授权的事项，包括：

（1）自己不想做的事。

（2）自己没时间做的事。

（3）别人能做得更好的事。

（4）自己喜欢但却可能妨碍自己充分发展的事。

（5）能让下属累积与提升专业经验的事。

授权是一门艺术，经理人须具有相当的管理技巧，包括：

（1）开始授权时要循序渐进，授权的速度和范围不要超过你的态度和预期所能容忍的限度。

（2）明确说明授权内容和目标，以免发生推诿责任及工作目的不一致的情形。

（3）对被授权者提供权力和支持，给予执行任务的充分权力。

（4）授权（责任和工作）须适合被授权者的能力和兴趣。

（5）经理人要卸下一部分的思考负担，将其移至部属的身上，让他们具有根据本身的创意来处理该工作的权力和自由，经理人只须在适当的时候验收工作的成果。

（6）培植适合授权的组织气氛，当组织气氛属于民主的、自在的、平等的以及信息透明度高的情况下时，授权工作最能获致成效。

授权是需要勇气的，因为授权并不能免除授权者的最终责任，基于此种疑虑，许多主管不愿意授权。费尧（Henry Fayol）虽了解此种疑虑的现实性，但他批评，一般人都追求权力而避开责任，但假使领导人害怕负责，将会瘫痪组织成员的主动性，摧毁他们的良好能力。一个好的领导人应该具备勇气，更要能鼓舞周围的人有勇气去承受责任[9]。

▶▶ 10.5　赋权

赋权

制度性的赋予权力，主管所交付的不但是任务，也包括了相关的决策权力和责任。

随着管理层级结构日益变得扁平，赋权（empowerment）已成为时髦的词汇。所谓赋权，与授权字面上看很接近，却拥有截然不同的领导意涵。授权暗示权力操弄在主管手里，主管只不过找到一位分身，能替自己分劳分忧，但主管仍担负其责任，获授权者一般只能按照（或揣摩）主管的想法去做；赋权是指制度性的赋予权力，主管所交付的不但是任务，也包括了相关的决策权力和责任。在实际做法上，赋权管理是尽可能消除下属的约束，使他们在工作上取得最好的绩效，就如同 West Jet 所做的一样。

West Jet 是一家廉价航班公司。公司的创办人之一 Beddoe，为了建立一个赋权管理的环境，决定给予受雇员工充分自由去服务顾客，而不制定各种严格的规则。Beddoe 指出，航空业界里的从业人员被规定的行为举止，显示出一种类似军事管理的心态，各种操作手册与规章制度都要求必须被严格执行。其实，在驾驶舱里的确必须如此，但在对顾客服务的场合，这可不是最好的方法。所以，在 West Jet，公司鼓励其雇员发挥充分的想象力，采取各种他认为合宜的方式去为顾客解决问题。

Kreitner 与 Kinicki 定义赋权为"通过参与式管理，管理者与非管理者分享权力"[10]。也就是说，理想的赋权管理的环境中，管理者必须信任下属，容许他们能在没有上司的干预下取得结果。在赋权管理中，组织成员会有以下四个方面的经验[11]：

（1）自决（self – determination）。员工对自己的工作可独立自主，有裁量权。

（2）意义感（meaning）。员工关心自己的工作并认为是重要的。

（3）胜任的感觉（competence）。被赋权的员工有信心把工作做好，愿意通过接受挑战使自己的能力更增强。

（4）具有影响力（impact）。员工感觉到自己所作所为有助于公司的成功。

总之，现今企业经营环境愈来愈依赖团队的协助与群体的努力，企业领导人必须寻求更具创新性的管理方式，必须学会成功地分享权力，让其下属发挥创意与潜能，人人都有机会为组织作出更大的贡献。

组织政治

组织成员采取了组织并不公开认可的行动，企图影响别人以达到自己的个人目标。

 ## 10.6　组织政治

当组织成员采取了组织并不公开认可的行动，企图影响别人以达到自己的个人目标时，就是政治行为，这种现象我们称为组织政治（organizational politics）。政治源起于利益的差异，要完全了解组织政治，就必须探究人们投入政治的过程。倘若所有员工都将他们的利益、欲望、需求全带到工作场所内，由于个人利益跟组织利益并不一致，两种利益相互间的差异冲突使得人们思绪异向，因而造成组织政治的产生。

从对组织的种种研究中显示，政治行为在组织中扮演重要的角色，当人们聚集在一起时，权力在其中运作，人们将权力化为行动，施展影响力以获得好处，极端者更是为求达到自己目的，不择手段，称为马基维利主义（请参阅第 2 章 2.8 节的介绍）。最容易出现政治行为的状况，包括：

（1）决策复杂，游戏规则不清楚。

（2）绩效衡量不够客观。

（3）资源稀少，争夺不易。

（4）正式沟通管道不被信任，也不畅通。

（5）成员结党营私的个人特质。

西方文化鼓励公开的竞争，充满着"明争"的设计，例如各种绩效评估、奖金、分红、佣金、较佳的办公环境等，以提供给竞争中的胜利者奖励的方式，尽量降低政治行为带给组织的负面影响；反观东方的文化，不鼓励公开的竞争，却又将成功和失败做明显的区隔，正所谓"成者为王、败者为寇"，因为没有明确的竞争规则，只好暗斗，因而政治动作不断。至于选择使用哪种政治工具来解决问题，则视行动者所涉及的权力关系而定。

层级愈高的管理者，愈容易表现出政治行为，因为高级管理者可以利用组织因素（如集权化、正式化、组织层级、控制幅度）、工作环境因素（如工作自主性、技能多样性、回馈性、升迁机会、与他人互动、同事）、个人因素（对员工的了解与选任）来操控组织内部的政治行为。如图 10-1 的组织政治知觉模型所示[12]。

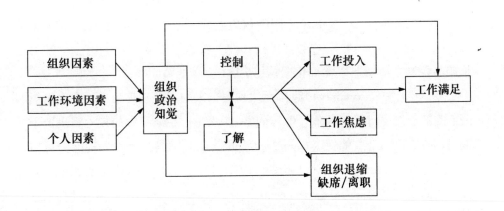

图 10-1 组织政治知觉模型

组织政治通常跟组织冲突、组织变革放在一起讨论。现代企业受到大环境变化快速的影响，不得不进行组织变革。变革就会带来组织内的冲突，冲突发生时，组织成员为谋求个人利益，有意或无意的政治活动自然增加。竞争既然是任何组织内部都无法避免的，不如正面地去接受与面对，通过良好的制度与游戏规则，激发组织成员驱动力，创造良性的竞争环境，可采取的方法包括：

（1）建立制度，降低管理者个别决策的重要性与频率。

（2）集思广益，参与式决策，发展出能落实执行的绩效衡量标准。

（3）增加资源，设法提供更多的职位和酬赏（正式或非正式）。

（4）尊重正式的沟通管道，在透明中达成决议。

（5）增多成员的异质性，从不同管道和背景中吸收人才，同时多元化地安排晋升。

10.7 组织部门的权力

传统上有关权力的文献多强调个人、直线主管与部属之间的垂直性权力的研究，其实组织内单位间的权力分配（intra - organizational power）也是一个非常重要的议题，由 Hickson 等学者所提出策略情境理论（strategic contingencies theory）即以次单位（subunit）为水平性权力的研究主体，认为组织是由相互依赖的次单位所组成的一个系统，伴随着次单位的分工而形成权力的分配[13]；次单位之间的权力差异，主要是来自于对"不确定性"的处理能力、"可替代性"、"核心性"等因素不同变化的组合事件的依赖与控制，再加上"常规化"，共四个主要变量。

不确定性（uncertainty）源自无法预测未来的事件及其结果。现代组织所面临的最重要问题是不确定性，所以一个次单位在组织中的权力将决定于其对不确定性的处理能力（coping with uncertainty）以及此种处理能力可被替代的程度（substitutability）。此外，由于组织为次单位间的连接而成，因此权力的第三个变量为核心性（centrality），次单位的核心性是其活动与系统连接的程度，一个高度核心性的次单位停止活动时，将立即且实质地阻碍整个组织的主要工作。与不确定性相反的是常规化（routinization），也就是事先制定重复性任务活动的处理规则，任务的常规化将使得权力降低。

在上述的四个主要变量的影响下，当一个次单位愈有能力处理各种情境需求时，便愈能享有权力。策略情境理论提出的模式如图 10 - 2 所示。

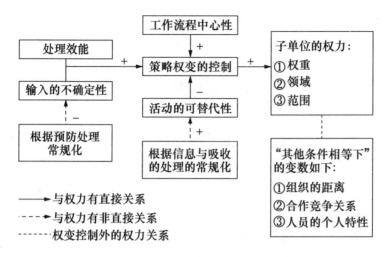

图 10 - 2　策略权变理论

 ## 10.8　影响力

在组织行为的研究中，常将影响力（influence）与权力（power）相提并论，但两者有所不同。权力是指行动者拥有改变他人的态度与行为的能力；而影响力指的是行动者在某一特定情境中，拥有改变他人情境知觉的能力，进而得以左右其信念与行为。

若干学者对如何在组织环境里提高影响力进行了许多研究，看法不尽相同。在企业组织内，一般而言，影响力的发挥有八种方法[14]：

（1）职权的柔性使用（silent authority）。拥有职权者不须明显展示其权威，自然能得到他人的尊重，此情形在高度权力距离的文化中最为普遍。

（2）职权的果断使用（assertiveness）。拥有职权的人明显展现其权威，使用奖惩权与威胁权迫使他人就范。

（3）交换（exchange）。企图通过利益与资源的承诺，或重提过去施予的恩惠，希望换得他人顺从自己的要求。

（4）结党（coalition formation）。当个人的权力不足以影响他人时，可能会联合其他志同道合者，结成党派，显示自己的主张广获认同，借以发

影响力
行动者在某一特定情境中，拥有改变他人情境知觉的能力，进而得以左右其信念与行为。

173

挥更大的影响力。

（5）寻求上级支持（upward appeal）。如果上述的结党行动，得到组织中高级的主管或专家的支持或加入，则影响力更大。

（6）印象管理（impression management）。积极采取行动以塑造自己的正面形象，企图获取锁定对象的欢心，印象管理有多种途径，人们较常使用的方法是逢迎讨好（ingratiation）。

（7）说服（persuasion）。利用合乎逻辑的陈述、举出事实证据或提出合情合理的诉求，以显示自己的要求具有价值。

（8）信息管控（information control）。对锁定对象的信息来源加以操纵，以便影响其态度与行为。

以上各种发挥影响力的方法，有些是比较柔软的，如说服、交换、印象管理等，这些方法主要是基于个人的参考权与专家权，才得以有效使用；有些方法的性质是比较"强硬"的，如果果断使用职权、寻求上级支持等，是植基于职位的权力，包括正当权与威胁权。一般而言，我们应该优先使用软性的影响方法，才比较会被别人所接受；强硬的影响方法可能会折损彼此的信任感，并伤害未来关系的建立，因此，必须谨慎使用。

自我测验

权力欲望

以下是马基维利主义（Machiavellianism）的简单量表[15]，请就每一题，按照你的同意程度，圈选右边的一个数字，以测试你的权力欲望。将所圈的数字加起来，得出总分（得分说明请参阅附录一）	非常不同意	不同意	没意见	同意	非常同意
1. 处理人与人的关系，最好的方法就是说别人想听的话	1	2	3	4	5
2. 当你有求于人时，最好说出真正的理由，而不是找出更具说服力的理由	1	2	3	4	5
3. 一个人如果完全信赖另一个人，等于是自寻烦恼	1	2	3	4	5
4. 一个人不走快捷方式、不会变通，就难得出头	1	2	3	4	5
5. 为保安全，最好假设所有人都是潜藏着恶意的，有机会就会发作出来	1	2	3	4	5

续表

以下是马基维利主义（Machiavellianism）的简单量表[15]，请就每一题，按照你的同意程度，圈选右边的一个数字，以测试你的权力欲望。将所圈的数字加起来，得出总分（得分说明请参阅附录一）	非常不同意	不同意	没意见	同意	非常同意
6. 对别人说谎，是绝对不应该的行为	1	2	3	4	5
7. 大多数的人本质上是善良与好心的	1	2	3	4	5
8. 大多数的人只有在被强迫的时候，才会努力工作	1	2	3	4	5

总分 = ＿＿＿＿＿＿

主题案例

千古奇谜：为何乾隆宠爱大贪官和珅？

读近代史，康、雍、乾三朝盛世，辉煌炫目，令人神往，更令人扼腕。令人扼腕的是中国至此即走下坡，昔日荣耀转瞬淹没在战乱与颓败中。从组织管理与发展的面向来观察，乾隆当政的后 20 年，一场礼坏乐崩的过程已经在悄然开展。这个过程的启动人物就是著名的贪官和珅，他全国性的长期贪污，造成官僚系统的操守败坏[16]。但若从组织行为的面向来探讨，乾隆是大清王朝一代英明君主，竟让和珅横行贪渎了 20 多年，是一个向上管理影响力的经典个案。

乾隆与和珅的关系绝非世人想象的那么简单，从《乾隆原典》和《和珅传》的记载内容细加研磨，方知其中攸关两人际遇、性情、爱好与志趣等诸多因素。就某种程度而言，他们之间相互依存、利用，有着密不可分的融洽关系。

乾隆宠爱和珅，原因是多方面的，"还债说"曾载于野史。然而，其实是封建官场的专制制度，造就了这一对令人难解的君臣之缘。和珅幼时丧父，家境贫寒，使他过早地尝尽人间世态的炎凉，同时也使他对金钱有了深刻的认知。他认为只要有了钱，才能被人尊重；只要有了钱，才能做人。而这一认识，也为后来他的疯狂敛财，打上了深深的印记。

和珅的过人之处，还在于他对乾隆的耿耿忠心和善于揣摩乾隆的意图，他"以帝心为心"，可谓乾隆的心腹密臣；乾隆爱好黄金，他就建议乾隆建造万佛楼，让王公大臣和各级文武官员献金佛给皇上，借以敛财；在乾隆面前仍然自称"奴才"，时时处处都在乾隆内心留下"自己人"的感觉，在感情上取得乾隆的信任，借以取得权力并左右皇帝的决策。

当然，和珅确实也是有一些真本事，不然他也不会做到清朝文武兼备的一等侯爵，但他知道乾隆喜欢谈文论史，自誉无所不知，就在编纂二十四史时在明显的地方故意抄错几个字，让乾隆一一指出来，以示天子的英明和学识渊博，以满足乾隆的虚荣心。

在封建专制制度下，皇帝是最高的统治者，只要获得了皇帝的信任，凡事皇帝即不再追究，然而皇帝的信任换来了和珅仕途上的光辉前程，也塑造出一个权倾朝野、挟天子以令诸侯的窃国大盗。

【思考题】

1. 和珅能得到乾隆皇帝不寻常的信任，原因何在？

2. 假使和珅不贪财，试设想一下，他有怎样不同的结局？

课后练习

1. 请以课程助教的角度来解释，助教对修习该门课程的学生所拥有的权力来源为何？

2. 请解释权力与影响力之间的差异。

3. 请举例说明该如何管理组织政治行为？

4. 请以自身例子说明，自己对别人能够发挥影响力的方法有哪些？

第 11 章 领导

但使龙城飞将在，不教胡马度阴山
唐·王昌龄·出塞

飞将军，汉代名将李广也，骁勇善战令匈奴闻风丧胆，体恤用心使部下乐为之死！身怀绝技，气定神闲，运筹帷幄，护国安邦。为人诚信正直，可歌可泣的一生感人至深，"桃李不言、下自成蹊"，乃太史公由衷赞叹！

11.1　领导与管理的差异

领导

影响一群人去完成愿景或目标的能力。

据说，GE 公司前执行长杰克·韦尔奇（Jack Welsh）曾经把所有部属叫进办公室，说了"别管理！要领导！"这六字名言[1]，就走出办公室，留下一堆摸不着头绪的经理人，心里纳闷着："管理与领导究竟有什么不同?"[2]

先从管理（management）来看，管理通常被定义为"有效利用组织内的资源，以达到所要结果的一种能力"；而管理者最典型的定义为"通过他人而把事情做好的人"[3]。领导（leadership）则是"影响一群人去完成愿景或目标的能力"[4]，其重点在于"影响"，领导者必须是一位有影响力的人。美国前总统杜鲁门曾经说："领导就是叫人做一件原本不想做的事，但事后却会喜欢它"[5]，一语道破领导不只是个"职位"，而是一种影响的过程。部属并不会追随一个职位，但他所追随的是一个有能力影响他的人。

至于领导者要做哪些事情才会有影响力呢？在许多学者不同的主张中，近年广被传颂的是 Max De Pree 所称的"领导人的首要责任就是'定义现实'"（the first responsibility of a leader is to define reality）[6]。唯有正确客观地描述现况，指出机会与威胁的所在，领导者才能提出必须改革的理由，进一步为组织及部属勾勒未来远景，以愿景引领众人努力的方向。领导者必须着力使部属的梦想与希望活化，促使他们看到未来，充满令人振奋的可能性。

以任务目的来看，领导和管理也有所不同，哈佛大学教授 John Kotter 认为，领导要克服的是变动，管理要克服的是复杂。

领导要设定方向，创造愿景和策略；管理则是借设计和规划以达成业绩[7]。

Kotter 认为，现在的企业主管"管理得太多"而"领导得太少"，他指出主管阶层往往太依赖权力、官僚体系以及权威，以致被困在"管理"的迷障之中。

178

11.2　特质观点的领导理论

自有文明以来，人类就对何种个人特质可造就伟大领袖的议题深感兴趣，我国儒家认为领导者要讲信用，因为"民无信不立"，强调仁爱，唯有"不嗜杀人者能一之"；古埃及人要求其领导人物须有权势、有辨别力且处事公正；希腊哲学家柏拉图也注重公正，但更重视谨慎与勇气[8]。

有关领导的特质理论，1920～1950年蓬勃发展，论者主张成功的领导者有着与众不同的个人特质，并热衷于成功领导人应具有哪些特质，以作为发展个人领导能力的依循。例如，Ghiselli的研究指出，重要的领导特质可归纳为三方面：

（1）在能力方面，包括监督能力、智力与进取心。

（2）在人格特质方面，包括自信心、决断力、刚毅、成熟、亲和力。

（3）在动机方面，包括职业成就需求、自我实现欲、权力需求、金钱需求等。

在以上三种物质中，根据Ghiselli的发现，以监督能力最重要，且重要性极为显著；次要的特质有五项，依次为职业成就需求、智力、自我实现欲、自信心、决断力[9]。

然而，基于特质说的领导理论在20世纪40年代后期遭到困境。研究发现，人们所强调的人格特质大多与领导有效性无关[10]。根据特质论的基本假设，伟大的领导人物具有相同的个人特质，而且这些特质在所有情境中都同样重要，这样的假设不符人们的生活经验，因而相当缺乏说服力。不过，20世纪90年代后，有些学者重新对领导特质说感兴趣，但比较关注研究领导者所需具备的职能（competencies），所谓职能是指能使一个人胜任其职务的各种知识、技术与人际技巧。McShane 与 Von Glinow 综合一些相关研究指出，最值得重视的七种职能：情绪智商（emotional intelligence）、正直（integrity）、驱动力（drive）、领导动机（leadership motivation）、自信（self-confidence）、智力（intelligence）、商业知识（knowledge of the business）[11]。

▶▶ 11.3 行为观点的领导理论

不少学者对领导过程中的具体行为加以研究，探讨不同的领导行为对部属的影响，此为领导行为理论。领导行为理论的目的，在于提高对各种领导行为的预见力和控制力，改进工作方法和领导效果。领导行为理论强调成功领导者所表现的行为，因此该理论认为，只要能够展现适当的领导行为，人人都可能成为一个好的领导人。行为理论和特质理论在企业实务上有着不同的意涵，前者认为领导者可以经由后天的训练养成，而后者则认为卓越领导者必须依赖慎重的甄选与整理过程。

11.3.1 俄亥俄州立大学的研究

俄亥俄州立大学的研究使用"领导行为描述问卷"（leadership behavior description questionnaire，LBDQ），广泛调查之后，1945 年归纳出两种截然不同的领导行为，分别是体制行为（initiating structure）以及体恤行为（consideration）。采取体制行为的领导者会清楚界定自己和部属的角色关系，因此每一个人都清楚知道被期待完成的工作、沟通渠道及工作达成的途径；采取体恤行为的领导者则会希望和部属建立一种相互信赖、支持与尊重部属想法的互动方式，企图营造友善的气氛。在 Stogdill 的研究中，发现领导者对员工的体恤程度与员工的满意程度成正相关，但与绩效的关系则不明确；至于体制行为对员工满足感及绩效的关系，则因情况不同而异，可能为正相关，亦可能为负相关，甚至毫无关系[12]。

11.3.2 密歇根大学的研究

在俄亥俄州立大学进行 LBDQ 研究的同时，密歇根大学的调查研究中心也进行了类似的研究计划，由 Rensis Likert 所领导，他们采用两方面以探讨领导者的行为：员工取向（employee orientation）及生产取向（production orientation）。密歇根大学研究人员对领导者与追随者进行广泛面谈后，确认了上述两个领导行为的向度：员工取向的领导行为强调人际关系、关心部属的个人需要，同时也认识到组织成员中所存在的个别差异；生产取

向的领导者则特别强调工作的技术面与任务面，他们对部属解释工作的程
序，较着重关心任务与绩效的达成[13]。

Likert 与其同事历经多次研究后，结论为"最佳绩效的领导者特别注
意部属的人性因素，并且同时尽力建立一个高绩效目标的工作群体"。

11.3.3 管理方格

受到上述领导行为研究的启示，Blake 与 Mouton 提出了一个广受欢迎
的领导发展训练模式，称为管理方格（managerial grid），目前更多人称之
为领导方格（leadership grid）。管理方格包含两个轴向：对人的关心（con-
cern for people）以及对生产的关心（concern for production），每个轴向有 9
格，共有 81 个代表不同领导风格的方格，其中最具代表性及显著差异性的
五种领导风格，分别为贫乏型（impoverished）（1，1）、中庸型（middle of
the road）（5，5）、权威型（authority）（9，1）、放任型（laissez - faire）
（1，9）以及团队型（9，9)[14]，如图 11 -1 所示。

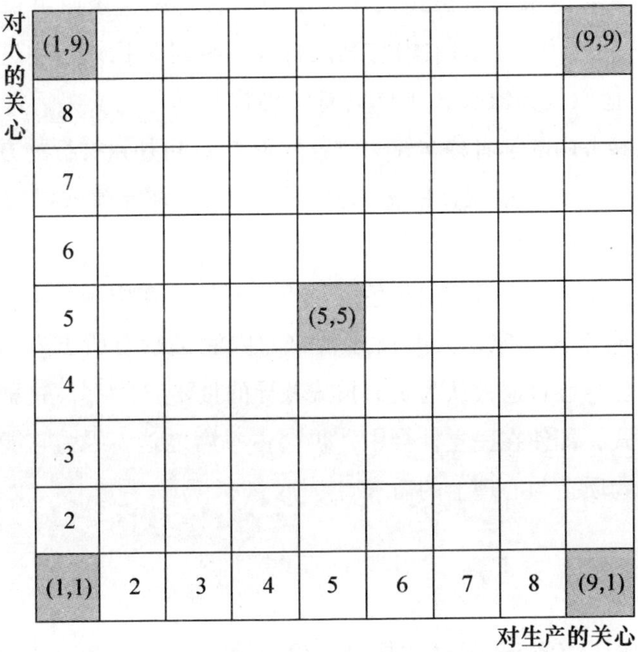

图 11 -1　管理方格

Blake 与 Mouton 认为位于（9，9）位置的团队型领导，可达到最高的
绩效；反之，（9，1）的权威型，以及（1，9）放任型的绩效较差。不过，
一般认为领导方格只是一个评估领导风格的概念架构，并未能在俄亥俄州

立大学和密歇根大学的研究成果之上带来新的知识。

11.3.4 家长式领导

当领导者对待其部属的行为，犹如家长对待子女，好像他才最清楚怎么做，才是对组织好，才是真正对部属好，为了爱之深，所以责之切，严格管教，这种领导方式可称为家长式领导（paternalistic leadership）。现代企业讲求参与式管理，家长式领导常受批评，被认为是过时的观念[15]。然而，最近20年来，家长式领导的研究却有兴起的趋势[16]。

在中国台湾，家长式领导远在20世纪60年代已有学者感兴趣，Silin曾在台湾进行访问研究时探讨过此问题。他当时惊奇于中国台湾家族企业的活力与成功经验，却又发觉这些家族企业主的领导观念及行为风格与西方大异其趣，他们的行为如同华人文化中家长的行为：强调自己的权威，对部属常采教训的态度，与部属保持距离，给部属的任务命令时常模糊不清[17]。

的确，华人家族主义强调家长权威以及人情关系的差异，基于这些价值观所衍生发展出来的家长式领导，在中国台湾民营企业组织中相当常见。20世纪90年代初，郑伯埙与其同行开始针对家长式领导进行有系统的研究[18]，他们认为家长式领导具有两种概括的行为类型，即施恩与立威，而后又参考内陆学者凌文辁的研究发现[19]，再加入德行的方面，使家长式领导成为一个"威权、仁慈、德行"的三元领导模式以及"敬畏顺从、感恩图报、认同效法"的部属反应的互动模式。

不过，由于人们对家长的角色期望不尽相同，在中东、拉丁美洲、南欧、甚至其他亚太国家，其家长式领导的内涵必然有所出入。不过，纪律、权威、仁慈已普遍被认为是家长式领导的重要成分[20]。这种权力不对称的领导方式，即使在民主社会中，仍会占一席之地，因为它能够满足不少跟随者在物质上与心理上的需求[21]。

11.4 领导的权变理论

就领导方式而论，权变理论认为世界上根本没有"一种最好的方法"（one best way）来解决所有的问题，对人员的领导亦同。权变理论并不强调原则，只关心是否能收其成效。而领导方式的选择尚须考虑到时代背景，必须在不同的时代下采取不同的方式，例如太平时期可以是温和的、民主的；但在紧急状态下，可能就应该严格与专断些，古语"乱世用重典"就是这个道理。所以，领导的各种权变理论皆强调，针对不同的领导情境，领导者亦必须采用不同的领导方式。

11.4.1　费德勒领导权变模式

领导权变理论成名最早且历久不衰的学者，首推费德勒（Fred E. Fiedler），Fiedler 认为，领导绩效的高低或团体表现的优劣，主要取决于领导者风格与情境二者的契合程度，他深信没有任何一种领导风格在所有情境中都绝对有效，也就是尚无一种所谓的"固定最佳领导方式"，也无放之四海皆准、无往不利的领导方式。他发展出"最不受欢迎同事"（least preferred coworker，LPC）量表来测量领导者的领导风格。他的研究显示，影响领导绩效的情境因素包括职务权力、任务结构、领导者与部属的关系三种，可供我们分析每一情境的有利程度（situation favorableness）22，如图 11 - 2 所示。

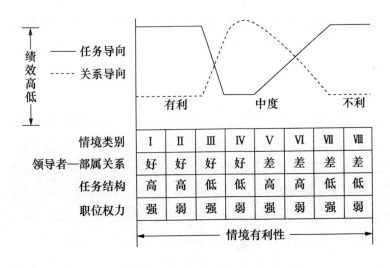

图 11 - 2　费德勒权变模式

费德勒确认了两个领导风格：任务导向与人际关系导向。他利用"最不受欢迎同事"（LPC）问卷，请参加研究的领导者描述他们最不喜欢与之共事的特定人选，把该问卷每个向度的评点加起来，算出领导者的 LPC，点数高的反映出领导者的人际关系特质，而点数低的反映出领导者的任务导向特质。

至于领导的情境因素，他认为"情境有利程度"决定于领导者和部属的关系（leader - member relations）、任务结构（task structure）以及职权（position power）。如图 11 - 2 所示，费德勒把上述三个条件的每一个变量分成两种情况，共可组合成八种领导情境。三个条件均具备，便是对领导者最有利的情境；如果都不具备，是对领导者最不利的情况。费德勒认为，在这两种极端的情境（有利、不利）之下，采用"以任务为导向"的领导方式效果较好；但处在中间的情境（中度）下，采用"以关系为导向"的领导方式效果较好[23]。

费德勒的领导权变模式对实务界有若干重要启示：首先，它指出团体的表现是领导方式与情境有利程度交互作用的结果，故须因时因地制宜；其次，领导者的人格特质或动机决定了他的领导方式，因此具有相当的稳定性而不易改变，但情境是可以改变的，而在安排人员职位时，也可以此考虑其适配程度。

11.4.2 Hersey 与 Blanchard 的情境领导理论

Hersey 与 Blanchard 的情境领导理论（situational leadership theory）是以任务行为（task behavior）、关系行为（relationship behavior）、部属准备程度（readiness）三者的交互作用为基础[24]。

任务行为指领导者如何界定其下属或追随者的角色，这些行为包括告诉他们做何事、如何做、何时做、谁来做。因此，特别重视目标的制定、沟通、计划与控制；关系行为指领导者从事双向或多向沟通的程度，这些行为包括倾听、激励与支持的行为。基于任务行为与关系行为的高低，可以形成四种领导风格类型，分别为：命令型，高任务—低关系（telling）；推销型，高任务—高关系（selling）；参与型，低任务—高关系（participating）；授权型，低任务—低关系（delegating）。

准备程度（readiness）是指追随者或部属完成一项任务的能力与意愿，依其能力、意愿的发展可分为四个阶段：R1 表示无能力且无意愿、R2 是无能力但有意愿、R3 有能力但无意愿、R4 表示有能力且有意愿。

领导者了解成员的准备程度，有助于领导者选择适当的领导方式。当员工的准备程度逐渐发展并提升时，领导者不仅要减少控制活动，还要持续降低关系行为，当员工准备程度已达到 R4 的程度时，其能力或意愿上皆足以自我负责，则领导者可采授权型领导，不须加以干涉。图 11 - 3 显示任务行为、关系行为、部属准备程度三者与领导形态的适配情形（S1，命令型；S2，推销型；S3，参与型；S4，授权型）。

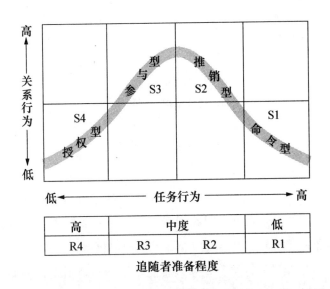

图 11 - 3　**Hersey 与 Blanchard 的情境领导理论**

Hersey 与 Blanchard 此情境领导理论，由于对领导行为与情境因素过于简化，无法获得强而有力的实证支持，但却因为简单明了而被实务界广为应用。

11.4.3　路径—目标理论

Robert House 提出了路径—目标理论（path - goal theory）[25]，主张为了有效领导，领导者必须能够对下属的动机、工作能力和满意程度加以影响，此理论主张领导者通过帮助下属认清和设定自己的工作目标以及个人目标，并找到实现这些目标的路径，从而增强下属的工作能力，使他们能在更大的范围和程度上因目标的实现而获得满足，如图 11 - 4 所示。

House 试图引证四种不同的领导方式（指导型、支持型、参与型与成就导向型）对于员工将有不同的激励作用，并在以下三个方面对员工态度或期待心理产生影响：员工期待报酬的工作动机、员工的工作满足感、员工自愿接受领导的程度。这四种领导类型说明如下：

185

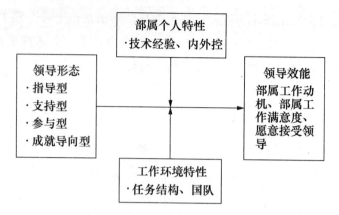

图 11-4　路径—目标理论

（1）指导型领导。这类型领导人让员工了解主管对他们的期望，并对员工提出具体的指导性意见，明确指派职位责任，安排工作进度，坚持固定的劳动标准，要求员工严格遵守企业的规章制度等。

（2）支持型领导。这类型领导人总能平等地对待员工，和蔼可亲、平易近人，了解员工辛苦，关心员工的生活和幸福，理解员工的需求。

（3）参与型领导。这类型领导人在做出重大决定之前，会征求员工意见，认真对待并研究员工的建议与要求，使员工产生"自己是重要主角"的认同感。员工在参与过程中，更了解工作目标与达成途径，得以选择自己最擅长的部分进行作业，如此不但有助于彼此的合作，也能激励积极进取的主动精神。

（4）成就导向型领导。这类型领导人善于提出富有挑战性的目标，诱导员工最大限度地发挥自己的才能，不断提高工作的完善程度，对员工表现出一种极大的信任感，信赖部属能负起责任、作出努力以达成目标。这类型领导人始终强调员工必须不断探索，并朝向工作的高标准努力，善于激励员工的成就自信心与责任感。

"路径—目标理论"还强调须从员工的立场考虑两项重要的因素：

（1）员工的个人特质问题。例如内控型的员工习惯认为事情与自己的行为有关，而外控型员工会把工作结果视为运气问题，所以内控型比较适合参与式的领导方式，而外控型则较适合指导型；至于能力高、经验丰富的员工往往自视甚高，较难以接受指导型的领导方式。

（2）员工所面对的工作环境压力。员工要应付环境的因素大体上可以分为三大类：员工的工作任务、科层体系、工作团体。领导者如果能帮助员工有效地应付外部环境的压力，消除员工的不安与危机感，将有助于增强员工信心，提高工作积极性。

11.5 领导者—成员交换理论

人们观察到，领导人可能因时间压力与业绩压力等原因，通常都会搞小圈圈，圈内的部属是领导者比较信赖、给予比较多注意力的，有时甚至会给予偏袒；而那些落在圈外的部属，领导者对他们则是"公事公办"。据此，George Graen 与其同行提出了"领导者—成员交换理论"（leader - member exchange theory，LMX）[25]，解释这种差别待遇的现象，也让我们理解到领导者会倾向与每一位部属分别建立起独特的"一对一"的关系。

LMX 认为，领导者与不同部属间的一对一的关系是一种交换关系，随着交换关系质量的不同，领导者自然会将部属归入内团体（in - group）与外团体（out - group）两种不同的类型。

至于领导者究竟是根据何种标准将部属区分为内团体或外团体，Graen 与 Scandura 认为，领导者是根据三种标准：

（1）领导者与部属间的相契性（compatibility）是指领导者与部属间意见相似的程度。

（2）可靠性（dependability）是指部属可分担领导者责任与承担重要工作的程度。

（3）部属的才能（competence）[27]。

内团体成员能与领导者建立良好的交换关系，因此会获得领导者较多的信任与支持，且因其与领导者的关系包含非正式的情感与互助成分，因此，往往会被期望承担较多的正式工作规范以外的任务、负起较多责任，可能因而享有一些特权，同时也对团体有较高的承诺感[28]。反之，外团体成员与领导者间的交换关系质量较差，性质较倾向于正式的工作契约关系，所承担的责任也仅止于工作角色之内的部分。因此，相较于内团体成员，外团体成员所获得的绩效评价、晋升机会、个人发展性均较低[29]。

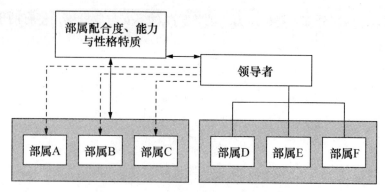

图 11 - 5　领导者 - 成员交换理论

11.6　转换型领导与交易型领导

以上对于领导的讨论多是针对执行面的领导，领导者借由角色的澄清与工作的需要，发挥其影响力，带领或激励部属朝向既定的组织目标迈进。这样的领导关系建立在某种"利益基础"上，领导者提供实质的诱因（如金钱、升迁等）激励部属达成目标，而部属付出实质的绩效表现以换取应得报偿。有如一桩交易，领导者与部属间的互动关系是建立在"条件交换"的内涵上，从性质上而论，这些领导者都可以称之为交易型领导者（transactional leaders）。

转换型领导

领导者能够鼓励跟随者不断自我超越，追求成就感与自我实现。

相对于交易型领导，近代领导学者已将研究重点放在另外一种令人振奋的领导人物，称之为转换型领导者（transformational leaders）。James Burns 最先提到转换型领导[30]，指领导者能够鼓励跟随者不断自我超越，不再强调短期利益，而改为追求成就感与自我实现。许多学者承袭 Burns 的概念，对转换型领导进行研究，产生了不少研究成果，例如，Bernard Bass 即曾对交易型领导与转换型领导进行了有系统的比较研究[31]。

11.6.1　交易型领导

领导行为的研究始于社会学家对社会交换及群体互动的观察，认为领导行为的发生是一种社会交换的类型，例如，LMX 理论即以领导者与部属间的交换观点来诠释领导行为。有学者指出，此种领导方式，领导者权力的正当性基础（legitimate basis of authority）是关键因素[32]，通过此正当性基础的建立，领导者可给予部属工作方向与价值观的指引，而部属报之以忠诚、尊重及工作上的努力，这种交换关系建立在双方公正的期望与行动上，形成一种交易循环。

因此，交易型领导者向部属澄清达成绩效标准所应有的行为，以及确认部属实际的需求，以促使他们达成"预定结果"（designated outcomes）[33]。交易型领导是一种相互交换的过程，领导人用有形、无形的条件与部属交换而取得领导。因为是通过与部属间的交换关系发挥其影响力，因此在交换中不会牵涉到太多激动的情绪[34]，领导者给部属提供报酬、实物奖励、晋升机会、荣誉等，以满足部属的需要与愿望，而部属则以服从领导的命令指挥，并完成其所交给的任务作为回报。在这种领导观念下，交易型领导易成为谋取个人私利的操纵工具，只顾追求效率和利润的最大化而忽视了一些更为长远的目标。

交易型领导强调交换，在领导者与部属之间存在着有形的或心理的契约式交易，Bernard Bass 的研究指出，交易型领导有以下四个方面[35]：

（1）权宜的奖赏（contingent reward）。制定有努力即奖赏的规定，对良好绩效给予奖赏。

（2）积极例外管理（active management by exception）。注意部属是否有偏离规则和标准的活动，并采取修正措施。

（3）消极例外管理（passive management by exception）。只有在部属的表现有相当高比例不符合标准时才介入。

（4）放任主义（laissez faire）。领导者放弃责任，避免做决策。

11.6.2　转换型领导

转换型领导者（transformational leaders）有能力改变组织的策略与文化，使组织更能适应外在环境的要求；转换型领导者能对其跟随者发挥深远与特别的影响力，能激起他们新的价值观，将组织的利益置于个人私利之上。

事实上，一个组织同时需要交易型领导者以及转换型的领导者，前者力求提升组织的效率，后者是领航人，指引组织走向更好的发展途径。因近年来企业经营环境严峻，组织发展策略常须变革，所以，企业对转换型领导人的需求较先前更为殷切。Bennis 与 Nanus 认为，转换型领导是一个

交易型领导
一种相互交换的过程，领导人用有形、无形的条件与部属交换而取得领导。

189

会充分运用权力和情境等因素，提高成员创新的意愿和能力的领导方式，使组织在现今如此竞争激烈的环境中，能快速且有效地转型，并持续更新结构，以维持企业的永续生存[36]。相对于交易型领导的四方面，Bass 同时指出转换型领导的四个方面如下[37]：

（1）理想化（idealized influence）。提供愿景和使命感，灌输自尊心，获取尊敬信任。

（2）鼓舞动机（inspirational motivation）。沟通高度的期望，使用符号来聚焦努力方向，以简单方式表达重要的目标。

（3）智力激发（intellectual stimulation）。提升智慧、理性和谨慎解决问题的能力。

（4）个别关怀（individualized consideration）。对每一个员工给予个别对待、训练及劝告。

转换型领导的基础是愿景（vision），领导者必须为其组织成员提供一个具鼓舞性以及可达成的共同愿景，让组织成员能产生一个共同努力的目标。愿景可说是转换型领导的最重要成分，领导者须致力于提出愿景（creating a vision）、同跟随者沟通愿景（communicating the vision）、为愿景以身作则（modeling the vision）、深化部属对愿景的承诺（building commitment to the vision）[38]。

 ## 11.7 魅力型领导

魅力的原文 Charisma 来自希腊文，意指"神圣的恩赐"，社会学者韦伯（Max Webber）首先提出魅力型领导（charismatic leadership）的概念，将其视为是权威的理想类型中的一种[39]；Robert House（1977）则是最早将魅力型领导应用在企业组织中，并加以理论化的研究者，其研究指出，魅力领导者需具备极度自信、具支配性及对自己的信念坚定不移三项特质[40]。魅力型领导的领导者具有特殊的个人特质，因而成为跟随者的崇拜学习的理想对象，因而甘心遵照其指令完成业务。在魅力领导中，跟随者在看到特定行为时，会将之归因为领导人的英雄式或非凡型的能力[41]。

美国民主党奥巴马的成功，对大多数的人而言，几乎是一个不可思议的政治奇迹。因为在几年前，奥巴马还是一个默默无闻的地方型政治人物，没想到在 2004 年竞选联邦参议员成功后，一路攀升，最后一举当选了美国总统。过去，政治强调能力，但现在媒体影响力无远弗届，领导人的魅力显得愈来愈重要。听过奥巴马演讲的人，大多都会沉浸于他的翩翩风采，其举手投足展现高度自信，无比感性的眼神震慑全场，抑扬顿挫的语调牵动人心。奥巴马运用他的个人魅力，迅速建立与累积政治资本，并成功地入主白宫，这正是魅力领导的十足展现。

近年兴起魅力型领导的研究后，引发学者间不少争议[42]，究竟魅力领导与转换型领导之间是否有明显差异？有一派学者认为两者没什么不同，就最低限度而言，魅力型领导应是转换型领导的关键元素，转换型领导的首要方面——理想化（idealized influence），其实就是魅力的展现。另一派学者更进一步认为，魅力领导是转换型领导的最高级。例如，Conger 与 Kanungo 认为魅力型领导也是一种转换型领导，因为领导者具有自信、有能力表达愿景、坚信理想等特征，可将组织的目标、任务、制度融入个人的魅力中，部属会因为喜欢领导者因而被激发更多的潜能，为组织付出更多的心力[43]。

然而，还有一派学者认为，魅力型领导不等于是转换型领导，他们的说法似乎更有说服力：具魅力者固然可以是转换型领导人物，但我们也看过很多有魅力的领导人物，他们也能唤起跟随者的热情，对其死忠效力，但终究没能让组织发生转换效果。这些学者指出，魅力型领导是一项个人特质，可对其跟随者产生参考权，而转换型领导却可有效引领变革过程的一连串行为[44]。不但如此，还有人指出，魅力型领导往往造成依赖性高的跟随者，而转换型领导讲求赋权，希望减低下属对领导者的依赖[45]，两者截然不同。

许多研究企图找出魅力型领导者的特征，最普为人所引用的论点是由 Conger 与 Kanungo 所提出，他们认为魅力型领导者必须具有以下四项主要特征[46]：

（1）提出愿景与沟通愿景（vision and articulation）。能用跟随者明白的语言加以阐述，表达出一个比现况更美好的将来目标。

（2）愿意牺牲及冒险（personal risk）。为求愿景的达成，即使代价很高，也愿意牺牲自我利益。

（3）敏感于跟随者的需要（sensitivity to follower needs）。对他人的能力、需要、感受都有正确认知，并给予响应。

（4）行为不落俗套（unconventional behavior）。从事具创新性与规范外的行为。

11.8 真诚领导

真诚

个体对于自我状态的肯定，不会随着外界毁誉而随波逐流。

近年来，随着外部经营环境的剧烈变动，组织必须面对比以往更为严峻的道德冲击与经营难题。此外，由于企业丑闻频传、各类组织管理渎职现象层出不穷，领导人的道德素质对组织发展影响非常大。鉴于此，实务界与学术界大声疾呼，必须重视领导者自身的道德问题。在此一脉络下，管理学者如 Avolio、Gardner、Luthans、Shamir 和 Walumbwa 等积极推动以管理学、伦理学、正向组织学、正向心理学等相关研究为基础的真诚领导（authentic leadership），此概念迅速发展，成为近年领导研究的新趋势。

所谓"真诚"（authenticity）是个体对于自我状态的肯定，当个体拥有真诚的特质时，行事为人就不会随着外界毁誉而随波逐流。也就是说，一个人若是真诚，就知道自己是谁，知道自己的信念与价值观何在，也就能公开而坦率地根据其信念与价值观采取行动[47]。这样的人当了领导者，自然凡事能从"心"出发，对部属能真心相待，引起共鸣，因为唯有"真诚"才能令人感动，但这样的想法却一直到20多年前才被引进领导学的研究[48]。

然而，真诚领导的观念在实务界与学术界仍有不同的看法。在实务界，畅销书作者 Bill George 强调："领导是真诚，而非风格"，他提出真诚领导人的五种特质：了解自己领导的目的；创建稳固的价值；用心领导；建立良好的人际关系；展现高度自律。在学术界，对真诚领导的观点虽仍未完全一致，但已有美国学者发展出衡量问卷 ALQ（authentic leadership questionnaire），国内已有学者开始应用[49]。根据 ALQ，真诚领导有四个核心方面：自知、关系透明、道德内化以及兼听[50]。

（1）自知（leader self – awareness）。领导者了解自身的优势、动机和弱点，同时了解他们的决策会如何影响到其他人，以及别人是如何看待他们的领导方式。

（2）关系透明（relational transparency）。领导者自我揭露，例如，领导者公开分享信息、向别人显示他们最真诚的一面。

（3）道德内化（internalized moral perspective）。领导者在面对外在压力时，不畏压力且领导行为都是由内在的道德标准和价值观所引导。

（4）兼听（balanced processing）。兼听是指领导者在做任何决策前都能客观且充分地考虑和分析所有相关的信息。

因此，真诚领导是一种源自于正向心理能量与道德氛围的领导行为，领导者与部属互动时，力求自己与部属形成一个更加完善的自我发展与调适过程。

 # 11.9 领导替代理论

本章介绍了诸多领导理论，但还有许多研究者与实务家对领导学提出的看法与心得，碍于篇幅无法列举，但这些理论大多凸显出领导对组织成败的重要性。然而，有学者指出，企业组织处在某些情境之下，领导是不重要的，有时候组织内有些"领导替代因素"取代了领导，领导者的作为其实已不再重要；又有时候，组织内有些"领导抵消因素"，把领导行为的作用都抵消了，也使得领导者无法影响组织的绩效[51]。

11.9.1 领导替代因素

1978 年，Steven Kerr 与 John M. Jermier 首次提出领导替代因素（leadership substitutes）的概念，对当时研究领导的学者在思考领导效能上产生重大的冲击。他们在实证研究上发现，领导行为对下属工作结果的解释变异量存在着许多的差异，有些领导行为对下属工作结果的影响力很小，甚至不存在任何的关联。他们于是提出假设，认为领导作用不必然是层级领导者才能提供，其他的组织资源，例如组织成员的特质、工作本身性质、组织环境特质等，同样都可以提供类似领导的作用，而且能进一步替代领导行为，直接影响了下属的工作效果。现今的企业面对着多变化的商业环境，替代领导概念是必须加以关注的重要议题。

表 11-1 列出可以运用替代领导的情境因素，包括部属的特质、工作性质以及组织因素，共 14 项，都是可以取代传统阶层领导（关系导向型或任务导向型）的变换条件。虽然表中并未能涵盖所有项目，但是依然可以看出能够取代工作导向的领导替代因素，多于关系导向的领导替代因素。

表 11 -1 领导的替代因素

特征	关系导向领导	任务导向领导
《部属特质》		
1. 经验、能力、训练、知识		有替代性
2. 独立性的需求	有替代性	有替代性
3. 专业导向	有替代性	有替代性
4. 不受组织酬赏左右	有替代性	有替代性
《工作特质》		
5. 清楚、例行性的工作		有替代性
6. 方法固定的工作		有替代性
7. 提供回馈的工作		有替代性
8. 提供内在满足的工作	有替代性	
《组织特质》		
9. 组织正式化程度		有替代性
10. 组织规定僵化程度		有替代性
11. 特定且主动的咨询与员工机能		有替代性
12. 群体紧密联结程度	有替代性	有替代性
13. 组织奖酬非领导者所能控制	有替代性	有替代性
14. 主管与部属存有距离	有替代性	有替代性

11.9.2 领导抵消因素

Kerr 与 Jermier 的研究，除了指出某些人员、任务以及组织的特征会是领导替代因素外，也指出有些组织内的情境变量（人员特质、工作性质、团体与组织特征）可能是领导抵消因素（leadership neutralizers），它们瘫痪或破坏了正式领导的效益。

举一例说明，有一位领导者因故必须离开，与其生产工厂、员工分处距离遥远的两地，不再能发挥随时近距离监督的功能，即使利用其他通信工具进行沟通指导，但员工的绩效仍显著低于以往的水平，此地理距离因素即可视为一项领导抵消因素。

虽然"领导替代因素"与"领导抵消因素"两者的存在，都可能减低正式阶层领导的重要性，但此两者之间的差别仍然值得重视。"领导替代因素"在实质上是有正面功能的，因为它们取代了领导，反而可让领导者有多余的时间资源从事其他的工作活动；相反的，"领导抵消因素"很可能是反功能的，因为它们使得领导者的影响力被抵消后，组织可能是处在无领导状态[52]。

自我测验

你的 LPC 分数

回想一下你以往曾经一起共事过的同事或同学，在其中选定一个你最不愿意与其一起工作的人（least preferred co-worker, LPC），这个人并非你不喜欢他，只是跟他一起工作，会很难把事情做好。在你的脑海里锁定这个人后，请你利用下列量表来圈选，描述你对他感觉[53]（得分说明请参阅附录一）。

愉快的	8	7	6	5	4	3	2	1	不愉快的
友善的	8	7	6	5	4	3	2	1	不友善的
排斥别人	1	2	3	4	5	6	7	8	接受别人
紧张的	1	2	3	4	5	6	7	8	轻松的
难接近的	1	2	3	4	5	6	7	8	易接近的
冷淡的	1	2	3	4	5	6	7	8	温情的
愉快的	8	7	6	5	4	3	2	1	不愉快的
支持的	8	7	6	5	4	3	2	1	敌意的
令人厌烦的	1	2	3	4	5	6	7	8	有趣的
抬杠的	1	2	3	4	5	6	7	8	和谐的
忧愁的	1	2	3	4	5	6	7	8	快活的
开放的	8	7	6	5	4	3	2	1	自我保护的
反叛性的	1	2	3	4	5	6	7	8	忠诚的
不可相信的	1	2	3	4	5	6	7	8	可相信的
体贴人的	8	7	6	5	4	3	2	1	不体贴人的
有恶意的	1	2	3	4	5	6	7	8	有善意的
与人合得来	8	7	6	5	4	3	2	1	与人合不来
不诚恳的	1	2	3	4	5	6	7	8	诚恳的
仁慈的	8	7	6	5	4	3	2	1	不仁慈的

总分 = _____

195

主题案例

智利矿灾造就头号英雄人物

2010 年 8 月 5 日，在智利北部科帕波市的圣荷西金铜矿崩塌时，原本正在坑中吃午餐的 33 名矿工顿时陷入绝境，轰然巨响后，经过了 3~4 个小时烟蒙蒙的碎石、灰沙崩落，他们的头顶上方是重达 70 万吨的岩石，他们的活动空间是仅 14 平方米的临时避难处，他们的食物是吃剩的午餐以及 2 天的食粮。

直至 8 月 22 日，救援人员才钻探到矿工避难处，矿工才能够传出字条，让外界知道他们还存活着。这群矿工竟能在毫无外界救援的情况下生存了 17 天！这场全球瞩目的矿灾，也在全球合作下，原本以为是悲剧命运的 33 位矿工，奇迹般地，竟安然无恙地全数获救，整个救灾过程长达 69 天。

头号英雄是受困矿工的领班鄂苏亚（Luis Urzua），这 33 人能凭借少量粮食和微薄希望撑过 17 天，再熬过之后 50 多天的地底生活，鄂苏亚的领导能力居功至伟。在灾难降临瞬间的惊慌纷争局面中，领班鄂苏亚（Luis Urzua）戏剧般地开口呼吁团结：

"这种时候如果我们没有办法团结，一同为生存奋斗，我们就只能相互争吵，在分裂中走向死亡。"众人竟也像在黑夜里找到可捕捉的烛光，愿意让鄂苏亚带领他们。

鄂苏亚在这座矿坑工作才 2 个多月，就遭遇这场矿灾，8 月 22 日当矿工首度和外界通电话时，他告诉智利总统皮奈拉："我们在这里很好，等着你来救我们。"他并形容地底生活有如"地狱"。但也是鄂苏亚让矿工在"地狱"维持生活纪律。在外界认为他们凶多吉少的最初 17 天里，他严格分配粮食，成为 33 人能一起存活的关键；他也擅长维持秩序，为每人分配工作，让大家仍保持生活目标。鄂苏亚说，弟兄们明白，要重见天日不仅得依靠外援，自己也得出力。

鄂苏亚规定所有的人每 48 个小时才能吃到分量极少的"一餐"（每人只能分到 2 小汤匙的鲔鱼、1 片口粮和 2 口牛奶），而且规定领到食物的人不能先吃，要等 33 人都领到后，才能一起吃，好让慢领的人不致担心或惊慌。另外，鄂苏亚有一个出人意料的决定，他规定每人须有"作息时间表"并按表操课：8小时睡眠/8小时工作/8小时吃饭、运动、"娱乐"，以稳定众人的心理。尽管身处浩劫，他们仿佛置身平日，不但正常工作，还保持运动、休闲，维持基本的身心健康，这也是为什么这群矿工能够活了69天而没人精神崩溃疯狂的原因。

鄂苏亚肩负稳定士气重任，所以是最后一名被救上地面的矿工，他在救援行动展开前通过视讯接受英国《卫报》专访时相当谦逊，表示弟兄们"各有各的脾气"，这段时间却能团结一心，他相当感慨。被问及矿坑危险性时，鄂苏亚说："当你进入矿坑，就得尊重它，然后希望自己出得来。"

这场矿灾的情节比好莱坞卖座电影更精彩，很多人开始探讨所谓"地底625公尺下的生存领导学"（中国台湾台北101大楼的高度也只不过508公尺），探究为什么来自四面八方的人们，愿意在极其恐慌、无助的环境下，接受一个认识2个多月的领班的支配，同心合意地相信他能带领大家突破难关[54]。

【思考题】

1. 现有报道中，没有说明鄂苏亚是否33名矿工中唯一的领班？你在关心矿灾新闻时，是否已假设鄂苏亚领班是他们之中职位最高的？还是认为这个问题不重要？

2. 你认为是英雄造时势，抑或是时势造英雄？智利矿灾事件是否影响你的看法？

温世仁的领导风格

温世仁是企业家中少数的文武全才，25岁就担任金宝电子总经理，后来在英业达集团主导公司的策略发展，担任英业达集团副董事长。他为人所敬重之处是大力投入公益及出版事业，更以提倡关怀世界为理念，所以当他在2003年底因脑干出血过世时，大大地震惊了社会。

他突然辞世后，其部属回忆起他那浑然天成的领袖气质，大力赞扬他实有过人之处。对于工作，他从不给部属压力，而是以身作则，"工作投入就是人才"，他这样鼓励他的部属，他常说："领袖要有三颗心：宽广的心、包容的心、全心投入的心。"白手起家的企业家甚多，唯有温世仁于

197

事业成功后，转将全力放在对人的关怀，他亲自参与中国大西北的开发，运用企业先进的技术与资源来开发一个不为人知晓的山村——黄羊川，协助农民群众脱贫离困。他做了许多有意义的事情，把自己弄得很忙，自称1年有300多天都住在旅馆。

犹记在他过世前两年，曾到高雄的中山大学给EMBA上课，学校在课后设宴款待。包括笔者在内，大家讨论时，温先生只要了一杯白开水，说自己因为健康因素，过了下午3点就不再进食，已坚持很多年了。我们都觉得尴尬，他却不以为意。当时，他向坐在身边的笔者热情洋溢地描述其"手机电子书"的愿景。其实，笔者第一次见到温世仁，是在1973年的青年节庆祝大会上，在中国台北市羽毛球馆举行的餐会与他同桌，他当时获颁青年奖章，英姿风发，是大专学生的效法对象。往事历历，的确令人不胜追缅与感伤。

温世仁是一位抱持人文关怀的科技人，殷勤耕耘书田，有许多著作，他从50岁起立志不再做"生意人"，而与漫画家蔡志忠先生一手创办"明日工作室"，鼓励阅读和创作，他深信文化才是这块土地的命脉，而科技必须根植于文化，因此致力于把中国文化、诸子百家的思想传到全世界。他创造了"英语直通车"、"空中书城"、"多媒体书"、"便利书"等许多成果，并在中国大陆推行"千乡万才"计划、实践"西部开发10年可成"的想法，他所梦想的是，他能给国家社会怎样的帮助，可以给全世界的中国人怎样具体的梦想。

他有无限的梦想，是一位全心投入的梦想实践者以及受人尊重景仰的领导者。但这样一位讲诚信、有创意、慷慨的企业家与文化人，却英年早逝，徒留众人对他无尽的怀念与尊敬。

【思考题】

1. 请评论温世仁的领导风格是什么？

2. 温世仁是一位科技人，是什么因素促使他充满人文的关怀？

课后练习

1. 领导者的人格特质有哪些？并请检视自己具备哪些领导特质？

2. 请解释交易型与转换型领导的差异，并思考其间的关系。

3. 请解释如何区分内团体与外团体，并请以自身经历举例说明。

4. 请依情境领导理论评估自己在"组织行为"这门课程的准备度，并说明老师对你适用的领导风格是什么？

5. 请解释领导替代理论，并举例说明适用情境。

第12章 考评

横看成岭侧成峰，远近高低各不同

宋·苏轼·题西林壁

山静静地坐着，我们看到山岭或山峰，不是因为山的改变，而是我们看待它的方式变了，从不同角度，才能真正领略其风采与内涵。看山没有规则，但为何看人的规则无所不在？殊不知人不是为规则而生，一切规则都应本于人性，促进和谐。

12.1　绩效考评的意义与目的

绩效考评

用系统的方法、原理，以测量评定员工在职务上的工作行为和工作效果，并提供回馈信息的一个过程。

绩效考评（performance appraisal）简称考评，是指用系统的方法、原理，以测量评定员工在职务上的工作行为和工作效果，并提供回馈信息的一个过程[1]。换言之，绩效考评是对员工在工作上表现优良与否的一个评定与沟通的过程，考评之后，最好要有改善方案。绩效考评得当，可为企业带来许多效益。

沟通常是企业中最大的问题，但若绩效考评做得好，就能降低组织目标的不明确性，提高员工工作满意程度和成就感，进而增加对公司的向心力。有些员工可能对公司目标与工作认知不清，通过考评过程，得以了解公司对绩效的期望。同时，员工也可通过考评过程让主管了解自己的工作状况，从主管处分获得更加具建设性的回馈，确认自己的才能，必要时调整工作职位，更能有所发挥。综合来说，绩效考评的目的可大略归纳为三类：

（1）策略性目的。员工绩效应与组织策略目标结合，而落实策略的最好方法之一是界定实现策略所须达成的员工应表现的行为与成果，绩效考评是企盼发展出能够评量行为与成果的方法，并定期实施。

（2）行政管理目的。企业以绩效管理所得结果，作为行政管理决策的参考依据，包括调薪、升迁、任免、叙奖、职务调整、辅导等。

（3）发展性目的。配合人力资源发展，绩效考评不但可以衡量组织的期望目标与现实状况的差距，分析原因，作为训练需求的依据，还能测试出员工的实力，协助员工发展才能，进行生涯规划。

12.2　绩效考评制度的由来

握有权力的上级似乎自然而然便会产生考核下属的想法与做法。在中

200

国自古已有记载，据《史记·五帝本纪》，尧对舜经过 3 年实际考察后，才认为舜可以接任帝位。禹经过舜派他去治水，取得治理水患的巨大成就，并且得到人们赞颂和爱戴后，才正式接替舜。舜不仅凭政绩选用部落酋长，其他首领的选用也是如此。《尚书·舜典》记载舜按民主程序选定各部门人选："咨！汝 20 有 2 人，钦哉！唯时亮天功。三载考绩；三考，黜陟幽明。"每隔 3 年就要考核他们的政绩，有功的人便提拔表彰；有过错者便予以罢免，以示惩罚。

不过，直到近代组织出现，人们才开始以科学化的态度进行有系统的绩效考评制度。在美国，绩效考评的实施可追溯到 100 多年前，其联邦文官署（Federal Civil Service Commission）在 1887 年建立功绩考评制度，并由 Lord 与 Taylor 在 1914 年将绩效考评制度引进企业界，当时许多企业都是受到 Frederick Taylor 推动"科学管理"的影响，因而积极筹设适合自家公司的绩效考评制度[2]。

尽管如此，在第二次世界大战之前，除了在军队中有经常性的实施外，正式的绩效考评制度在企业界仍属罕见。

其后在 20 世纪 50 年代，Peter Drucker 提出目标管理（MBO）的创新思维、Douglas McGregor 在《企业人性面》中提出的 X 理论与 Y 理论，都对企业界产生重大影响。一些重要企业开始将其考评制度的重点，从对人的功绩与特质移至对目标的设定与达成，并认为绩效考评是管理者与部属都有责任去推动的过程，从此推行正式的绩效考评制度成为大多数企业的趋势。

McGregor 基于其 Y 理论，极力建议通过绩效考评做法，衡量组织成员的贡献。他十分推崇通用公司（GE）绩效考评的成效，GE 在 20 世纪 60 年代曾对自身全面性年度考评制度进行科学化的研究，并得出以下结论：①批评对目标达成有负面影响；②赞美没有显著的效果；③明确的目标最有助于绩效改善；④员工防卫心态造成绩效不彰；⑤对员工辅导应是日常活动而非年度活动；⑥双向的目标设定可改进绩效；⑦绩效面谈若旨在绩效改进，就不要同时检讨薪资与晋升的问题；⑧让下属参与目标设定程序可导致有利结果。虽然已经过半个世纪，GE 的这些研究发现仍相当具有参考价值[3]。

▶▶ 12.3 绩效标准的基础

设计绩效考评制度，首先要决定绩效标准。初期，此制度重视个人特质，20 世纪 50 年代后，转变为重视员工应该做什么和完成什么；到了 60 年代初期，Peter Drucker 所提出的目标管理理论（MBO）被广泛地运用在绩效管理上，所以绩效评估的重点更着重在员工是否达成预先设定好的目标；70 年代起，评鉴中心逐渐受到大众的重视，其功能为通过被评估者与工作有关的行为向度，借以判断员工的绩效表现。换句话说，员工的工作行为也成为绩效评估的重点。因此，由考评制度的演进来看，可以发现绩效标准的基础有三：特质、行为、结果。

（1）特质标准。着重员工的个人特质或特征。此类型的标准不重视员工是否完成了组织所赋予的工作任务，而重视员工本身所具有的个人特质，最常被用来评核绩效的特征，包括员工忠诚度、可靠度、沟通能力、领导技巧等。但是特征型的标准通常不是有效的工作绩效标准，因为大多数的个人特质通常与工作绩效并无直接关联。

（2）行为标准。着重员工如何执行工作。此类型的标准对强调人际接触的职务尤其重要，当工作缺乏可用来衡量员工绩效的具体标准，也不清楚哪一类员工可以把工作做好时，就必须依靠行为标准。

（3）结果标准。着重员工完成哪些工作或生产哪些产品，此类型的标准对于较不需考虑生产或服务过程的工作较合适。然而此类型的标准最常被人诟病的是有些质化的标准难以量化，所以组织很难去评断该员工的工作绩效。但若是针对产出可具体量化的行业，如作业员、打字员等职务，则结果性标准不失为一个良好的工作绩效标准，如表 12 - 1 所示。

表 12 - 1　行为导向与结果导向绩效标准的比较

	行为导向的绩效标准	结果导向的绩效标准
评估依据	工作行为	工作成果
性质	质化	量化
期间	长期	短期
用途	用以作为员工发展及生涯规划	用以作为奖酬决策

续表

	行为导向的绩效标准	结果导向的绩效标准
优点	①行为是被评估者可以控制的 ②行为是外显的，所以管理者可以明确地告知员工应该做什么 ③可用来说明较复杂的工作 ④可减少非员工所能控制的因素	①结果是客观可衡量的 ②结果可以被直接地告知，不会有认知误差的情形产生 ③不会受到评估者主观的判断影响

12.4　控制理论

所谓"绩效考评"，在本质上属于管理活动中的"控制"功能。这种功能，就其消极意义而言，是了解规划的执行进度与状况，如发现达到一定程度的不同之处，即应采取应对的修正对策。而就其积极意义而言，则希望借由绩效考评制度的建立，能在事前对行动者的决策及行为产生影响或导引作用，使其个人的努力目标能与组织的目标趋于一致。

组织为了要维系其生存，必须建立控制机制，持续地响应内外环境的变化，控制程序可分为四个步骤：①建立绩效标准；②衡量实际绩效；③将实际结果与目标及标准比较；④采取矫正行动。

我们可以应用控制理论（control theory）来探讨控制作用的产生过程，控制理论源自工程学，已广泛地被应用于管理学、心理学、社会学、犯罪学等社会学科，控制理论让我们了解一个动态系统中的行为是如何受到影响的。控制理论最简单的形式是由回馈循环的四个要素所组成：参考标准、传感器（输入功能）、比较器、作用器（输出功能），如图 12-1 所示。由传感器察觉到一个输入后送出反馈信息给比较器，比较器将其与参考标准进行比较，若有差异，即产生偏误信号，借由作用器采取行动，缩小差异，不断循环，至差异消失后才停止。

比较器参考标准传感器作用器反馈信息（feedback information）可说是行动的基石[4]，控制理论主要是利用反馈信息，它与参考标准比较后，启动作用器来确保参考标准（目标）被达成。也就是说，参考标准与反馈信息须同时存在方能达成绩效。

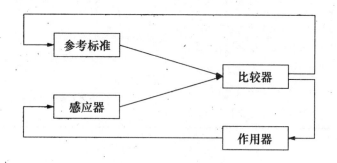

图 12-1 控制理论四要素

当接收到反馈信息时，一般人首先会判断信息的准确性和重要性。如果信息不具准确性，那么，反馈信息便不会有影响力。同样的，当工作者不看重该方面的工作结果，反馈信息也难以产生影响力；但若工作者看重该方面的工作结果，则程度轻微的反馈信息便能对其信心产生影响。

反馈信息可分为两类：客观性信息与比较性信息。客观性信息是数据性的，不跟别人进行比较；比较性的信息包含与他人比较的成分，例如，"你的测验成绩为 75 分，高于一般人的水平"。Festinger 的社会比较论指出，客观信息是首要的，人们只有在客观反馈信息缺乏诊断作用时，才会去参考比较性的反馈信息[5]。不过，Klein 却认为，人们倾向放弃明确而又有诊断性的客观信息，而采用比较性信息去评价自己。可见，比较性信息对自我评价十分重要，且相当具有指导作用[6]。

 ## 12.5 绩效衡量误差

绩效考评要有意义，必须同时具有信度（reliability）与效度（validity）：信度是指该衡量工具每次使用得到的结果具一致性；效度是指真正根据攸关重要的工作内容去设计该衡量工具。

绩效考评因与员工的个人利益关系密切，故有很高的敏感性，在绩效考评过程中，如果在信度与效度上发生严重的衡量误差（measurement er-

204

rors）而损害受考评人的权益，必将引起反弹，并且会打击员工的自尊心，影响工作士气，进而造成生产力下降、工作满意度降低与离职率增加等负面效应。

12.5.1 常见的绩效衡量误差

《傅雷家书》有一段话很值得去琢磨："人是最复杂的动物，观察绝不可简单化，而要有耐心、细致、深入，经过相当的时间，各种不同的事故和场合。处处要把科学的客观精神和大慈大悲的同情心结合起来。对方的优点要认清是不是真实可靠的，是不是你自己想象出来的，或是夸大的。对方的缺点要分出是否与本质有关。与本质有关的缺点，不能因为其他次要的优点而加以忽视。次要的缺点也要辨别是否能改，是否发展下去会影响品性或日常生活。"[7]傅雷在信中指出人们常犯的一些衡量误差，现在人力资源管理则有更精确的描述；衡量误差的种类不胜枚举，以下仅就六种较常见的绩效衡量误差加以简述。

（1）不完全误差（deficiency errors）与混淆误差（contamination errors）。很多企业组织没能做好工作分析（job analyses），导致容易犯下这两种错误。当一项工作的重要成功因素被遗漏，没被纳入考评标准里，就属于"不完全误差"。相反的，当对工作成功与否毫不相关的因素被纳入考评标准里，就发生"混淆误差"，例如，对一个营销业务人员，如果加入领导能力的考评，就可能对考评结果产生混淆作用。

（2）月晕效应（halo effect）。又称晕轮效应，指上司在考核员工时，只根据某些工作表现（好的或坏的）来类推，作为全面评核的依据，会使部分的印象影响到整体。月晕效应可说是绩效考核中最常见的衡量误差，要克服这种偏误，最主要的方法是设定各种不同的着眼点，对绩效的各个向度分别进行评估，而不仅对个别向度进行评估。此外，可交叉运用、选择与工作绩效相关的评核因素，以及全期观察、纪录、衡量、比较及判断员工绩效等方法以避免月晕效应。

月晕效应
只根据某些工作表现来类推，作为全面评核的依据，会使部分的印象影响到整体。

（3）过宽误差（leniency errors）或过严误差（strictness errors）。"过宽"是指有些主管为了避免与部属起冲突，即使员工的实际绩效并无充分理由得到该项偏高的等级（分数），仍然倾向给大多数员工高估的考绩等级，又称为正向偏误；"过严"则指有些考评者可能由于自己被严格对待的历史经验，或因为不了解作业环境对员工绩效表现的限制因素，因而倾向给员工偏低的考绩分数，或称为反向偏误。

（4）趋中误差（central tendency errors）。有些主管可能由于管理的部属太多，对部属的工作表现好坏不很清楚，就会产生趋中倾向，给部属的考评分数大多集中在中间等级（平均值）的某一固定范围内变动，而无显著的好坏分别。这种趋中倾向，一般认为是由评定者对于自己的考评工作缺乏信心所引起，原因包括未深入了解部属的工作、平常未能定期收集部属的绩效信息、不关心对部属的指导等。

（5）最近印象误差（recency errors）与第一印象误差（first - impression errors）。最近印象是指个人由于记忆力的关系，对他人最近的表现印象最深刻，因而过度重视此段时期的绩效信息。第一印象则是指个人最先对他人形成的看法，常决定个人对以后信息的知觉和组织方式。管理者若过度受到最近印象或第一印象的影响，对部属的绩效考评就难免偏颇，这种误差常常分别发生在新进员工与旧有员工的身上。

刻板印象
指个人对他人的看法，往往受到他人所属社会团体的影响。

（6）刻板印象（stereotypes）。刻板印象是指个人对他人的看法，往往受到他人所属社会团体的影响。我们倾向于根据一些容易观察到的信息，把社会人群进行分类，并分别赋予一些不容易观察到的特性，刻板印象因此产生。例如，一般人可能认为参加宗教团体的员工是善良的、黑种人的运动细胞较为发达、男性的管理能力高于女性等，这些都是刻板印象。

12.5.2 避免衡量误差的对策

由于绩效衡量误差来源甚多，很难完全避免，必须要有策略性的做法才可能减轻误差的程度，建议可朝以下方向努力：

（1）选择正确的考评工具。从事绩效考评工作可采用的工具有许多种，常用的包括目标管理（MBO）、工作标准法（work standards approach）、评述法（essay appraisal）、关键事件法（critical - incident appraisal）、图尺表评价法（graphic rating scale）、检查表（checklist）、行为基准量表（behaviorally anchored rating scale，BARS）、排序法（ranking methods）等。通常在人力资源管理的课程中，都会讨论这些考评工具的利弊，企业须慎之于始，选择适合自己的考评工具与方法。

（2）考评人的教育与培训。通过培训和教育，提高主要的评估者（通常是主管）收集被评估者信息方面的能力，并养成时时注意收集有关被评估者的信息并做好记录的习惯，以防止因评估时间较长、评估者遗忘而造成的月晕效应、最近印象误差等偏误。

（3）评估者的多元化。管理阶层应该尽量做到评估者多元化，以减少由主管一人垄断考评的工作，造成的过大的偏误。最极端的多元化是一些跨国公司所实行的 360 度考核法，将主管、同事、被评估者本人、下属、客户同时纳入评估者行列，以提高评估的准确性。在企业的战略相对稳定、组织架构相对稳定以及人员相对稳定的情形下，一个企业有采取 360 度考评法的条件。不过，360 度评估过程中须耗费较多资源，企业实施时应有时间成本与经费的考虑。

（4）审查绩效评估结果，建立畅通的员工申诉渠道。在评估结束后，为了防止评估中可能产生的偏误，还应对评估的结果进行审查。审查可以通过多种方式实施，如统计分析各部门或各单位的评估结果以检查有无偏误；或是通过问卷调查员工对评估结果的满意度、评估制度的合理性、评估制度设计与执行过程中的问题等，寻找偏误产生的根源。

 ## 12.6 考评面谈

考评面谈
与部属进行绩效信息反馈的沟通工作，主管在其中扮演辅导人的角色。

在绩效评估的过程中，主管扮演两种不同的角色，在评估阶段，主管的角色是裁判，在考评有了结果后的指导阶段，则转换为辅导人的角色。考评面谈（appraisal interview）是与部属进行绩效信息反馈的沟通工作，主管在其中扮演辅导人的角色。沟通虽是人际管理中常见的课题，但是，绩效的沟通与一般沟通不同，它建立在从属关系的架构上，为达成特定目标而进行的。事实上，除非公司政策规定，管理者通常不喜欢对员工提供绩效反馈，尤其是负面的绩效信息，因为"建设性"的批评很难做到，不论用意多么好，不管如何小心地提出纠正的意见，受纠正者还是会产生防卫的心态。所以，主管一般给予部属的绩效反馈往往不足，且让被评估者无置喙的余地，以致无法达成绩效面谈的默认目标。

绩效面谈进行时，一般常建议的原则是"三明治法"，首先赞美鼓励，其次提出期望与落差，最后以肯定的语气结束。对很多主管来说，最难的是"提出期望"的部分，主管要学习：

（1）用描述而非批判的方式，指出缺点时，应该有具体的证据。

（2）对事不对人，不要讨论人格特质的问题。

（3）以解决问题代替指出错误，避免翻旧账，不可一直重复提起部属

207

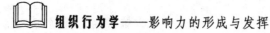

某一项错误以伤害其自尊心。

（4）提出期望后，仔细倾听受评者的意见，不打岔，以避免对立与冲突。

（5）澄清彼此不同的观点后，拟定绩效改进及员工发展计划。

主管也应学习一些引导性的谈话技巧，例如，针对绩效较差的员工，不妨提问："如果你是我，你怎么看待这个问题？你会怎么解决这个问题？"通过这样的引导，让员工自己提出看法，承诺改进的做法。

绩效考评面谈最好避免牵涉到薪资调整与职位升迁，如果混在一起讨论，员工会关注薪资的问题而忽略绩效面谈的最重要目的。绩效面谈更应该是主管提供员工必要协助与咨询的一种方式，重点须放在员工未来发展的各方面、需要改进的地方、员工专长没获得完全发挥的地方、员工未来在组织内的生涯发展路径等。

处理员工情绪的技巧也相当重要，在沟通绩效信息时，由于攸关利害，尤其是谈到有关绩效不佳的项目时，员工常会产生情绪反应，可能出现抗拒、愤怒及防御的态势，而后产生无言抗议、哭泣、咆哮、拂袖而去等行为表现，使主管与部属在绩效问题上无法取得共识，更无力共同解决问题。面对部属不理性的情绪，主管的应对方法，包括容忍、复述对方的立场、停顿、请对方从自己的立场提供更多的信息等，目的在降低部属的抗拒反应，达到有效的面谈。

 ## 12.7 认知评价理论

对组织成员的激励因素可分两种：内在激励因素（intrinsic motivation factors）与外在激励因素（extrinsic motivation factors）。内在激励因素是指那些与本身实际工作表现有关的因素，如个人的成长动机、成就感、胜任感等；外在激励因素则指与工作有关的外在条件，包括薪资、津贴、升迁、工作环境舒适度等[8]。这种概念上的差别对认知评价理论十分重要。

认知评价理论（cognitive evaluation theory）指出，过分突出外在激励会削弱内在激励的程度，心理学者 Deci 的实验发现，当本来由于内在激励与兴趣而专注于玩具游戏的儿童们，给予多次物质奖励以后，他们的内在兴趣显著减低[9]。因为外在奖励强化了行为的外部控制，使人们对工作行为的看法外部化，认为自己积极的工作行为是由外在奖励所引发，从而削弱了内在激励。这种造成内在激励与外在激励之间互动关系的效应（或称为"德西效应"），很值得受到重视，企业界利用绩效考评作为激励措施时，也须对此加以考虑。

依据反馈信息（feedback information）的内容是否具有评判性，可分为非评估性反馈（nonevaluative feedback）与评估性反馈（evaluative feedback）[10]。大致而言，非评估回馈皆具有正面意义，因为不管是提问、解释、支持、感想，对行为人的自我概念的了解，都有所帮助。然而，绩效考评所提供的反馈信息显然是具有评估性的，评估性回馈主要陈述个人主张与主观判断，也就是直接反映评估人对行为人的正面或负面响应，对行为人有奖励或惩处的意味。

因此，根据认知评价理论，绩效考评这种控制性的绩效反馈信息，有可能减低工作者的内在激励。这是一个严肃的问题，因为有些高难度且长期性的工作，有赖于高度内在激励的工作者来执行。例如，学者皓首穷经做学问，主要是基于兴趣的内在激励因素使然，对高成长需求的学者而言，最大的满足来自研究工作的本身，但目前中国台湾地区的许多措施，包括制定各式各样的奖金制度，是属于控制性的，在强调工作表现与金钱具直接关系的同时，可能脱离工作者对工作本身的内在激励[11]，反而对受奖励者的最终可能学术成就有着负面作用[12]。

日本索尼（Sony）公司这几年走下坡，也可应用认知评价理论解释。前任常务董事天外伺朗曾为文检讨，他指出公司表现疲软不振的主因，是因为公司奉行的"绩效主义"毁灭了员工的内在激励。早年索尼在创办人深井的领导下，技术开发人员无怨无悔地接连开发出一款款具有独创性的产品，深井的口头禅："工作的报酬就是工作"，是索尼员工强大的内在激励因素，是来自于本身对工作的热情投入与执着。然而，1995 年起施行"绩效主义"，制定详细的考评标准与报酬。结果，升职、加薪等来自于世俗回报的外在激励因素，反而扼杀了员工对工作的激情与创意[13]。

总之，人似乎天生就不喜欢接受别人的评价，像东晋陶渊明曾经当过83 天的彭泽令，只因上级来考评，要求他"束带见之"，就决定弃官回家。此后的读书人在不得不受制于科举考试的同时，却十分称颂或羡慕陶渊明的"不为五斗米折腰"，认为他获得了人格的尊严，是一个内心富足的君子。可见考评的"威力"有时而穷，企业管理者对此应有警惕，把考评工

内在激励因素
指那些与本身实际工作表现有关的因素，如个人的成长动机、成就感、胜任感等。

外在激励因素
与工作有关的外在条件，包括薪资、津贴、升迁、工作环境舒适度等。

作看作"必要之恶"（necessary evil），谨慎加以使用，才能真正发挥考评的正面效果。

12.8 绩效标准错置的"愚行"

组织总是致力于让员工同力同心，一起朝组织目标努力。然而，组织对员工行为的期望，竟常常无法落实到考评标准的各项指标上，而员工根据考评标准所做的努力结果，固然得到组织酬赏，却与组织所标榜的目标不尽相符。管理学者 Steven Kerr 觉得这种现象反映的问题十分严重，甚至称之为企业愚行（folly），他观察到各种组织中充斥着许多类似以下情况的愚行[14]，如表 12-2 所示。

表 12-2　管理实务常见的绩效标准错置

我们期望的是……	但我们常常衡量与奖励……
长期合作、环境责任	季收入
团队合作	最佳团员，鼓励个人努力
具挑战性的长期目标	达成短期目标、亮丽的数字
组织精简化、最适化、扁平化	增加幕僚人员、增加预算、讲求排场
承诺全面质量	即使质量没有把握，也要准时出货
诚实，不隐瞒坏信息	报喜不报忧、对上司盲目服从
创新思考和冒风险	成熟的方向和不能犯错
员工参与和授权	对作业程序和资源严密控制

造成上述考评标准错置现象，Kerr 根据其研究，列出一些原因，其中有两点最值得负责考评工作的管理者注意：

（1）迷惑于"客观"准则。管理人员与人事行政人员倾向使用量化的标准与指标，因为通过简单的量化指标，不但具便利性，也显得相对客观，可免受质疑与非难。因此，即使造成标准错置也在所不惜。

（2）过于强调可见的行为。人们工作有可见度高的部分以及可见度低的部分。例如，教授的论文出版相对于教学努力，具有较高的可见度；一个员工的创意很难判断，但是否遵守作业程序却容易看得出来。所以，人们常为了考评工作的方便，采取可见的行为，而忽略了更重要却可见度低的行为。

因为这两种考评迷茫所造成的问题近年在中国台湾地区的大学十分普遍，这些大学大多推行以计分算点的方式，衡量大学教授的工作绩效[15]，这些办法对教授各种可见的行为（如上课钟点数）、各种可考的客观纪录（如论文篇数、获奖纪录）给予记分；此外各大学对博士班研究生也多是用数字管理，按照发表论文的等级、篇数，给予记点，到达标准才可以提报口试，拿到学位。按照 Kerr 的睿智观察，这些管理办法常常导致标准与目标错置的问题，被考评者会逐渐地远离原先追求的目标。"数字管理"与"可见度管理"的迷茫是人性使然，极难避免，但在讲人情味、和稀泥的中国台湾地区中[16]，却被视为最客观有力的管理工具，相对的，也更容易取得正当性，因此，造成了许多问题。

自我测验

你对绩效回馈是否有强烈的欲望[17]

请仔细阅读以下十个叙述句，就你的同意程度去圈选右边的数字（请注意，此表中，最左边的数字代表最不同意，而最右边的数字是代表最同意）。完成圈选后，请将数字加总（得分说明请参阅附录一）	非常不同意	不同意见	特别意见	同意	非常同意
1. 我只要我自己认为已经把事情做好，我是不怎么关心别人对我工作表现的意见	5	4	3	2	1
2. 对我自己的工作，别人的看法比不上我自己看法那么重要	5	4	3	2	1
3. 别人对你的工作的评语不要太相信，不管是赞美或批评	5	4	3	2	1
4. 即使我做了一些好事情，人家知道了也不会说出来的	5	4	3	2	1
5. 我很清楚我正在努力的工作目标，也知道已经做到什么程度	5	4	3	2	1

211

续表

请仔细阅读以下十个叙述句，就你的同意程度去圈选右边的数字（请注意，此表中，最左边的数字代表最不同意，而最右边的数字是代表最同意）。完成圈选后，请将数字加总（得分说明请参阅附录一）	非常不同意	不同意见	特别意见	同意	非常同意
6. 我通常对自己的工作表现，能够有相当准确的自我判断	5	4	3	2	1
7. 对我而言，知道大家对我工作的意见，是很重要的	1	2	3	4	5
8. 最好是有人对你的工作有所检视，以免出了错就来不及改正	1	2	3	4	5
9. 即使我相信自己有好的工作表现，但有人说我好，更能使我增加信心	1	2	3	4	5
10. 一个人对自己工作的评价不可能客观的，所以，最好听听别人提供的意见	1	2	3	4	5

总分 = _____

主题案例

孔子如何考评他的学生

孔子是最早推行平民教育的人，他有弟子3000，其中贤士72，他经常带领弟子到处讲习、考察，与弟子的关系极为融洽，我们有理由相信，学生学习动机强，孔子的教学效果高。但是孔子对他的学生是否曾做过考评，来确保他的教育目标的达成呢？我们不妨利用本章的学理来分析一下。

1. 考评的必要性

现在的老师要给学生考评：一是因为学校要给学生文凭与学位，要求学生符合预设的标准；二是因为学生的出路，要求学生符合社会各种用人单位所设的标准。虽然孔子当时没有所谓学分或文凭，但学生的出路仍是希望能被朝廷所用，成为"士"。因此，孔子仍须考评学生是否符合"士"

的标准。其实，不仅孔子注重学生的素质，学生本身也是关心的，子贡就曾问孔子："怎样才能成为'士'[18]？"

2. 考评标准

孔子对子贡问"士"的标准，回答："行己有耻，使于四方，不辱君命；可谓'士'矣。""有耻"的意思是不断地要求自己，直到人格道德没有污点[19]，"不辱君命"是讲求任务目标的达成度。这就是孔子的两大绩效标准："有耻"是行为基础的标准，"不辱君命"则是结果基础的标准。

3. 考评准则

标准既定，进一步则是制定指标，在"有耻"方面的指标最高难度的是"不迁怒"与"不二过"，这是孔子最推崇颜回的两点，却是很清楚明确的指标。至于在"不辱君命"的指标，我们从孔子回答中，看出他极偏重出使四方的外交工作，这是适应春秋战国时代的最大需要。所以，难怪孔子很强调语言说话的能力，可谓其衡量的重要指标之一。

孔子是伟大的教育家与思想家，能针对不同学生的特质进行考评，建立因材施教的优良典范（图片来源：维基共享资源）。

4. 考评人

孔子觉得考评人要慎重选定，因为不够格的考评人再多，也不会有好的考评结果，世俗的毁誉不足以为根据。所以，当子贡问他："乡人皆好

之，何如？"孔子回答："未可也"，"乡人皆恶之，何如？"孔子回以："未可也，不如乡人之善者好之，其不善者恶之。[20]"

5. 过宽误差或过严误差

孔子的学生之中有富贵子弟，如经商成功、长袖善舞的子贡，也有家贫如洗的，如"一箪食、一瓢饮"的颜回。子贡有点像是现在的 EMBA 学生，但孔子并没对他特别看待，反而用心发觉家贫的颜回的优点。孔子最受传诵的典型是因材施教，针对学生个人不同资质及不同个性，施以对其具特别对应性的教育方式，对同一问题，例如问"仁"，孔子皆会依据弟子的特质而有不同的提点、回复[21]。所以，孔子不会有过宽或过严的问题。但现代老师无法做到像孔子那般，因为现代人要考试，而且都有所谓标准答案。

6. 绩效信息反馈问题

这方面可能是最有争议的，例如，《论语》记载，孔子知道弟子冉求帮助季氏聚敛财富后，他让其他弟子"鸣鼓而攻之"，他也曾斥责弟子宰予睡午觉是"朽木不可雕也，粪土之墙不可污也"。按理，孔子不应这样激烈地批评学生，他为何如此？而如此行为之后是否对学生的改正更有效果？就有待孔学专家的探究了。

【思考题】

1. 孔子对"士"所设的几个标准，可否作为当今企业用人的参考？

2. 基于你对子贡生平事迹的了解，子贡是否都能符合孔子所要求的标准？

课后练习

1. 假设你是一家顾问公司的业务主管，请列出你考核下属的指标，并说明各指标的意义。

2. 本章中所提到的绩效衡量误差有哪些？以自身经验来辅助说明。

3. 绩效标准有哪三个基础？你个人最重视哪一个？为什么？

4. 两人一组，分别扮演主管与下属，练习并讨论"三明治法"的绩效面谈的效果。

5. 收集数据并针对某组织的考核制度，分析其绩效标准错置的情形。

第13章 决策

不畏浮云遮望眼，只缘身在最高层

宋·王安石·登北高峰塔

纷扰嘈杂的社会里，流动着许多有理的、无理的声响，耳收目接仍不暇，尚须用心品读，教人心力交瘁。人不讲理，是一个缺点；只知讲理，却是一个盲点。空有执念，所求不得，何如潜心修为，以慈悲心、千里眼与顺风耳，行世间光明正途。

▶▶ 13.1 决策与决策模式

决策

组织成员遇到 S 问题或机会时，选择特定解决方案以回应的整个过程。

当人们为了达到某一目标，从多个可行方案（alternatives）中，经过分析与判断后选出一个方案来执行，此过程就称为决策过程。George 与 Jones 将决策定义为组织成员遇到问题或机会时，选择特定解决方案以响应的整个过程[1]。更简单地说，决策的发生是对问题的响应[2]，例如，你在开车上班途中突然车子出故障了，这对一向都准时上班的你构成一个问题，你能想到的解决方案有好几个，但都不完美，这时就需要做决策。在每天的生活里，因为问题总不断出现，每一个人随时随地都得进行各种各样的决策。

1978 年，诺贝尔经济学奖得主 Herbert Simon 以组织管理的过程来思考如何决策，他认为决策应包含三个阶段：发现问题、寻找可行方案与选择适当方案[3]。因此，对于组织而言，举凡在规划、组织、用人、领导与控制等管理功能中，无一不涉及决策，决策可说是组织运作中不可或缺的一个重要部分。人类的决策行为根据理性的程度来划分，大概有下列三种模式：

13.1.1 理性决策模式（rational decision – making model）

决策者依据其主观效用函数，选择使其效用极大化的方案；理性决策模式认为决策者的决策目标是非常明确的，总能凭着充分的理性态度来计算各种备选方案的利弊得失，并依各备选方案的优劣而排列先后顺序，最后选择其中的最佳方案。

13.1.2 有限理性模式（bounded rationality model）

此决策模式认为，由于人类认知能力有限，以致理性是受到限制的，所以决策者不太可能得到理性模式下的最佳答案，而只能求得现在可达成的满意解。

13.1.3 直觉模式（intuitive decision making）

决策者依靠其直觉（intuition）来选择方案，指决策者以其过去的经验为基础所产生的直觉能力，在不自觉的情况下而进行的一种决策过程。

216

13.2　理性决策模式

　　理性决策是在既定的环境中尽可能地去达成目标，所强调的是理性的目标（到底我们要获得什么），也必须要考虑到运用理性的方法（我们如何去达成）。完全理性决策模式认为决策者能够从完全理性决策模式中选出最优选择，达成目标最大化。它假设相关信息是充足的，决策认为决策者能够做出最优者具有高度的分析能力与理性判断能力，将组织默认为一具有选择，达成目标最大化。清晰目标与价值标准的实体。

　　理性决策模式可分六个步骤：

13.2.1　确认问题

　　决策过程起始于主要问题的存在，即因为现实与理想间出现差距，使决策者有了改善现状的期望。经理人必须在事件的现实与标准之间作比较，以了解差距，确认问题何在。

13.2.2　制定决策准则

　　认定有决策的必要后，就必须列出重要的准则（criteria）作为决策的依据，例如，高中毕业生在挑选一所大学时，列出的决策准则可能包括学费、地点、校誉、出国交换机会、宿舍、社团等。

13.2.3　赋予各个决策准则的权数值

　　第 13.2.2 步骤中的各个准则的重要性并不一致，因此给予不同的权重；决定权重最简单的方法，就是给最重要的准则[10]分，然后再与其他准则比较，决定其他准则的权重，例如，上述高中毕业生认为校誉是挑选学校最重要的准则，则将赋与此项较高的权重。

13.2.4　发展出各种可行方案

　　决策者尽可能列出解决问题的可行方案，例如，要升学的高中毕业生把他可能会申请的大学都列出来。

13.2.5 评估可行方案

利用第 13.2.2 与 13.2.3 步骤所发展的准则与权重，分析出所有可行方案的优劣。

13.2.6 选择最佳方案

计算与评估后的各个方案中，得分最高的方案是决策者所期望的最佳方案。

 ## 13.3 有限理性决策模式

有限理性

人类受到其认知与记忆能力等限制，在决策时追求的并非最佳解答案，而是满意答案。

Simon 最著名的主张是"有限理性"（bounded rationality），即人类受到其认知与记忆能力等限制，在决策时追求的并非最佳答案，而是满意答案。决策者在做决定时，多少会受到一些现实上的限制，包括个人或环境方面妨碍理性选择的种种因素，例如个人能力的有限性、问题的复杂性及不确定性、数据上的限制、他人对决策的批评以及时间方面的考虑等。

有限理性决策模式与理性模式最大的差异在于：

13.3.1 信息处理上的限制

主管在处理信息时因为个人认知能力的限制，造成在做决定时无法获得全部完整的资料，而只能依据手边收集得到的信息，导致无法考虑所有解决办法。也就是说，主管在做决策时，不可能对全部的可行方案进行比较。

13.3.2 启发式的价值判断

启发式的价值判断是指利用可以减少信息处理需求的直觉能力去决定，这通常发生在无意识的情况下。当机立断的直觉观念多半是从过去的经验累积而来，有助于决策者对目前问题的价值判断，例如，处理面试等复杂问题时，不少人常基于应征者的学历给予直觉判断，但仅依直觉判断往往会造成偏差，进而影响决策质量。

13.3.3 最低满意度

如果个人未能拥有足够的时间、信息或能力，以理性模式处理复杂的信息时，通常会采取满足最低标准的折衷方式。符合最低满意度是指以个人能接受的最低限度，作为选择问题解决方法的判断标准，利用此法所作的决定虽不理想但仍可接受。选择收音机收听频道就是一个很好的例子，由于无法同时收听所有符合喜好的节目，因此当你转到一个正播放着你喜爱的音乐频道时，就会停下来收听而不再搜寻。

"有限理性"典范在经济行为的实际应用极广，其中最为人知的莫过于近年来企业经营奉为准则的"全面质量管理"（total quality management）制度，其核心是创造持续性的改善（continuous improvement），而非寻求一劳永逸的完美解答。换言之，在"有限理性"典范之中，人类的能力虽然有限，但通过良好制度的设计即可创造出无限进步的空间。结合有限理性和无限进步为一体的两面，可以带给组织不断迈进的强大动力。

13.4 决策风格

风格是一种持续性的行动模式，个人在决策时的独特行为模式称为决策风格（decision-making styles）。Rowe 与 Boulgarides 认为，决策者会根据脑中所存放的信息量（认知复杂度的高低）以及信息在脑中的处理方式（个人擅长用左脑或右脑思考；左脑思考者理智、务实、重逻辑；右脑思考者重直觉与感情），这两项差异会形成四大决策风格[4]，如图 13-1 所示。

四种决策风格分别说明如下：

13.4.1 分析型（analytic style）

主要指能忍受混淆及处理复杂信息，愿意考虑多种不同方案，喜欢文字报告，希望了解细节，决策速度不快。凡事讲究科学方法，在问题的认知上强调具体的证据。在问题的解决上则偏重根据既定的规则，按部就班地分析出具有可行性的对策。最好的例子是会计师和工程师，他们通常都经过专业的训练。

219

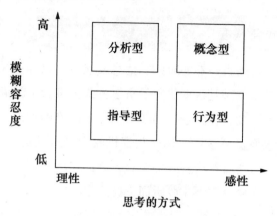

图 13 -1　决策风格形态

13.4.2　行为型（behavioral style）

这类型的决策者与分析型完全相反，他们比较注重人际导向、易与人沟通，热心助人，具同理心，喜欢开会而避免冲突，对于问题的认知并不完全根据耳目认知，而会相当程度地采用自我的知觉和感受来定义问题；对于问题的解决则倾向于根据自己对备选方案的好恶感受，根据备选方案的预期接受度。行为型的决策者如教育家、艺术家和传教士，因为他们通常具有浓厚的理想主义和人本精神。

13.4.3　概念型（conceptual style）

主要指能忍受混淆及处理复杂信息，作决策时会从各方收集信息。此类型决策者多属理想主义者，重视伦理与价值，富于创意，在问题的认知上不只要了解表面上可观察的"其然"，还会运用决策者内在知识去思索更深一层的"所以然"，且对于复杂的关系可以清楚地掌握。他们关心长期目标，喜欢独立行动，控制宽松，是富想象力和追求完美的人。他们信任部属，与部属分享目标价值。一般而言，科学家与哲学家属此类型。

13.4.4　指导型（directive style）

在问题的认知上无法忍受混淆、无法处理复杂信息，是实用主义者，此类决策者偏好技术性高、结构化的工作，强调亲眼目睹与听闻的事实；在问题的解决上，不重视繁琐的理论分析，而在意是否有能力承担决策的后果。喜欢指挥别人，对权力的需求很高，运用严密的控制，处事迅速，对事不对人。此类型决策者重视短期绩效，许多民意代表属于此类型。决策风格模式帮助我们了解，为何两个同等聪明的人在面对相同信息时，会有不同的决策模式及结果。

在上述决策类型中，并没有哪一种是最正确或最理想的决策风格，一切要看决策问题的性质而定。但经理人大多具有一种以上的风格特质，所以我们大致只能将其分成主要风格（dominant style）及隐含风格（backup style）两种。一般人多半是由主要的风格主导决策，但应变能力较强的经理人，则会视状况而显现不同的风格形态。

从企业的角度来看，分析型适用于讲究效率、组织与纪律的生产管理工作；观念型风格适用于需要富有创意以及懂得发掘市场机会的策略规划或营销研究工作；行为型的适合需要宏观眼界以及洞察人性的人力资源工作；指导型则适合需要心思细腻及圆融对应的客户服务工作。个人如果能充分了解自己与他人的决策风格，在组织中将更得心应手，也更能施展自己的影响力。

 ## 13.5　情绪对决策的影响

情绪（emotions）是针对某些人或某些事的一种强烈的感觉[5]。情绪可以是对某人的反应，例如看到部属在努力工作让上司觉得高兴，也可能是针对某件事，例如因为处理一位粗鲁顾客的抱怨而感到生气[6]。组织中的员工，不论是面对工作任务的挑战，或是在与人互动的过程中，往往会产生各种情绪经验，情绪是组织生活中不可或缺的一部分，须加重视。

情绪的变化必然会导致行为变化，对决策质量产生极大影响。因此，若决策者的心理状态有问题的话，所提出来的决策就很可能会有偏差。"冲冠一怒为红颜"是一个典型的因情绪失控而铸下大错的历史故事，当时身在山海关的吴三桂一听到爱妾陈圆圆为李自成所掳，愤怒之下，竟引清军入关，改写中国往后百余年的历史。

情绪是人情感的表现，通过言语、表情或肢体而表达出来，带有很大的主观随意性。稳定而健康的情绪对决策产生好的影响，躁动和偏激的情绪对决策失误影响至大。因为在接受信息的时候，领导者的情绪会影响到他们对信息的理解，情绪使个人无法进行客观理性的思维活动，而代之以

情绪

针对某些人或某些事的一种强烈的感觉。

221

主观情绪化的判断，致使本身的主观情绪与环境的客观事实相互背离的现象，因此往往造成决策失误。有时看到一些决策者会拍着胸脯，自信满满地说："这一切我负责"，反映出典型的情绪化决策。Wright 与 Bower 发现，人们在情绪好的时候会容易做一些较乐观的决策和判断[7]。相对的，Petty 等人则发现，坏情绪会使人们对信息做比较仔细和挑剔性的评估[8]。

因此，领导者在做决策时，应该尽量保持理性和克制。事实上，"发脾气不见得能把事情做好"，自我情绪管理十分重要，在受到较强刺激或处于不利的情境中时，尽量控制自己情绪的稳定，使表情和言语保持自然；在受到有意挑战甚至感到羞辱的场合，能保持冷静；当知道自己情绪将失去控制的时候，就不要在当下做出回应。情绪管理专家高曼提出"停、看、听"模式，以找出解决问题的方案，他强调不可情绪化地把对事的不满变质为对人的攻击，而应"停、看、听"或以"红灯、黄灯、绿灯"模式，找出情绪的出口，进而解决问题[9]：①红灯，停下来，平心静气思考后再行动；②黄灯：说出遭遇的情况及感受、想出可能的解决办法、评估各种办法的后果；③绿灯，选择最佳办法付诸实行。

▶▶ 13.6　参与式管理

参与式管理
下属相当程度地分享其直属上司的决策权。

参与式管理（participative management）又称员工参与（employee involvement），是指下属相当程度地分享其直属上司的决策权[10]，也就是决策由部属和上司共同参与制定，实务上执行时设置有各种不同的名称和形式，例如参与咨询委员会、参与政策制定小组等。

13.6.1　参与式管理的好处

企业采取参与式管理的方式，可避免陷入独裁专断的情形，由于全员沟通畅达，能有效地提高员工对组织的向心力、对决策的认同感，而有利于决策的执行。许多学者研究指出，员工参与会增进决策质量与员工承诺[11]。企业员工是组织环境的触角，他们实际接触顾客，了解顾客的需要，所以，让他们参与决策，可以加速确认问题并有助于定义问题的性质。

参与式管理在性质上可分为两种：一种是经济的民主，让劳方参与决定组织的利润分享，也由于劳方参与分配的决定，所以参与式管理常能提高员工公正的知觉[12]；另一种是管理的民主，指的是劳方享有组织内部管理决策的权力，常被当成例子提起的是德国的企业职工管理机制，德国是世界上进行职业培训教育最好的国家之一，员工整体素质优良，因而奠定了参与式管理的基础。

参与式管理常被谈论的一种形式是品管圈（quality circles），品管圈的概念最早萌芽于美国，后来在 20 世纪 50 年代传到日本。品管圈是由 8 ~ 10 位员工及一位督导人员组成一个团队，共同负起某方面的责任。他们利用正式上班的时间定期集会（通常每周一次），以讨论质量上的难题，研究问题的原因，提出建议，并采取矫正的行动。参与管理确实可以提高工作本身的激励作用，因为员工有成长、负起职责和参与决策的机会。

参与管理一度被认为是提高士气与生产力的万灵丹，但是参与管理并非适用于每一个组织或工作单位，尚须考虑到一些重要的情境因素，例如员工参与的事务必须与其利益有关、员工必须有参与的能力（智力、技术知识及沟通能力等）、组织必须具备支持员工参与的文化等。至于应如何适当地决定员工参与决策的程度，第 13.6.2 节介绍 Vroom – Yetton – Jago 的规范性决策模式。

13.6.2　Vroom – Yetton – Jago 模式[13]

领导人的决策风格常反映在其容许下属参与决策的程度。第 13.6.1 节中我们提到，员工参与是一种赋权的过程，常有激励效果，但是，过度的或不必要的员工参与却会产生不当的成本，增加组织的负担。Vroom – Yetton – Jago 规范性决策模型（normative decision model）是一种权变理论模型，此一规范性模型类似决策树（decision tree），通过让领导人回答一系列问题来检视其所面对的决策情境，可得出一个参与式管理的最适程度，从而达到决策效益的最大化。

Vroom 认为，各种类型决策最终的有效性，取决于决策者对"决策质量"、"决策的可接受性"以及"决策耗时"等因素的重视程度，同时也取决于采用不同的决策方法所获得最终结果的差别程度。因为没有一个对任何环境都适用的决策方式，因此，管理者在进行决策时，应当将精力集中在对环境特征性质的认识上；有效的管理者应该以正确经验为基础，根据不同环境来选择最合适的决策风格。

为进一步将构成决策规范模型的基本环境和问题的特征分清楚，使管理者能够正确地根据自己的条件来认识所处的环境特性，有效地使用决策规范模型选择决策方式，Vroom 将对决策环境的描述用以下八个情境问题询问领导者：

（1）质量要求（quality requirement，QR），"决策质量"重不重要？

（2）承诺要求（commitment requirement，CR），"得到下属对决策的承诺"重不重要？

（3）领导者信息（leader's information，LI），领导人自己有足够的信息做好决策吗？

（4）问题结构（problem srtucture，ST），问题是否高度结构化（有清楚的解决方法）？

（5）承诺机率（commitment probability，CP），如果你径行决策，下属的认同度高吗？

（6）目标一致（goal congruence，GC），对这个问题，下属的目标与组织目标一致吗？

（7）下属冲突（subordinate conflict，CO），对于既定解决方案，下属间是否有冲突？

（8）下属信息（subordinate information，SI），下属有足够的信息做好决策吗？

决策者通过对这些问题逐个作出"是"或"否"的回答，用"判定树"的方法，按照选择法则的逻辑程序，筛选出一个或若干个可行的决策方式，如图13-2所示。

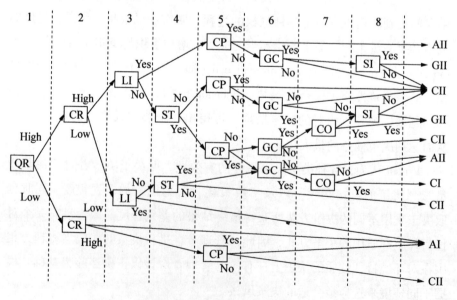

图 13-2 Vroom 决策方式

此模式将决策方式和员工参与决策联系起来，根据员工参与决策程度的不同，把决策方式分为三类五种，如表 13-1 所示。

表 13-1　Vroom 决策方式类别

决策类型	描述
专制 I 型（AI）	决策者当下根据自己所拥有的信息径行决策或解决问题
专制 II 型（AII）	决策者从各个部属获取额外的信息，然后再自己做决策。做决策后，不一定告诉部属
咨询 I 型（CI）	领导者把问题个别地告诉相关部属，分别从他们那里收集信息以及意见，自己再独自做决策。部属们并没有会面
咨询 II 型（CII）	领导者把部属们召集起来，告诉他们问题，并收集他们对问题的信息与建议，但还是自己单独进行决策
参与 II 型（GII）	领导者把部属们聚集起来，一起讨论问题，领导者并不把自己意志强加于部属，大家共同评估可能的解决之道，最后产生一个共识方案

从图 13-2 中，我们可以观察到以下的基本法则，这些法则都是基于保证决策质量和决策的可接受性而产生：

（1）信息法则。如果决策的质量很重要，而你又没有足够的信息或单独解决问题的专业知识，就不要采用 AI 方式。

（2）目标合适法则。如果决策的质量很重要，而下属又不将组织目标当作大家的共同目标，就不要采用 GII 方式。

（3）非结构性工作问题法则。如果决策的质量是重要的，但你却缺乏足够的信息和专业知识独立地解决问题，而工作问题又是非结构性的，可排除采用 AI、AII、CI 这三种方式。

（4）接受性法则。如果下属对决策的接受是有效执行决策的关键，而由领导者单独做出的决策不一定能得到下属接受的话，就不要采取 AI、AII 方式。

（5）冲突法则。如果决策的可接受性很重要，而领导者的个人决策不一定被下属接受，下属对于何种方案更适合可能抱持其他看法。这时不要采取 AI、AII、CI 方式。

（6）公平合理法则。决策的质量并不重要，而决策的可接受性却是关键，这种情况下最好采用 GII 方式。

（7）可接受性优先法则。如果决策的可接受性是关键，专制决策又保证不了可接受性，而如果下属是值得信赖的，应采用 GII 方式。

在商场上，环境变化在考验着企业领导人的智慧，在面对非预期的突发状况时，采取何种决策类型，成为决定整个组织胜负的关键。遇到危机，企业的管理者该思考如何有效运用自己的人力资源，既不能急着将问题推给部属，也非急于情绪式的武断决策，而是静心地根据问题情境，理出应变之道。

13.7 承诺升高的现象

承诺升高

坚持一个显然不良的决策，给予该失败的行动方向更多的资源。

沉没成本

既定计划的执行成为不可逆转的投资，已经投入的资金确定无法回收。

所谓承诺升高（escalation of commitment），就是倾向于继续坚持一个显然不良的决策，甚至给予该失败的行动方向更多的资源[14]。换言之，之前的决策发生了错误或失败，决策者无法修正错误，反而在资源上持续加码，最后导致完全失败的结果。当既定计划的执行成为不可逆转的投资（irreversible investment）时，已经投入的资金确定无法回收，可称为沉没成本（sunk cost）；理性的决策过程是不应该把沉没成本列入考虑的[15]，但一般人做不到，所以很难避免承诺升高的现象。

在这方面研究最著名的学者可能是 Barry Staw[16]，他认为自我辩解（self-justification）是承诺升高的主要动机。不少组织行为学者从心理、社会、组织、计划特征、行动脉络关系等各方面找寻造成承诺升高的因素[17]。决策者对一项既定决策的承诺水平是由三种理性共同决定的，包括回溯理性、前瞻理性以及一致性的规范理性，牵涉的因素众多，如图 13-3 所示[18]。

从图 13-3 可见，导致承诺升高的因素很多，主要包括：

（1）对先前决策的辩解，将之前的错误决策正当化。

（2）为了追求英雄效应，所以尽可能维持决策的一致性。

（3）如果未来依旧有相当的成功机率，也会导致资源投资的加码。

（4）未来结果的价值如果够高的话，就会认为值得再提高承诺。

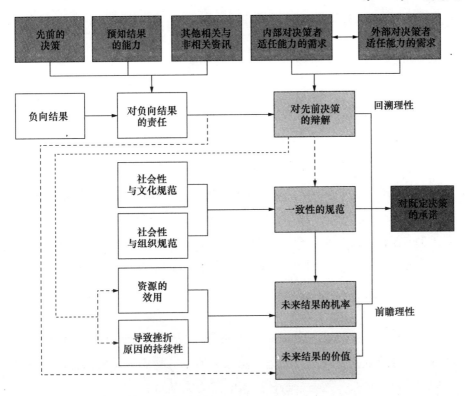

图 13-3　Barry Staw 决策的承诺水平

　　决策者如果倾向低估风险以及高估成功机率，就是所谓赌徒谬论（gambler's fallacy）的受害者，他们想翻盘的心态及行为，是由于过度相信自己对问题的控制能力。

　　承诺升高最常见的例子是政府的重大决策，因为要负担很高的政治责任，往往容易造成承诺升高。如美国政府对于"越南战争"的处理，就是在一连串的承诺升高以及持续加码后，导致严重失败的后果。对公司组织而言，承诺升高常发生在新产品的开发与营销，决策者往往会考虑过去已投入的成本，或者高估未来可能的获利机率而决定持续投入资源，造成损失更加惨重。对个人而言，最常见的情形可能是投资股票，股票投资人在面对个股跌停时往往不愿割肉抛售，反而总是期待下一波就能够将输掉的都赢回来。

　　承诺的不当升高导致劣质的决策，我们必须设法避免，可采取的措施包括：①设定并要求最低的绩效目标（如股票投资人设定停损点）；②计划的最初与其后的决策让不同的人来执行；③减少决策者对计划的自我涉入程度；④对计划的完成度与成本提供更频繁的信息反馈；⑤减低失败的惩罚；⑥计算出持续成本以警惕决策者。

13.8　群体决策

群体决策（group decision making）对于许多组织内的决策过程而言，都是相当重要的一种方式。第13.2节所述的决策步骤可以指派给一个团队而非个人来执行，例如，组织内的委员会、评议会、研究小组，都是群体决策的方式。现代的组织中，管理者花费于类似会议的时间可能超过1/3。

13.8.1　群体决策的优点

俗语说"三个臭皮匠胜过一个诸葛亮"，组织成员少有单独执行决策的经验，通常通过群体的方式进行决策，所以，我们应了解其优缺点，以发挥群体决策的最大效益。群体决策的主要优点如下：

（1）信息较完整。集思广益，汇集各人所能提供的信息、经验与观点，使决策可以在较多信息与专业知识的基础上进行。

（2）产生较多可行方案。来自不同背景的人，可以从各个角度提出他们的看法，因而增加许多不同观点的可行方案提供选择。

（3）提高对最终决策的接受程度。许多决策失败的理由是因得不到执行的人认同，如果让相关的人员参与决策过程，则可能取得其对最终决策的认同，让决策的执行成功率提高。此外，决策参与也会使员工具有较高的工作满足感。

（4）增加决策的正当性。我们现处民主的社会潮流中，群体决策符合民主的理念，群体的决定比单独一人做出的决定，更具有正当性。

13.8.2　群体决策的缺点

纵使群体决策有上述的优点，却不保证其决策质量优于个体决策。群体决策有其缺点，无论是它的施行可能让参与决策者无意中被误导，或是被人有意利用以遂其私心，都值得我们多加注意。尤其是后者，因为群体决策的"民主"正当性，使得负面影响力更为深远、更难以推翻。无怪乎罗兰夫人疾呼："民主！民主！多少罪恶假汝名以行之！"其理由即在此。

228

总的来说，群体决策的缺点常见以下几点：

（1）浪费时间。集合一个团队需要时间，集合之后的互动过程也往往缺乏效率。团队讨论时，同一时间只容一个人发表意见，造成"点子阻塞"，有好点子的人可能错失发表的机会。由于群体决策需要更多的时间，影响经理人迅速采取决断与行动的能力。

（2）服从的压力。团队中存在着社会压力，长官的想法以及同事所提出的意见虽不适当，也碍于职场伦理、同事情谊与同行压力，而不愿公开批评，往往心中有不同的想法也不敢直接表达，而服从大家的意见。这种现象被称为群体迷思（groupthink），将在第 14 章有较详细的讨论。

（3）少数垄断。有些人因其在组织中的层级、经验、知识、口才、自信心、果断或霸道性格等因素，掌控了一个团队讨论的过程。如果这一小撮人的能力平平，整个团队的绩效会因而受损；如果这些人想法极端，更是会造成偏差的结果。

（4）责任模糊。个人决策的责任问题很明显，但在群体决策中，既然责任是大家共同承担，反而容易形成大家都不愿负责任的局面。

（5）群体极化效应。群体决策相较于个人决策更倾向产生极端的决定，称为群体极化（group polarization）。大家原来的冒险想法或保守想法，经过群体的讨论而被极化，以致最后的结果可能是风险极高的决策（如贸然发展一项没有把握成功的新产品），也可能是极保守的决策（如决定不引进任何新产品）[19]。

13.8.3　群体决策的方法

鉴于群体决策日趋重要，组织可利用下列几种方法，以使得群体决策能更具效能：

（1）脑力激荡术（brainstorming）。这是一种激发创意的群体决策模式，其特色为鼓励奇想、不可批评、意见愈多愈好、欢迎"搭便车"（从别人的想法再延伸）[20]，参与人数以 5～12 人为佳，时间也不宜太长，且主持人不能加以任何指导或限制，以免压抑参与决策者的创意。

（2）德尔菲技术（Delphi method）。此技术较费时且复杂，不要求成员面对面开会，而是利用不记名方式做问卷调查，将问卷整理、复制，再寄发结果给每一成员。成员看过上次结果后再作答，经数次作答，可以达成较一致性的看法。德尔菲技术能避免群体成员间互相影响，由于不需要成员齐聚一堂来讨论，所以此技术可以应用在地域上相隔甚远的群体中。

（3）具名群体技术（nominal group technique）。成员在开会前应有充足的时间思考，以书面写下意见，然后出席会议大家轮流报告之后，才开始讨论评估各项意见，最后排列顺序，选出最终决策。此法的优点是有正式的会议但不会限制成员独立的想法。

各种群体决策技术各有不同的特色与效能[21]，分别评估与比较。如表13－2所示。

表13－2　各种群体决策技术比较[22]

评估准则	群体决策类型				
	一般群体	脑力激荡	具名群体	德尔菲	通过单纯统计
意见的数目	少	适中	多	多	—
意见的质量	低	适中	高	高	—
社会压力	高	低	适中	低	无
成本	适中	低	低	高	低
任务导向	低	高	高	高	高
潜在人际冲突	高	低	适中	低	低
成就感	高~低	高	高	适中	低
接受最终结论	高	—	适中	低	低
建立群体凝聚力	高	高	适中	低	低

 13.9　垃圾桶决策模式

一般组织管理文献中，常假设组织具有明确的目标、明确的技术及固定的参与者，在涉及决策讨论时，通常依着一定程序。然而，事实上未必如此，有些组织有如"无政府状态"，此无政府状态组织具有三个特征：目标模糊、对如何达成目标的方法不甚清楚、参与决策的人员有相当的流动性。Cohen、March 及 Olson 等人认为，美国有些大学就是无政府状态组织的一例，它们提出垃圾桶模式（the garbage can model），以解释无政府状态组织的决策过程[23]。

垃圾桶模式视组织决策为一个混乱的过程，它并不采信传统的"先界定问题、探究可行方案、评估各可行方案、然后择一最佳方案"的理性决策过程，反而认为是当问题、解决方案和参与者都出现交集，而政策之窗又碰巧打开之时，则重大的决策就因而形成。

目标模糊（problematic preferences）意味着组织对各种施政目标的优先级是可以视必要情况而随时加以调整的；手段不确定（unclear technology）是指成员通常对整个组织的运作只有粗浅的认识，要在面对危机时才去思考摸索解决的办法；流动的参与（fluid participation）指参与决策人员是不固定的，以致同样议题若由不同人员出席讨论，其结果可能会大相径庭。垃圾桶模式认为，具有上述三项特征的组织，其决策常常决定于四股力量，这四股力量分别是问题（problems）、解决方案（solutions）、参与人员（participants）和决策的机会（opportunities）。这四股力量很像四道河水，有时各自流动，互不相干，有时又会形成交集。

换句话说，无政府组织进行决策的实际过程，取决于这四种力量的消长和互动；当问题浮上台面，有人注意到，有可行的解决方案，于是成为热门的议题时，才会被锁定和试图解决（只能说是试图解决，因为有时候问题是解决了，有时候问题并没有解决，有时候只解决了一部分，但又衍生出另外一些问题来）。

13.10　决策过程中，创造力的提高

创造力
产出新奇而且有用的主意的一种能力。

创造力（creativity）是指产出新奇而且有用的主意的一种能力[24]，决策的好坏与创造力的提升及发挥有着很大的关系；在决策的过程中，决策者往往由于创造力激荡出灵感的火花而得到启发，因此找到绝佳的行动方案。

组织决策要有创造力，就须善用团队决策的方法，例如脑力激荡术就是最普遍的方法，但由于脑力激荡术仍无法免除被评估的顾虑，不一定有显著效果[25]。近年来，如克莱斯勒汽车公司与波音公司等已尝试利用特殊

群体使用的计算机软件，进行电子式脑力激荡法（electronic brainstorming），希望能避免上述的团队互动的问题，而充分得到脑力激荡术的好处[26]。

创造力对于科技、财经、医疗、运动等任何具有发展潜力的产业都是相当重要的一环。3M公司是众所周知的成功案例之一，一直鼓励员工以客户为目标创造新的改良产品和服务，给予他们冒险和尝试的自由。3M允许其技术工程人员使用15%的工作时间试验他们的发明创造，在这一企业文化下，公司得以稳定地推出一系列的新产品；生产方法的创新方面，日本丰田汽车独一无二的广告牌生产方式，对于降低成本和生产力的提升功不可没；美国百货业沃尔玛，彻底地改变对顾客服务的想法，10年内营业额增长10倍；微软之所以成功，除了比尔·盖茨卓越的领导力外，最重要的是一群具有高度创造力的员工，在西雅图占地200英亩，相当于26个棒球场面积的总部里，设置了美轮美奂的餐厅、户外人工湖，员工可以充分自由沟通、自由上下班，完全做到一个不受干扰、充分发挥创意的环境。

"尊重个人"是打破框架思考、发展创造力的第一步，其前提是彼此倾听，同时相信员工的自我管理能力，这样的组织具有无限的创意与活力。许多顶尖的创意想法与策略，都是在持续不断的冲突中所产生，鼓励创造力的组织不畏惧冲突并且有足够的能力去面对冲突与挑战。创造力是一项需要被激发与鼓励的潜能，决策人员若常善用人类天赋异禀的五种感官（视觉、听觉、嗅觉、触觉、味觉），放眼看、用心听、闭眼闻、大胆尝、放心感觉，把五种感官尽可能伸展，自然会在其中想出创意。

自我测验

你的直觉能力

以下的12个题目，请你以最快的速度，响应每一个题目，诚实地选出最适合你自己的一个选择（请参阅附录一，计算自己的分数）。

1. 在为一项计划工作时，你喜欢：

（a）让你知道问题后，就放手让你有充分自由去解决问题。

（b）对问题解决，给你很清楚的指示后，你才开始工作。

2. 在为一项计划工作时，你喜欢与哪一种人做同事？

（a）一个很务实的人。

（b）一个想象力丰富的人。

3. 下面两种人，你最羡慕哪一种人？

（a）有创意的人。

（b）小心谨慎的人。

4. 你所交往的朋友大概是哪一些人？

（a）很认真努力工作的人。

（b）很兴奋而常常情绪化的人。

5. 当你有问题向同事请教的时候，如果这位同事质疑你的基本假设，你：

（a）不会生气。

（b）会生气。

6. 当你开始一天的生活，你会做计划吗？

（a）很少做计划，做了也不会遵守。

（b）通常都要做计划，并尽可能遵守。

7. 当你做计算的工作，你会怎么样？

（a）很少或从来不会把事实搞错。

（b）常常把事实搞错。

8. 你发现自己：

（a）你极少做白日梦，也不喜欢做白日梦。

（b）常做白日梦，也喜欢做白日梦。

9. 在解决一个问题时，你会怎么样？

（a）会按照给你的指示以及规则来做。

（b）常常不想按照指示，如果走快捷方式把事情做好，就很得意。

10. 当你在做一件把零件组合一起的工作，你喜欢怎样？

（a）希望有详细说明书，说明组合的步骤。

（b）只要给你看一张组合后样子的图片。

11. 哪一种人最能激怒你？

（a）杂乱无章的人。

（b）井然有序的人。

12. 当你碰到一个突发的危机必须处理，你大概会：

（a）很感忧虑。

（b）很感兴奋。

主题案例

八掌溪事件

2000 年 7 月 22 日下午，发生于中国台湾嘉义县的八掌溪事件中，有 4 名工人在河床上遭洪水围困，苦等救援不至，最后不幸死亡。此事件通过媒体全程实况报道而惊动中国台湾社会，台湾地区政府面对舆论的痛批，数次向社会公开道歉，并且惩处了多名官员。整个过程不但暴露出救援系统在沟通协调上的迟滞与疏失，也是一连串的决策失误。事件经过大概如下：

17：10，八掌溪位于嘉义县市交界之吴凤桥附近河段，工人们正在替做好的水泥块板模进行灌浆工程，制作防洪用水泥块。不料，八掌溪溪水突然暴涨，三男一女走避不及受困溪洲，有人紧急向消防救灾单位报案，请求救援。

17：30，嘉义消防分队受理报案后，指挥中心调派中埔、番路、竹崎、民雄四消防分队共 27 人赶赴现场进行救援工作。

17：45，抢救人员到达现场后，发现河面因溪水暴涨变宽，救援人员无法靠近，加上设备不足，于抢救无功后，以无线电呼叫指挥中心申请直升机救援。

17：48，嘉义指挥中心值勤警察电话向台北消防署申请，消防署受理后转向搜救中心及水上空军基地海鸥救护队申请直升机支持。

17：53，嘉义指挥中心另向嘉义团管区通报请求联络支持事项，此后 17 分钟由军方分头进行作业程序。

18：10，台北搜救中心答复：海拔 2500 公尺以下由空中警察队执行，且海鸥救护队夜间无法吊挂作业，故无法派机。

18：20，嘉义指挥中心改向台北空警队请求支持，并获指派台中空警队救援，但因时效问题再向搜救中心申请被拒。

19：05，台中空警队尚未起飞，现场人员通报指挥中心受困民众已遭大水冲走，5 分钟后直升机准备起飞，指挥中心告知已经来不及了。

八掌溪事件引起人们高度关注，事后民调显示有高达 95% 的民众知道这件事，高达 84% 的民众看到 4 名工人受困与等待救援，最后却被洪水冲走的画面，大家都想追究，到底谁该为这件事负责？

在一片检讨声中，大多数人认为症结在于公务员的心态耽误了救灾的最佳时机，也就是在面对问题进行决策时，凡事要依"标准作业程序"（SOPs）的心态，使得救灾时效尽失，牺牲了宝贵生命。

组织依照事前的规划，订出各种施行细则、作业规范、要点等，作为规范成员面对问题进行决策与行动的依据，这也是组织所谓"有制度"的特征。但如何能不因此而僵化，有弹性应付突变，做出迅速而有效的决策，这是许多组织经理人面对的重要问题，也是此不幸事件给政府单位的严厉警惕。

【思考题】

1. 八掌溪事件的过程中，出现了哪些决策疏失？
2. 标准作业程序和决策弹性如何取舍？有何改进之道？

主题案例

华为任正非[27]

对中国大陆企业在管理决策方面的探讨，虽然可从许多方面切入，但若与中国台湾的企业相比较，通常都会注意到，中国大陆的企业主决策的自由度也较大。

中国大陆近年来出现了许多杰出的企业家，在管理决策上，他们能充分把握上述客观有利的因素，并克服不利的因素，为企业创造佳绩而声誉鹊起，华为公司的任正非就是一个典型的人物。

任正非是通信技术领域的专业人才，他断定做本土化的通信行业将得到政府的支援，故敢于一搏，后来的发展也证明他的决定是正确的。中国当时的确需要发展民族通信产业，这是任正非的前瞻性眼光为自己带来的商机，2012 年营收 2202 元，华为已成为中国最具影响力的通信设备制造厂商。

本来，电信企业存在着许多利益冲突，有国内厂商和跨国公司的矛盾，也有跨国公司之间的矛盾、国有企业之间的矛盾、国有企业和民营企业之间的矛盾等。但是，基于跨国公司长期高价垄断中国市场，阻碍中国通信业发展的情况，国内厂商和跨国公司之间的矛盾，就成为主要矛盾。1987 年创办华为时，任正非已经 43 岁，他以其军旅出身的背景，解放军的风采，使他能把企业愈做愈大，但也招致国际对华为"谍影幢幢"的疑虑。尤其值得关注的是任正非的领导风格，任正非将民主与独裁的观念引进华为的经营决策当中，提出"独裁是民主的基础"的论点，他声称没有独裁，民主不可能生长，民主不可能在无政府主义状态下生成。任正非巧妙地利用这两者之间天然的相互矛盾和相互促进的关系，成功地实现了对华为的管理控制，可说是"中国特色的科技管理"。华为的员工，无论在职或离职的，也不论是被任正非表扬过的，还是曾被他骂得狗血淋头的，都从心底里钦佩任正非，谈起他总是肃然起敬。

中国当前的工商业环境充满着机会，众多慎谋能断的决策者，凭着适合中国社会文化与组织文化的有效管理风格，多能采撷到丰美的成功果实，创造企业的荣景。

【思考题】

1. 试分析目前大陆企业的限制与机会。

2. 你是否赞同任正非"独裁是民主的基础"的观点？

课后练习

1. 何谓决策风格？你喜欢哪一类决策风格的老师？原因为何？

2. 如果决策的质量很重要，而部属又不怎么认同组织的目标，你要采取哪一种决策形态？

3. 承诺升高会带来什么后果？承诺升高如何避免？

4. 你曾经在团队决策时感受过服从的压力吗？请告知你的经验。

5. 你是否曾有过哪一项决策自己觉得满有创造力？回忆当时的情境，是哪些因素促成你的创意？

第14章 团队

在天愿作比翼鸟，在地愿为连理枝
唐·白居易·长恨歌

我决定不再踽踽独行。你们在我身旁，让我消除了孤单，增长了勇气，坚定了信念。你们的关怀是我的归宿，在归宿里我能找到自己最优越的本质。我们是平行的铁轨，保持着一点点距离，却永远同心，永远朝同一个方向前进。

14.1 团队与团体的分别

团体
两个以上的个人，彼此相互影响，相互依赖，为了达成特定目标所形成的具有稳定社会关系的结合。

团队
是一种具有额外特色的团体，团队成员间通常具有高度的互赖、协调性的互动。

团体（group）是指两个以上的个人，彼此相互影响，相互依赖，为了达成特定目标所形成的具有稳定社会关系的结合[1]。团体成员必须遵守团体的规范、规则，接受团体的价值观，通力合作以达到团体的目标。

团队（team）也是一种团体，但增加了一些额外的特色，即团队成员间通常具有高度的互赖、协调性的互动，以及对于个人在达成特定团体目标的高度认同。简而言之，当一团体的成员发展出对团体的高度认同时，此团体便可称为是团队，因此所有的团队都是团体，但是团体并不一定是团队。

从绩效面来看，团队与团体也有很大的不同。团队成员个人的努力最终会导致比成员个人投入总和还要大的绩效水平。也就是说，会产生"1+1＞2"的效果，称为综效（synergy），Robbins 与 Judge 就以此点作为团队的定义[2]。相对地，团体的绩效则不一定有综效产生。

团队之所以产生综效，协调工作是关键。由于团队成员间的协调努力，使得大家的努力相互补充与滋长，于是产生正面的综效。因此，当一个团体转变成一个团队后，可在不需额外增加投入的情况下（甚至可用更少的投入），有更多的产出。

由于团队比团体更有正面意义，所以在企业界，"团体"一词已有被"团队"取代的趋势，即使按严格的定义，其团体仍未达到"团队"的标准[3]，很多企业仍常称自己的团体为"团队"，这也是本篇使用"团队"作为篇名的原因。

 ## 14.2 团体发展过程

团体的演变是一动态过程，而且有其标准程序，根据 Tuckman 提出的理论模型，共经历五个阶段[4]。虽然此一模型并非适用于所有的团体[5]，

238

但对我们了解团体的形成，不失为一个有用的理论架构，此五个阶段简述如下：

14.2.1　形成期（forming stage）

团体成员重心在"熟悉彼此"，在此一阶段，团体的成员会试图去了解团体的目的、成员组成、组织结构及领导体制，并会使用"测试"和"探索"来了解团体的状况，以决定他们所该采取的适当应对态度。当成员已认同该团体，并开始自视为团体的一部分时，成形阶段便宣告结束。大部分的团体成员在此一阶段中，可能会对此一团体的本质及其所应该扮演的角色感到焦虑。

14.2.2　激荡期（storming stage）

在此阶段，团体成员虽已接受团体存在的必要，但对加诸其身上的约束会有所反抗，冲突难免。成员们于是尝试进行调适，甚至争夺团体中的影响力及领导权。当团体中确定了清楚的领导权与互动模式后，本阶段便已完成。

14.2.3　规范期（norming stage）

在此阶段，团体致力于发展出紧密的关系，同时成员也展现出凝聚力，开始体认并接受自己及其他人的角色，也强烈地展现团体认同感及伙伴情感。

14.2.4　运作期（performing stage）

此阶段的主要特征是将成员的认同与角色认知转向追求团体任务与目标的达成，其主要目的是解决团体所面临的问题。

14.2.5　解散期（adjourning stage）

当团体达成当初成立的目标，而不再具有存在价值时，团体便面临解散，进入解散阶段，最重要的是确保团体成员的安置。

▶▶ **14.3　团体的构成要素**

团体之所以能够把个人转化成团体成员，使每一个团体成员有其正面功能，是依赖角色、地位、规范等团体构成要素所发挥的社会力量（social forces）。欲有效地管理团体的组织行为，就必须了解这几股社会力量是如何发挥作用的。

14.3.1　角色

角色

在某一个职位上被期望的行为。

角色（roles）是指在某一个职位上被期望的行为[6]。莎士比亚曾说："整个世界都是舞台，而所有的男男女女皆是舞台上的演员"。同样地，我们也可以说，所有的团体成员都是演员，各自扮演着不同的角色。人们对担任某一职位者在某一特定场合中，应具有何种行为表现，自有一定的看法，此为角色期望（role expectation）。团体成员必须针对别人对他的期望，以某种方式发挥其角色的功能。因此，每一个角色的重要性，取决于成员彼此间协调出来的期望度高低。

当团体成员扮演某一个角色后，却对别人的期望要求缺乏了解或适应困难，就会产生工作压力，包括角色冲突、角色模糊、工作超载、工作低载等问题，都会影响工作表现，我们在第 9 章第 9.3.2 节已经加以讨论，在此不再赘述。

角色的形成通常来自分工，当团体把不同任务分派给团体成员，在赋予权力与责任的同时，也形成了角色期望，此时，团体成员对别人期望的知觉程度就很重要，称为角色知觉（role perception），具有角色知觉，人们自然会表现恰如其分的行为。因此，工作说明书对新进员工是很重要的，可以提高他们的角色知觉。组织制定一套完善的工作方针、工作程序或奖励制度，皆有助于提升每位团体成员的角色知觉，故能激励员工努力工作。

14.3.2　地位

地位（status）是指他人给予团体或团体成员在社会上所定义的位阶或等级[7]。地位是指个人在团体或团队里的相对阶级，具有较高地位的人，

240

比较受人尊敬或让人畏惧；相反地，地位较低的人则往往被他人领导或为他人所控制。组织中充斥着种种伴随着地位而来的不同待遇，地位的价值明显易见。因此，团体成员倾向争取较高地位，或至少维持某种可接受的地位水平。

根据地位特性理论（status characteristics theory），决定地位的三大因素[8]，分别为：①控制资源的权力；②对团体目标有决定性贡献的能力；③团体成员共同重视的个人特质。

团体里有一套正式的地位系统，团体的每一个成员被配置在地位系统中特定位置上，拥有不同的权力。但从地位特性理论可知，团体里还有非正式的地位系统，通常与个人的能力与特质有关，包括教育程度、年龄、性别、种族、家世背景等。正式地位系统的排列如果与成员心目中的非正式地位不符，就会有地位不相称（status incongruence）的感受，因而产生摩擦与冲突，影响团体的效能。

14.3.3 团体规范

团体规范（team norms）是指针对团体成员非正式行为的准则与期望[9]。一般而言，团体都有规范，虽非硬性规定，但成员都会清楚，在特定的场合里，哪些行为是对的，哪些行为是不对的。从个体的角度看，规范就是团体其他成员在特定的场合之中，对其行为的期望。大多数的规范是通过下列四个途径建立的[10]：

（1）有影响力成员的明白宣示。例如团体的领导人公开表示，中午用餐不允许喝酒，在上班期间不可打私人电话等。

（2）团体历史曾发生过的重大事件。例如曾有一位极优秀的应聘者因听到某位团体成员批评公司的言辞，决定不来应聘。此后，团体成员在征选新员工时，就会不时彼此监督提醒，以避免类似言行再度发生。

（3）形成首例（primacy）。某种行为形态首次出现后，可能成为日后的行为预期。例如学生所组成的友谊性团体，在第一次聚会时，某些人会刻意选定一个自己感到舒适的座位区域，竟成为日后聚会时被大家默认的专属座位。

（4）团体成员引进其以往的行为形态。组成团体的成员们会保持着以往旧工作环境的行为习性，若继续发生影响力，自然能增进成员间彼此的行为预测能力，有利于团体工作的达成。例如某一老师在不同的班级上课，因老师的行为准则变化不多，新班级的学生可以先行打听，好作准备。

团体规范
指针对团体成员非正式行为的准则与期望。

241

14.3.3.1　霍桑研究

哈佛大学教授 Mayo 于 1924～1932 年，与其研究团队在西方电气公司（Western Electric Company）的芝加哥霍桑厂进行研究，发现组织内员工的行为受到团体规范等社会情境因素的显著影响[11]，组织管理领域也因此开启了对人性因素的新研究方向，这一系列的研究被称为霍桑研究（Hawthorne Studies）。

霍桑研究本来是基于一些传统科学管理的假设，探讨工作场所中照明水平与工作效率的关系，当提高照明时，研究结果参差不齐，找不到照明度与产出量之间的明确关系。然而，当研究以相反的方式进行，在逐渐降低照明水平时，令人惊讶的是，工人的产出量持续增加，只在照明度低到无法看清楚的程度后，才有降低的现象。

霍桑研究引发了管理学界的高度重视，其结果显示，除了物理性工作条件之外，还有其他社会情境因素在影响着工人的行为及其产出。若干社会情境因素显著地影响着员工的工作绩效，削弱了经济性诱因与策略的效用。最值得注意的是，员工的工作环境所形成的一些规范，影响了员工的情绪、工作意愿与态度。

研究人员经过探究，原来这些生产团体已建立起一些"不要"的规范，包括"不要生产太多，使自己成为破坏规矩的人"、"不要生产得太少，拖累大家"、"不要告密，要保护同事情谊"等。

为了促使团体成员遵守这些规范，人们对违反者会加以责备与嘲笑，甚至拳脚相向。综合言之，霍桑研究让我们更了解团体行为[12]，尤其是团体规范的影响力。

14.3.3.2　艾许效应

艾许效应

尽管多数人的主张是不正确的，但个人仍会顺从多数人的意见。

社会心理学家 Asch 从 1951 年起，着手从众（conformity）行为的研究[13]。在当时，尚未使用"从众"一词，而是与多数效果（majority effect）相似的名词呈现，其意义是，尽管多数人的主张是不正确的，但个人仍会顺从多数人的意见，称为艾许效应（Asch effect）。从众即指因受到团体的影响和压力，使得团体中的个人在知觉、判断和行为上倾向与团体中多数人一致的现象。

在 Asch 的实验过程中，受试者坐在一张有 7～9 个人的桌子旁，除了受试者外，其他人都是实验者的共谋。受试者坐在倒数第二个位子。实验者首先会让大家看一张卡片，卡片上有一条直线，之后，再看第二张卡片，卡片上有三条不同长度的直线，其中有一条很明显的是和第一张卡片

242

上的直线长度相同，而这群人被要求轮流回答第二张卡片上哪一条直线的
长度是和第一张卡片的长度相等，如图 14－1 所示。

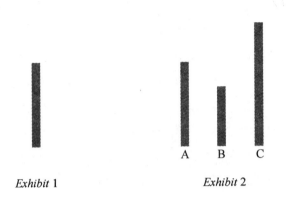

Exhibit 1　　　　　　　　　*Exhibit* 2

图 14－1　Asch 研究用的卡片

　　虽然，答案很明显，但实验者故意操弄试验，预先指示那些共谋者全
部都要集中给一个错误的答案，以便观察在这样的情况下，是否会引发受
试者的从众行为。结果是令人惊讶的，即使正确的答案很明显，但有 35%
的人会顺从团体的看法，回答一个明明知道是不正确的答案。

　　Asch 研究的结果显示，在团体中有相当比例的个人，为了避免与其他
成员的显著差异，竟舍弃自己的正确意见而顺从团体的意见，可见团体规
范的压力之大。

14.3.3.3　团体迷思

　　团体成员在决策时，如果过于重视团体的共识与规范，就有可能不愿对
各个可行方案进行真实的评价，这种现象称为团体迷思（groupthink）[14]。团
体迷思的理论是由 Janis 在研究美国重大外交政策决定及其造成失败后果的
个案，并对照两项成功国际外交经营案例后，所建立的分析架构[15]。

　　研究过去美国白宫对危机的处理可以发现，在许多重大事件中，当时
的情势分析都有显而易见的盲点，为何竟无人察觉，有些现在看来应是正
确的评估，当时竟被排除或被忽视！以猪猡湾事件为例，当时参与决策的
人几乎口径一致认为，只要反政府的部队一登陆猪猡湾，古巴的卡斯特罗
政权将随即土崩瓦解，结果事实的发展与预期完全相反；不过，肯尼迪总
统得到猪猡湾事件的教训后，在遭逢古巴飞弹危机时，就能够跳脱团体迷
思，作了正确的决策。

　　当人们处于凝聚力强的团体中，团体内部的压力会导致成员追求一致

团体迷思
团体成员在决策
时，过于重视团
体的共识与规
范，不愿对各个
可行方案进行真
实的评价。

共识，以至于对各种可行方案无法客观地去思考与评估。Janis 进一步指出，在这样的组织气氛下，团体在进行决策时，往往会产生八个团体迷思的症状：高估自己所属团体的能力、道德化自己的行动、把对方邪恶化、对自己所属团体的行为给予合理化、对自己的言行自我审查、对团体成员的表现产生一致性的幻觉、对团体内异议者施压、自我心防。由于上述八种症状，团体迷思常会降低决策的成功率，不利团体的长远发展。

当然，团体决策不一定会产生团体迷思，如果领导者能扮演好公正的角色，排除影响决策的不良因素，设计一些明确的制度让成员遵循，就可以避免团体迷思的现象。可考虑的做法包括领导者应保持中立并且鼓励批评、指派专家担任异议者的角色、将团体再分为若干小组同时进行研讨、认真研拟各种替代方案。

14.3.4　团体大小

团体的规模大小会影响团体成员的行为与工作绩效，但它的影响方向以及影响的幅度要看行为与工作的性质而定。如果重视完成任务的速度，小团体通常比大团体要好，一般而言，个人的工作表现在小团体中是比较好的[16]；但解决问题的时候，大一点的团体常常优于小团体，因为大的团体比较能获取多方的资源以及信息，由于人才较多，可以进行细密的分工；小一点的团体（通常在 7 个人左右）则在任务执行时有较高的效率[17]。不过，人们在决定团体大小的时候，常考虑"社会赋闲"的现象。

一般人对团体的刻板印象是，团队精神会激发每一个人更努力工作，于是总生产力也增高，但这个刻板印象很可能是错的。在 20 世纪 20 年代后期，德国心理学家 Ringelmann 通过拉绳子的实验，证实人们在团体作业时，没有像单独工作时那样投入[18]。他让一批人一起尽力拉 1 根绳子，先由 1 个人拉，然后增加拉绳的人数。他的发现是，当 1 个人拉，平均出力 63 公斤，当 3 个人的团体去拉绳子，每个人的平均出力降为 53 公斤；当团体增为 8 个人时，每人平均出力更降至 31 公斤[19]。

社会闲散效应
团体人数增多的时候，每个人的努力程度反而变少。

可见，人们处在团体里就可能抱持"搭便车"（free riding）的态度，在团体情境下各人的努力与贡献不如单独工作时明显。于是团体人数增多的时候，每个人的努力程度反而变少，这种现象称为社会闲散效应（social loafing effect）。

社会闲散效应的产生原因，包括工作努力程度不会被辨识（我有没有努力，没有人会知道）、工作分配不公平（每个人都在混，为何我要多做！）、缺乏个人责任感（在团体中我不算什么，管它的！）、由于报酬共享而缺乏动机（既然大家报酬相同，我何必太认真！）、工作缺乏协调（大家不合作，反正工作也做不好）。因此，管理心理学为此开展了许多新的研究，试图减少社会闲散效应，增强团体绩效，例如提高任务的重要性、实行责任承包制、强化对团体贡献的奖励程度、实施团体培训等等。

 ## 14.4　常见的团队类型

在第 14.1 节我们提到团队是团体的特殊类型，现在愈来愈被普遍采用，团队有很多种类，最常见的有四种：问题解决团队、自我管理团队、跨功能团队、虚拟团队。

14.4.1　问题解决团队

问题解决团队（problem – solving team）又称为任务团队（task – oriented work team），或称为项目团队（project team），这是针对某一特定目的或任务而组成的团队，通常问题解决团队大多是临时性的任务编组，一旦解决问题，问题解决团队也就随之解散。

14.4.2　自我管理团队

自我管理团队（self – managed work team）没有一位经过组织任命的正式领导者，是由成员所自行推派的非正式领袖来领导。团队成员自行决定工作速度，进行工作分派，也自我督促。这个完全自我管理的团队甚至选择自己的成员，由成员互相评估绩效。所以，必须在得到管理当局完全信任的情况下，才可能有自我管理团队的产生。

14.4.3　跨功能团队

跨功能团队（cross – functional team）的成员来自组织层级同一位阶，但却分属不同的部门，各自拥有不同的专长，此种团队集合许多不同工作领域的员工，以便完成某一特定任务。常见的跨功能团队是以委员会的形态出现。近年来，国内大学开始推动的"学位课程"，性质上就属于跨功能团队，它打破长期以来坚固的系所框架，将大学课程推向跨越不同的院、系、所而整合的境界。

14.4.4　虚拟团队

因为环境剧烈变动，组织无法在短时间内调整正式结构适应环境改变，故在组织形态上开始出现新的调整方式，而有所谓的虚拟组织。在虚拟的世界中，许多人因为共同的理想、共同的目标或共同的利益，结合在一起所组成的团队，称为虚拟团队（virtual team）。虚拟团队落实了许多人在家上班的梦想。他们之间只需通过互联网、电话、传真或视讯来沟通、协调，甚至共同讨论、交换文件，便可以分工完成一份事先拟定好的工作。虚拟团队成员不需顾虑时间和地点，可随时运用计算机科技联系分散各地的跨组织和跨国界员工，来达到共同的目标。

虚拟工作团队的成员身处不同的地方，必须跨越时空，共同合作，比起传统的工作团队，存在更多挑战。一个有效能的虚拟团队，必须做到在团队中建立与维护信任感（例如往返电邮中，一个刺激性言论就可能摧毁彼此的信任感）；虚拟团队的运作过程要严密监控（团队才不致失去方向感、团队成员才不致"失踪"）、虚拟团队的努力成果要在组织内公开展示[20]。

14.5　增进团队效能的途径

一个高效能的团队是由具能力的成员所组成，他们不但具备实现理想目标所必需的技术和能力，而且相互之间能够良好合作，从而出色地完成任务。但如何判断一个团体是否有效能呢？这个问题对运动团队是一个直截了当的输赢问题，但对于一般组织内的工作团队，就比较复杂。

一个工作团队的效能判断准则有绩效（performance）以及活力（viability）。绩效的衡量是预期目标的达成度，要依赖成员的能力与合作。一个有效能的团队需要三种人才能充分发挥其团队的潜能：一种是具备完成任务所必需的专业知识和技能的技术型成员；一种是决策型成员，能够发现问题，提出解决方案，做出理智选择；一种是善于聆听、反馈、处理人际关系的公关型成员。不过，一个工作团队即使能够完成预定工作，却在互动过程中冲突不断、团员损耗殆尽，不愿继续做出贡献，也不算是一个有效能的团队，所以"团队活力"很重要。团队活力（team viability）是指团队成员的满意度以及其愿意继续做出贡献的程度[21]。

基于上述绩效与活力的效能准则，我们须对影响团队工作效能的三大要素给予更多的关注：合作、信任、凝聚力。

14.5.1　合作

将不同个人的努力有系统地整合，以达成一个集体的目标，就称为合作（cooperation）[22]，整合的程度代表着合作的程度。一项大规模的研究发现，团队成员之间的合作以及团队之间的合作都很重要，就团队绩效而论，合作都优于竞争[23]。

14.5.2　信任

本书在第 4 章第 4.5 节讨论过此概念，信任的概念包括信任者和被信任者双方，信任（trust）是信任者对被信任者不会趁机采取不利信任者行为的一种正面期望[24]。换言之，信任是一方愿意承担被利用的风险的一种倾向[25]。信任能够减少团队与组织内无益于进步的冲突；团队内因存在着信任的气氛，成员才愿意充分合作，且愿意在不确定的情境下，对其他成员持有正面积极的态度。

管理顾问 Bartolome 对如何建立以及维持信任，提供了以下六项行为导引[26]：①沟通，将政策决定随时告知团队成员并加以解释，提供真实的信息回馈；②支持，对团队成员的好主意给予支持，并提供自己的看法；③尊重，授权是最重要的尊重他人的表现，其次是主动聆听；④公平，绩效考评客观不偏，迅速给予表现优异者认可与奖赏；⑤守信，遵守诺言，对自己的言行须保持一致性与可预测性；⑥专业，显示自己的专业知能，提高自己的可信赖程度。

凝聚力
团队内的成员彼此吸引，而且希望留在团队内的程度。

14.5.3　凝聚力

凝聚力（cohesiveness）是指团队内的成员彼此吸引，而且希望留在团队内的程度[27]。团队成员之间若存在着高度凝聚力，大概是因为团队成员喜欢彼此做伴，或者他们为了达成共同的目标而彼此需要[28]。

因此，团队成员之间的互动与认同是影响凝聚力的最重要因素，良性互动愈频繁，团队凝聚力也愈大。当团队领导者的领袖魅力愈强，团队凝聚力也愈大；反之，如果领导人不被团队成员所接受，则团队凝聚力就会下降。

同时，团队成员对团队目标的认同程度愈高，团队凝聚力也愈大；反之，若彼此对目标的看法有差异时，团队凝聚力亦随之下降。在这方面，组织内有许多因素会影响团队凝聚力，最常见的是团队间的竞争程度，当团队间的竞争程度增大，会增强团队成员的凝聚力。此外，团队的规模与团队的历史也是重要的因素，当团队的规模增大时，往往团队的凝聚力也会随之降低；团队的历史若让成员引以为荣，会提高团队的凝聚力，反之，若是组织成员身份带来的只是羞辱，则凝聚力低。

一般人认为，团队凝聚力会提高团队绩效，Mullen 与 Copper 一项大规模的研究发现，凝聚力对军事团队绩效的影响较大，对运动团队的影响则最大[29]。他们的发现还指出，绩效对凝聚力的影响强过凝聚力对绩效的影响，因此，与其说团队因团结而成功，还不如说是成功使团队的成员们变团结了。

14.6 团体成员的利社会行为

凡是某一团体成员所为，对团体内其他成员有所裨益的行动，都可称为利社会行为（prosocial behavior），例如，协助、分享、捐献、合作、自愿服务等[30]。

Daniel Katz 指出，团体要能有效运行，必须存在着三种行为：①维持行为，亦即员工愿意留任；②顺从行为，亦即员工必须达成工作角色赋予的任务；③主动行为，也就是员工自发性执行有利于组织的角色外的行为[31]。前两种属于角色内行为，而第三种属于角色外行为。约在 30 年前，管理学者开始对这种角色外行为进行研究，而且取了一个学术名词，称为组织公民行为（organizational citizenship behavior, OCB）[32]。

组织公民行为（OCB）是员工不求组织给予酬赏，而自动自发为组织奉献，超越角色规范之外的行为[33]。组织公民行为虽然有各式各样，但根据 Dennis Organ 在美国的研究，主要有以下五种：利他行为（例如主动协助同事）、勤勉尽责（例如准时工作、愿意配合加班）、运动家精神（例如不抱怨、不批评）、谦恭有礼（例如克制情绪不与同事冲突）、公民道德（例如关心组织各种信息与发展）[34]。不过，组织公民行为的表现形式存在着跨文化差异，在华人社会中的组织公民行为，以樊景立的研究最为人所知，他在西方的理论架构下，对两岸企业从业人员的组织公民行为，进行了持续的研究，发现了不少差异[35]。

组织公民行为不论以何种方式表现，在本质上都是利社会行为，可促进团体内的合作精神。具体言之，组织公民行为能提升员工的工作效率，创造一个使人愉快的工作环境，形成积极的团队气氛，增强组织对环境变化的适应能力，累积组织的社会资本。所以，组织公民行为若普遍，随着时间推移，组织绩效自会提高。

员工的绩效表现中，传统上重视其职位任务的部分，也就是希望员工适才适所，把本职工作做好，称为任务绩效（task performance）。但近年来，不少企业认为技术任务固然重要，但支持任务达成的社会网络（social network）以及组织氛围（organiza – Chapter 14 Teams and Groups 295 tional climate）[36] 也非常重要，员工如果在这方面有所表现，称为情境绩效（contextual performance）[37]。有趣的问题是，假如企业重视情境绩效而提供任何形式的报偿后，员工的角色内行为和角色外行为也就更难明确地界定或区分，严格意义上的组织公民行为也就不复存在，这是组织公民行为的研究常受到质疑的原因之一[38]。

自我测验

团队满意度[39]

下面各题项可用以测量团队参与度以及团队满意度，你可以针对一个你曾参加过的或现正参与的某一团队表示看法，请就右方的数字圈选一个你对每个叙述句的同意程度（得分说明请参阅附录一）	很不同意	不同意	没意见	同意	很同意
1. 在我的团队里，每个人彼此有不同的意见	1	2	3	4	5
2. 在我的团队里，个人不会服从多数的意见	1	2	3	4	5

续表

下面各题项可用以测量团队参与度以及团队满意度，你可以针对一个你曾参加过的或现正参与的某一团队表示看法，请就右方的数字圈选一个你对每个叙述句的同意程度（得分说明请参阅附录一）	很不同意	不同意	没意见	同意	很同意
3. 在我的团队里，个人如果不赞成多数人的意见时，会公开表达	1	2	3	4	5
4. 我对大家的意见公开表示不同意的时候，我觉得很自然	1	2	3	4	5
5. 在我的团队里，每个人不会立即就赞成别人的意见	1	2	3	4	5
6. 作为团队的一分子，我对工作该怎样进行有真正的发言权	1	2	3	4	5
7. 在我的团队里，大部分的成员都有机会参加决策	1	2	3	4	5
8. 我的团队的设计，使得每一个人都享有参与决策的可能	1	2	3	4	5
9. 我对我的团队感到满意	1	2	3	4	5
10. 我将来做别的项目，还是希望与现在这个团队一起工作	1	2	3	4	5

主题案例

惊爆十三天

描述古巴飞弹危机的影片《惊爆十三天》，引起了世人对这段惊心动魄的历史的兴趣。古巴飞弹危机开始于1962年10月14日，美国U2轰炸机发现苏联在古巴部署核子飞弹，这些飞弹瞄准全美各大都市，如果战争发生，将造成重大伤亡。此发现立刻震惊白宫，美、苏两强的对峙情势急遽升高，核战危机一触即发。

苏联赫鲁晓夫将核子飞弹秘密部署在古巴，动机在于：①保护古巴，以防美国入侵；②美国在土耳其部署核弹，以对付苏联，苏联也可以在古巴配置核弹；③1961年4月，美国中情局策划古巴猪猡湾登陆作业，惨遭挫败，赫鲁晓夫认为肯尼迪总统有勇无谋，乃决定在古巴铤而走险。

　　1962 年 10 月 16 日国家安全顾问彭岱向肯尼迪总统汇报侦查结果，肯尼迪与其团队讨论各种反应方式，包括容忍、外交解决和军事手段如封锁、空袭和入侵。而美国人民直到肯尼迪于 10 月 22 日晚上发表电视演说才知道危机。从 10 月 16 日至 10 月 28 日内，肯尼迪兄弟每天开会，甚至征召前国务卿艾奇逊等外交界"智者"共商危机。在危机中，表现最突出的是肯尼迪总统的胞弟罗伯·肯尼迪，他一开始是个鹰派，但在危机逐渐恶化时，却从好战分子变成一个有理智、有计谋又有宏观思想的人。

　　当时白宫内部的会议，在一场又一场的辩论中逐渐深入了解，才发现曾和危险如此接近，任何决策都将决定世界的命运。肯尼迪不轻言开战的理念，是以整体人民利益为考虑的极佳示范，但一边是苏联极具挑衅的行动，一边是白宫主战的鹰派要决一死战，让肯尼迪头痛不已。但他虽然承受了巨大压力，却能与他的团队冷静，且运用智慧的外交手腕，以强大武力为后盾，坚守和平原则，做了最佳的危机处理。

　　白宫最简单的思考模式是，美国直接出动空军轰炸苏联在古巴的基地以及飞弹设施即可轻易地解决问题，不过，这会产生循环报复，最终免不了一场大战。肯尼迪的团队沉住气，历经封锁策略与联合国外交手段，最后在冲突接近白热化时派出罗伯·肯尼迪与苏联驻美大使私下接触，虽仍强调不妥协的立场，但保证美国绝不入侵古巴，并提出美国高层愿意撤离土耳其飞弹作为交换（唯此举须严守秘密），终于换来苏联同意，将飞弹撤出古巴，和平解决危机。

　　肯尼迪总统在 1961 年猪猡湾之役处理得一败涂地；内部检讨该次决策之疏失，主因为决策前没有充足的讨论，整体决策过程宛若"一言堂"。肯尼迪及其团队记取教训，在 1 年后发生的飞弹危机中，肯尼迪冷静有组织的处理，与前次失败的表现判若两人。

　　在古巴危机中，肯尼迪最重要的改进是组织了危机处理委员会，让委员会自由开放地讨论，所有参与者的地位都是平等的，而且可以互相挑战并修正对方的论述。充分的讨论以及信息的完整收集，有助于肯尼迪团队做出正确的决策。

【思考题】

　　1. 请说明肯尼迪总统从之前的猪猡湾事件得到什么教训，有助于他对古巴危机的解决？

　　2. 在肯尼迪总统的团队中，谁是最重要的团队成员？他发挥了什么功能？

主题案例

李锦记[39]

李锦记建于 1888 年，经历 100 多年历程，由蚝油坊发展成庞大食品酱料跨国集团。在企业平均寿命不到 10 年的亚洲商界，这是一个奇迹。这个百年老字号也求新求变，积极在百年躯壳里不断注入新血液。成立于 1992 年的广东南方李锦记营养保健品有限公司，就是集团开拓新业务的成功案例。

李锦记从管理理念到实践，贯彻在与员工漫谈中：卓越公司的优异业绩来自优质顾客，优质顾客的忠诚来自优质员工。坚持顾客企业一体、顾客第一，并注重员工的感受、文化的营造。因此，实践公司文化、将核心价值观落实在日常运作中、建立和谐、奋发的工作氛围、激励性的薪酬制度、不断培训员工的机制、公平、多渠道的双向沟通机制，从而造就强大凝聚力的团队。历经多年的历练，延续了李锦记的百年辉煌，打造了"无限极"中药草健康产品品牌。

公司十分关注领先指标，特别是员工及业务伙伴对公司的满意度，其包含对公司服务的满意度、对未来的信心等指标。公司认为"内外部顾客的满意度愈高、信心愈高，就代表公司未来的前景会愈好；假如指标在下降，那么即使落后指针显示成绩再好，也代表在未来必然会有问题"。

管理阶层以身作则地实现公司核心价值观，才能让价值观深入人心。公司负责人李惠森在一次与人资部经理们座谈中，要求人资部的员工带头身体力行，将核心价值观落实到工作中。他说，"'思利及人'就是凡事先考虑对方利益，从对方角度看待事情。我们要站在员工、应聘者的角度，设身处地为他们着想"。

充分授权的前提是高度信任的氛围。只有高度信任，才能坦诚沟通，提高效益。李惠森打电话的习惯表现出对下属的信任。他从来不问"你在哪里？""你在做什么？"而是"打扰你吗？""方便吗？"公司对经理层以上的员工实行目标管理，取消考勤。各级员工不以下班时间来衡量自己的工作，而是以目标和结果要求自己。信任的力量，从中可略见一斑。

为了建立员工间的互信，公司规划了一系列活动，如"背景分享"，即让团队成员分享自己成长、学习与工作经历等。从工作外的活动来建立团队信任，这些活动都是总经理带头做，层层推行，既达到建立和谐的同事关系，又提升沟通效率的效果。

百年企业李锦记积极建立高绩效团队，以达成"弘扬中华优秀饮食文化"为企业使命（图片来源：http://www.lkk.com/）。

南方李锦记坚信员工是宝贵财富，是公司发展的动力。因此把选人看成公司最重要的工作。选人不仅看专业能力，也注重性格与人际技能，更注重是否与公司的核心价值观相符。李惠森提出"找人80分以上，做事90分以上"的要求，即聘用一个人宁缺毋滥，一定要对他有信心而且人资部与用人部门都要满意。

充分授权是为了打造高效的团队。南方李锦记对团队活动的重视，不像一些企业赶管理时髦，而是真正投入资源，探索有效的团队建设模式与平台。同时，努力建设完善培训管理课程体系。团队的形成必须有共同目标，就像黏合剂，让员工们形成共识。李锦记将自己定位于民族企业，依靠的是文化，做实业的目的是为了弘扬中华文化。所以李锦记的选择——"弘扬中华优秀饮食文化，做到有华人的地方就有李锦记"——经过四代人的努力，这一使命已基本实现。

【思考题】

1. 试说明李锦记在团队运用的实际做法上，有何独到之处？
2. 李锦记的核心价值观为何？如何建立？

课后练习

1. "团队"与"团体"有哪些不同？你曾有参与团队的经验吗？若有，试依本章所提及的四种团队类型判断是哪一种？

2. 何为"角色"？你现在扮演哪些角色？你在各个角色的角色知觉足够吗？

3. 团体的发展有哪些阶段？

4. "从众"与"团体迷思"都会造成群体内意见趋向一致，试分别解释两者的意义，并以自身经验为例，分析其造成的影响。

5. 影响团队工作效能的三大要素为何？你在团体中是扮演（或偏向）哪一种类型的成员？你对团队的效能有无贡献？

第15章 冲突

闻道长安似弈棋，百年世事不胜悲

唐·杜甫·秋兴

历史轨迹走到 21 世纪，科学文明与创新能力其实已进步到可以要竞合，不要零和；要竞争，不要斗争！要意志论，不要命定论！然而，为何人类行为模式竟无丝毫进步，让我们仍难逃杜甫那般忧世伤时的凄切悲怆！

15.1 冲突的定义

冲突

一方知觉到，它的利益已被另一方所反对或产生负面影响的过程。

　　冲突（conflict）可定义为一方知觉到，它的利益已被另一方所反对或产生负面影响的过程[1]。虽然冲突还有许多其他的定义，不过大多数的定义皆认为，冲突必须被当事人所知觉，是一种对立或不兼容的行为，而且必须是一个互动的过程。甲借由某些阻挠行为，致力于抵制乙的企图，结果使得乙在获取其目标或增进其利益方面遭受挫折[2]，冲突于是产生。冲突通常会造成当事人情绪激动、焦虑、不安，甚至产生恐惧、愧疚、生气、受伤等感觉。

　　在今日竞争激烈、瞬息万变的企业环境中，常见人际冲突或对立僵局，冲突的范围若扩大至组织各阶层，组织中个人间、个人与团体间、团体与团体间，都可能彼此因目标、情感、利益、需求、期望等的不同，而产生敌对的互动历程。身为管理者不应忽视冲突，而是要去认识冲突，并发展一套管理冲突的策略和方法。中国台湾中山大学前校长林基源担任校长工作达9年之久，在迈入第四个年头的当时，曾回首就任3年多的校长生涯，感觉最常处理，也最难以处理的事务就是冲突的调解[3]。

15.2 冲突观念的演进

　　冲突观点的演进可分为三个时期：在20世纪40年代以前，人们对冲突多抱持着传统观点（traditional view of conflict），认为冲突会妨碍组织的正常运作，以致组织绩效无法达成，所以，必须努力避免冲突或消除冲突。

　　在40年代末期至70年代中期，人群关系观点（human relations view of conflict）兴起，认为应该接受和处理冲突，因为冲突在任何团体里，都是自然和无可避免的现象，既然冲突不可避免，就应该正视事实，并将冲突的存在合理化。冲突不全然是有害的，常常有促进团体绩效的正面功用。

近代的管理概念中，则对冲突现象常采取互动观点（interactionist view of conflict），认为冲突具有解决问题的正向功能，因为适度的冲突可以保持足够的团体活力、自我反省能力及创造力；相反的，一个和睦、平静、安定的团体可能变得静止与冷漠，对改革创新无动于衷。

建设性的冲突可以增进决策质量、激发创造力与创新发明，鼓励成员的兴趣与好奇心；冲突也是挖掘问题和情绪宣泄的良好媒介，同时提供一个自我评量与改变的机会。建设性冲突可以矫正"团体迷思"（groupthink）的弊端，使团体不致陷入未经周延考虑的决策泥沼。建设性冲突会对现状提出挑战，进而产生新观念，促进对团体目标与活动的再评价，增进团体革新的动力。

综合而言，冲突存在于组织生活的各个层面，有些是良性冲突（functional conflict），具建设性，有益于组织目标达成；有些是恶性冲突（dysfunctional conflict），具破坏性质，有碍于组织目标达成。最好的情况是适度的冲突，恰好足以防止僵化、激发创造力、疏解压力，以及促进革新，然而又不至于产生太大的破坏力。冲突管理的概念如图 15 – 1 所示。

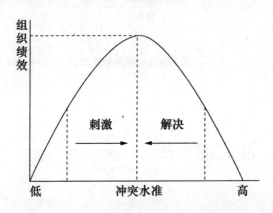

图 15 – 1　冲突水平与组织绩效的关系

 ## 15.3　冲突的过程

冲突并不是一连串的独立事件，而是一组相关的连续事件。也就是说，任何冲突只是整个过程中的一部分，这次冲突的引起，其实是上一次冲突的余波所影响或延续。Pondy 提出的冲突过程（conflict process），将冲突分成五个阶段：潜藏（latent）、察觉（perceived）、感受（felt）、显现（manifest）以及余波（aftermath）[4]：

（1）潜藏阶段。冲突的条件已存在，如资源的竞争、权力的倾轧。

（2）察觉阶段。潜在冲突者察觉冲突情况的存在。

（3）感受阶段。潜在冲突者不仅察觉冲突情况的存在，并且感受到压力。

（4）显现阶段。冲突表面化，冲突当事人寻求方法以解决冲突。

（5）余波阶段。冲突事件有了结果，并且产生影响。

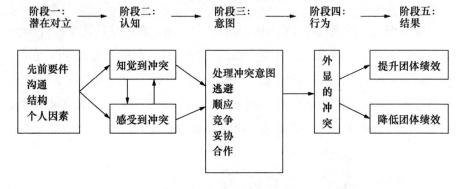

图 15 – 2 冲突的过程

15.4 冲突的类型

本节对三种冲突类型的性质加以探讨，这些不同类型的冲突需要不同的处理方法。

15.4.1 性格冲突

个人行为因素包含性格、角色、地位及目标等，个人特质与价值系统的差异，往往导致人际相处的问题而发生冲突，称为性格冲突（personality conflict）。组织成员在年龄、教育背景、价值理念、政治信仰、宗教信仰等差距愈大，则冲突的可能性愈高。例如具有权威性格的上司和具有强烈独立需求的部属之间，难免隐伏潜在的冲突危机。

15.4.2　团体间冲突

组织中不同单位的工作通常必须互相依赖才能完成，运行不顺利时，就有团体间冲突（intergroup conflict）的可能。导致团体冲突的组织结构因素很多，包括团体规模差异、成员专业化差异、成员目标的不一致性、责任与权限欠缺清晰度、法令和程序的僵化、酬赏制度的不公平、团体间相互依赖方式不当等。例如法令和程序本应协助规范组织成员的行为，但往往无法周密详尽，若过于墨守成规、不知变通，反而可能变成组织冲突的来源。

15.4.3　跨文化冲突

许多冲突起因于沟通不良所造成的"假冲突"（pseudo conflict），即在沟通过程中，对信息发生误解或信息交换不足，就形成沟通障碍。例如冲突的是因文化背景或专业背景不同而造成语意解释的困难，因而导致冲突，属于跨文化冲突（cross – cultural conflict）。在全球化经济中，合资企业与策略联盟是常见的，我们在企业内外都必须与不同文化背景的人接触，所以，潜在的跨文化冲突是很可能发生的[5]。

15.5　冲突管理

从以上讨论可知冲突有不同功能，经理人为达成组织目标，必须促进冲突的正面功能，谨慎处理其反面作用，并有效利用第三者以解决冲突。

15.5.1　促成良性冲突

一个决策群体或委员会若陷入冲突中，常会在议题细节里以及程序上纠缠、空转，无法达成任何实质的进展。为了促使这种冲突变成具有正面功能的良性冲突（functional conflict），管理者常须不再顾虑与保护个人的感受，而要鼓励大家提出不同的意见以供讨论。这些意见不论是批评也好、辩护也好，必须基于相关的事实，而非个人的偏爱或政治利益。在这方面，实务界已有两种被证明具有相当效果的技术：故意唱反调（devil's advocacy）以及辩证法（dialectic method）。

（1）故意唱反调。devil's advocate 一词来自罗马天主教教会。教会中要享有圣贤称号的人，必须经过调查，教会于是委派神职人员竭尽全力挖掘候选人的任何瑕疵，这名调查人员就叫做 devil's advocate，常被翻译成"魔鬼代言人"，可能有些误导，因为此人并非为魔鬼效劳的人，而是吹毛求疵的人，可解释为"专门从反面角度来探究问题的人"。所以，当大家为某事件发生争执而起冲突，组织可以任用一位公正的成员专责担当批评的角色[6]，扮演一个为了看清一切事实真相而有意唱反调的人。

（2）辩证法。辩证法（dialectic，德语 dialektik）强调持对立观点的双方，经由辩论而更明白事情的真相，因为真相应该不是片面或偏颇的，而是多方面、整体性的见解[7]。所谓辩证法是指一种逻辑论证的技巧，借由论证过程以逐渐逼近真理，其中最有名的是德国哲学家黑格尔（Georg W. F. Hegel，1770～1831）的"正、反、合"三段式辩证法。他认为社会是个不断变化的过程，开始是"正"状态，但其后必然会形成一个对立的"反"状态，正反冲突产生紧张，最后一种新的"合"状态出现，能调和"正""反"二者的矛盾。然而，此"合"又成为另一阶段中的"正"，再一次进入"正、反、合"的循环，人类社会就是如此循环不息地前进。

15.5.2 恶性冲突的处理方法

许多恶性冲突（dysfunctional conflict）是无法防范的，当发生之后，就必须有一套冲突处理的策略，才能化解冲突或减少恶性冲突对组织的伤害。Thomas 提出五种冲突处理的基本模式[8]，是最常被引用的冲突处理方式。此模式将冲突处理方式分为两个方面：关心自己以满足个人需求、关心他人以满足他人需求，由此两个方面组合而形成五种冲突处理形态，如图 15 - 3 所示。

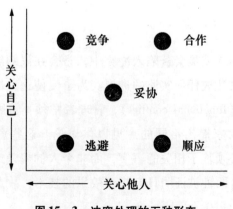

图 15 - 3 冲突处理的五种形态

（1）竞争（competing）。当满足个人需求强过关心他人的需求，高度关心自己，低度关心别人，就会趋向竞争的处理策略，于是在冲突中，借着使用正式权威或权力，以打倒对手，求得胜利为目的。此种冲突处理策略，是一种零和策略；当一个人只希望达到自己的目标或得到利益，不考虑冲突对对方的影响时，他便采取竞争及支配的行为。在正式的团体或组织中，非赢即输的竞争，常导致在上位的管理者采用支配的权力。

（2）逃避（avoiding）。个人低度关心自己与别人，以退缩与压抑的形式呈现，所以双方的需求都没有得到满足。此种冲突处理策略，常显现一种对冲突的人与事皆不关心的态度，无助于冲突原因的解决，只是避开冲突、回避冲突。一个人可能承认冲突的存在而采取退缩或压抑的方式，会导致退缩行为，使自己和别人保持距离。

（3）顺应（accommodating）。顺应策略旨在满足他人的需求，更甚于个人的需求；低度关心自己，高度关心别人，将自我利益置于对方利益之下，是一种自我牺牲的行为；当一个人希望满足对方时，他可能会采取顺应的行为，即把对方的利益列为第一优先。为了维持彼此的关系，他会希望自我牺牲，我们称此为顺应的行为。例如在夫妻意见不合时，一方常有这种把对方利益置于优先地位的顺应行为产生。

（4）妥协（compromising）。妥协是一种折衷方式，以中等程度对待个人需求与他人需求，中度关心自己与别人。冲突的双方各有让步，以求取一个彼此都能接受的决定，无输赢之分；当参与冲突的双方都愿意放弃某些东西时，才会产生妥协的行为，例如两个单位之间的交易行为，管理当局与劳工代表制定契约等，都是属于妥协的方式。

（5）合作（collaborating）。同时满足个人需求与他人需求，高度关心自己与别人。借由面对面讨论的方式，共同思考解决问题的可能方案，并达成共识，是一种双赢的冲突处理形态。当冲突的双方都希望满足所有人的欲望时，便会合作而寻求相互有利的结果。在合作的情形下，所有人都致力于寻求解决问题的方法。

各种冲突解决策略有其适用情境，为扩大冲突的有利结果或减小冲突的不利结果，冲突当事人在决定冲突的解决方式时，应采取权变的途径。至于各种方式的应用情境，如表 15 - 1 所示。

表 15 – 1　冲突解决方式的权变途径[9]

冲突解决方式	适用情境
竞争	①当需要采取迅速、果断的行动时 ②当需要执行不为他人所喜欢的政策行动时 ③当你确信此一争议对组织的发展是非常重要时 ④可以避免对方利用你的非竞争行为来获取利益
合作	①双方都认为重要，所以值得找出整合性的解决方案 ②当你的目标是在学习 ③当需要整合双方不同的观点 ④借着调和利害关系，建立共识，以获致双方对协议的承诺 ⑤为求得双方良好的工作情绪和关系
妥协	①当双方势均力敌，且双方目标互不兼容 ②争议事件过于复杂，希望获得暂时的解决 ③在合作或是竞争均不可能时，先协商出一备用解决方案 ④因为时间的压力，必须获得暂时的解决 ⑤自己的目标纵然重要，但却不值得采取更专断的解决方式
逃避	①当争议事件是微不足道的小事 ②知觉到并无任何机会可以满足己方需要 ③当潜在分裂的损失超过解决争议所获得的利益 ④想要让对方冷静下来后，再谋求解决 ⑤想要在获得更多信息后，才来做决定 ⑥当其他人无法更有效地解决冲突 ⑦当所争议的事件是其他事件的征候
顺应	①当发现对方是对的，而且想要展现自己是讲道理的 ②当争议事件对于对方比起己方更为重要，因此想要以满足对方需要来维持合作的关系 ③为求将来事件的解决，先建立起自己的社交信誉 ④为减少居于下风所产生的损失 ⑤当组织的和谐与稳定是非常重要的时候 ⑥允许下属经由错误中学习而发展其工作能力

15.5.3　第三者介入

冲突发生后，除了双方协商，通过上述的五种处理途径外，还可经由中立的第三者居中协调，称为第三者介入（third - party intervention）。当双方协商不成，找第三者介入是常见的。第三者介入有两种形式，一种是帮助冲突双方以合作的态度来解决问题，并不对冲突发表自己的见解，例如婚姻治疗师；另一种是找公正的第三者替双方作出决定，所以，这位公正人士必须是有能力为此事作决定的人，而且此人必须为双方所信服。调解委员会的设置，专门帮忙民众调解争端。第三者可扮演四种基本的角色[10]，简述如下：

（1）斡旋者（mediator）。斡旋者是立场超越而中立的第三者，处在冲突双方之间，经由说理、说服以及提出合理建议，促使双方协商达成协议，此种第三者介入法常见于劳资争议以及简易法庭中。

（2）仲裁者（arbitrator）。仲裁者是具有权威的第三者，能够下令达成协议。对解决争端，此种介入通常比较有效率，但如果仲裁者运用权力不当，让一方极度不满，则冲突并未真正解决，可能会再度产生。

（3）和解人（conciliator）。和解人是值得信赖的第三者，提供协商双方一个非正式资讯沟通的联系。这种第三者介入的方式广泛地应用在国际政治上。

（4）顾问（consultant）。顾问是不偏不倚的第三者，熟悉冲突管理的技巧，能够借由沟通与分析，想出有创意的问题解决方法。

15.6　通过谈判以解决冲突

谈判是解决冲突的主要方法，通过协商过程与技巧的运用，达到双方都愿意接受的目标。当各方各有立场、利益相冲突的时候，谈判往往是花费最少时间、金钱与社会成本的问题解决方式。

虽然有些人把谈判视为尔虞我诈的斗智过程，认为谈判就是战斗；其实，我们更应该视谈判为一种解决问题的方式，它让双方坐下来好好谈，协调出一个解决方案的方式。因此，谈判不是打仗，它可看作是一个共同决策的过程。谈判的前提是双方都想经由谈判获得某些各自想要的东西。能够知道对方的需求，就可以采取更有效的谈判对策。

15.6.1 谈判的两个基本类型

谈判可分成两种基本类型：分配式谈判（distributive negotiation）和整合式谈判（integrative negotiation）[11]。分配式谈判是基于固定资源的思维（fixed - pie thinking），彼此的利益是对立的，我赢则你输，反之亦然；整合式谈判则跳脱固定资源的思维，认为资源是可以扩充的，所以，应可找到一条让双方都得到利益的合作途径。

15.6.1.1 分配式谈判

分配式谈判的特征是零和游戏（zero - sum game）[12]，例如我出售一辆旧的脚踏车给有意购买的人，我若提高 100 元售价，意味着买者要多付 100 元，反之，如果买方有能力让我少收些，就是他赚到了。分配式谈判的双方都有各自的目标点，也各自有其拒绝点（低于此点时，宁可中断谈判也不能接受），这两点之间就形成可接受区域，常被称为协商区域（bargaining zone），如果双方的协商区域有重叠之处，真正的谈判才可能发生。而且在谈判中，双方都会试图让谈判结果尽可能接近自己的目标点。

15.6.1.2 整合式谈判

整合式谈判的双方采取双赢策略（win - win strategy），双方都认为共同资源是可以扩大的，如果双方合作得宜，就都是赢家。有一家厂商的营销部门谈妥要卖给某客户一批货，但金额相当可观，所以要赊账，不过厂商的信用部门却不同意赊账，因为该客户曾有欠账记录。两个部门于是产生了冲突，经过两个部门的讨论后，双方找到了解决方案：原来银行的保证费用甚低，就要求该客户同意提供银行保证，信用部门才同意营销部门接下这笔赊账交易[13]。

以上例子说明，如果把外界社会资源纳入考虑，往往可以找到一或多个双赢的解决方案。整合式谈判之所以不多见，因为此种谈判必须双方公开其信息、坦白说出自己的问题、了解对方的需要、彼此能够信任、双方愿意保持弹性，这些条件都不是很容易做到的。谈判的时候有一些策略可以促进整合式的结果，例如双方以团队方式的谈判，就有利于提出较多的创意与方法[14]。

在追求整合式结果的过程中，妥协（compromise）可能是最坏的敌人

了，因为妥协会减低寻求整合式结果的压力，如果有一方轻易妥协或顺从
另一方的要求，那就不会再有人愿意费尽心血，去找寻更有创意的双赢解
决方案[15]。

15.6.2　了解自己以及对方的 BATNA

BATNA（best alternative to a negotiated agreement）的概念，可译为
"谈判协议的最佳替代方案"，是由 Fisher 与 Ury 提出的重要概念[16]。谈判
应事先规划，其中应该包括 BATNA，它可以增加谈判时的筹码。因为如果
提出条件不被接受，就可以立即换另一个选择，仍能获得满意的结果。例
如买房子的人注意到邻近小区中一栋次佳选择但尚可接受的房子。谈判者
应事先想清楚现阶段能接受的替代方案，如果不止一项，就将它们列出优
先级。

我们大多有在观光景点与商店或小贩购物杀价的经验，就会发现愈是
热门的观光区与热门商品，卖方就愈占上风，他们一方面深知观光客的需
求，靠着经验来判断买者的底线，所以敢开价、会退让；另一方面也知道
自己的底线，因为他们清楚下一位顾客在哪里以及他们最可能接受的价格
为何。

了解自己以及对手的 BATNA 是谈判之前必须要做的功课，借由
BATNA 为自己创造最高获利，了解各个谈判方与利害关系人的利益为
何，并且避开谈判场合所忌讳的死守立场、毫不退让的谈判迷思，
才比较能使谈判对手一步步踏进对你有利的谈判结果里。在谈判前
先强化自己的 BATNA，就比较不怕破局，才能使对手依照我方条件
成局。

如果发现对方的 BATNA 居于强势，我们在谈判中至少要达成两个目
标：首先是保护自己，避免达成一个你应该拒绝的协议；其次是充分利用
自己所拥有的资源与助力，以便达成最大利益的协议。双方的 BATNA 都
很可能因新信息而改变，当我们愈了解对手的 BATNA 时，达成最佳协议
的可能性就愈高。要了解对方是否在虚张声势，我们必须探测对方，以取
得有助于谈判的有力信息线索。

你的冲突处理风格为何

以下是冲突处理风格的量表[17]，请就每一个处理方法的五点量表上，圈选一个数字，表示你的处理倾向，可以测得你的主要冲突处理风格（分数计算方法以及计分结果的解读，请参阅附录一）	极不可能	难得如此	偶尔如此	有时如此	经常如此
1. 我会与同事们进行辩驳，以显示我的做法对他们是有好处的	1	2	3	4	5
2. 我会与同事们进行谈判，以获得一个折衷的条件	1	2	3	4	5
3. 我尝试满足我的同事们的期望	1	2	3	4	5
4. 我尝试找同事们，把事情搞清楚，以寻求一个我们都接受的方法	1	2	3	4	5
5. 我会坚定地追求，达成我方的主张	1	2	3	4	5
6. 我避免变成被注意的焦点，会把自己与同事间的冲突隐藏起来	1	2	3	4	5
7. 对问题的解决，我会坚持用自己所提出的方法	1	2	3	4	5
8. 我会用耐心与对方讨价还价，以达到一个妥协的结果	1	2	3	4	5
9. 我与同事们交换正确信息，希望能一起把问题解决	1	2	3	4	5
10. 我避免公开讨论我与同事们之间的歧义	1	2	3	4	5
11. 我会顺应与配合同事们的希望	1	2	3	4	5
12. 我会一开始就把所有疑虑都讲清楚，以使问题能得到最好的解决	1	2	3	4	5
13. 我会想出一个适中的建议来打破谈判的僵局	1	2	3	4	5

续表

以下是冲突处理风格的量表[17]，请就每一个处理方法的五点量表上，圈选一个数字，表示你的处理倾向，可以测得你的主要冲突处理风格（分数计算方法以及计分结果的解读，请参阅附录一）	极不可能	难得如此	偶尔如此	有时如此	经常如此
14. 我会赞同同事们提出的建议	1	2	3	4	5
15. 我会把对同事们的不同看法隐忍起来，以避免大家伤感情	1	2	3	4	5

主题案例

机制设计可解冲突

普林斯顿大学教授麦斯金（Eric S. Maskin）在 2008 年 4 月应邀来台演讲，他以机制设计理论（mechanism design theory）获得 2007 年诺贝尔经济学奖[18]，当时瑞典皇家科学院在颁词中指出，机制设计理论在提升世人对最佳分配机制的认识方面，贡献良多，这套理论应用广泛，常用于劳资协商、课税，以及标售系统的设计。

机制是决定结果的程序。机制设计是经济理论的工程学，但它的方向是倒过来思考：先确认希望的结果，然后试着设计出一个机制，它的结果会与目标期望的结果一致。

以公共财为例，假如政府知道什么是适当的结果，问题就很简单，只需通过一条法律就可以；以拍卖为例，假如知道谁会出最高价，就可以直接卖给他。但问题是，政府或拍卖人通常没有这些资讯，所以机制设计需要能产生所需的信息，但一般参与赛局的人彼此利益冲突，不会透露他们所知的部分，这时若能设计出适当诱因，让参与者愿意达成设计者所要结果，也让社会利益冲突的双方达成最大公约数的共识。

人们原以为这套理论牵涉高深理论，内容艰涩，没料到麦斯金在台北国际会议中心发表的演讲，用了很通俗的例子，让人一听就懂，容易产生共鸣[19]。麦斯金说，机制设计理论是一种冲突解决方案，首先决定希望达成什么目标，再依其条件去设计足以成功的机制。他举的第一个例子是分

267

蛋糕,"公平对妈妈们来说是一大考验",如果妈妈有两个孩子,她可以决定,由其中一个小孩去切,切好后,让另外的那一个小孩先选,采取这样的机制,不但可创造多赢,"孩子开心,妈妈也省了不少麻烦"。

麦斯金举的另一例子是拍卖东西,按照过去的模式是出价最高者得标,无法达到优化的效果,因为出价者一定是低估,以赚取最大利益。如果机制规定,出价最高者得标,不过,得标者只要付第二高投标者的价格(例如三位分别出价 1000 万美元、800 万美元与 700 万美元,出 1000 万美元者得标,但只要付 800 万美元)。这样的结果,经过证明是最佳的,没有人会低估该东西的价格,否则就可能标不到。同时,也没人会高估,因为如果弄得大家都高估,即使只要付出第二高投标者的价格,也是不划算的。

管理者从这些例子应可得到很大的启示,与其发生冲突后再想办法解决,为什么我们不先用心想想,是不是可以设计出一个机制,使冲突不致发生!

【思考题】

1. 你曾否为了避免与某些重要亲友发生冲突,预先设计过一套想法与做法?是否有效?

2. 根据文中所述麦斯金的机制设计,是否就可以预防我们公共工程厂商围标的弊端?

主题案例

王安石与新旧党争

王安石(1021~1086),字介甫,抚州临川人,是北宋杰出的政治家、思想家、文学家。宋神宗熙宁二年(1069)提为参知政事(副宰相),从熙宁三年起,两度任同中书门下平章事(宰相),推行新法。

王安石实施了包括政治、经济、军事、教育等十项变革,他希望通过土地、财政和兵役制度、物价等改革来建立一个有效率、廉洁的政府。归纳其主要措施即理财与整军两项,其目的则在富国强兵,前后实施十七八年。在此期间他获得下列之成效:

(1)兴利垦荒。增加全国可耕土地将近 1/10。

王安石变法，因无法有效解决新旧党冲突，最终走上失败一途（图片来源：维基共享资源）。

（2）抑制豪强。均输、青苗、免役、市易、方田均税等法的施行，对豪强士绅、高利贷者有所压制，照顾了贫苦百姓。

（3）裁减预算。每年可节省行政费 4/10。

（4）精兵政策。减缩冗员，让府库充实，也使军队战斗力有所提升。

他的改革得到全国读书人、基层人民的热烈欢迎。但对士大夫阶层来说，所实施的政策，却是招招见血。如预算改革，国家减少 40% 支出，代表政府豢养的 40% 的官员要被淘汰；像建立低息贷款制度（青苗法），挡住了士绅们的财路。以司马光、欧阳修、苏轼等人为首的官僚地主集团群起而攻之，他们批判王安石的"天变不足畏，人言不足恤，祖宗之法不足守"，他们打着"祖宗法度"不可动摇的口号，坚决反对王安石的各项政策，进行利益的保卫战。

王安石新政虽切中时弊，初期也得到年轻皇帝的支持，但既得利益集团在朝廷的反扑，让宋神宗后来也动摇、妥协，加上改革派内部又产生裂痕等，新法终被全部废止，以失败而告终。王安石退职后一直隐居在江宁（今江苏省南京市），未再复出。

哲宗元年（1086）逝世于钟山居所，享年 66 岁。此后，新旧两党轮替掌权，新政时行时废，国家方针摇摆不定，让天下人民无所适从，总共持续 50 多年。结局是朝廷大臣结党营私，政治风气大坏，导致金兵南下掳走皇帝，北宋覆亡。

【思考题】

1. 新旧两党的争执点有哪些？是否有妥协的可能？

2. 如果你是王安石，你会怎么解决新旧党之争？

课后练习

1. 有五种冲突处理形态，你最常用的是哪一种？你最不会用的是哪一种？你觉得是否有需要改进的地方？

2. 你观察到在你的班级里（或组织内）发生了哪些良性的冲突？哪些恶性的冲突？

3. 请回想你与朋友或同学们相处的经验（回答可使用化名），哪一位是把冲突看成像战争似的？哪一位把冲突轻松看待？之后的事情发展是否有所不同？

4. 你曾经跟谁产生过性格上的冲突吗？请说明其经过。

5. 本章曾举一例说明整合式谈判，请你再举一例以阐明整合式谈判的精义。

第16章 沟通

马上相逢无纸笔，凭君传语报平安

唐·岑参·逢入京使

战士坚强，却难免怀乡思亲的凄苦心情，寄意于淡泊平安二字，蕴含了一片深情至味。诗人向入京使展现了他那脆弱的内心，殊不知最坚强的信息发自最柔软的心，它们交会之时互放的光芒，绚丽动人的人性光辉，让人永远忘不了，始终忘不掉。

16.1　沟通的意涵

沟通

人与人之间的信息交换以及互相了解。

　　管理就是沟通，因为每一种管理功能以及管理活动都离不开正式或非正式的沟通[1]。张忠谋更进一步认为，沟通对管理功能可以发挥乘数效果[2]。沟通（communication）是指人与人之间的信息交换以及互相了解[3]。中文的"沟通"一词很妙，表示人与人之间的理念如水沟般的通畅，沟通就是要把不通的管道打通，于是能对流，彼此能相互了解、加强交通而能产生共识。

　　人们是通过各种语言性与非语言性的沟通，建立起不同的人际关系。没有沟通，团体就无法存在，因为只有借着人与人之间意思（meaning）的传达，才能够把信息和想法传达给别人。但是，单单只有传达意思还是不够，必须意思能被别人了解。沟通必须同时包括意思的传达（transference）与了解（understanding）。

　　组织沟通的进行会在一定背景中，难免组织文化的影响，组织的文化决定成员的沟通模式、沟通风格、行为特征等，而组织的物质文化则决定其沟通技术、沟通媒介和沟通管道。以 GE 公司为例，其组织文化鼓励个人创造力的展现，凸显了以人为本的哲学，充分尊重个人的差异。因此，GE 的沟通风格是个体取向的，内部员工会直言不讳将自己的观点毫不掩饰地向上层管理者反映；GE 员工进行协调，习惯使用备忘录、布告等正式沟通管道，使公司内部信息实现最大程度的共享。可见良好的企业奠基于良好的沟通，而良好的组织沟通必然由其良好的企业文化所决定[4]。

16.2　沟通的知觉模式

　　传统的沟通理论将语言视为记录经验的符号，并以水管隐喻（conduit metaphor）为基础，将沟通过程中对于信息的认知视为符号的操弄，因此形成所谓的传输理论（transmission theory）[5]：沟通是一个过程，在此过程中，发信者将其思想与感受经由编码转换成语言、文句、表情、手势等符号，再由收信者据以解码，从这些符号中抽译出发信者希望表达的思想与感情；但是，在这个过程中，由于在发信者、传递媒介、收信者之间存在着种种噪声（noises），包括信息超载、信息过滤、知觉差异等，以致干扰了沟通的精确程度[6]。过程的最后一环是回馈，用来检查是否已成功地传达了所欲传达的信息。

然而，研究沟通的许多学者批判上述的传统沟通模式，他们认为沟通过程不会如此简单，而应是一种类似社会信息处理（social information processing）的形式[7]，因此，提出一个沟通的知觉模式（perceptual model of communication）[8]。此模式认为，在沟通过程中，收信者解读信息后，会在其心中创造出自己的意思。沟通知觉模式如图16-1所示，其中的组成要素分别简述于后。

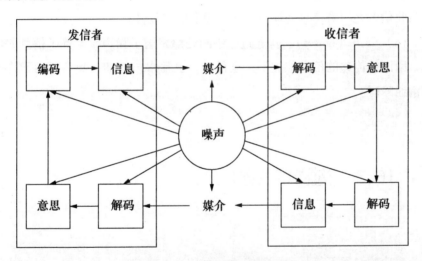

图16-1 沟通知觉模式

（1）发信者（sender）。沟通的发动者，发信者将欲沟通的思想、观念与感情传递给收信者。

（2）编码（encoding）。沟通开始于发信者欲将其思想、观念加以转化，转换成一种可被传送的方式（如文字、语言）。发信者的个人知识、表达技巧、对信息态度与社经文化背景都会影响发信者的编码方式。

（3）信息（the message）。编码后的具体结果就是信息，例如我们所说的话、所写下的文字、所画下的图形、所显露的表情等。

（4）媒介物选择（selecting a medium）。媒介就是连接发信者与收信者

273

之间信息流通的中介，发信者可以选择语言沟通、非语言沟通、文字沟通、电子媒体等正式或非正式的传递管道。因此，有很多可选择的媒介，包括面对面会谈、电话、电邮、写信、公布栏等。

（5）解码（decoding）。信息经由各种不同的媒介物传送给收信者后，收信者必须将此信息予以转换成能加以解读或理解的形式，称为解码。由于收信者在译码过程中，受到其本身的社会价值以及文化价值所影响，就可能产生误解。

（6）意思创造（creating meaning）。传统的水管隐喻的沟通模式，认为意思（meaning）是从发信者直接传给收信者，但是，知觉模式认为收信者会对信息创造出自己的意思，而且常常与发信者的原意是有差异的，收信者是基于自己的意思，采取接下来的行动。

（7）回馈（feedback）。回馈是指收信者将信息反馈给发信者，然后再由发信者对于收信者的信息加以解释与响应的过程。回馈有助于减少发信者与收信者之间对信息的误解，增进沟通的有效性。

（8）噪声（noises）。沟通过程中到处都充满了噪声，干扰了信息的传递，因而被传递的信息往往不是全部的，也常常被扭曲，噪声肇因于许多的沟通障碍。

 ## 16.3 沟通的障碍

成功的沟通不仅是意思的传达，而且意思要被对方所了解。但沟通过程中到处都充满了噪声，干扰信息的传递以及信息的收取；沟通受到外界干扰而中断，当然会形成障碍，因此在重要事件的沟通过程中，要排除干扰。美国有一项研究指出，办公室的人平均每天21次因各种"噪声"干扰而被打断工作，而每次中断后需要2.9分钟才能再重新集中注意力于工作上[9]，可见干扰问题的严重。沟通的障碍主要有四种：过程障碍、个人障碍、地理障碍、语意障碍。

16.3.1 过程障碍

在沟通过程里的每一个构成要素都是潜在的障碍物，举例说明于下：

274

（1）发信者障碍。很多沟通障碍来自发信人本身，例如为了取悦收信者，发信者故意操纵或过滤信息。信息受到扭曲的机会以及受到过滤的程度，视组织层级的数目和组织文化而定。

（2）编码障碍。语言也是沟通上的一种障碍，因此信息传送者应该在表达上慎选字眼，并将信息做另一番整理，使信息接收者能清楚地了解。所谓"言者无心，听者有意"，这样的误会是很常见的。

（3）信息障碍。信息本身的特质也可能造成沟通障碍，例如信息超载或超负荷，发信人难以处理或收信人无法完全接收，造成信息损失现象。收信者对信息主题缺乏了解时，会形成鸡同鸭讲的场面。

（4）媒介物障碍。媒介物的特性如果不配合信息的需要，也会造成沟通障碍，例如各媒介有不同的时间限制，而沟通时间多寡会影响沟通内容的详尽与否。

（5）收信者障碍。例如收信者基于自己的需求与兴趣，会对收到的信息加以过滤，选择性地看与听，这种现象称为选择性注意（selective attention），选择性认知也发生在解码的时候。

16.3.2　个人障碍

许多沟通障碍来自个人因素，一些常见的个人因素如下所述：

（1）刻板印象。人们对性别、种族、肤色、宗教信仰及年龄等许多偏见导致刻板印象，刻板印象使得我们认为某类人一定具有某种特性，形成沟通的障碍。

（2）自大的心态。不同组织地位之间的沟通，容易带有上对下或者下对上的心理障碍。作为上级人员必须培养民主容忍的气度，鼓励各种不同意见的交换，以双轨沟通激发部属的创造性思考。

（3）处理与解读信息的方式。每一个人因经验以及内在参考架构（frame of reference）去理解周围的世界，难免带有主观与成见，使得组织成员彼此之间的目标不一致，从而造成沟通的障碍。

（4）人际信任。当发信者与收信者之间缺乏信任，双方的沟通信息会被扭曲；相反地，高度信任就会促进有效沟通。

（5）情绪。人的情绪可以极度扭曲信息的原本意义，因此，在情绪未恢复平静前，最好不要从事沟通活动，如夫妻吵架，最好等双方可以冷静思考后再沟通。

（6）同理心。同理心是一个人能够正确地感知且融入对方的内在参考

同理心

一个人能够正确地感知且融入对方的内在参考架构中，通过对方的参考架构去看世界。

架构中，使个体不再受限于自我中心，而能理解不同个体的不同参考架构，通过对方的参考架构去看世界[10]，同理心较高者知道如何有效表达自己的信息或情感。一份研究发现，在台湾的人文学院学生较理工学院的学生更能察觉到他人的情感，表达出关怀与支持，并且拥有掌握自我情感的能力[11]。

16.3.3 地理障碍

距离的阻隔常是沟通效果不良的重要原因之一，面对面沟通不仅有口头叙述，还能辅以表情与肢体语言等，远距离的沟通可能就仅可凭借语言文字的沟通方式。经理人依事情的重要性与复杂程度，可采取一些措施加强沟通，消弭距离阻隔带来的障碍。例如相互访问、定期集会、视频会议等方式增加面对面沟通的机会。另外，实施分层负责以缩短沟通间距，加强人际关系训练以培养团队精神，都可改善沟通的效果。

16.3.4 语意障碍

我们所使用的语言文字，会受到文化、教育及接触群体的影响，同样的字眼对不同人可能会有不同的意义。年龄、教育程度、文化背景三个变项影响我们对于语言的使用以及对于字眼的定义。此外，不同专业背景与训练让各类专家具有不同的逻辑与思考模式，所使用的术语也使不同行业的人之间的沟通变得不顺畅。

因此，发信者用字遣词应尽量为收信者设想，重要的信息应对其中的术语界定明确的定义，作为双向沟通的基础，并通过回馈确定对方的了解程度。此外，沟通者的身体动作以及姿势是非语言的沟通（nonverbal communication），几乎总是伴着语言沟通，只要这两种沟通一致的话，彼此有强化的效果；反之，如果语言信息与非语言的暗示彼此不一致，就会造成沟通的障碍。

 ## 16.4 主动倾听

《哈佛学不到的经济策略》的作者访问许多成功企业家，请教经营的好建议。他们几乎都提到同一项答案，而且许多人将这个答案排在第一位，那就是"学做一名好听众"[12]。做一个好听众要倾听（listening）而不只是听（hearing），"倾听"是主动的，"听"只是被动的。所以，倾听又常说成主动倾听（active listening），表示是主动地去找寻发信者话中的意思。

倾听是一种促进沟通效率的方法，成为一个好的倾听者，与将自己的意见清楚地传送给别人一样重要。倾听时须避免价值判断，要听取发信者的完整意思，并且提供回馈。这时，同理心（empathy）很重要，先设身处地想想，了解发言者的价值观、经验、兴趣、请求和期望，就较容易清楚对方的信息。

倾听不容易，因为倾听者要理解对方想要表达的意思必须全神贯注，比讲话还要累，更耗费脑力和时间。以下是倾听应依循的规则[13]：

（1）积极倾听信息的内容。用心专注确认信息里的确实内容。

（2）听出发信者的感受。尝试站在发信者的立场，了解其对信息内容的真实感受。

（3）响应发信者的感受。让发信者知道他的感受已被确实注意到了。

（4）注意所有的线索。必须同时注意语言和非语言的线索，对混淆的信息要警觉。

（5）简述与重述。倾听者将所了解到的信息用自己的话重新叙述。

一位对沟通有研究的专家提出了三个基本建议，认为我们若能遵守，就可以改善自己的倾听技能[14]：①专注于别人究竟说了些什么，而不是你接下来想说什么；②让别人把话说完；③重述你所听到的，让说话的人有机会解释清楚。

16.5　正式的沟通管道

依据组织正式结构与编制作为沟通管道，进行沟通，被视为正式沟通；正式沟通分为下行沟通（downward communication）、上行沟通（upward communication）、平行沟通（horizontal communication），如表 16 - 1 所示。

表16-1　下行沟通、上行沟通、平行沟通的优点比较

下行沟通（downward communication）　　　　　上级人员将信息传递给下级人员的过程
①给予明确目标
②提供工作指示
③提醒工作及其他任务关系了解
④提供程序与实务数据
⑤提供工作绩效回馈
上行沟通（upward communication）　　　　下级人员向上级人员表达意见的过程
①有助经营者掌握组织运作，可作出较佳决定
②下级有反映机会，增进工作满足感
平行沟通（horizontal communication）　　　同一层级的人员或部门间的相互沟通
①缩短沟通路线，减少信息流失，也节省沟通时间，提高工作效率
②促进单位间的了解，消除本位主义
③填补上行、下行沟通之不足
④培养成员间的友谊，满足组织成员的社会需求

16.5.1　下行沟通

下行沟通是指信息的流动是由组织层次的较高处流向较低处，通常包括五种信息[15]：任务指派、工作说明、政策宣示、绩效信息、目标设定与激励，有效的下行沟通不只传送命令而已，应能让员工了解公司的政策、计划的内容，并获得员工的信赖与支持。下行沟通的最大问题是过滤作用，经常会出现信息不完整的问题。

16.5.2　上行沟通

上行沟通用于交换信息、解决问题及对下行沟通的响应。一般而言，上行沟通远不如下行沟通那么频繁。上行沟通和下行沟通一样，会有信息流失的问题产生，管理者常会被过多的信息干扰而忽略了属下传来的信息。上行沟通还有隐瞒或扭曲事实的情事，报喜而不报忧，常见于较大型的组织中。管理阶层应可采用如设立意见箱等方法，使上行沟通管道更畅通。

16.5.3　平行沟通

平行沟通可分为两种：第一种是同一部门的同事间沟通，第二种是不

同部门但同一层级的员工间沟通，平行沟通通过交换资讯、解决问题、社交需求等，目的在于节省时间与促进协调合作。其沟通的方法包括文书、备忘录、报告副本、会议、洽商、联络单等。平行沟通的问题，在于若未经主管充分授权，单靠平行沟通常不易形成结论。

16.6　非正式的沟通管道：小道消息

办公室里非正式的沟通管道，也就是所谓的小道消息（grapevine），是一定存在的，Grapevine 其实是"葡萄藤"，象征传递消息的途径，渐渐被用来指听到的非正式的小道消息。"葡萄藤"沟通就是指组织内不循着组织结构与组织层级的正式程序所进行的沟通[16]。在美国的一项调查显示，企业员工对公司的事务，有 75% 是最先从小道消息中得知[17]。

虽然"葡萄藤"沟通不是组织所认可与支持的，但其影响力不逊于组织的正式沟通，它在组织中无所不在，由于不受正式组织的程序与规范所限制，它所传递小道消息的传播速度与冲击程度往往比正式沟通还大。管理当局是无法完全消除小道消息的，所能做的就是尽可能建立良好的企业文化，开放双向沟通的管道，将负面的小道消息的流动范围和影响减至最低。

> **"葡萄藤"沟通**
> 组织内不循着组织结构与组织层级的正式程序所进行的沟通。

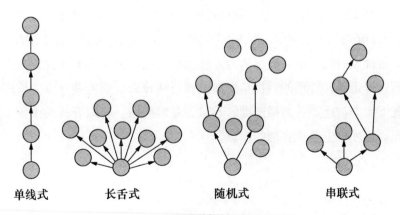

|单线式|长舌式|随机式|串联式|

图 16 - 2　"葡萄藤"沟通的类型

虽然"葡萄藤"可说是小道消息和谣言的源头，但它仍有许多正面功能。小道消息常有益于办公室社会关系的建立与维持，当员工彼此交换小道消息时，既能传递信息，又能增进人际关系与团体归属感；其他的功能还包括为组织变革发出早期警讯、为公司新政策试探风向等，聪明的管理者会试着了解"葡萄藤"的运作，利用它来增进公司的利益。

"葡萄藤"沟通其实是有一定轨迹可循，大致可分为四种：①单线式（single strand），一个传一个；②长舌式（gossip），一人告诉所有人；③随机式（random），每个人随机地告诉别人；④串联式（cluster），某些人告诉某些特定的人，此为最常见且典型的一种。

 ## 16.7 走动式管理

走动式管理

管理者时常走出办公室，加强主管、员工以及顾客三方面之间的沟通，可以减少沟通障碍。

走动式管理（management by walking around，MBWA）是一种沟通策略，认为管理者应该时常走出办公室，加强主管、员工以及顾客三方面之间的沟通，可以减少沟通障碍。在 20 世纪 80 年代风行的"走动式管理"是由 Hewlett Packard 所创造出来的新词[18]，由于企业主管经常走动于第一线，又称为"看得到的管理"。

深入现场的管理才能确实掌握经营的关键，进而刺激创新及教育员工有关公司的核心价值。管理者到处走动，主动听取意见，部属自然倍感亲切，乃乐于表达自己的意见。这种双向的沟通，既可改善工作效率，同时也能建立团队精神，大家相处融洽。不过，走动式管理并不表示管理者事事亲力亲为，否则，只会削弱员工的自信，扼杀他们的创意，让他们丧失独立思考的能力。

管理者四处走动，显示活力，可激励士气，员工有见于此，自然不敢松懈。但走动式管理的前提是要知道该说些什么，该听些什么，管理者需要先下工夫，还要有高敏感度的心思去发现问题，再以有效的手段去解决问题，这才是走动式管理的真意。

16.8 政治正确的沟通

"政治正确"（politically correct communication）在英文中也是较新的

词，在美国各种人权运动后，"政治正确"成为"最起码的伦理"，至少在口头上与字面上，不可歧视美国原住民、黑人、女性、同性恋、老人、行动不便人士等族群。支持"政治正确"的人认为，这有助于唤醒公众，大家要使用正式的、无偏见的语言来称呼那些弱势者，避免伤害他们。根据科学研究，Edward Sapir 与 Benjamin Whorf 最早提出语言影响思维的假设，因此通常用来描述人群的语言是有影响力的[19]。尽管这个论断仍有争议，但是它却是"政治正确"的重要理论依据。

然而，在沟通的过程中过于在意用词是否"政治正确"，就成为有效沟通的一个障碍，因为有些话语的使用会触怒别人，只好另找不够精准的语句，所以，政治正确的沟通过程变得复杂化，不能畅所欲言[20]。例如为了"政治正确"，人们普遍更改歧视性的语言，另找"适当"的名称，平等地对待被称呼的群体，显著的例子就是美国开始使用"非裔美国人"来代替以前的"黑人"、"黑鬼"的称谓。

在语言的层面上创造出一种不带歧视与偏见的正面、中性语词，在台湾已所属多有。例如我们早已把山地同胞（日治时代称为生番、熟番）改为原住民；游民与流浪汉也以街友称呼；而原本蒙古症患者或智障人士现在多称为喜憨儿；大专院校把从前训示、督导学生的训导处，改称服务学生的学务处；启智班也改为特教班；修理汽机车或从事车床工作的"黑手"，现在都要以技师称呼。

16.9　沟通的性别差异

男性和女性，不仅身体素质、性格特征有很大差异，而且在语言交流的表达方式上也不大相同，所以，性别差异常常造成口语沟通上的障碍[21]。根据 Tannen 的研究发现，男人是以谈话来强调地位（status），而女人却以谈话来建立关系（connections）。

"亲密"讲求关心与分享，"独立"强调分离与差异，它们是两个相互矛盾的需求，但男性与女性的沟通过程中要保持"亲密"与"独立"两者的平衡是不容易的，因为男人所听、所说都有关地位、权力与独立，而女性倾向听取与使用的语言，却重视亲密需求与关系的建立[22]。

一般来说，男人受来自外部环境和来自内心双重压力，时时担心自己的尊严是否受到蔑视，与别人谈话也是如此。于是，人际间的谈话就像一场谈判，谈话的方式就像是报告式的谈话（report - talk），人们努力在谈话中占上风，并且必须在阶层式的社会中维护自己的独立与地位。而女人交谈主要是寻求亲密关系，因此谈话方式像是情感式的谈话（rapport - talk），从彼此交谈中找到双方的共同点或是体会到对方的同情。

表 16 - 2　两性沟通风格的差异

女性	男性
私下场合谈话数量较多	公开场合谈话数量较多
喜欢咨询与讨论	不喜欢咨询及寻求帮助
给予说话者赞美及意见	多命令语气及主动提供信息
好谈论人际关系的细节	好谈论自己的英雄故事及政治人物
对话中重叠的现象较多	对话中重叠的现象较少
视冲突为和谐关系的威胁	以较直接的态度来处理冲突

男人觉得女人总是对她们的问题无休无止，说个不停；而女人也总是抱怨男人不听她们的话。事实上，男人碰上问题，希望能控制情势，把问题解决掉，如果解决不了，会先躲起来止痛疗伤，同时设法解决问题，但由于自尊心，他们寻求外界支持的意愿不高；但女人则不同，女人处理问题的模式，就是向人倾吐自己的困境，发泄一下，女人将诉说问题作为提升亲密关系的手段，她们是在寻求支持与关心，而不是想得到什么意见。

在组织中难免会有异性的工作伙伴，常要沟通、讨论，但两性之间的沟通风格有上述偌大的差异，因此，要理解不同性别的沟通风格，才能促进彼此了解，增进和谐。女性在职场往往是较弱的沟通者，男性应表示体贴、关心与信赖，分享自己的个人背景资料，也要让女同事把话讲完，不要打岔，这点女同事做来很自然，但是男性常常做不来。

其实这个世界不是男人就是女人，两者间的差异只要彼此多体谅、包容、接纳，就可以带着欣赏的心情，和谐相处。如果男女双方进一步学习彼此的性别特质，让自己能依场合需要，表现出合宜的性别特质，就更能成为具有"刚柔并济"人格特质的人，无往而不利。

自我测验

你的倾听技能有多好[23]

好的倾听技能是有效沟通的重要条件之一，这个自我测验让你对自己的倾听能力作一个评估，也可以协助你进行改善倾听能力的计划。以下的陈述句，答案无所谓对或错，只需要你圈选一个数字，表示你赞同的程度。然后把17题的数字加总起来就是得分（得分说明请参阅附录一）	强烈不同意	不同意	无所谓	同意	非常同意
1. 在听别人讲话的时候，我会做白日梦似的，在想别的事情	1	2	3	4	5
2. 对演讲人的演说内容，我不会用心去整理出要点	1	2	3	4	5
3. 我不会从演讲人的身体语言或声调，来帮助了解演说的内容	1	2	3	4	5
4. 在上课时，我比较会去聆听事实数据，而不是老师的整体想法	1	2	3	4	5
5. 枯燥的演讲人，我就不会用心去听	1	2	3	4	5
6. 要我对单调的人给予注意力，是很难的	1	2	3	4	5
7. 当别人还没讲完，我就会知道这个人的讲话是否有内容	1	2	3	4	5
8. 当我认为演讲人的讲话没有趣味，我就停止用心去听	1	2	3	4	5
9. 当演讲人对我认为重要的事情开玩笑，我就情绪激动	1	2	3	4	5
10. 当演讲人使用令人不快的言辞时，我就很生气	1	2	3	4	5
11. 我不会花很多精神去听别人说话	1	2	3	4	5
12. 我假装对别人有注意听，其实我并没有认真在听	1	2	3	4	5
13. 当倾听别人讲话时，我会分心	1	2	3	4	5

续表

好的倾听技能是有效沟通的重要条件之一，这个自我测验让你对自己的倾听能力作一个评估，也可以协助你进行改善倾听能力的计划。以下的陈述句，答案无所谓对或错，只需要你圈选一个数字，表示你赞同的程度。然后把17题的数字加总起来就是得分（得分说明请参阅附录一）	强烈不同意	不同意	无所谓	同意	非常同意
14. 我会拒绝或忽略那些与我的想法相违背的信息以及评论	1	2	3	4	5
15. 我不会寻找机会来挑战自己的倾听技能	1	2	3	4	5
16. 在演讲会中，我不会注意到那些帮助视觉的屏幕设备	1	2	3	4	5
17. 在听演讲时，我不会在讲义上写笔记	1	2	3	4	5

总分 = _____

主题案例

戴笠空难身亡之谜

1946 年，戴笠（雨农）于 3 月 17 日搭机，在南京发生空难丧生。

中国台湾中华航空公司创办人衣复恩（1916~2005）生前撰写《我的回忆》[24]，描述了戴笠出事经过。事故发生当天，浓密云层笼罩着南京上空，时任空军空运大队大队长的衣复恩正在南京的明故宫，突然接获电报，谓戴笠搭乘的编号"222"的 C-47 正从青岛飞来，衣复恩因此特别登上塔台守候，等到比预定抵达时间超过 1 小时仍不见该机进场，衣复恩察觉有异，询问附近机场也未获任何消息，于是立即发电报向北平查询该机驾驶员姓名，北平（现称北京）方面随即传回"冯俊忠"三字，衣复恩顿时心中凉了半截！因为他对此人的飞行技术向来就不太有信心。

第二天，衣复恩终于接获空难报告，在南京的东南方一山丘上发现飞机残骸，无人生还。由于戴笠身份的特殊性和敏感性，此次空难震惊全国。由于空难发生之时天候确实十分恶劣，一般人把失事原因归咎于气候

284

恶劣，还有传说戴笠将军因有要公，急需回京见蒋中正，不管极端恶劣的天候而坚持起飞，终至招来不幸。

但衣复恩仍亲自赶往北平，追查失事的原因，据杨副大队长对衣的报告，在起飞的前一天，接到王叔铭副总司令的电话，谓："有重要任务，派一个老飞行员！"由于王向来治军严厉，杨副大队长未敢多问，也没有进一步请示，就将那些年轻而优秀的飞行员排除在外，真的"奉命"去找年纪最老的冯俊忠来执行任务。

冯俊忠来自广东空军，衣复恩曾亲自考核他的 C－47 驾驶训练，认为他缺乏飞行天分，所以总在及格边缘，曾特别交代一〇三中队的周伯源队长，对冯的考核要格外注意。但此次重要任务竟然由冯俊忠担当，衣复恩根据失事现场的位置分析：该架 C－47 在进行第二次穿云下降时操纵不当，未按下降速度的规定，在超速的情形下，当它在预计转回机场方向前，就已经冲过了头而撞山失事！

"派一个老飞行员"这句话，是否真的就是造成大错的主因呢，近年多篇记述文章都认为空军对此次任务调派之不当，实难辞其咎[25]。副总司令王叔铭不说派一个"优秀"的飞行员而说"老"的飞行员，岂不是糊涂透顶？王叔铭将军治军严厉，素有"王老虎"之称，以致部属就都不敢啰唆多问，岂不是愚蠢失职至极？但也有人深入了解空军的术语，指出"老"指的是老资格有经验，或是老练、干练的意思，王叔铭将军其实是要派个飞得好的人，只有不熟谙空军文化的人，才会认为空军部属未能了解长官所谓"老飞行员"之真意。

现在当事人都已去世，此事恐已无法真相大白，令人不解的是，王叔铭将军享寿92岁，是1998年在台北去世的，竟没有人（包括衣复恩）向他求证或澄清过，军中威权文化的沟通困难可见一斑。

【思考题】

1. 本章第16.5节探讨组织在下行沟通、上行沟通、平行沟通的问题，你认为哪一种形式的沟通在军中的问题最值得注意？如何改进？

2. 许多文章评述或猜测戴笠殉难的经过，都根据衣复恩的《我的回忆》，你个人相信这种一面之词吗？你觉得时至今日，是否还能够对此谜团加以澄清？

主题案例

后劲抗争事件

1945 年，中国台湾石油股份有限公司（以下简称"中油"）于上海创设，1949 年迁移至中国台湾。中油于 1968 年在高雄市楠梓区建立第一座轻油裂解工厂，随后分别于 1975 年在高雄炼油总厂兴建第二轻油裂解工厂，1978 年在高雄县林园乡石油化学工业区兴建第三轻油裂解工厂，生产乙烯、丙烯、丁二烯、苯、甲苯、二甲苯等基本原料，供下游石化厂工业制造合成纤维、塑料与橡胶之用。1984 年，第四轻油裂解工厂于林园石化工业区完工。

由于重经济轻环保的缘故，高雄后劲地区的民众长年忍受烟囱中排出的各种污染、臭味、火焰燃烧噪声和油雨。但自从发现小孩罹患脑癌比率较其他地区偏高、居民得到各式癌症的消息不断，加上当地抽出的地下水点火会燃的生存威胁下，民众冲突不断。

1987 年 6 月，后劲地区居民针对中油高雄厂要在当地兴建第五轻油裂解工厂，非常不满，情绪终于爆发出来；当年 7 月，居民在中油炼油总厂中门等着向领导诉苦，等不到人，于是搭起帐篷，竖起标语，开始围堵中油炼油厂西门，不让车辆进出；8 月召开村民大会，成立反五轻自力救济委会，展开长达 3 年多的反五轻环保抗争运动。

1980 年 3 月，发生了当地西服店的刘老板攀上中油公司的燃烧塔上，誓言若政府不停盖五轻厂，就不下来的激烈抗争行动。事隔不久，当时的中国台湾地方当局比喻反五轻运动为流氓行径，法院也对带头者判处 1 年的有期徒刑。

在两方对峙的情况下，当时中国台湾地方当局考虑经济发展的需要，五轻势在必行，于是承诺为减少环境污染的总量，一旦较新颖的五轻开工后，设备陈旧简陋的二轻将同时停炉。最后，中国台湾地方当局领导为排除投资障碍，于 1980 年 10 月亲自南下高雄沟通，并夜宿后劲 1 晚，"体验"当地居民的生活。他对后劲居民做出五轻投产，25 年后必定迁厂的政治承诺。同时给了后劲居民新台币 15 亿元的回馈金，创下台湾反公害回馈金的最高额纪录（这笔钱后来已作为医疗及水、电、瓦斯的补贴和居民就学奖学金之用）。

当时的缓兵之计已经过了约23个年头，眼见2015年迁厂承诺即将到期，下游石化业者面对冲击，忧心忡忡。中油公司目前规划就地转型为"绿能园区"，使成为石化高值化及洁能产业的开发枢纽，但后劲居民质疑换汤不换药，坚持兑现迁厂承诺，2013年初已成立"炼油厂迁厂促进会"，如果政府不好好与当地居民沟通，迁厂抗争活动就可能提前再度引爆，这次会更难处理了。

【思考题】

1. 若你是中油高层人员，请问如何和抗争民众做有效的沟通，进而消弭冲突？

2. 你曾否对民众的抗争行动有过体会？你是否觉得民众常常是非理性的，很难沟通？

课后练习

1. 请简介沟通知觉模式，此模式与传统的沟通模式有何不同？

2. 造成沟通障碍的个人因素有哪些？

3. 如何增进主动倾听的技能？

4. 实施走动式管理（MBWA）可以带来什么效益？

5. 男性与女性在沟通上有何重大差异？

第 17 章　文化

寻常一样窗前月，才有梅花便不同

宋·杜耒·寒夜

多少人太注重今天而忘掉了昨天，岂不知昨天才是千真万确的为我所有。我们拥有昨天梅花的共同记忆，才有今天梅花令月生情、灵魂深处的共同感动，无须言语，共看明月应垂泪！我曾莫名地含泪看月，你也会吗？你让我觉得很亲很亲。

17.1 组织文化的定义

组织文化（organizational culture）的形成与发展，源自于组织为满足外部或内部的需要，当组织在解决外部调适问题及内部整合问题的过程中，组织成员可能发现某些基本假设、价值观或行为规范，可以提升组织解决内、外问题的能力。因此，这些基本假设、价值观或行为规范便成为组织成员所共享的信念与知识，并将此传给新进成员，作为新进人员知觉或思考类似问题的准则[1]。

可见组织文化是由这些基本假设、价值观、行为规范所构成的。以上的见解是组织文化方面最著名的学者 Edgar H. Schein 所提出的，他视组织文化是组织成员自然而然的一种行为表现，可见文化是一种经过相当长时间、深入人心的内化作用后的成果，故研究文化需要深入了解各个表面现象所隐含的背后意义。

由于文化可视为对外在环境适应及组织内部整合工作的学习过程的结果，可见学习的重要性，而组织文化是从日积月累的学习中获得的，而且是不断地在变动。因此，给组织文化一个比较简单的定义，"组织文化是一群人所获得的知识，用来解读经验以及产生社会行为"[2]。

组织文化
组织文化是一群人所获得的知识，用来解读经验以及产生社会行为。

 ## 17.2 组织文化的层次

组织文化是多面向呈现的，可从不同的层次或方面去探讨，而对组织文化的描述则大略可分成两类：具体可见的部分与深层不可观察的部分。

Schein 认为组织文化有三个层次：外在表征、价值观、隐含的基本假设，并且认为隐含的基本假设才是组织文化最根本的核心基础。组织文化三个层次的定义分述如下[3]：

17.2.1 人造物

人造物

组织文化中最具体可见的层次，是组织基本假设和价值观的具体反映。

人造物（artifacts）也常被称为"外显表征"，是组织文化中最具体可见的层次，也是组织基本假设和价值观的具体反映。然而，人造物虽容易被观察到，但不易解读，可分为三类：

（1）实体上的。如识别符号、公司摆设、公司建筑、制服、技术、产品等等。

（2）行为上的。如仪式、典礼、会议形式、教育制度、奖惩制度等等。

（3）言语上的。如习惯用语、口头禅、绰号、彼此的称呼等等。

17.2.2 价值观

价值观（values）是组织文化中较深的内涵，它反映出个人对于什么是应该的、什么是不应该的潜在信念。此外，我们应将"标榜的价值观"与"奉行的价值观"区分开来。

价值观

组织文化中较深的内涵，它反映出个人对于什么是应该的、什么是不应该的潜在信念。

（1）标榜的价值观（espoused values）。组织成员口头陈述他们所重视的价值观、追求目标、群体规范、意识形态等，可经由问卷、访问或其他调查方法而得知。

（2）奉行的价值观（enacted values）。指组织成员以实际行为方式充分表达的价值观，用来引导或规范团体成员处理问题的方法，也用作训练新成员的行动准则。

17.2.3 基本假设

基本假设（basic assumptions）是组织文化的核心基础，是一种无形且被组织成员视为理所当然的潜意识。基本假设一旦被所有组织成员视为解决某一问题的指导原则与有效方式，就会形成共同信念，成为组织价值观和外显表征的根基。

基本假设

组织文化的核心基础，是一种无形且被组织成员视为理所当然的潜意识。

17.3 创始人的影响力

"组织文化"一词最早出现在 Pettigrew 于 1979 年发表的文献中，该文论述了组织文化的起源，通常是以组织创办人为核心，以其权力、成就或英雄事迹而成为文化意涵的创造者与管理者，引导组织文化的发展[4]。一位有作为的组织创立者，不但能够将个人的理想转化成为组织成员共同信仰的目标，并且能够激励跟随者对组织目标的认同[5]。当然，组织创立之后，组织文化不仅反映创始者的观念，也会逐渐容纳其他组织成员的学习经验。

在此以宏碁为例，可观察其创始者施振荣建构宏碁组织文化的过程[6]。施振荣认为，宏碁之所以可以快速发展，从有形资产来看，是靠员工投资筹集大多数资金；从无形资产来看，是同仁的高度向心力，而紧密结合公司与同仁的力量就是企业文化。施振荣认为，许多人都有"宁为鸡首，不为牛后"的创业精神，大多数人心里都曾有梦想，但往往发现实现梦想非常困难就放弃了，他认为宏碁应让员工充分表达实现愿望的企图心，让他们的梦有实现的一天，因此建立了"龙梦成真"的愿景，并且提出"小老板的成就"，希望以员工入股的方式让公司同仁们分享当老板的成就感，让员工觉得整个公司的荣辱与自己休戚相关。

基于传统师徒制经验传承的理想，施振荣也提出了"不留一手的师傅"口号，希望主管都能尽心去培养部属、传承知识，把过去"留一手"的心态从组织中剔除，营造出一个不一样的环境。宏碁还将这样的文化纳入升迁制度中，任何主管的升迁都必须视其培养了多少部属，看他升迁之后有没有足以胜任的接班人来决定，从而使这个企业文化生根苗壮。

组织文化是一群人共有的价值观，除了要有相同的宗旨、愿景之外，对做事的原则、方式也必须认同。它绝不是口号，而是日常的实际行动，但必须以口号作为一种沟通工具，以助于共识的达成。施振荣先生深谙此道，因此他提出了一系列口号，用来描述他心中的宏碁版图，用来定义其企业宗旨，找出组织价值。

难能可贵的是，施振荣希望塑造的组织文化符合经营环境的要求。在第二次世界大战后的经济高成长时期，策略、组织结构、系统是企业急需的管理原则，赋予企业焦点与控制。然而，在全球化时代，产能过剩与激烈竞争成为常态，现在企业最珍贵的资源是员工的知识以及专业技能，企业应该从硬性的策略、结构、系统，转而重视比较软性的宗旨（purpose）、流程（process）、人员（people）等所谓 3P 模式[7]，让员工能明白工作的宗旨，并了解为何而做、为谁而做，以努力实现企业组织的价值（organizational values）。

291

17.4 组织文化的四种功能

组织文化有一套隐含的但成员都清楚的行事规则，而且具有长期的稳定性，成员一旦接受，常常视为理所当然，并会抵制他人对现行价值标准加以更改的企图，因此，组织文化可以发挥四种功能[8]，如图 17 - 1 所示。

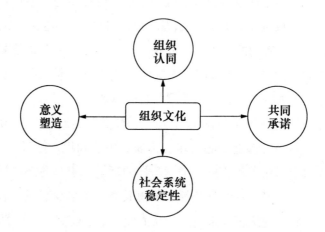

图 17 -1 组织文化的四种功能

17.4.1 组织认同（organizational identity）

组织文化可用以界定组织的范围，使组织自觉不同于其他组织，从而提供组织成员一种身份的认同感。

17.4.2 共同承诺（collective commitment）

组织文化促使成员们能跳脱自己的利益，看到组织更高的利益，并因此可能产生共同努力的承诺。

17.4.3 社会系统稳定性（social system stability）

文化犹如一黏着剂，通过提供员工适宜的言行标准，使大家有一种团结的感觉，故能提高社会系统的稳定性。此社会系统被成员们正面看待，彼此在其中相互鼓励。

17.4.4 意义塑造（sense making）

文化帮助组织成员去理解事物所代表的意义，也强化组织的价值观。从此角度看，文化是一个控制的工具，它引导并塑造员工们的态度与行为。

▶▶ 17.5 X 理论、Y 理论、Z 理论

组织文化的最深层是基本假设，有关对人性方面的基本假设，以麦格雷格（Douglas McGregor）提出的 X 理论（Theory X）与 Y 理论（Theory Y）最为人乐道，分别代表两种极端的人性假设，他在《企业的人性面》中阐述此"人性"问题，此书在管理学界也因此备受推崇。

X 理论认为人性厌恶工作，规避责任，所以在管理上就必须强调监督的技巧，对人性的假设有：①具有好逸恶劳的天性，尽可能规避工作；②缺乏进取心，不喜欢负责，宁愿被别人指导；③具有反抗改变的天性；④大多是为金钱及地位的报酬而工作；⑤天性以自我为中心，对组织的需要漠不关心。企业如果相信 X 理论，自然会对员工采用严格控制的管理方法，不过麦格雷格认为，X 理论的管理方式可能只适合使用于组织内特殊部门，或只适用于某些特殊工作。

Y 理论认为人都具有良心和自觉性，只要条件合适，员工都会卖力工作，这种观点与我国传统"人之初，性本善"的观点相类似。我们希望员工努力工作，不能靠苛刻的管理制度和惩罚措施，而应采取正确的激励机制，员工就会在工作中约束自己，自觉地完成工作任务，并乐于发展自己的潜能。Y 理论对人性的基本假设：①一个人在工作上消耗心力与体力，正如同游戏一样的自然；②外力的控制与惩罚的威胁，并不是使人们朝向组织目标而努力的正确方法；③目标承诺是成就动机的一种表现；④人们在适当的情况下，不仅接受责任，并且要求责任；⑤大多数人都有相当的想象力与创造力，以解决组织上的问题。根据 Y 理论，员工并非与生俱来

293

就倾向懈怠工作和规避责任，如果管理出了问题，那么问题的症结常常是管理者的管理方法不当。

Z 理论（Theory Z）是由威廉·大内（William Ouchi）在比较了日本企业和美国企业的不同管理特点之后，参照 X 理论和 Y 理论，提出的所谓的 Z 理论[9]。虽然日本的经济在近年低迷不振，但回顾 20 世纪 80 年代开始的一段时期，日本经济持续高速增长，引起全世界瞩目，而支撑日本经济增长的关键是企业的竞争力。美国企业界曾非常热衷于研究日本企业的管理方式[10]。威廉·大内经过调查比较，在 1981 年出版的《Z 理论》一书中，其内容是员工与企业、员工与工作的关系，组织文化理论也是此项研究的一项重大成果。Z 理论认为，企业的成功离不开信任、敏感与亲密，因此主张采取坦白、开放、沟通作为管理的基本原则；日本企业界当时的管理实务如终身雇用、集体决策、个人责任、较少的评估、较慢的晋升等，都建基于信任以及员工之间的一种亲密和谐的伙伴关系，都能为共同的企业目标而努力。

17.6 组织社会化过程

组织社会化（organizational socialization）是新进人员对组织社会化的价值观、规范、工作行为的一个学习历程，使其能顺利成为组织新进人员对组织的价值[11]观、规范、工作行为的一分子。社会化的过程也是协助新进员工能够适应组织文化的学习历程。组织社会化的调适过程，可以分成三个阶段：职前期、接触期、蜕变期，如图 17-2 所示。

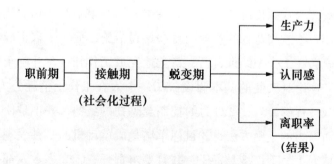

图 17-2 组织社会化过程

17.6.1 职前期（prearrival stage）

组织通常利用招聘、甄选来确保新进员工的价值观与组织契合，求职者在甄选过程中的行为举止是否适切决定是否会被录取，可见成功的求职者应已相当程度符合甄选单位的期望和要求[12]。

在20世纪80年代出现一种新的招聘方法，称为实际工作预览（realistic job preview；RJP），RJP是一种招聘的哲学，认为企业在招聘过程中，应该给求职者有关企业和职位真实、准确、完整的信息，包括积极和消极两个方面。虽然RJP不免降低新员工对工作的期望，也会略微降低员工对工作的接受率，但也提高了新员工对工作的满意感和对组织的承诺，更能促进员工与组织之间的相互接纳[13]。

17.6.2 接触期（encounter stage）

进入组织后，员工若发现实际情形与原先的期望之间差距太大，近似于期望幻灭，就会离职。如果差距不是太大，则有赖组织社会化的作用，让员工的价值观及态度与组织文化趋近。

17.6.3 蜕变期（metamorphosis stage）

新进员工在接触期如果遭遇困难，通常意味着员工必须要做某些改变，直到其熟悉公司情形与工作内容后，觉得能融入其中为止。此时，他们充分了解、接受、遵守组织及工作单位的规范，也得到同事们的接受与信赖，他们对非正式的惯例也能把握分寸。更重要的是，他们知道工作绩效的真正评量标准为何，不再彷徨。新进员工有了认同感以及生产力，离职率随之降低，社会化才算完成。一个组织通过新进人员的社会化过程，使组织文化能够再生与绵延不绝。

 ## 17.7 组织文化的潜移默化

员工在组织社会化的过程中，受到许多组织实务的潜移默化，使他们逐渐认同、趋向于现有的组织文化，最常用且有效的方法是通过故事、仪式、实质象征、语言等[14]。

17.7.1　故事（stories）

公司创建的过程、创办人的事迹、过去历史中发生的人、事物、成功或失败的主管经历等等，都传达着组织的价值观以及所强调的典范。这些故事经由不断流传，赋予意义，会对新进员工产生引导的作用。

17.7.2　仪式（rituals）

仪式是在组织中重复出现的活动，用以凸显与强调组织最重要的价值观。典礼与仪式提供管理者机会，以激励那些与公司价值一致的员工行为。六种组织里常见的仪式[15]包括：传承仪式（Rites of passage）象征某人通过某种身份，例如退休晚宴；增进仪式（Rites of enhancement）彰显个人的成就，如年度表扬大会；重塑仪式（Rites of renewal）强调对组织变革、学习与成长的承诺；整合仪式（Rites of integration）增进组织成员的团结，例如办公室举办圣诞舞会；冲突减低的仪式（Rites of conflict reduction）旨在解决组织中的冲突，例如集体协商的进行；降级仪式（Rites of degradation）则是公开惩罚那些拒绝遵守组织行为规范的员工。

17.7.3　实质象征（material symbols）

实质表征的例子很多，包括办公室的大小，主管与员工的服饰，出差是否搭乘商务舱等，都向员工传递着信息，告诉员工公司究竟重视什么。2008年11月，在美国国会听证会上，议员严词批评通用、克莱斯勒和福特三大车厂的执行长到华府申请纾困，竟搭乘私人飞机。这个新闻当时被大幅报道，因为私人飞机这种实质表征太强烈了，显示了这三大车厂的不思进取、挥霍无度的企业文化。

17.7.4　语言（language）

组织中特有的术语或简称，是一种认同和连接的象征。组织成员常对各种缩写字与术语感到不解，但工作一段时间后，也会完全融入其中而不自知。所以，一个人所用的"语言"可能会成为是否属于某特定文化的一项指标。

▶▶ 17.8　强势文化

人们常用凝聚的、同质的、共享的、稳定而强烈的等形容词来定义强势文化，显现出所有强势文化的共同点，即组织成员有着一套紧密的价值系统与文化典范，能提高大家对达成组织目标的承诺。其实，我们可以通过目标的一致性来衡量企业文化的强弱。强势文化的组织内，其组织成员具有一致性的目标，而共同的价值观与规范会引导出合宜的行为；反之，弱势文化的组织中，成员的目标方向却是分散或相异的。因此，在弱势文化中，管理者要协调大家的行为，就必须仰赖正式的组织结构系统。

强势文化
组织成员有着一套紧密的价值系统与文化典范，能提高大家对达成组织目标的承诺。

17.8.1　强势文化的形成

因为组织文化是组织成员为人处事的价值系统与态度规范，等同于一种非正式的控制方式，可以凝聚组织成员的向心力，并提升组织效能。这种无形的控制，我们称为社会控制（social control），身处其中者皆受到此控制力钳制，而顺应其指导方向。其范围远超乎一般正式控制系统所能及，控制成本也相对低廉；O'Reilly 与 Chatman 认为这种社会控制的使用，是通过一些心理机制[16]，才能达成组织成员的一致性，从而凝聚成组织的强势文化，这些机制包括：①成员参与，鼓励组织成员参与组织决策，通过参与感提升成员对组织的承诺；②象征性的作为，组织领导人展现的行为与决心，须与组织宗旨与价值观一致，并能充分运用象征与符号，促进组织成员对组织的认同；③他人信息，来自同事的信息会形成"见贤思齐"的压力，影响组织成员的信念与行为；④全盘性的奖酬系统，设置广泛的奖酬系统形成诱因，引导组织成员的服从行为。

17.8.2　强势文化的正面影响

很多学者都认为强势文化（strong culture）与组织绩效有正向的关系[17]，Deal 与 Kennedy 甚至认为强势文化是让美国企业得以不断成功的重要力量[18]。在强势文化中，组织成员广泛持有核心价值观，其行为有秩序，容易预测，一致性高，因认同组织而离职率低[19]。

Peters 与 Waterman 曾针对 43 家美国经营最成功的企业进行研究，包括 IBM、娇生、HP 等，他们在 1982 年出版的《追求卓越》畅销书中发表研究结果，指出文化是企业卓越的主因，所萃取出八大卓越企业的管理特质，大半奠基于强势的文化[20]。不过他们认为，公司在秉持与坚守其核心价值观的同时，对接受这些价值观的员工，应包容他们的个别差异性[21]。

组织文化也可以成为企业竞争优势的来源，Barney 以资源基础理论（resource-based theory）说明此观点，在企业各种内部资源中，人力资源是最重要的一环，所以凝聚组织文化可以建立竞争优势，但此文化必须具备以下的特性[22]：

（1）有价值的（valuable）。这种文化可令组织面对竞争对手时，能够以更好、更完美的方式与态度，处理对手在职员、顾客、供货商之间无法妥善处理的事，由此更彰显出比对手更有价值的组织文化。

（2）稀少性的（rare）。通常来自于组织特有的经验，而这些经验具备成为组织竞争优势的潜能。

（3）难以模仿的（imperfectly imitation）。有些文化无法言说与知觉，只能通过意会传承；有些文化具有独特的历史与遗迹；有些文化会遭受来自现存文化的抗拒。这些特质的文化都是令竞争对手难以模仿的竞争优势。

17.8.3　强势文化的负面影响

Karl Weick 认为组织文化与策略有着明显的相似性，两者都为组织提供了凝聚力、秩序、意义，对组织产生很大的影响力[23]，但这种影响力究竟是正面或是负面，取决于一些变项如产业特性、组织规模、环境本质等[24]。过强的组织文化在某些特定情境中已成为一项负面因素，阻碍组织变革，也不利于组织的多元化。以下为强势文化可能造成的三项负面影响：

（1）阻碍变革。即使强势文化能够让一个企业在作业环境中享有优势，其时间也可能是有限的。当环境发生巨大变动时，组织效能还是取决于组织的适应力，而不是其凝聚力[25]。换言之，强势文化具有坚韧性与僵硬性，不利于组织的外在适应，当环境产生变化时，强势文化的组织反应也可能较为迟缓，而不能及时掌握环境的最佳机会，或忽视了环境的威胁。

（2）阻碍多元化。强势文化常令人自以为是、产生偏见，本书第 14 章中曾探讨"团体迷思"的现象[26]，当人们处于凝聚力强的团体中时，团体内部的压力会导致成员追求一个共识，要求少数服从多数，不利于多元化环境的形成，即使引进具有独特优点以及特殊背景的新进人员，他们也可能很快就被同化。

（3）阻碍企业并购或合并。企业合并必须考虑双方组织文化的差异性，否则失败居多，西门子与明基手机部门的并购案就是著名的例子。此案失败的原因，除了明基最初评估错误、产品开发不顺之外，更重要的原因可能是双方文化差异过大，阻碍了双方的合作，研发团队发生冲突、相互对立，终告破局[27]。

自我测验

你喜欢哪一种企业文化[28]

这份测验想让你了解自己的价值观适合哪一种企业文化。以下的 12 道题目，每一道题目都有 a 或 b 两个叙述，请你圈选取其中之一，表示你比较喜欢的（答题完毕后，请参阅附录一的解说）。

A 公司是这样的	B 公司是这样的
1 a. 员工以团队方式一起努力工作	1 b. 其产品与服务高水平，受到推崇
2 a. 高级主管维持工作场所高度秩序	2 b. 倾听顾客的需要，反应迅速
3 a. 员工受到公平对待	3 b. 员工一直在寻找更高效率的工作方法
4 a. 员工对新工作的需要适应得很快	4 b. 公司领导人努力让员工快乐
5 a. 资深主管享受与众不同的特别福利	5 b. 公司达成绩效目标，员工就感到骄傲
6 a. 员工做得最好就拿得最多	6 b. 资深主管受到尊敬
7 a. 每一个人按部就班，准时完成工作	7 b. 公司的创新表现，在同业里是领先的
8 a. 员工得到协助去解决个人的问题	8 b. 员工很遵守公司的规定
9 a. 市场一有新点子，就会去试试看	9 b. 期待每个人耗尽心力去达到最佳表现
10 a. 能迅速抓住市场的机会	10 b. 公司发生任何事情，都会告知员工
11 a. 对发生的竞争威胁，能快速反应	11 b. 最高主管做出大部分的决定
12 a. 管理阶层掌控所有事情	12 b. 员工们互相关心

主题案例

慈济人

在中国台湾，只要有急难事件发生，就能见到佛教"慈济慈善事业基金会"的志工在第一时间赶赴现场，协助救难、安抚伤员、提供热食等，几乎已经成为中国台湾急难新闻画面里的固定一景。近年来，随着世界各地慈济分会、国际慈济人医会成立，蓝衣白裤的慈济人身影，也逐渐走进世界的风景里。而慈济快速的动员以及应变能力，已经成为一个典范，许多企业家、学者常问："慈济这么大，到底以何为制度？如何作管理？"证严法师总是轻描淡写："我没有任何管理，只是常常告诉大家要'自我管理'"。而"自我管理"这样的概念，深深烙印在慈济的组织文化中，使得目前全球有38个国家设有分支会或联络处的慈济，能够有效地运作，甚至运作得比一些企业好。

慈济的组织文化从外表就可以看出来，慈济委员的绾发为髻，慈诚队员的平头形象（前者为女性，后者为男性，多为夫妻档），从头顶就开始自我管理，深蓝色旗袍或是蓝色上衣、白色长裤，整齐划一的服装，是慈济组织文化的象征，也让外界对于慈济有一致的形象。

慈济组织文化的培养来自于严密的人际关系网，采取多层次连锁人际互动的模式来传达组织的愿景，也更能控制组织的执行。如果把慈济比喻做一个超级大型企业集团，则被视为最高荣誉的职位、经过证严法师亲自巡回台湾"授证"的3万多名慈济委员、慈诚队员，应该就是公司的"核心中高级管理干部"。这3万多名委员宵衣旰食，风尘仆仆实践"四大志业、八大脚印"的社会福利工作，让慈济的组织文化不断发挥，以1人牵1人、1物带1物的方式，一步一脚印地走入台湾最基层，甚至遍布全球每一个受灾的角落。慈济的委员分层负责联络、照顾300万名定期捐钱的会员，付出殷勤关怀，不下于对亲朋好友的感情。慈济的委员还会针对地区委员召开定期"教育训练"，其严密的训练课程、不断强化的"组织文化"，不逊于安泰、国泰等著名保险企业集团，差别在于他们表扬的不是超级业务员，而是鼓励谈人生、说爱心的"传道大会"。

2011年，哈佛商学院教授 Herman Leonard 将慈济列入个案研究，发现慈济文化的特殊性，慈济以"价值"与"信念"为驱动力，使得组织成员能够紧密地连接在一起，所以，虽然不默认长程策略目标，但能够遇事立即决策，快速应对，通过愿景的阐述与执行，为组织带来无比的力量。

【思考题】

1. 慈济何以拥有快速的动员与应变的能力？

2. 证严法师对慈济的组织文化与慈济人的影响力为何？

课后练习

1. 组织文化有哪三个层次？请分别说明。

2. 组织文化可发挥哪些功能？

3. 请分别说明强势文化的正面影响与负面影响。

4. 组织内的员工是如何学习到组织文化的？请举例说明。

5. 请说明宏碁计算机创办人施振荣是如何塑造宏碁的组织文化的。

第18章 变革

昔人已乘黄鹤去，此地空余黄鹤楼

唐·崔颢·黄鹤楼

千载悠悠，世事茫茫，诗人声声呼唤黄鹤，但黄鹤已杳不复返。昔人登仙，固是幸事，何奈天际白云无所依归的凄凉、最美时光稍纵即逝的感伤。唯感伤于事无补，在这条不归路上，不可再错过变革良机，更要戮力同心，开创新局。

18.1　组织变革的管理

组织变革（organizational change）是组织为追求生存及积极发展，对于不合时宜的组织结构及工作关系等进行有计划的改变，以适应新事务与新需求的过程或活动。组织变革是企业生存的必要，一个成功的企业，没有一天不寻求变革，以提升企业的竞争力。尤其是对处在快速变化环境下的高科技产业而言，变革更可说是其最大的特色。

除了外在环境的竞争压力外，由于受雇者要求更舒适的工作环境，顾客要求更高的产品价值，股东要求更透明的财务信息等，企业变革变成一件不可避免的事情。在企业界，变革已经是一种常态，管理学界盛行变革管理，畅谈如何克服变革的阻力。从企业体来看，企业经理人必须负起变革管理者的角色，带领变革，成为企业变革的推手。

组织变革是不断发生的，比起反应式的变革，预动式的变革会有更多成功的机会[1]。Peter Senge 是一位在组织变革方面著名的专家，他经过 10 年对各大企业的变革持续密切观察，认为已有足够的证据证明，变革可以为企业带来成功[2]。如果 Senge 所言确实，企业经理人更必须学习如何进行成功的变革管理。一般而言，变革者要具备前瞻性，组织变革的管理可利用图 18 – 1 加以说明。

组织变革

组织为追求生存及积极发展，对于不合时宜的组织结构及工作关系等进行有计划的改变。

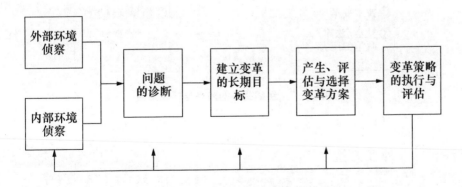

图 18 – 1　组织变革的管理

▶▶ 18.2 促使组织变革的力量

　　组织变革的产生，通常是由于企业感受到内部与外界的压力，且意识到有改革的必要。造成组织需要变革的原因正如《十倍速时代》一书中所述："在游戏规则不断改变的环境下，传统的习惯和经营方式，不断地被新的变化所冲击与颠覆，未来时代的变化如此迅速，不论企业或个人，都将陷入无可依恃的惶恐与迷失。"[3]为了希望组织能顺利成长，现今企业组织大多实行激烈的变革，诸如组织再造、合并、联盟、全球性团队、策略与结构的变革、新科技与产品的创新、员工训练与学习、文化重新塑造等。

　　如上所述，现今环境变动剧烈，企业领导者应审慎评估导致组织必须变革的内在与外在力量，采取适宜的变革方案，如图 18 - 2 所示。以下为这两种力量的简单说明。

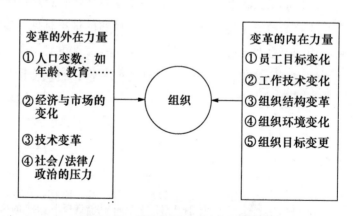

图 18 - 2　组织变革的内在与外在力量

18.2.1　外在力量

　　经济、市场、技术及法律、政策的改变，通常无法为管理者所控制。其中的技术变革，例如，计算机的出现，支持了复杂的生产活动，使得处理大量数据变得更为容易快速；新机器的发明，也会促使旧组织进行结构改革；法律、政策的改变，例如，法令改变时，可能使得企业经营理念、管理方式也随之改变，甚至影响到组织的生存条件；社会态度或价值观的改变，例如，日益受到重视的环保意识、劳工意识的改变，已影响到政府组织，使其成立环保署、劳工委员会等专责机构，并公布相关法规，因而连带影响企业的经营方式与理念。另外，大众传播的盛行，以及互联网的应用，都是促使企业产生变革的外部环境力量之一。

18.2.2　内在力量

来自于企业内部的力量，可以由管理者加以控制，包括决策、沟通、人际关系等过程力量，以及士气、出勤、离职等人员力量。

过程力量指的是决策、沟通及人际关系等。例如决策质量低劣、沟通障碍、人员间相互猜忌、斗争等，都是促使企业变革的原因。另外，诸如员工的士气低、离职率高、缺席率高等人员力量，以及当企业有新成员的加入时，也会促使企业进行变革。

引发企业产生变革的力量，充斥在企业所处的外在环境与本身的内在环境之中。通常，发现组织环境改变的征兆，并着手推动企业变革的人是企业的最高主管（CEO），中低级主管则是执行变革计划的重要人物。Kotter 认为，必须进行改造的，除了问题丛生的企业外，凡是被管理阶层预见危机将至的公司，都应进行变革[4]。

18.3　计划变革的策略

组织变革的最终目的，不外乎提高效率与竞争力。由 Leavitt 对组织计划性变革的定义来看，基本上可以将其划分为三个途径，包括组织结构变革、人员变革、技术变革[5]。其中以人员变革最为困难，却也是最根本、最重要的。组织结构变革、技术变革可以通过管理、权术的运用来达成，然而要改变一个人的"心"却不是一朝一夕可以达成的。组织是由许多个体所组成，每个个体由于其成长环境、先前经验、学习过程而呈现不同的风貌。因此，要改变一个人经年累月形成的观点、态度实是一个相当耗时、耗力，也相当需要智能的工程。如果能改变个人的价值观、态度与信

念，必能进而改变其工作行为、方法，达到增加组织绩效的目的。

18.3.1　组织结构的变革

组织结构的变革，使得一些正式工作的内容及职权的定义产生变化，这是企图借着改善工作结构与职权关系以达到改善绩效的一种管理行为。例如当企业实施新的工作方法，像是第 8 章所讨论过的工作丰富化（job enrichment）、工作扩大化（job enlargement）等，或引进新机器时，会使得工作的本质及结构产生变化。所谓工作丰富化，是一种提供员工接触多种工作机会、增加其工作兴趣，但同时也加深其工作压力的方式，如便利商店的店员，除了要接待顾客、为其服务、完成结账等工作之外，还必须负责店内外的清洁、补货、进货等事宜。而工作扩大化，则是指增加类似工作的数目，是一种量的增加的方式。

18.3.2　人员的变革

所谓人员的变革是指关于员工态度、技能及知识基础等方面的改变，其主要目的在于提升人员的生产力，并与他人协同一致地完成指派的工作。在人员变革技术方面，最典型的如团队的建立。建立团队是一种针对团体、群体（如营业单位、部门）的变革技巧，其目的是通过解决问题时的互动作用，使成员彼此间能更加熟悉、信任，并对提出的解决方案建立更多的共识与认同，以利此解决方案日后的执行。团队技术的运用，首先必须确认问题的所在与本质，然后整个团队成员进行讨论、交换意见，以确认发生此问题的真正原因，进而讨论各种可能的解决方法，以及其产生的正负面效应，再从这些方案中评估、选择出最适当、可行的方案实施。

18.3.3　技术的变革

技术变革是指将资源转变成产品或服务的任何新方法的应用，包括机械化、计算机化等。由于工资日渐上涨，加上微电脑科技的突飞猛进，可以预期的是 21 世纪将是由机器人取代人工的新世纪。机械化、计算机化固然促使生产技术更向前迈进一步，但随之而来的管理问题、社会问题也不容忽视，如人力的管理与安排、失业率、工作重新设计等，都给管理者与相关单位带来不小的冲击。

18.4　Lewin 的三阶段变革模式

任何变革都必须预期阻力，因此，在变革之前，我们必须尽可能化解阻力，营造助力。Lewin 首先提出组织变革的三阶段模式[6]，并由 Schein 进一步阐扬[7]，此模式是以人员为中心的组织变革，其主张组织如果要从一个旧状态推升到一个新的状态，它必须经过三个主要的处理阶段：解冻目前的状态（降低抑制力、增加驱策力）、改变、再结冻以稳定新的状态（增加抑制力、降低驱策力）。故其过程通常是由一个"稳定的状态"，转变成"不稳定的状态"，再转变为"稳定的状态"的过程。其中"解冻"工作又是变革的成败关键。所谓"解冻"就是在采取任何实际的变革行动之前，变革推动者所进行的"营造求变形势"的心理建设工作，目的是破除旧观念，并激发改革动机。事实上，只要这一步骤的工作做得落实，第二步的"变革"就可以顺水推舟，水到渠成。"再冻结"的目的是通过驱力与限制力的平衡，目的在确保将改革后的成果加以定型，如图 18-3 所示。

图 18-3　Lewin 三阶段变革

18.5　变革的阻力

组织在进行变革时，可能会遇到来自各方的阻力。阻力产生的原因很多，基本上可以分为个人因素、群体因素、组织因素以及其他因素四方面。

307

18.5.1　个人因素

变革可能威胁个人既得利益，导致个人地位降低。当变革与个人的价值观冲突时，也会引起抗拒。充满不确定性的变革会导致个人对未来的不安全感与恐惧感。年纪较大的组织成员适应能力较低，对冒险意味高的事物会恐惧与排斥，例如，对办公室自动化、计算机化的排斥，认为有可能剥夺自己的工作机会。当个人对变革的目的、内涵及做法不了解或有所误解时，也会抗拒变革。

18.5.2　群体因素

变革若威胁到群体关系，也将导致抗拒感。因为一个人在某个职位上必会形成一个特定的社会关系，当组织进行变革时，其工作或职务可能会被调换，随之而来的问题便是其经年累月所努力建立的社会关系网被改变，必须重新面对新的群体关系，以及重新建立自己的社会关系。因此，会破坏原有群体规范以及群体关系组织的变革，通常会引起抗拒。

18.5.3　组织因素

当管理当局不重视组织变革，认为组织不需要进行变革，或因舍不得过去的沉没成本不愿意再继续投资时，也会对变革产生抗拒。有时管理当局本身观念守旧，不愿轻易改革，或对组织变革策略的执行结果缺乏信心，也不易支持组织变革的进行。一个得不到管理者支持的变革策略，要顺利达成其目标有相当大的困难。由此可知，管理者的态度与行为在组织变革执行效果上，扮演着相当重要的决定性角色。此外，当组织本身的某些特质，如组织结构、组织文化、非正式组织体系等，不能与变革相配合时，也会不利于变革的进行。

18.5.4　其他因素

组织为了维持既有权力的平衡关系，就有可能会抗拒变革。另外，当成员对改革推动者本身有所误解，或彼此有利益冲突时，也可能会抗拒变革。通常，组织成员在衡量组织变革的结果会对其有利或不利时，才决定采取接受或抗拒变革的态度及行为。一般人在面对变革时，通常会有完全接受、怀疑接受、怀疑拒绝、完全拒绝四种反应，而相对的也有四种不同的响应行动，包括完全投入、被动投入及观察、敷衍投入及观察、拒绝投入及离开。成员在抗拒变革的行为上，可以分为公开抗拒与暗地抗拒两种。公开抗拒的行为包含攻击与抵制，所谓攻击是指对改革推动者公开打击与批评，让其他成员对其产生不信任感，是较明显的抗拒行为；而抵制可能包括阳奉阴违，表面上接受改革的命令，实际上能拖则拖，不能拖则随便敷衍了事。至于暗地抗拒行为，可能包括造谣、压抑、退化、退缩等方式，不管是哪一种抗拒行为，对组织整体的效益而言，都具有负面的影响。

18.6　变革阻力化解之道

人们偏爱维持现状而抗拒变革的主要理由有三点；其一是对变革后可能状况的不确定性所衍生的恐惧排斥心理，例如作业流程的改变可能让员工无法胜任；其二是担心变革所产生的心理或实质损失而衍生抗拒，例如员工觉得自己的地位、权力、人脉网络、生活习惯会受到不利的影响；其三是观点上的歧异，对变革的必要性与方法不以为然，认为该项变革并不符合组织的整体利益。

当组织变革产生抗拒时，管理者必须设法消弭这些不利变革的抗拒行为：

（1）组织变革应采取循序渐进的方式，阶段式的实施，不可操之过急，并在执行前通盘考虑与变革有关人员的福利与适应问题。

（2）通过教育与沟通的方式，让变革有关人员充分了解改革的目的、内容、执行方式与可能的结果，尽可能消除不必要的误解。

（3）让变革相关人员参与讨论，不仅能增加其对变革内容的了解，同时通过其自身的参与及提供意见，也能增加其对变革策略的规划与执行上的认同感、归属感。

（4）管理者提供变革有关人员必要的支持与信心，通过一连串的教育或训练方式，增强有关人员适应改革与接受改革后结果的能力，选择变革推动者时，应考虑其名声、人际关系以及能力等。

（5）管理者可以通过交涉与协议的方式，如提供变革相关人员精神及物质上的奖励方式，当变革策略阶段性目标如期达成时，便提供员工奖金或借红利，以鼓励组织成员接受并执行变革策略。

（6）如果上述方法都不可行，还可考虑另外两个可能有严重后遗症的方法。其一是操纵与收买，借由操纵、扭曲信息来改变相关人员对变革必要性与正当性的知觉，或者将反对派的领导人"收编"，使之加入主导变革决策的阵营；其二是用调职、降级甚至开除资遣等威胁手段来强迫反对者顺从。这两者都可以迅速产生效果，但组织成员发现真相之后，组织将会陷入"离心离德"的局面。

总之，抗拒变革的理由层出不穷，但实际上都可以归纳到排斥不确定性、维护个人利益及观点差异这三者，而想要化解变革的阻力，就必须针对抗拒变革的原因，选择方法来应对。除非已经无计可施，否则最好不要采用操纵收编与强迫威胁等方式。

18.7　Kotter 的组织变革八步骤

哈佛大学教授 John Kotter 指出，成功的组织变革通常分八个阶段进行，并且由卓越的领导人带头，Kotter 的变革八步骤是通过 Kurt Lewin 的变革动力学"解冻、变革、回冻"变化而来。经由变革三部曲的基本架构，扩展出一套领导变革的宏观理论[8]。

组织要变革，不仅牵涉到组织的目标与做法，也包含同人的心态和领导者的能力等。其过程的复杂，如同一个艰巨的组织再造工程。现简述其步骤及因素，如表 18-1 所示。

表 18-1　组织变革八步骤

组织变革的步骤	内容说明
建立危机意识	●考察市场和竞争情势 ●找出并讨论危机、潜在危机或重要机会
成立领导团队	●组成一个强力的工作小组负责领导变革 ●促使小组成员团队合作
提出愿景	●创造愿景协助引导变革行动 ●拟定达成愿景的相关策略

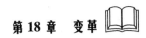

续表

组织变革的步骤	内容说明
沟通愿景	●运用各种可能的渠道，持续传播新愿景及相关策略
授权员工参与	●铲除障碍 ●修改破坏变革愿景的体制或结构 ●鼓励冒险和创新的想法、活动、行动
创造近程战果	●规划明显的绩效改善 ●创造上述的战果 ●公开表扬、奖励有功人员
巩固战果并再接再厉	●运用上升的公信力，改变所有不能搭配和不符合转型愿景的系统、结构和政策 ●聘雇、拔擢或培养能够达成变革愿景的员工 ●以新方案、新主题和变革代理人给变革流程注入新活力
让新做法深植于企业文化中	●创造顾客导向和生产力导向行程的改善，进行更多、更优秀的领导，以及更有效的管理 ●明确指出新作为和组织成功间的关联 ●制定办法，确保领导人的培养和接班动作

值得注意的是，在这八个阶段中，最重要的挑战是改变员工行动的方式。而改变行为的关键，就在于改变感受。组织内的员工若有了不同的感受，就会采取不同的行动。大规模的变革若要成功，最重要的就是改变员工的感受，以鼓励不同的行为。

John Kotter 是研究企业变革问题的顶尖学者，他对变革的基本信念是："变革最根本的问题就是改变人们的行为"。人们之所以改变，常常是因为所看到的事实影响了感受，较少因为分析而改变想法。换言之，他所主张的变革基调是："目睹—感受—改变（see - feel - change）而非分析—想法—改变（analysis - thinkchange）。"其实，成功的变革建立在对于人性的了解上，从 Kotter 的变革八步骤或是八项常见的错误中，我们发现"建立良好的沟通渠道，掌握人性"是制胜的关键。

▶▶ 18.8　企业流程再造

企业再造

从根本上重新思考，并剧烈地重新设计企业的作业流程

　　顾客成为市场上的主导力量，信息科技广被重视，使得企业无法再沿用过去的优势来创造利润。为协助企业解决管理难题，Hammer 首先提出企业再造（reengineering）的变革方法，究其定义："从根本上重新思考，并剧烈地重新设计企业的作业流程，以求在重要的绩效衡量上，例如成本、质量、服务与速度等，达到极大的改善。"经过再造的企业，随着流程翻新而来的，是组织的全面改变[9]。

　　在组织架构上，有别于传统的金字塔型组织，企业再造强调组织的扁平化，为组织注入一股活水，缩短决策繁琐的纵向过程，积极减少组织的中间阶层，以增进高级主管和作业人员的接触，甚至可帮助高级主管了解顾客需求。组织内部方面，流程观点取代了部门观点，再造运动不但消除了组织内部的分隔，也增进了跨部门的沟通。

　　在工作的执行上，扁平化组织缩短了纵向传达的距离，增进了主管与员工的沟通，使员工能摆脱层级的限制，主动并积极地面对工作。再造后的组织，以流程为主轴，排除过于琐碎的工作，使员工的工作能涉及完整流程，不受限于部门之内，且部门间互动增加，工作的方式也趋向于合工。

　　企业再造改变的不只是作业流程，其他相关因素如思考方式、组织结构、员工技能、权力分配、价值观及管理制度等，亦将伴随着流程的改造而有重大的改变。

　　在人力资源管理方面，企业可从管理方式、工作方式、主管态度及工具利用四方面来应对变革。而在具体执行时，则可依循以下四个原则：

18.8.1　赋权

　　赋权（empowerment）是根据非管理阶层员工的工作或任务，给予其工作范围的权力和责任，可说是将管理的责任移转给员工。目的是要引发员工潜力，使能力低的人变得能力高，能力高的人把能力完全发挥出来。良好的赋权可收到以下四个效果：流动率降低、生产力提高、压力与忧虑

减轻、个人责任感提高。

18.8.2 团队合作

团队合作是一种工作方式，也是一种组织形态。要达到目的，除了信息公开、建立自主权之外，还必须以团队代替层级组织。

18.8.3 管理者的态度与角色

管理者必须放弃监督指挥的角色，扮演顾问、协助者、推动者以及"啦啦队"队长的角色。为了使员工对自己的工作投入，必须让他们有心理上的切身感，认为公司是"我的"公司，工作是"我的"工作。

18.8.4 信息科技的运用

人力资源管理系统已脱离以往人事薪资系统的单调，可针对个人及群体的生产力或绩效显示相关信息。它不仅能分析聘雇员工的成本因素，还可以帮助管理者比较不同工作方式的绩效和生产力高低。

自我测验

你对变革的容忍度[10]

请你对以下每一个叙述句，圈选一个数字，以表示你对其说法的同意程度（计分方法以及得分的解读，请参阅附录一）	非常同意	很同意	颇同意	没意见	颇不同意	很不同意	非常不同意
1. 一位专家如果不能提出肯定的答案，就显示其知识不怎么样	1	2	3	4	5	6	7
2. 我喜欢到外地住一阵子	1	2	3	4	5	6	7
3. 没有什么问题是不能解决的	1	2	3	4	5	6	7
4. 按照固定时程来过生活，生活的乐趣就会丧失大半	1	2	3	4	5	6	7
5. 做什么、怎么做都很清楚的工作，就是好工作	1	2	3	4	5	6	7
6. 我觉得复杂的工作比简单的工作来的有乐趣	1	2	3	4	5	6	7

续表

请你对以下每一个叙述句，圈选一个数字，以表示你对其说法的同意程度（计分方法以及得分的解读，请参阅附录一）	非常同意	很同意	颇同意	没意见	颇不同意	很不同意	非常不同意
7. 长远来看，去解决那些小而简单的问题比去从事大而复杂的问题，收获更多	1	2	3	4	5	6	7
8. 不怕特立独行的人常常也是有趣与令人振奋的人	1	2	3	4	5	6	7
9. 我们都喜欢习惯的事物强于那些不熟悉的事物	1	2	3	4	5	6	7
10. 那些坚持要一个清楚答案的人，根本不知道事情的复杂性	1	2	3	4	5	6	7
11. 一个人能有一个平静、规则的生活，就要谢天谢地	1	2	3	4	5	6	7
12. 我们的很多重大决定，都是信息不充分之下做成的	1	2	3	4	5	6	7
13. 我喜欢那些大多是认识的人的集会，不喜欢那些大多是陌生人的集会	1	2	3	4	5	6	7
14. 老师给的作业含混不清，正是表现主动创意的机会	1	2	3	4	5	6	7
15. 希望组织每一个人，尽快能够有相同的价值观和理想	1	2	3	4	5	6	7
16. 能够使学生对自己的观点产生疑问，才是好老师	1	2	3	4	5	6	7

总分 =＿＿＿＿＿

主题案例

东隆五金重整案

2001 年 7 月，历经 5 年的企业重整过后，东隆五金获得法院正式裁定重整。东隆五金重生的故事，是中国台湾 20 多年来企业向法院申请重整能转型成功的第一个案例。东隆五金在 1998 年已达 30 亿元，员工人数约 1200 人，是省内最大制锁厂；因为研发及制造水准达国际标准，前景原是一片光明。但在 1998 年，因前主要股东及经营者掏空资产，东隆五金发生财务危机向法院申请重整时，已被掏空新台币 88 亿元，累计亏损 78 亿元，负债 81 亿元，总资产 48 亿元，负净值 32 亿元。从财务上来看，这家公司已经不存在了。

但从产业结方面来看，东隆五金尚具备核心竞争优势。锁制品组合的产品研发、制程技术堪称亚洲第一，"东隆五金还有被救活的'机会'"。现任东隆五金副董事长陈伯昌分析。在 1998 年，当时陈伯昌是汇丰投资的董事，汇丰则是东隆的债权银行之一，他花了整整 1 年的时间了解制锁产业后，开始了东隆五金的重整计划[11]。

第一阶段：组成专业团队

陈伯昌在接手东隆五金之后决定要让原先由家族经营的东隆，转变成由专业主导的团队。因此他先要组个前所未见漂亮的"专业团队"。陈伯昌邀请前中国台湾中钢董事长王钟渝担任董事，理律事务所律师林秀玲担任执行董事，成立心目中的"梦幻团队"。集合了经营（王钟渝）、法律（林淑玲）、财务（陈伯昌）以及生产（东隆原有管理团队）的经营团队，如此明星级的经营团队，的确对吸引人才、资金都有帮助。

第二阶段：稳定军心

第 1 年的前 6 个月，陈伯昌并没有改革整顿的实际作为，他只是做了几项准备。陈伯昌接触员工，让员工接纳信任他，他花了 6 个月的时间住在嘉义工厂，和员工一起上班、吃饭、下班，和基层员工谈工作状况与生活状况，希望员工能够接纳他、信任他。虽然陈伯昌来自外商，却很尊重东隆原有的人才与企业文化，没有大量引进空降部队，让东隆的团队士气继续保留，后来成为重整的重要成功因素。

第三阶段：组织变革

在赢得员工的信任以及稳住军心后，才开始做公司的人事组织大幅变革。东隆先前的 6 个厂合并为 2 个，20 多个部门缩编成 13 个部门，为了配合组织调整，有超过 20 个经理及以上主管职务调整，不适任及有意退休的主管，被鼓励离开公司。东隆五金经过如此提升内部管理效率后，毛利率上升之外，连新产品的研发都有了突破。

长期在家族领导下的专业经理们，还是不习惯自己做决定，凡事还是希望等"老板"裁决。因此为了改变"干部依上层意思做，没有自己意见"的文化，上层不断地灌输自主的概念，希望培养出独立自主的企业文化。

东隆五金在历经了长达5年的重整，终于有了一些成果，东隆五金出事5周年，陈伯昌向所有干部说，虽然法院判定公司"重整完成"，却不表示"重整成功"，未来要做的事还有很多。

【思考题】

1. 东隆五金成功地完成企业重整，请说明其变革成功的关键因素。
2. 一般而言，家族企业从事变革会遇上哪些困难？

 主题案例

GE 公司的 "合力促进"[12]

GE 公司是 12 个多元化事业群的国际性企业集团，产品包含了国防、电力、医疗、民生、金融、传播等领域，100 多年来，GE 一直是个多角化服务、技术及制造公司。其成立以来，总共经历九位执行长的领导，其中，又以第八任执行长杰克·韦尔奇成就最大，他将原本庞大的 GE 公司，结合相关的经营理念，营造成一个精简、迅速、绩效佳的企业，成为最受尊崇的企业。

美国著名的大企业都会面临生产力停滞与全球竞争的挑战，韦尔奇意识到这些改变会威胁到公司的存亡，因此，开始承认 GE 的弱点，积极重建公司的长处。首先，进行一连串震撼的改革手段，剔除不当层级、重组事业、缩编人事，达成"组织扁平化"；其次，强调全球化的经营策略，促进各个事业体相对独立但彼此相互支持，而要创造这种企业文化，韦尔奇认为最好的方法是通过学习中心，他极重视"克罗顿威尔教育训练中心"（Crotonville）[13]，甚至在其预算案的总费用栏批示："无上限。"[14]

然而，克罗顿威尔式的学习只限于主管人员，基层人员仍受到传统官僚体制的束缚，没有权力参与 GE 的改革行列，所以，员工的心态是消极被动的。因此，韦尔奇推动"合力促进"计划（work - out），以期将克罗顿威尔的精神贯彻至整个公司，让每位员工都能清楚公司的营运状况，认识到变革的重要，并能直接表达个人的想法，引导建立不断寻求改进的文化。所以，韦尔奇声称"合力促进"是 GE 最著名的文化新政（GE's famed cultural initiative)，可以提振士气及自信，但最重要的是提高产能。

合力促进的主要做法是请 40~100 位各阶层员工，举行 3 天非正式的会议，主管（或负责人）仅于会议开始时检讨业务及设定议题，便即离开不参与讨论。所有员工分成小组，在引导人的主持下，针对各个问题研拟解决方法，第三天主管再回到会场听取小组报告，报告内容应包括：建议、针对问题、财务收益与其他利益、风险、绩效追踪与衡量的方法、行动方案（应列上愿意负责该方案的小组成员姓名）。

主管听取小组报告后，若有疑问应详细询问，以确定该小组对重要的可能方案都已经彻底探讨过；然后，主管只有两个选择，马上接受或是拒绝，如果拒绝，主管应说明原因。有时候，主管会要求小组对某关键问题再加研究或澄清，才能做最后决定，则须制定最短的完成时限，不能以此作为拖延决策的借口。

GE 在韦尔奇对于变革的决心与坚持下，"合力促进"成功推动且风行了，使组织产生创造性的氛围（图片来源：http://www.ge.com）。

GE 的员工开始时都唯唯诺诺，一些主管显得不愿意让员工决定解决方案，但在韦尔奇对于变革的决心与坚持下，"合力促进"成功推动了，而且风行了，员工之间因此建立了良好的互信，并改变了做事情的方法，使组织产生了创造性的氛围。

【思考题】

1. 在推动"合力促进"时，听说有人批评这种做法没多大学问，是大家都知道的，而韦尔奇回应说："Common sense, but NOT common practice!"你认为他这句话的真正意思是什么？

2. 第 17 章探讨了组织文化的形成与其功能，请应用文化观点，评论与解释"合力促进"的成效？

课后练习

1. 请举一企业实例，说明其组织变革的管理流程。

2. 请依自身经历说明组织变革的内在与外在力量。

3. 计划变革的策略有哪些？

4. 变革的阻力有哪些？你曾经遇过类似的阻力吗？

5. 若你为一家经营不善的连锁快餐公司的领导者，你会怎么进行组织变革的步骤？

各章附注

自序

[1] 这两句话与比马龙效应（Pygmalion effect）是相通的，指人的潜能要有工作机会才能充分发挥，参见曾仕强：《胡雪岩的启示》，陕西师范大学出版社，2008年，第155页。

[2] 廖淑珍：《在管理学里加些诗词》，中国台湾经济日报《管理新观念》，D2版，2002年3月4日。

[3] 蒋勋，"一个读诗的下午"，联合报，E3版，2008年2月6日。

[4] W. Van Buskirk & M. London. Poetry as deep intelligence：A Qualitative Approach for the Organizational Behavior Classroom. Journal of Management Education, 2002, 36 (5)：636 – 638.

第1章

[1] B. A. Stein. Quality of Working Life in Action：Managing for Effectiveness, New York：American Management Associations, 1983, pp. 12 – 13.

[2] Douglas McGregor. The Human Side of Enterprise. New York：McGraw – Hill, 1960, p. 33.

[3] J. Greenberg & R. A. Baron. Behavior in Organizations, 6th ed. Upper Saddle River, N. J. : Prentice – Hall, 1997, p. 149.

[4] Daniel Katz & Robert Kahn, The Social Psychology of Organizations, New York：Wiley, 1998, p. 17; J. D. Thomson, Organization in Action, New York：McGraw – Hill, 1998.

[5] J. M. Pennings. Structural contingency theory：A reappraisal. In B. M.

Staw & L. L. Cummings（Eds.），Research in Organizational Behavior，1992（14）：267 –310.

［6］T. J. Allen ，Managing the Flow of Technology：Technology Transfer and the Dissemination of Technology Information within the R&D Organization，MIT Press，Cambridge，MA，1977.

［7］See G. A. Sumner，Folkways（New York：Ginn，1906）. Also see J. G. Weber（May，2005）. The nature of ethnocentric attribution bias：In group protection or enhancement? Journal of World Business，2005，pp. 158 –171.

［8］R. Kreitner & A. Kinicki. Organizational Behavior，7th ed. New York：McGraw Hill，2007，pp. 28 –29.

相关研究可参阅

J. B. Miner，C. C. Chen，& K. C. Yu. Theory testing under adverse conditions：Motivation to manage in the People's Republic of China. Journal of Applied Psychology，1991（6）：343 –349. 此研究中发现美国大学生的管理动机一般都比中国台湾、日本、墨西哥、韩国来得低。

［9］司马迁：《史记·货殖列传》；中山大学管院为提倡以子贡为学习标杆而举办的专题演讲，如戴景贤：《谈子贡与儒商》，2009 年 4 月 21 日；徐汉昌：《子贡和春秋时代的商人》，2009 年 5 月 18 日。

［10］2007 年 3 月第 249 期《远见杂志》的封面故事"向古人学习"，对此现象进行了专题探讨。

［11］作者于 2007 年春在浙江大学管理学院讲学，目睹民众踊跃购买"百家讲坛"出版品如《品三国》、《论语心得》等，多是家长买给子女阅读。讲述"品三国"的厦门大学易中天教授，在 5 月 12 日来杭州浙江图书馆演讲，作者注意到门票竟要人民币 1000 元，且迅即售完，当时为此感叹万分。

［12］韦尔奇著：《制胜—韦尔奇给经理人的二十个建言》，天下文化出版，2005；"人对了，事就对了：与韦尔奇面对面"，《商业周刊》，2008年 3 月 31 日；许士军：《听听韦尔奇怎么说》，30 杂志，2005 年 7 月。

第 2 章

［1］T. R. Mitchell. People in Organizations：An Introduction to Organizational Behavior. New York：McGraw – Hill，1982，p. 112.

［2］T. J. Bouchard，D. T. Lykken，M. McGue，N. L. Segal，and A. Tellegen.

Source of Human Psychological Differences – The Minnesota Study of Twins Reared Apart. Science, 1990 (10): 223 – 238.

［3］L. R. Goldberg. A broad – bandwidth, public domain, personality inventory measuring the lower – level faces of several five – factor models. In I. Merveilde, I. Deary, F. De Fruyt & F. Ostendorf (Eds.), Personality Psychology in Europe, 1999 (7): 7 – 28. Telburg, The Netherlands: Tilburg University Press.

［4］J. L. Pierce, D. G. Gardner, L. L. Cummings & R. B. Dunham. Organizational – based self – esteem: Construct definition, measurement, and validation. Academy of Management Journal, 1989 (32): 622 – 648.

［5］Albert Bandura 是斯坦福大学的心理学家，致力研究胜任感，有关论文多篇，相关资料网站，http：//www. emory. edu/EDUCATION/mfp/self – efficacy. html。

［6］历经明治、大正、昭和三代，在第二次世界大战后的日本历史上，土光敏夫拥有"行革狂"、"财界的粗暴法师"、"合理化先生"等昵称，是日本财界知名的领导者，对日本行政改革有重大贡献。

［7］J. B. Rotter. Generalized expectancies for internal versus external controls of reinforcement. Psychological Monographs, 1966 (80): 600 – 609.

［8］最早有关 A 型人格的探讨，M. Friedma & R. Rosenman. Type A Behavior and Your Heart. New York: Knopf, 1974.

［9］M. Snyder. Public Appearances/ Private Realities: The Psychology of Self – Monitoring. New York: W. H. Freeman, 1987.

［10］M. Snyder & S. Gangestad. On the nature of self – monitoring: Matters of assessment, matters of validity. Journal of Personality and Social Psychology, 1986, 51 (1): 125 – 139.

［11］根据 Snyder & Gangestad (1986) 所提出的"自我监控测验"(The Self – Monitoring Scale)。

［12］R. R. McCrae & T. Costa. Reinterpreting the Myers – Briggs type indicator from the perspective of the five factor model of personality. Journal of Personality, 1989, pp. 17 – 40.

［13］王甫昌：《知人又知心》，哈佛企业管理顾问公司，1984。

［14］情绪智力（EQ）这一概念由美国耶鲁大学心理学家 Peter Salovey、新罕布什尔大学心理学家 John Mayor 于 1990 年提出。

［15］ D. Goleman. Emotional intelligence：Why it can matter more than IQ？New York：Bantam Books，1995.

［16］ 情绪劳务（Emotional Labor）一词最早由 Hochschild（1983）于《The Managed Heart》中提出。

［17］ Snyder & Gangestad，op. cit.

［18］ 参考《今周刊》第 792 期特别报道：林书豪启示录，2012 年 2 月 27 日。

第 3 章

［1］ P. R. Lawrence and N. Nohria. Driven：How Human Nature Shapes Our Choices. San Francisco：Jossey – Bass，2002，p. 10.

［2］ E. L. Thorndike. Animal intelligence：An experimental study of the associative processes in animals. Psychological Review Monographs Supplement，1911，2（8）：4 – 14.

［3］ I. P. Pavlov. Conditioned Reflexes. Dover，New York，1927.

［4］ B. F. Skinner. Science and Human Behavior（New York：The Free Press），1953.

［5］ A. Bandura. Social learning theory. Englewood Cliffs，N. J.：Practice – Hall，1977.

［6］ A. Bandura. Social foundations of thought and action：A social cognitive theory. Englewood Cliffs，NJ：Prentice – Hall，Inc，1986.

［7］ A. Bandura. The self system in reciprocal determinism. American Psychologist，1978（33）：344 – 358.

［8］ B. F. Skinner. Contingencies of Reinforcement，New York：Appleton – Century – Crofts，1969.

［9］ R. G. Miltenberger. Behavior Modification：Principles and Procedures（Pacific Grove，CA：Brooks/Cole），1977

［10］ K. E. Watkins，& V. J. Marsick. Sculpting the learning organization：Lessons in the art and science of systematic change，San Francisco：Jossey – Bass，1993.

［11］ Peter M. Senge. The Fifth Discipline：The Art and Practice of the Learning Organization. New York：Doubleday/currency，1990.

［12］ C. Goldwasser. Benchmarking：People Make the Process. Management

Review，1995（6）：40.

［13］D. L Kirkpatrick. Evaluating Training Programs：The four levels. San Francisco：Berrett – Koehler，1994.

第4章

［1］O. E. Williamson. Opportunism and its critics. Managerial and Decision Economics，1993，14（2）：pp. 97 – 107.

［2］P. L. Schumann. A Moral Principles Framework for Human Resource Management Ethics. Human Resource Management Review，11（Spring – Summer），2001，pp. 93 – 111.

［3］Bart Victor & John B. Cullen. The Organizational Bases of Ethical Work Climates. Administrative Science Quarterly（Mar. ，1988），1988，33（1）：101 – 125.

［4］Victor & Cullen，op. cit.

［5］J. S. Coleman，Foundations of social theory，Cambridge：Harvard University Press，1990.

［6］林宜谆：《人品比人才重要》，《远见杂志》第216期（2004年6月号）。

［7］Roy J. Lewicki and Barbara B. Bunker，Conflict Cooperation and Justice.

［8］Bennis，W. & Nanus，B. Leaders：The Strategies for Taking Charge. New York：Harper & Row，1985；Worden，S. The role of integrity as a mediator in strategic leadership：A recipe for reputational capital. Journal of Business Ethics，33（1）：31 – 44；Petrick，J. A. & Quinn，J. F. The integrity capacity construct and moral progress in business. Journal of Business Ethics，2000，23（1）：3 – 18.

［9］傅佩荣教授认为 integrity 的翻译比较贴切的是"操守"。见傅佩荣：《恕、俭、敬勾勒人生全景》，《天下杂志》，2003年11月，第108页。

［10］《中国台湾经济日报》，1992年12月13日，9版。

［11］Mayer，R. C，Davis，J. H. ，& Schoorman，F. D. An integrative model of organizational trust. Academy of Management，1995，20（3）：709 – 734.

［12］此三者的一致性程度，为一个人的正直程度的衡量。作者于2006年底曾就此理论模式在法鼓山伦理项目作报告。主持人李伸一建议将

第一句改为"心有正信",就更能强调道德层面的考虑;根据此模式可设计教学方法,以促进正直伦理知觉,见 Huang, H. J. "Scenariobased Approach as a Teaching Tool to promote integrity awareness:A Chinese perspective", in Wankel, C, . and Stachowicz – Stanusch, A. (Eds.) Management Education for Integrity. New York:Emerald, 2011, pp. 155 – 167;对正直性格更详细讨论可参考:黄贺:《公务人员须有正直的性格》,《T&D 飞讯》第 62 期,2007 年 10 月 10 日。

[13] 1992 年 11 月 16 日中国台湾时报与联合报等媒体的报道。

[14] M. van Marrewijk. Concepts and Definitions of CSR and Corporate Sustainability:Between Agency and Communication, Journal of Business Ethics, 2003 (44):95.

[15] N. C. Roberts and P. J. King. The stakeholder Audit Goes Public, Organizational Dynamics, Winter, 1989, pp. 63 – 79.

第 5 章

[1] 出自庄子《秋水》。

[2] 2007 年 6 月 10 日、12 日台湾各报纸的报道。

[3] R. W. Leeper. A study of a neglected portion of the field of learning:The development of sensory organization. Journal of Genetic Psychology, 1935 (46):41 – 75.

[4] Lucy Sullivan. Selective attention and secondary message analysis:A reconsideration of Broadbent's filter model of selective attention. The Quarterly Journal of Experimental Psychology, 1976, 28 (2):167 – 178.

[5] F. Heider. The psychology of interpersonal relations. New York:Wiley, 1958.

[6] H. H. Kelly. Attribution theory in social psychology, In D. Levine (Ed.), Nebraska Symposium on Motivation. Lincoln:University of Nebraska Press, 1967.

[7] J. M. Burger. Changes in attribution errors over time:The ephemeral fundamental attribution error. Social Cognition, 1991 (9):182 – 193.

[8] S. L. McShane & M. A. Von Glinow , Organizational behavior:Emerging realities for the workplace revolution. New York:The McGraw – Hill Companies, 2000.

［9］R. D. Ashmore & E. K. Del Boca. Conceptual approaches to stereotypes and stereotyping, In D. L. Hamilton（Ed.），Cognitive processes in stereotyping and intergroup behavior. Hillsdale, N J：Erlbaum, 1981, pp. 1 - 35.

［10］G. W. Allport. The nature of prejudice, Reading, MA：Addison - Wesley, 1954.

［11］2007 年 6 月经建会与主计处的统计数字显示，省内妇女的劳动参与率 2006 年再创新高，达 48%，大大改变"男主外、女主内"的传统观念；更值得注意，女性担任白领工作（不含服务业）的比重为 50.47%，已连续第二年超过男性。

［12］R. L. Gross and S. E. Brodt. How Assumptions of Consensus Undermine Decision Making. Sloan Management Review, January, 2001, pp. 86 - 94.

［13］江才健：《规范与对称之美——杨振宁传》，天下远见出版公司，2002。

［14］原文是："You don't have a second chance to make first impression."

［15］A. Mehrabian & S. Ferris. Inference of attitudes from nonverbal communication in two channels. Journal of Consulting Psychology, 1967.

［16］参考 J. Sterling Livingston 在《哈佛商业评论》（1988 年 Sept. / Oct）的"管理上的比马龙"（Pygmalion in Management）。

［17］R. Zemke, C. Raines & B. Filipczak. Generations at work. New York：AMACOM, 2000.

［18］周哈里窗的较近期讨论，见 J. Luft. Group Processes. Palo Alto, CA：Mayfield, 1984. 周哈里窗在沟通上的应用，见 J. Hall. Communication revisited. California Management Review, 1973 (3)：56 - 67. 有深入探讨。

［19］黄瀚莹采访：《读者 10 问邱淑容》，《讲义杂志》，2012 年 4 月号，第 67 - 70 页。

［20］改编自 J. B. Rotter. Generalized expectancies for internal vs. external control of reinforcement. Psychological Monographs, 1996（80）：11 - 12.

［21］邱俐颖：《多问一句台大可以不犯错》，《中国台湾时报》2011 年 8 月 29 日。

［22］张翠芬：《大家都能懂沟通关键时刻还是说中文吧》《中国台湾时报》2011 年 8 月 29 日。

［23］陈惠惠、詹建富：《艾滋器捐案卫署：台大有 3 大缺失》《联合报》2011 年 9 月 1 日。

第6章

［1］R. A. Baron, and D. Byrne. Social Psychology: Understanding Human Interaction. Newton, MA: Allyn and Bacon, Inc, 1987.

［2］S. L. McShane & M. A. Von Glinow. Organizational Behavior, 3 ed. McGraw - Hill, 2005.

［3］G. W. Allport. The psychology of participation. Psychological Review, 1947 (52): 117, 132.

［4］C. W. Sherif, M. Serif, and N. R. Attitude and attitude change: The social judgment - involvement approach. Saunders, Philadelphia, 1965.

［5］I. R. Andrews & M. M. Henry. Management attitudes toward pay. Industrial Relations, 1963 (3): 29 - 39.

［6］A. H. Brayfield & W. H. Crockett. Employee attitudes and Performance. Psychological Bulletin, 1955 (52): 396 - 428.

［7］F. J. Roethlisberger and William J. Dickson, Management and the Worker. Cambridge: Harvard University Press; J. J. Valone. Parsons' Contributions to Sociological Theory: Reflections on the Schutz - Parsons Correspondence. Human Studies, 1980, 3 (4): 375 - 386.

［8］L. W. Porter & E. E. Lawler, III. Properties of organization structure in relation to job attitudes and behavior. Psychological Bulletin, 1965 (64): 23 - 51.

［9］S. M. Klein and J. R. Maher. Education level and satisfaction with pay. Personnel Psychology, 1966 (19): 132 - 154. ; 但也有不少研究发现教育程度与工作满足之间有正相关，如 F. Herzberg. Job Attitude: Research and Opinion. Pittsburgh Psychological Service of Pittsburgh, 1957.

［10］L. W. Porter, R. M. Steers, R. T. Mowday and P. V. Boultian. Organizational Commitment, Job Satisfaction and Turnover among Psychiatric Technicians. Journal of Applied Psychology, 1974 (1): 1 - 10.

［11］R. T. Mowday, L. W. Porter, R. M. Steers. Employee - organization linkages. New York: Academic Press, 1982.

［12］Meyer and Allen. Three - component model of organizational commitment. Journal of Applied Psychology, 1991 (1): 1 - 10.

［13］J. H. Morris and J. D. Sherman. Generalizability of an Organizational

Commitment Model. Academy of Management Journal, 1981 (1): 1 – 10.

[14] G. R. Salancik. Commitment and the control of organizational behavior and belief. In B. M. Staw & G. Salancik (Eds.), New directions in organizational behavior. Chicago: St. Clair Press, 1977.

[15] R. M. Steers. Antecedents and Outcomes of Organizational Commitment. Administrative Science Quqrterly, 1977 (22): 47.

[16] M. Igbaria, S. Parasuraman & M. K. Badawy. Work experiences, job involvement and quality of work life among information systems personnel. MIS Quarterly, 1994 (6): 175 – 199.

[17] I. Paullay, G. Alliger & E. Stone – Romero. Construct validation of two instruments designed to measure job involvement and work centrality. Journal of Applied Psychology, 1994, 79 (2): 224 – 228.

[18] R. Kanungo. Measurement of job and work involvement. Journal of Applied Psychology, 1982 (67): 341 – 349.

[19] S. S. Robinowitz & D. T. Hall. Organziation research on job involvement. Psychological Bulletin, 1977, 84 (2): 265 – 288.

[20] R. Dubin. Industrial workers' world: A study of the "central life interests" of industrial workers. Social Problems, 1955 (3): 131 – 142.

[21] Ajzen, I. Attitude structure and behavior. In A. R. Pratkanis, S. J. Breckler & A. G. Greenwald (Eds.), Attitude structure and function. Hillsdale, N. J.: L. Erlbaum Associates. /Ajzen, I.. "The Theory of Planned Behavior", Organizational Behavior and Human Decision Process, 1991 (50): 179 – 211.

[22] http: //www. watsonwyatt. com/asia – pacific/taiwan/pubs/articles。

[23] J. M. Carsten & P. E. Spector. Unemployment, job satisfaction and employee turnover: A meta – analytic test of the Muchinsky model. Journal of Applied Psychology, 1987 (72): 374 – 381.

[24] McShane & Von Glinow, op. cit., pp. 135 – 136. 改编自 J. P. Meyer, N. J. Allen, and C. A. Smith, Commitment to Organizations and Occupations: Extension and Test of a Three – Component Model, Journal of Applied Psychology, 1993 (78): 538 – 551.

第7章

[1] Adrian Gostick、Chester Elton:《胡萝卜比棍子好用》, 戴至中译,

时报文化出版，2007。

［2］ M. Blumberg & C. D. Pringle. The missing opportunity in organizational research: Some implications for a theory of work performance. Academy of Management Review, 1982 (7): 560 – 569.

［3］ A. H. Maslow. Motivation and Personality. Harper and Row, New York, 1954.

［4］ C. P. Alderfer. An Empirical Test of a New Theory of Human Needs. Organizational Behaviour and Human Performance, 1969 (4): 142 – 175.

［5］ D. C. McClelland. Human motivation, Glenview, IL: Scott, Foresman, 1988.

［6］ F. Herzberg, B. Matjsneb and B. Sntdehman. The Motivation to Work (Second Edition), New York: John Wiley & Sons, 1959.

［7］ F. Friedlander & E. Walton. Positive and Negative Motivations toward Work. Administrative Science Quarterly, 1964 (9): 7 – 14.

［8］ E. A. Locke, K. N. Shaw, L. M. Saari and G. P. Latham. Goal Setting and Task Performance: 1969 – 1980. Psychological Bulletin, 1981 (7): 14 – 24.

［9］ M. Erez. Feedback: A necessary condition for the goal setting – performance relationship. Journal of applied psychology, 1977 (62): 624 – 627.

［10］ T. W. Lee, E. A. Locke & G. P. Latham. Goal Setting Theory and Job Performance. In L. Pervin (Ed.), Goal Concepts in Personality and Social Psychology, 1989, p. 319.

［11］ R. Rodgers and J. E. Hunter. Impact of Management by Objectives on Organizational Productivity. Journal of Applied Psychology, 1991 (76): 322 – 336.

［12］ R. Kreitner & A. Kinicki. Organiztional Behavior, 7th ed. New York: McGraw – Hill, 2007, pp. 272 – 274.

［13］ 也有人指是 Achievable，意义相同，但有人指是 Ambitious（有雄心的目标），则更明白强调目标挑战性的重要。

［14］ 此 R 有人指是 Relevant（相关性、攸关性）：指实现此目标与其他目标的关联情况或影响程度。也有人指是 Realistic（现实性），指绩效指标要考虑现实因素，例如成本。

［15］ J. S. Adams. Toward an Understanding of Inequity. Journal of Abnormal and Social Psychology，1963，pp. 422 – 436.

［16］B. P. Niehoff & R. H. Moorman. Justice as a mediator of the relationship between methods of monitoring and organizational citizenship behavior. Academy of Management Journal，1993（36）：527 – 556.

［17］J. Thibaut & L. Walker. Procedural justice：A psychological analysis. Hillsdale，N. J.：Lawrence Erlbaum Associates，1975.

［18］M. J. Wallace and C. H. Fay. Compensation Theory and Practice，2nd edition. Boston：PWSKENT Publishing Co，1988.

［19］J. Greenberg. Looking fair vs. being fair：Managing impressions of organizational justice，In B. W. Staw & L. L. Cummings（Eds.），Research in organizational behavior，Greenwich，CT：JAI Press，1990（12）：111 – 157.

［20］V. H. Vroom. Work and Motivation. New York：John Wiley & Sons，1964.

［21］F. J. Landy & W. S. Becker. Motivation theory reconsidered. Research in Organizational Behavior，1987（9）：1 – 31.

［22］陈美足：《员工入股制度与公司绩效关联性之研究》，成功大学会计研究所硕士学位论文，2004。

［23］林绍婷：《健康薪资结构好过配股胡萝卜》，《商业周刊》，2007年第1040期，第28 – 30页。

［24］Clayton P. Alderfer. Existence，Relatedness，and Growth：Human Needs in Organizational Settings. New York：The Free Press，1972.

［25］王一芝：《9000公里长征华人企业家的集体壮举》，《中时杂志》2010年7月5日。曹纯铿，"从'不动'到'动'之间"，美兆观点双月刊，2011年9~10月，第9期，第15 – 16页。

［26］2013年2月3日新闻报道：《不满绩效奖金改革，国企员工上凯道》；2013年1月9日工商时报社论："吹皱一池春水的国营事业员工考绩制度"；2013年1月8日联合报新闻："国营事业员工：为何赚钱也砍。"

第8章

［1］原文为"An enduring belief that a specific mode of conduct or end – state of existence is personally or socially preferable to an opposite or converse mode of conduct rend – state of existence." M. Rokeach. The Nature of Values，New York：Free Press，1973.

［2］S. H. Schwartz. Universals in the content and structure of values：Theory and empirical tests in 20 countries. In M Zannz（Ed.），Advances in experimental social psychology，New York：Academic Press，1992；S. H. Schwartz. Are there universal aspects in the content and structure of values? Journal of Social Issues，1994（50）：19 – 45.

［3］D. E. Super. Work Values Inventory. Boston：Houghton – Mifflin，1970.

［4］F. W. Taylor. The Principles of Scientific Management. New York：Harper & Brothers，1911.

［5］J. R. Hackman，G. R. Oldham. Development of the job Diagnostic survey. Journal of Applied Psychology，1975，60（2）：159 – 170.

［6］Taylor，op. cit.

［7］M. A. Campion and C. L. McClelland. Follow – up and Extension of the Interdisciplinary Costs and Benefits of Enlarged Jobs. Journal of applied Psychology，1993（7）：339 – 351.

［8］黄贺：《我国企业工作轮调实施现况之研究》，国科会专题研究报告，1997。

［9］M. A. Campion，L. Cheraskin，M. J. Steven. Career – related antecedents and outcomes of job rotation. Academy of Management Journal，1994，37（6）. 1518 – 1542.

［10］D. A. Nadler and E. E. Lawler. Quality of work life：Perspectives and directions. Organization Dynamics，1983，11（3）：20 – 30；T. G. Cummings and E. F. Huse. Organization Development and Change. St. Paul，Minnesota：West Publishing Company，1985.

［11］"缓步走，路更长——身心健康才是人生的根本"，《猎才月刊》，2007 年 2 月 5 日，第 1 页。

［12］《大象与跳蚤》作者查尔斯·韩第提出有趣的〔组合工作〕的观念指出，人最好是维持四种类型工作的均衡，才能维持有钱又有尊严与质感的生活：给工作 150 天（41%）用来赚取收入，维持生计；家庭工作与休闲 90 天（25%），如洗衣、育幼、度假；奉献性工作 25 天（7%）以回馈小区做义工；学习研究工作 100 天（27%），吸收新知。

［13］改编自 D. J. Weiss，R. V. Dawis，G. W. England & L. H. Lofquist. Manual for the Minnesota Satisfaction Questionnaire. Minneapolis：Industrial Relations Center，University of Minnesota，1967；并参见 R. Kreitner &

330

A. Kinicki. Organizational Behavior, 7th ed. New York：McGraw – Hill, 2007，p. 193.

第 9 章

［1］ R. S. De Frank & J. M. Ivancevich. Stress on the Job：An executive update. Academy of Management Executive, 1998（12）：55 – 66.

［2］ H. Selye. The Stress of Life. New York：McGraw – Hill, 1956.

［3］ H. Selye. Stress without Distress. Philadelphia：J. B, Lippincott, 1974.

［4］ 见中国台湾省劳工委员会（1994）于两性工作平等法草案中性骚扰的定义。

［5］ C. S. Bruck, T. D Allen & P. E. Spector. The relation between work – family conflict and job satisfaction：A finer – grained analysis. Journal of Vocational Behavior, 2002（60）：336 – 353.

［6］ A. S. Wharton and R. J. Erickson. Managing Emotions on the Job and at Home：Understanding the Consequences of Multiple Emotional Roles, Academy of Management Review, 1993（18）：457 – 486.

［7］ M. Friedman and R. Rosenman , Type A Behavior and Your Heart, New York：Knopf, 1974 ; M. Friedman & R. H. Rosenman. Association of specific overt behaviour pattern with blood cardiovascular findings. Journal of American Medical Association, 1959, 169（12）：86 – 96.

［8］ R. H. Roseman. The interview method of assessment of the coronary – prone behavior pattern, In：T. M. Dembroski et al. （eds.）Coronary – prone Behavior. New York：Springer – Verlag, 1978.

［9］ H. J. Eysenck. Personality and stressas causal factors in cancer and coronary heart disease, In：M. P. Jaisse, ed. Individual Differences, Stress and Health Psychology. New York：Springer – Verlag, 1988.

［10］ S. Kobasa. Stressful life events, personality and health：An inquiry into hardiness. Journal of Personality and Social Psychology, 1979（37）：1 – 11.

［11］ R. S. Lazarus & S. Folkman. Stress, Appraisal and Coping. New York：Springer, 1984.

［12］ D. Kirrane. EAPs：Dawning of a new age. HR Magazine, 1990, 35 （1）：30 – 34.

［13］ E. E. Kossek & R. N. Block. Managing Human Resources in the 21st

Century: From Core Concepts to Strategic Choice. South – Western College Publishing. , 2000.

[14] S. Feldman. Today's EAPs make the grade. Personnel, 1991 (1): 3.

[15] 根据天下杂志 1999 年针对 158 家标杆企业的员工福利调查。

[16] 本量表改编自 J. R. Rizzo, R. J. House, & S. I. Lirtzman. Role conflict and ambiguity in complex organizations. Administrative Science Quarterly, 1970 (15): 156; Cited by R. Kreitner & A. Kinicki. Organizational Behavior, 7th ed. New York: McGraw Hill, 2007, p. 317.

[17] 中国台湾交大后来举行了沈文仁、金甘平、张柏荣教授逝世周年纪念展（2003 年 4 月 21 日~5 月 20 日，图书馆二楼大厅）。

第 10 章

[1] R. M. Emerson. Power – dependence relations. American sociological Review, 1962, 27 (1): 31 –41.

[2] 原文是 "Power is the best aphrodisiac".

[3] G. Yukl & J. B. Tracey. Consequences of influence tactics used with subordinates, peers and the boss. Journal of Applied Psychology, 1992, 77 (4): 525 –535.

[4] J. R. P. French & B. Raven. The bases of social power, in D. Cartwright (ed.) . Studies in Social Power. Ann Arbor: University of Michigan Press, 1959, pp. 150 – 167.

[5] B. H. Raven. Kurt Lewin Address: Influence, Power, Religion and the Mechanisms of Social Control. Journal of Social Issues, 1999 (55): 161 – 186.

[6] S. Braman. Entering Chaos: Designing the State in the Information Age, In S. Splichal, A. Calabrese & C. Sparks (Eds.), Civil Society and Information Society. West Lafeyette, IN: Purdue University Press. 1994, pp. 157 – 184.

[7] Chester Barnard. The Functions of the Executive, Cambridge. MA: Harvard Universtiy Press, 1938.

[8] J. D. Mooney & A. C. Reiley. Onward Industry. New York: Harper, 1931, p. 39.

[9] Henri Fayol. General and Industrial Management, translated by Constance Storrs, Pitman, London, 1949, p. 22.

[10] R. Kreitner & A. Kinicki. Organizational Behavior, 3rd Ed. Chicago:

Irwin, 1995, p. 275.

[11] S. L. McShane & M. A. Von Glinow. Organizational Behavior, 3rd Edition, New York: McGraw – Hill/Irwin, 2005, p. 191.

[12] G. R. Ferris, G. S. Russ & P. M. Fandt. Politics in organizations. In R. A. Giacalone and P. Rosenfeld (eds.), Impression Management in the Organization. Hillsdale, N. J.: Lawfence Erlbaum, 1989.

[13] D. J. Hickson, C. R. Hinings, C. A. Lee, R. E. Schneck, & J. M. Penning. A strategy contingencies theory of intraorganizational power, Administrative Science Quarterly, 1971, 16 (2): 216 – 229.

[14] McShane, S. L. & Von Glinow, op. cit., pp. 369 – 372.

[15] R. Christie & F. Geis. Studie in Machiarellianism. N. Y.: Academic Press, 1970.

[16] 段樵:《在崩坏中重建价值》,《中国台湾时报》, 2009 年 2 月 2 日。

第 11 章

[1] Jack Welch & John A. Byrne. Jack: Straight from the Gut. Grand Central Publishing, 2007.

[2] 麦格罗希尔:《从经理人到领导者八大养成之道立即上手》, 袁世佩译, 2007, 第 11 页。

[3] S. P. Robbins & T. A. Judge. Organizational Behavior, 13th Ed. N. J.: Pearson Education, Inc., 2009, p. 40.

[4] S. P. Robbins & T. A. Judge, op. cit., p. 742.

[5] http://www.upchurchconsultinggroup.com/resources/Leadership + Definitions.pdf。原文为 "A leader……is a man who can persuade people to do what they don't want to do, or do what they're too lazy to do, and like it."

[6] Max De Pree. Leadership is an Art. Publisher: Doubleday Business, 2004.

[7] J. P. Kotter. A Force for Change: How Leadership Differs from Management. New York: Free Press, 1990.

[8] T. Takala. Plato on Leadership. Journal of Business Ethics, 1998 (17): 785 – 798.

[9] Edwin E. Ghiselli. Explorations in Managerial Talent. Pacific Palisades, AA: Good – Year, 1971.

［10］ R. M. Stogdill. Handbook of leadership: A survey of theory and research. New York: The Free Press, Chapter, 1974, 5.

［11］ S. L. McShane & M. A. Von Glinow. Organizational Behavior, 3rd ed. , McGraw – Hill, 2005, pp. 418 – 420.

［12］ R. M. Stogdill, op. cit. ; Stongdill R. M. & Coons A. E. . Leader Behavior: Its Description and Measurement, Research Monograph 88. Columbus: OSU, Bureau of Business Research, 1951.

［13］ R. Likert. New Patterns of Management. New York: McGraw – Hill, 1961.

［14］ R. R. Blake & J. S. Mouton. The Managerial Grid. Houston: Gulf, 1964; R. R. Blake & J. S. Mouton. A Comparative Analysis of Situationalism and 9, 9 Management by Principle. Organizational Dynamics, 1982, pp. 20 – 43.

［15］ L. Brown, M. Martinez, & D. Daniel. Community college leadership preparation: Needs, perceiptions and recommendations. Community College Review, 2002, 30 (1): 45 – 73.

［16］ E. K. Pellegrini & T. A. Scandura. Paternalistic Leadership: A Review and Agenda for Future Research. Journal of Management, 2008 (34): 566 – 593.

［17］ R. F. Silin. Leadership and Values. Cambridge, MA: Harvard University Press, 1976.

［18］ Bor – Shiuan Cheng, Li – Fang Chou, Tsung – Yu Wu, Min – Ping Huang, & Jiing – Lih Farh. Paternalistic leadership and subordinate responses: Establishing a leadership model in Chinese Organizations. Asian Journal of Social Psychology, 2004 (7): 89 – 117.

［19］ 凌文辁:《中国人的领导与行为》,《中国人、中国心——人格与社会篇》, 远流出版公司, 1991。

［20］ Pellegrini & Scandura, op. cit.

［21］ I. Padavic & W. R. Earnest. Paternalism as a component of managerial strategy. Social Science Journal, 1994, 31 (4): 389 – 405.

［22］ F. E. Fiedler. A Theory of Leadership Effectiveness. New York: McGraw – Hill, 1967.

［23］ F. E. Fiedler. The effects of leadership and experience: A contingency model interpretation. Administrative Science Quarterly, 1972 (17): 455.

［24］ P. Hersey and K. H. Blanchard. Management of organizational behavior: Utilizing human resources (5th Eds.). Englewood Cliffs, NY: Prentice Hall Inc, 1998.

［25］ M. G. Evans. The effect of Supervisory Behavior on the Path – Goal Relationship. Organizational Behavior and Human Performance, 1970, pp. 277 – 278; House R. J.. A Path – Goal Theory of Leadership. Administrative Science Quarterly, 1971 (16): 321 – 338.

［26］ F. Dansereau, G. Graen & W. J. Haga. A vertical dyad linkage approach to leadership within formal organizations: A longitudinal investigation of the role making process. Organizational Behavior and Human Performance, 1975 (13): 46 – 78.

［27］ G. B. Graen & T. Scandura. Toward a psychology of dyadic organizing. In B. Staw 8c L. L. Cumming (Eds.), Research in organizational behavior, 1987 (9): 175 – 208. Greenwich, CT: JAI Press.

［28］ C. R. Gerstner and D. V. Day. Meta – Analytic Review of Leader – Member Exchange Theory: Correlates and Construct Issues. Journal of Applied Psychology, 1997, 82 (6): 827 – 844.

［29］ G. B. Graen, M. Wakabayashi, M. R. Graen & M. G. Graen, International generalizability of American hypothesis about Japanese management progress: A strong inference investigation. The leadership Quarterly, 1990 (1): 1 – 23.

［30］ James M. Burns. Leadership. New York: Harper & Row, 1978.

［31］ B. Bass. From transactional to transformational leadership: Learning to share the vision. Organizational Dynamics, Winter, 1990, p. 22.

［32］ Edwin P. Hollander. Leadership Dynamics: A Practical Guide to Effective Relationships, New York, NY: The Free Press, 1978.

［33］ S. P. Robbins & T. A. Judge, op. cit., p. 453.

［34］ J. R. Schermerhorn, Jr., J. G. Hunt, & R. N. Osborn. Managing Organizational Behavior, 5th ed. New York: John Wiley & Sons, 1994, p. 512.

［35］ B. M. Bass. The Bass and Stogdill Handbook of Leadership, Free Press, New York, 1990.

［36］ W. Bennis & B. Nanus. Leaders: The Strategies for Taking Charge, New York: Harper and Row, 1985.

［37］ B. Bass, op. cit.

［38］S. L. McShane & M. A. Von Glinow, op. Cit. , 2007, pp. 429 – 431.

［39］M. Weber. The Theory of Social and Economic Organization. （A. M. Henderson & T. Persons, trans）. New York：The Free Press, 1947.

［40］R. J. House. A 1976 theory of charismatic leadership. In J. G. Hunt & L. L. Larson （Eds. ）, Leadership：the cutting edge , 1977, pp. 189 – 207. Carbondale, IL：Southern Illinois University Press.

［41］S. P. Robbins & T. A. Judge, op. cit. , p. 447.

［42］J. A. Conger. Charismatic and transformational leadership in organizations：An insider's perspective on these developing streams of research. Leadership Quarterly, 1999 （10）：145 – 179.

［43］J. A. Conger & R. N. Kanungo. Charismatic Leadership in Organizations. Thousand Oaks, CA：Sage, 1998.

［44］Y. A. Nur. Charisma and managerial leadership：The gift that never was. Business Horizons, 1998 （41）：19 – 26; J. E. Barbuto, Jr. Taking the charisma out of transformational leadership. Journal of Social Behavior and Personality, 1997 （12）：689 – 697.

［45］R. Khurana. Searching for a corporate savior：The irrational quest for charismatic CEOs. Princeton, NJ：Princeton University Press, 2002.

［46］J. A. Conger & R. N. Kanungo, op. cit. , p. 94.

［47］Robbins & Judge. Organizational Behavior, 13 ed. Upper Saddle River, N. J. ：Pearson Prentice Hall, 2009, pp. 456 – 457.

［48］B. J. Avolio, & T. C Gibbons. Developing transformational leaders：A life span approach. In J. A. Conger & R. N. Kanunge （Eds. ）, Charismatic Leadership：The Elusive Factor in Organizational Effectiveness. S. F. ：Jossey – Bass. 1988, pp. 276 – 308.

［49］梁欣光：《诚正领导的前因、调节、过程及后果变量之跨层次研究》，台湾大学商学研究所博士学位论文。在指导教授戚树诚的邀请下，ALQ 设计者 Fred Walumbwa 担任共同指导教授，诚属难得，2012。

［50］Walumbwa, F. O. , Avolio, B. J. , Gardner, W. L. , Wernsing, T. S. & Peterson, S. J. Authentic leadership：Development and validation of a theory – based measure. Journal of Management, 2008 （34）：89 – 126.

［51］这种有洞察力的见解出自一位当时仍在念博士班的研究生 J. Jermier。见 S. Kerr & J. M. Jermier. Substitutes for leadership：Their meaning and measurement. Organizational Behavior and Human Performance, 1978 (22): 375 - 403.

[52] J. M. George & G. R. Jones. Understanding and Managing Organizational Behavior, 3rd ed. NJ: Prentice Hall, 2002, p. 414.

[53] Fred E. Fiedler, Martin M. Chemers, Linda Mahar. The Leader Match Concept, Revised Ed., John Wiley & Sons, 1977.

[54] For example, How to Lead During a Crisis: Lessons From the Rescue of the Chilean Miners, by Michael Useem, Rodrigo Jordan, and Matko Koljatic. MIT Sloan Management Review, 2011 (10): 1 - 14.

第 12 章

[1] J. R. Schermerhorn, Jr., J. G. Hunt, R. N. Osborn. Managing Organizational Behavior, 5th ed. New York: John Wiley & Sons, 1994, p. 730.

[2] D. Grote. The Performance Appraisal Question and Answer Book. New York: American Management Association, 2002, p. 2.

[3] D. Grote, op. cit., p. 4.

[4] H. J. Klein. An Integrated Control Theory Model of Work Motivation. Academy of Management Review, 1989, 14 (2): 150 - 172.

[5] L. A. Festinger. A theory of social comparison processes. Human Relations, 1954 (7): 117 - 140.

[6] W. M. Klein. Objective standards are not enough: Affective, self - evaluative and behavioral responses to social comparison information. Journal of Personality and Social Psychology, 1997 (72): 763 - 774.

[7] 傅雷于 1962 年 3 月 8 日给傅敏的家书, 见《傅雷散文》, 文化艺术出版社, 2000 年, 第 332 页。

[8] S. D. Saleh & T. G. Grygier. Psychodynamics in intrinsic and extrinsic job orientation. Journal of Aplied Psychology, 1969, p. 446.

[9] E. L. Deci. Effects of externally mediated rewards on intrinsic motivation. Jouranl of Personality and Social Psychology, 1971 (18): 105 - 115.

[10] T. K. Gamble & M. Gamble. Communications Works. New York : McGraw Hill, 1993.

[11] E. L. Deci. Intrinsic Motivation. New York: Plenum, 1975; H. H. Meyer. The pay - for - performance dilemma. Organizational Dynamics, 1975,

pp. 39 – 50.

［12］黄贺，"奖励研究减损学术热诚：奖金制度让三流的研究变二流却可能让一流的学者变二流"，联合报民意论坛，1999 年 1 月 17 日。

［13］索尼公司前任常务董事天外伺朗所撰写的"绩效主义毁灭新力公司"，http：//www. taiwanpage. com. tw/column_ view. cfm？id = 855。

［14］S. Kerr. On the folly of rewarding A, while hoping for B. Academy of Management Journal, 1975, 18 (4)：769 – 783.

［15］黄贺，"大学教授价值几点"，中国时报时报广场，2000 年 2 月 1 日。

［16］20 世纪 20 年代时，胡适之有《差不多先生传》一文，对中国人这种习性刻画最深。

［17］《论语》（子路第十三）。

［18］南怀瑾，"论语别裁下册"，东西精华协会，1976，第 615 页。

［19］《论语》（子路第十三）。

［20］《论语》（里仁第四）。

［21］D. M. Herold, C. K. Parsons, and R. B. Rensvold. Individual differences in the generation and processing of performance feedback. Educational and Psychological Measurement, Table 1, 1996, p. 9；R. Kreitner & A. Kinicki. Organizational Behavior, 7th ed. McGraw – Hill Irwin, 2007, p. 278.

第 13 章

［1］J. M. George & G. R. Jones. Understanding and Managing Organizational Behavior, 5th ed. New Jersey：Pearson Prentice Hall, 2008, p. 500.

［2］R. Sanders. The Executive Decision – making Process：Identifying Problems and Assessing Outcomes. Westport, CT：Quorum, 1999.

［3］Simon, H. A. The New Science of Management Decision. Englewood Cliffs, NJ：Prentice – Hall, 1960.

［4］A. J. Rowe & J. D. Boulgarides. Managerial Decision Making, New York：Macmillian Publishing Co. , 1992, pp. 21 – 43.

［5］N. H. Frijda. Moods, emotion episodes and emotions, in M. Lewis & J. M. Haviland (eds.), Handbook of Emotions. New York：Guilford Press, 1993, pp. 381 – 403.

［6］ S. P. Robbins & T. A. Judge. Organizational Behavior, 13th ed. New Jersey：Prentice – Hall, 2009, p. 285.

［7］ W. F. Wright & G. H. Bower. Mood effects on subjective probability assessment. Organizational Behavior and Human Processes, 1992（52）：276 – 291.

［8］ R. E. Petty, F. Gleicher & S. M. Baker. Multiple roles for affect in persuasion. In J. P. Forgas（ed.）, Emotion and Social Judgment. New York：Pergamon Press, 1991.

［9］丹尼尔高曼著：《EQ》，时报文化出版公司，张美惠译，1996 年，第 303 页。

［10］ S. P. Robbins & T. A. Judge. Organizational Behavior, 13th ed. New Jersey：Pearson Prentice Hall, 2009, pp. 259 – 260.

［11］早期的研究可参考 R. Likert, New Patterns of Management. New York：McGraw – Hill, 1961; D. McGregor. The Human Side of Enterprise. New York：McGraw – Hill, 1960.

［12］ C. L. Cooper, B. Dyck & N. Frohlich. Improving the effectiveww of gainsharing：The role of fairness and participation. Administrative Science Quarterly, 1992（37）：471 – 490.

［13］ V. H. Vroom & P. W. Yetton. Leadership and decision making. Pittsburgh：University of Pittsburgh Press, 1973. Victor H. Vroom . A New Look at Managerial Decision Making. Organizational Dynamics, 1973, 2（1）：66 – 80. V. H. Vroom & A. G. Jago. The new leadership：Managing participation in organizations. Englewood Cliffs, NJ：Prentice Hall, 1988.

［14］ D. R. Bobocel & J. P. Meyer. Escalating commitment to a failing course of action：Separating the role of choice and justification. Journal of Applied Psychology, 1994（79）：360 – 363.

［15］ J. M. George & G. R. Jones. Understanding and Managing Organizational Behavior, 5th ed. New Jersey：Pearson Prentice Hall, 2008, p. 508.

［16］Barry Staw 在 2008 年的美国管理学会年会获颁组织行为终生成就奖，他最为人推崇的，主要是在承诺升高方面的研究。

［17］ Jerry Ross and Barry Staw. Commitment to a Policy Decision：A Multi – Theoretical Perspective. Administrative Science Quarterly, 1978, 23（1）：40 – 64.

［18］ Barry M. Staw. The escalation of commitment to a course of action. Academy of Management Review, 1981, 6 (4): 577 - 587.

[19] D. G. Myers & H. Lamm. The group polarization phenomenon. Psychological Bulletin, 1976 (83): 602 - 627.

[20] A. F. Osborn. Applied Imagination. New York: Scribner, 1957.

[21] J. K. Murnighan (1981) . Group Decision Making: What strategies should you use? Management Review, 1957, 70 (1): 55 - 62.

[22] J. K. Murnighan. Group Decision Making: What strategies should you use? Management Review, 1981, 70 (1): 61.

[23] M. D. Cohen, J. G. March & J. P. Olsen. A Garbage Can Model of Organizational Choice. Administrative Science Quarterly, 1972 (17): 1 - 26.

[24] Robbins & Judge, op. cit., p. 193. 25. B. Mullen, C. Johnson & E. Salas. Productivity loss in brainstorming froups: A meta - analytic integration. Basic and Applied Psychology, 1991 (12): 2 - 23.

[25] S. L. McShane & M. A. V. Glinow. Organizational Behavior, 3rd ed., New York: McGraw - Hill, 2005, p. 311.

[26] W. H. Agor. Intuition in Organizations. Newbury Park, CA: Sage, cited in Schermerhorn, J. R., Jr. Management, 9th ed., John Wiley & Sons, Workbook, 1989, p. 22 - 33.

[27] 李慧群:《华为的管理模式》，海天出版社，2006 年。旺报 2013 年 1 月 23 日话题人物专栏:"任正非之女现身揭华为面纱"。

第 14 章

[1] S. P. Robbins & T. A. Judge. Organizational Behavior, 13th ed. New Jersey: Pearson Prentice Hall, 2009, p. 357.

[2] Robbins & Judge, op. cit., p. 357.

[3] 团体 (group) 一词逐渐被团队 (team) 取代，在教科书也似有相同的趋势，如 McShane & Von Glinow (2005)。

[4] B. W. Tuckman & M. A. C. Jensen. Stages of small - group development revisited. Group and Organization Studies, 1977 (2): 419 - 442.

[5] J. F. McGrew, J. G. Bilotta & J. M. Deeney. Software team formation and decay: Extending the standard model for small groups. Small Group Research, 1999, 30 (2): 209 - 234.

[6] R. Kreitner & A. Kinicki. Organizational Behavior, 7th ed. New York;

McGraw – Hill Irwin, 2007, p. 314.

[7] Robbins & Judge, op. cit., p. 748.

[8] R. S. Feldman. Social Psychology, 3rd ed. Upper Saddle River, N. J.: Prentice Hall, 2001, pp. 464 – 465.

[9] S. L. McShane & M. A. Von Glinow. Organizational Behavior, 3rd ed. New York: McGraw – Hill, 2005, p. 279.

[10] D. C. Feldman. The development and enforcement of group norms. Academy of management Review, Jan., 1984, pp. 50 – 52.

[11] E. Mayo. The Human Problems of an Industrial Civilization. New York: Macmillan, 1933.

[12] 霍桑研究另一个常被提及的发现是社会助长效果（social facilitation），也就是人们从事某一项行为之时，会因他人的关注而有较佳的表现。霍桑研究的工人因参与研究，成为被关注的对象，因而提高了工作的动机，所以生产力提高，乃社会助长效应的实际例证。

[13] S. E. Asch. Social Psychology. Englewood Cliffs, N. J.: Prentice Hall, Ch. 1952, 16.

[14] Robbins & Judge, op. cit., p. 740.

[15] I. L. Janis. Groupthink. Boston: Houghton Mifflin, 1982.

[16] G. H. Seijts & G. P. Latham. The effects of goal setting and group size on performance in a social dilemma. Canadian Journal of Behavioural Science, 2000, 32 (2): 104 – 116.

[17] Robbins & Judge, op. cit., p. 333.

[18] D. A. Kravitz & B. Martin. Ringelmann Rediscovered: The original article. Journal of Personality and Social Psychology, 1986 (5): 936 – 941.

[19] Robbins & Judge, op. cit., p. 334.

[20] A. Malhotra, A. Majchrzak and B. Rosen. Leading virtual teams. Academy of Management Perspectives, 2007 (1): 60 – 70.

[21] M. A. Griffin, M. G. Patterson, & M. A. West. Job satisfaction and teamwork: The role of supervisor support. Journal of Organizational Behavior, 2001 (8): 537 – 550.

[22] J. D. Knottnerus (2005). The need for theory and the value of cooperation: Disruption and deritualization. Sociological Spectrum, 2005 (1 – 2): 5 – 19.

［23］D. W. Johnson, G. Maruyama, R. Johnson, D. Nelson, and L. Skon. Effects of cooperative, competitive, and individualistic goal structures on achievement: A meta – analysis. Psychological Bulletin, 1981 (1): 56 – 57.

［24］S. D. Boon & J. G. Holmes. The dynamics of interpersonal trust: Resolving uncertainty in the face of risk. In R. A. Hinde & J. Groebel (eds.), Cooperation and Prosocial Behavior. Cambridge, U. K.: Cambridege University Press, 1991, p. 194; D. J. McAllister. Affect – and Cognition – based trust as foundations for interpersonal cooperation in organizations. Academy of Management Journal, 1995 (2): 25.

［25］R. C. Mayer, J. H. Davis. The effect of the performance appraisal system on trust for management: a field quasi – experiment. Journal of Applied Psychology, 1999, 84 (1): 123 – 136.

［26］Kreitner & Kinicki, op. cit., p. 352.

［27］Robbins & Judge, op. cit., p. 335.

［28］B. Mullen & C. Copper. The relation between group cohesiveness and performance: An integration. Psychological Bulletin, 1994 (3): 224.

［29］Arthur P. Brief and Stephan J. Motowidlo. "Prosocial organizational behaviors". The Academy of management Review, 1986, 11 (4): 710 – 725.

［30］D. Katz. The Motivational Basis of Organizational Behavior. Behavioral Science, 1964, 9 (2): 131 – 146.

［31］J. P. Near, D. W. Organ, & C. A. Smith. Organizational citizenship behavior: It's nature and antecedents. Journal of Applied Psychology, 1983, 68 (4): 653 – 663.

［32］D. W. Organ (1998). Organizational Citizenship Behavior: The Good Soldier Syndrome. Lexing. MA: Lexington Books; R. Kreitner & A. Kinicki (2007). Organizational Behavior, 7th ed. New York: McGraw – Hill 对 OCB 的定义更简单: "Employee behaviors that exceed work – role requirements."

［33］E. W. Morrison. Role definitions an organizational citizenship behavior: The importance of employee's perspective. Academy of Management Journal, 1994 (3): 1543 – 1567.

［34］相关研究如 J. L. Farh, P. C. Early & S. C. Lin. Impetus for action: a cultural analysis of justice and organizational citizenship behavior in Chinese society. Administrative Science Quarterly, 1997 (42): 421 – 444.

［35］也可称为组织气候，组织氛围是在员工之间的不断交流和互动中逐渐形成的，人是组织中最重要的因素，好的组织氛围是由人创造的。

［36］M. A. Griffin. The contribution of task performance and contextual performance to effectiveness：Investigating the role of situational constraints. Applied Psychology：An International Review, 2000, 49 (3), 517 – 533.

［37］很多主管倾向于将组织公民行为视为角色内行为的一部分，较深入的讨论见 S. S. K. Lam, C. Hui, K. K. Law. Organizational citizenship behavior：Comparing perspectives of supervisors subordinates across four international samples. Journal of Applied Psychology, 1999 (84)：594 – 601.

［38］De Dreu & West. Minority dissent and team innovation：The importance of participation in decision making. Journal of Applied Psychology, 2001, pp. 1191 – 1201. Cited in Kreitner, R. & Kinicki, A. Organizational Behavior, 7th Ed. New York：McGraw – Hill/Irwin, 2007, p. 387.

［39］参考数据：《华南新闻》，2005 年 2 月 25 日，第二版。

第 15 章

［1］R. Kreitner & A. Kinicki. Organizational Behavior, 7th ed. New York：McGraw – Hill Irwin, 2007, p. 407.

［2］S. P. Robbins & T. A. Judge. Organizational Behavior, 13th ed. New Jersey：Prentice Hall, 2009, p. 518.

［3］秦梦群：《教育行政理论与应用》，五南出版公司，1980 年。

［4］L. R. Pondy. Organizational Conflict：Concepts and Models. Administrative Science Quarterly, 1967, 12 (2)：296 – 320.

［5］For example, see J. Duckitt & C. Parra. Dimensions of group identification and out – group attitudes in four ethnic groups in New Zealand. Basic and Applied Social Psychology, 2004 (11)：237 – 247.

［6］For example, see "Facilitators as Devil's Advocates," Training, September 1993, p. 10. Also see K. L. Woodward, "Sainthood for a Pope?" Newsweek, 1999 (6)：65.

［7］G. Katzenstein. The debate on structured debate：Toward a unified theory. Organizational Behavior and Human Decision processes, 1996 (6)：316 – 332.

［8］K. Thomas. Conflict and Negotiation Processes in Organizations. In M. D. Dunnette and L. M. Hough, eds. Handbook of Industrial and Organizational

Psychology, 2nd ed. , Vol. 3. Palo Alto, CA: Consulting Psychologists Press, 1992, pp. 651 – 717.

［9］ S. P. Robbins. Organizational behaviors, New Jersey: Prentice Hall, 2001, pp. 382 – 410.

［10］ S. Robbins & T. A. Judge. Organizational Behavior, 13th ed. New Jersey: Prentice Hall, 2009, pp. 537 – 538.

［11］ Kreitner & Kinicki, op. cit. , p. 423 – 424.

［12］ 零和游戏（Zero – sum game），与非零和博弈相对，是博弈论的一个概念，指参与博弈的各方，在严格竞争下，一方的收益必然意味着另一方的损失，博弈各方的收益和损失相加总和永远为"零"。双方不存在合作的可能。

［13］ Robbins & Judge, op. cit. , pp. 532 – 533.

［14］ P. M. Morgan & R. S. Tindale. Group vs. individual performance in mixed – motive situations: Exploring an inconsistency. Organizational Behavior & Human Decision Processes, 2002（1）: 44 – 65.

［15］ C. K. W. De Dreu, L. R. Weingart & S. Kwon. Influence of social motives on integrative negotiation: A meta – analytic review and test of two theories. Journal of Personality & Social Psychology, 2000（5）: 889 – 905.

［16］ Roger Fisher & William Ury. Getting to Yes: Negotiating Agreement without Giving In. New York: Penguin, 1985.

［17］ R. Kreitner & A. Kinicki, Organizational Behavior, 7th ed. （New York: McGraw – Hill/Erwin, 2007）, p. 430. 引述 M. A. Rahim & N. R. Magner, "Confirmatory factor analysis of the styles of handling interpersonal conflict: First – order factor model and its invariance across groups," Journal of Applied Psychology, 1995（4）: 122 – 132.

［18］ 有兴趣者可到诺贝尔奖网站看麦斯金2007年12月8日诺贝尔颁奖演讲实况录像。

［19］ http//udn. com/NEWS/FINANCE/FINS1/4305114. shtml 以及《经济日报》A3 版，"焦点新闻"报道，2008 年 4 月 18 日。

第16章

［1］ Robert Kreitner & Angelo Kinicki. Organizational Behavior, 7th ed. New York: McGraw – Hill, 2007, p. 438.

［2］张忠谋：《沟通》，2006 年 10 月中国台湾工商时报专栏文章。

［3］Kreitner & Kinicki, op. cit., p. 439.

［4］http：//www. easyhot. com/Documents/Communication Management/ 0642117035222473. htm.

［5］S. R. Axley. Managerial and organizational communication in terms of the conduit metaphor. Academy of Management Review, 1984, 9 (3)：428 –437.

［6］传统沟通模式的讨论见 L. L. Putman, W. Phillips & O. Chapman (1996). Metaphors of communication and organization. In S. R. Clegg, C. hardy & W. R. Nord (Eds.), Handbook of Organization Studies, 1996, pp. 375 – 408, Thousand Oaks, C. A.：Sage; J. R. Taylor. Rethinking the Theory of Organization Communication：How to read an Organization? Norwood, N. J.：Ablex, 1993.

［7］由 Dodge 提出的社会信息处理模式，主张人们对工作的看法和反应，其实来自于其本身的知觉，即个体觉得工作是如何的，而非客观地描述工作本身的特质。因此，从事同一工作的两个人，可能对工作会有不一样的看法和反应。员工的行为和态度也受到身边其他人（如同事、家人、朋友等）所发出的社会信息影响，因此，员工的动机或是满足程度，可以借由同事对工作的评论来加以影响。

［8］Kreitner & Kinicki, op. cit., pp. 439 –442.

［9］J. Sandberg, Cookies, gossip, cubes：It's a wonder any work gets done at the office, The Wall Street Journal, 2004 (4)：1 –4.

［10］C. R. Rogers. The necessary and sufficient conditions of therapeutic personality change. Journal of Consulting Psychology, 1957 (21)：95 –103.

［11］黄品蓁：《大学生同理心之研究——家庭背景与专业养成之影响》，大专学生参与专题研究计划研究成果报告，2009 年。

［12］H. M. Mark：《哈佛学不到的经营策略》，任中原译，天下文化出版，1997 年。

［13］C. R. Rogers & R. E. Farson. Active Listening (Chicago：Industrial Relations Center of the University of Chicago). Cited by J. R. Schermerhorn, Jr.. Management, 9th ed. John Wiley & Sons, 2008, p. 430.

［14］这三个建议见 J. Jay. On communicating well. HR Magazine, 2005 (1)：87 –88.

［15］Kreitner & Kinicki, op. cit., p. 455.

［16］ N. B. Kurland & L. H. Pelled. Passing the word: Toward a model of gossip and power in the workplace. Academy of Management Review, 2000, pp. 428 - 438.

［17］"Heard it through the grapevine," Forbes, Feb. 10, 1997. Cited by S. P. Robbins & T. A. Judge (2009). Organizational Behavior, 13th ed., Pearson Prentice - Hall, p. 393.

［18］原来的名称为 management by wandering around，后来改为 walking，见 T. Peters & R. Waterman. In Search of Excellence. New York: Harper and Row, 1982, p. 122; W. Ouchi. Theory Z. New York: Avon Books, 1981, pp. 176 - 177. Cited in S. L. McShane & M. A. Von Glinow. Organizational Behavior: Emerging Realities for the Workplace Revolution, 3rd ed., New York: McGraw - Hill, 2005, p. 344.

［19］萨丕尔—沃夫假说（Sapir - Whorf hypothesis）是一个关于人类语言的假说，由语言学家兼人类学家 Edward Sapir 及其学生 Benjamin Whorf 所提出，这项学说认为，人类的思考模式受到其使用语言的影响，因而对同一事物可能会有不同的看法；Edward Sapir. Selected writings of Edward Sapir in language, culture and personality, David Mandelbaum (ed.). Berkeley: University of California Press, 1949.

［20］ S. P. Robbins & T. A. Judge. Organizational Behavior, 13th ed., Pearson Prentice - Hall, 2009, p. 404.

［21］ D. Tannen. You Just Don't Understand: Women and Men in Conversation. New York: Ballentine Books, 1991.

［22］ D. Tannen. Talking from 9 to 5: Men and Women at Work. New York: Harper, 2001, p. 15.

［23］本问卷改编自 R. Kreitner & A. Kinicki. Assessing your listening skills, Organizational Behavior, 7th ed. New York: McGraw - Hill, 2007, p. 471.

［24］《我的回忆》本来是非卖品，所以流通的很少，衣复恩将军成立的立青文教基金会的网址里有数字版，可下载。

［25］何邦立:《解开戴笠空难身亡之谜》，旺报两岸史话专栏，2012年11月12日；程嘉文:《戴笠坠机真相》，《联合报》，2011年9月25日；李象三:《戴笠搭机失事走得冤枉》，《美国世界日报》，2008年8月21日。

第 17 章

［1］ E. H. Schein. Organizational culture and leadership. San Francisco：Jossey – Bass，1985；Schein，E. H. Organizational culture：Skill，defense mechanism or addiction. In R. Brush & J. B. Overmier（Eds.），Affect，Conditioning and cognition Illsdale，NJ：Erlbaum，1985，pp. 315 – 323.

［2］ Luthans 认为此一定义最适用于组织行为学，原文为"The required knowledge that people use to interpret experience and generate social behavior"。见 F. Luthans. Organizational Behavior，4th ed.，New York：McGraw – Hill，1985，p. 34. 原始出处：J. Pl Spradley，The Ethnographic Interview，Holt，New York，1979，p. 5.

［3］ E. H. Schein. Organizational Culture. San Francisco：Jossey – Bass，1985.

［4］ A. M. Pettigrew. On studying organizational culture. Administrative Science Quarterly，1979（24）：570 – 581.

［5］ E. H. Schein. The role of the founder in creating organizational culture. Organizational Dynamics，1983，pp. 13 – 28.

［6］ 施振荣：《再造宏碁》，《天下文化》，1996 年。

［7］ S. Ghoshal & C. Bartlett. Changing the role of top management：Beyond Strategy to Purpose，Harvard Business Review，1994（11 – 12）：79 – 88.

［8］ S. P. Robbins & T. A. Judge. Organizational Benhavior. Upper Saddle River，New Jersey：Pearson Prentice Hall，2009，p. 589.；讨论见 L. Smircich. Concepts of culture and organizational analysis. Administrative Science Quarterly，1983（9）：339 – 358.

［9］ William Ouchi. Theory Z：How American Business Can Meet the Japanese Challenge. Reading，Mass.：Addison – Wesley，1981.

［10］ R. T. Pascale & A. G. Athos. The art of Japanese management. New York：Simon & Schuster，1982.

［11］ J. Van Maanen. Breaking in：socialization to work. In Handbook of Work，Organizatgion，and Society，edited by R. Dubin. Chicago：Rand – McNally，1976，p. 67.

［12］ J. Van Maanen & E. H. Schein. Toward a Theory of Organizational Socialization. In B. M. Staw（Ed.），Research in organizational behavior，CT：JAT Press，1979，pp. 209 – 264.

［13］J. M. Phillips. Effects of realistic job previews on multiple organizational outcomes: A metaanalysis. Academy of Management Journal, 1998 (1): 673 – 690.

［14］Robbins & Judge, op. cit., pp. 598 – 600.

［15］H. M. Trice & J. M. Beyer. Studying organizational cultures through rites and ceremonials. Academy of Management Review, 1984, 9 (4): 653 – 669.

［16］C. A. O'Reilly & J. A. Chatman. Culture as social control: corporations, cults and commitment. Research in organizational behavior, 1996 (18): 157 – 200.

［17］Guy S. Saffold, III. Culture Traits, Strength, and Organizational Performance: Moving Beyond "Strong" Culture. Academy of Management Review, 1988, 13 (4): 546 – 558.

［18］T. Deal & A. Kennedy. Corporate cultures. Reading, MA: Addison – Wesley, 1982; T. Deal & A. Kennedy. Culture: A new look through old lenses. Journal of Applied Behavioral Science, 1983 (19): 489 – 505.

［19］Y. Wiener. Forms of value systems: A focus on organizational effectiveness and cultural change and maintenance. Academy of Management Review, 1988, p. 536.

［20］Peters 与 Waterman 两位作者在 2004 年, 重新发行 In search of excellence 一书, 坚称 20 多年来, 企业纵有起落, 这八大特质仍然是使企业卓越的不变法则: 行动导向、接近顾客、自治和企业精神、靠人提高生产力、亲自实践、坚守本业、组织单纯、宽严并济。

［21］T. J. Peters & R. H. Waterman, Jr. In search of excellence. New York: Simon & Schuster, 1982.

［22］J. Barney. Organization culture: Can it be a source of sustained competitive advantage? Academy of Management Review, 1986 (1): 656 – 665.

［23］K. Weick. The Significance of corporate culture. In P. Frost, L. Moore, M. Louis, C. Lundberg & J. Martin (Eds.), Organizational culture. Beverly Hills, CA: Sage. 1985, pp. 381 – 389.

［24］对行业本质、组织规模、环境细致度 ("grain" of environment) 的探讨, 见 M. T. Hannan & J. Freeman. The population ecology of organizations. American Journal of Sociology, 1983 (88): 1116 – 1145.

［25］Weick, op. cit. , p. 383.

［26］L. Janis. Victims of groupthink. Boston：Houghton Mifflin，1972.

［27］参阅 2006 年 10 月 5 日各大报纸的报道。

［28］本量表根据 Corporate culture preference scale 改编，见 S. L. McShane & M. A. Von Glinow. Organizational Behavior：Emerging Realities for the Workplace Revolution, 3rd ed. , New York：McGraw－Hill Irwin, 2005, p. 500.

第 18 章

［1］R. Kreitner & A. Kinicki. Organizational Behavior, 7th Ed. New York：McGraw－Hill, 2007, p. 578.

［2］Peter Senge 接受 Fast Company 杂志的访问，内容见 A. M. Webber. Learning for a change. Fast Company, 1999（5）：180。

［3］安迪·葛洛夫（Andrew S. Grove），"10 倍速时代"（Only the paranoid survive！：the threat and promise of strategic inflection points），王平原译，大块文化，1996。

［4］J. Kotter. Leading Change. Harvard University Press，1996.

［5］H. J. Leavitt. Applied organizational change in industry：Structural, technological and humanistic approaches. In James G. March（ed.）Handbook of Organizations（Skokie, III.：Rand McNally），1965, pp. 1144－1168.

［6］K. Lewin. Forces Behind Food Habits and Methods of Change, 1947. Bulletin of the National Research Council #108.

［7］E. Schein. Organizational Socialization and the Profession of Management. Industrial Management Review, 1968（1）：1－16.

［8］J. P. Kotter. Leading Change：Why Transformation Efforts Fail. Harvard Business Review, 1995（1）：1－24.

［9］M. Hammer. Reengineering work：Don't automate, obliterate. Harvard Business Review, 1990（7－8）：104－112.

［10］本量表来源见 S. Budner. Intlerance of ambiguity as a personality variable. Journal of Personality, 1962（30）：29－50；McShane, S. L. & Von Glinow, M. A. Organizational Behavior, 3rd Ed. New York：McGraw－Hill, 2005, p. 529.

［11］陈伯昌 1990 年毕业于中山大学企研所，得 MBA 学位，曾于 2003 年 11 月 12 日校庆回到母校，向师生们述说东隆五金案的成功变革

经验。

［12］对合力促进（work - out）的详细介绍，可参阅专书：David Ulrich, Steve Kerr and Ron Ashkenas. The GE Work - Out ：How to Implement GE's Revolutionary Method for Busting Bureaucracy & Attacking Organizational Problems. McGraw Hill Professional，2002.

［13］这个与 GE 公司共同成长、培育出无数优秀专业经理人的企业训练中心，于 2001 年 9 月，在新任总裁伊梅特（Jeff Immelt）的宣布下，以感念的心情，正式更名为"杰克·韦尔奇领导发展中心"（John F. Welch Leadership Development Center），以纪念其过去 20 多年来对 GE 公司的心力贡献。

［14］吴仁麟：《全球华人人才培训中心》，《经济日报》，2011 年 9 月 5 日。

附录　自我测验分数的
计分方式与说明

第1章　你的管理动机有多强

低度管理动机：7～21分

中度管理动机：22～34分

高度管理动机：35～49分

第2章　你是高自我监控者还是低自我监控者

第4、5、6、8、10、12、17、18题中答"T"者，给1分，第1、2、3、7、9、11、13、14、15、16题中答"F"者，给1分，计算出总分，这个总分是代表个人的自我监控分数（在北美地区的大学生的平均分数微高，约为10或11）

第3章　你是否具有胜任感

低度胜任感：8～18分

中度胜任感：19～28分

高度胜任感：29～40分

第4章　伦理困境

下表列示中山大学管院两班同学对伦理困境的回应状况，以供比较：

EMBA（60人）				MBA（46人）			
困境	选项	人数	赞同程度	s.d.	困境	选项	人数	赞同程度	s.d.
一	A	5	2.7	1.3	一	A	8	3.5	1.4
	B	9	3.1	1.7		B	6	3.2	1.4
	C	17	4.3	1.5		C	12	4.0	1.2
	D	29	4.7	1.1		D	20	4.3	1.3
二	A	0	1.2	0.7	二	A	1	1.4	0.7
	B	38	4.4	1.7		B	25	4.2	1.6
	C	18	3.4	1.7		C	15	3.8	1.4
	D	4	2.4	1.6		D	5	2.9	1.4
三	A	2	2.3	1.5	三	A	3	3.0	1.5
	B	19	3.9	1.8		B	16	4.1	1.4
	C	19	3.4	1.5		C	7	3.0	1.5
	D	20	3.8	1.7		D	20	4.4	1.4
四	A	2	1.7	1.1	四	A	3	1.9	1.4
	B	0	1.4	0.7		B	1	1.7	1.1
	C	11	3.5	1.5		C	14	3.6	1.5
	D	47	4.9	1.3		D	28	4.5	1.2
五	A	3	1.7	1.2	五	A	2	2.2	1.2
	B	1	2.6	1.5		B	3	3.0	1.4
	C	21	4.1	1.7		C	9	3.7	1.6
	D	35	4.8	1.5		D	32	4.8	1.1
六	A	14	3.1	1.6	六	A	10	3.1	1.4
	B	10	3.0	1.7		B	13	3.8	1.6
	C	16	3.7	1.7		C	19	4.4	1.4
	D	20	3.9	1.7		D	4	3.0	1.4
七	A	2	2.0	1.2	七	A	4	2.7	1.5
	B	2	1.7	1.2		B	6	2.6	1.4
	C	47	4.9	1.5		C	31	4.6	1.4
	D	9	2.6	1.5		D	5	2.8	1.5
八	A	0	1.7	1.0	八	A	0	1.9	1.2
	B	14	3.7	1.6		B	14	4.1	1.6
	C	40	4.9	1.3		C	32	5.1	1.0
	D	6	3.1	1.5		D	0	2.6	1.4

EMBA（60人）					MBA（46人）				
困境	选项	人数	赞同程度	s. d.	困境	选项	人数	赞同程度	s. d.
九	A	10	2.8	1.5	九	A	5	2.7	1.3
	B	15	3.2	1.7		B	10	2.9	1.5
	C	20	3.5	1.7		C	20	3.5	1.4
	D	15	2.8	1.6		D	11	3.0	1.6
十	A	11	2.9	1.6	十	A	7	3.7	1.3
	B	34	4.2	1.5		B	23	4.5	1.1
	C	13	2.7	1.6		C	14	3.9	1.3
	D	2	1.8	1.1		D	2	2.2	1.4

第5章 内外控量表

对第2、3、4、8、9、10、11、12、18、21、22题，圈选A的，得1分	对第1、5、6、7、13、14、15、16、17、19、20、23题，圈选B者，得1分
总共得分A =＿＿＿＿＿＿	总共得分B =＿＿＿＿＿＿

你的内外控总分数：A + B =＿＿＿＿＿＿ （最高23分、最低0分）

第6章 学生对学校的态度

对第1、2、3、4、6、8题	对第5、7题
非常同意 = 7分	非常同意 = 1分
同意 = 6分	同意 = 2分
有点同意 = 5分	有点同意 = 3分
无所谓 = 4分	无所谓 = 4分
有点不同意 = 3分	有点不同意 = 5分
不同意 = 2分	不同意 = 6分
非常不同意 = 1分	非常不同意 = 7分

情感性承诺 = 第1题 + 第3题 + 第5题 + 第7题

继续性承诺 = 第2题 + 第4题 + 第6题 + 第8题

353

第7章　你在需求层级的哪一层

第2、5、8、11 等 4 题是成长（growth）需求

第1、4、7、10 等 4 题是关系（relatedness）需求

第3、6、9、12 等 4 题是存在（existence）需求

为这三种需求各自算出总分，总分数最高的表示你最重视该项需求。请记着这并不表示对或错，只表示目前你的需求的方向。

第8章　工作满意度

第1、2、3 题是衡量工作受赏识的满意度，总分为：＿＿＿＿＿

第4、5、6 题是衡量工作报偿的满意度，总分为：＿＿＿＿＿

第7、8、9 题是衡量对上司的满意度，总分为：＿＿＿＿＿

对每一个方面的满意度，3～6 分为低，7～11 分为中等，12 分以上可视为高满意度。

第9章　角色冲突与角色模糊

将你为每题圈选的分数填入，各自加总分，可以得到角色冲突与角色模糊的分数：

角色冲突分数 =（2）＿＿ +（5）＿＿ +（7）＿＿ +（9）＿＿ +（10）＿＿ = ＿＿＿＿分角色模糊分数 =（1）＿＿ +（3）＿＿ +（4）＿＿ +（6）＿＿ +（8）＿＿ = ＿＿＿＿分

分数的解读：

低度：5～14 分；中度：15～25 分；高度：26～35 分。

第10章　权力欲望

1. 第2、6、7 等三题反向计分，并余正向计分

2. 总共八题的分数合计，即为权力欲望分数

低度权力欲望：8～18 分

中度权力欲望：19～28 分

高度权力欲望：29～40 分

（以上解读仅供参考）

第 11 章　你的 LPC 分数

工作导向：18 ~ 59 分

无明显偏向：60 ~ 99 分

关系导向：100 ~ 144 分

（以上解读仅供参考）

第 12 章　你对绩效回馈是否有强烈的欲望

低度欲望：10 ~ 23 分

中度欲望：24 ~ 36 分

高度欲望：37 ~ 50 分

（以上分类与解读仅供参考）

第 13 章　你的直觉能力

对第 1、3、5、6、11 题， 圈选（a）得 1 分	对第 2、4、7、8、9、10、 12 题，圈选（b）得 1 分
得分 a = _____	得分 b = _____

你的直觉分数 = a + b = _____　（最高 12 分、最低 0 分）

第 14 章　团队满意度

不同意见可表达的程度（第 1、2、3、4、5 题加总）：_____

团队参与决策的程度（第 6、7、8 题加总）：_____

团队满意度（第 9、10 题加总）：_____

分数的解读（仅供参考）：

不同意见可表达的程度：低：5 ~ 15；高：16 ~ 25。

团队参与决策的程度：低：3 ~ 9；高：10 ~ 15。

团队满意度：低：2 ~ 6；高：7 ~ 10。

第 15 章　你的冲突处理风格为何

合作：(4) ____ + (9) ____ + (12) ____ = _____

顺应：(3) ____ + (11) ____ + (14) ____ = _____

竞争：(1) ＿＿ + (5) ＿＿ + (7) ＿＿ = ＿＿＿＿＿＿

逃避：(6) ＿＿ + (10) ＿＿ + (15) ＿＿ = ＿＿＿＿＿＿

妥协：(2) ＿＿ + (8) ＿＿ + (13) ＿＿ = ＿＿＿＿＿

你最主要的冲突处理风格是＿＿＿＿＿＿＿＿（最高分）

你后备的冲突处理风格是＿＿＿＿＿＿＿（次高分）

第16章　你的倾听技能有多好

得分解读的参考：

倾听技能良好：17～34 分

倾听技能中等：35～53 分

倾听技能不良：54～85 分

第17章　你喜欢哪一种企业文化

控制文化：(2a) + (5a) + (6b) + (8b) + (11b) + (12a) = ＿＿＿＿＿＿

绩效文化：(1b) + (3b) + (5b) + (6a) + (7a) + (9b) = ＿＿＿＿＿＿

关系文化：(1a) + (3a) + (4b) + (8a) + (10b) + (12b) = ＿＿＿＿＿＿

反应文化：(2b) + (4a) + (7b) + (9a) + (10a) + (11a) = ＿＿＿＿＿＿

得分解读的建议：

控制文化高：3～6；中：1～2；低：0

绩效文化高：5～6；中：3～4；低：0～2

关系文化高：6；中：4～5；低：0～3

反应文化高：6；中：4～5；低：0～3

第18章　你对变革的容忍度

得分解读（仅供参考）

高容忍度：81～112 分；中度容忍：63～80 分；低容忍度：62分以下

索引

中文部分

A

A 型行为模式　type A behavior pattern　153

A 型性格　type A personality　23，24，153，154

艾许效应　Asch effect　242

B

B 型行为模式　type B behavior pattern　154

B 型性格　type B personality　23，24，153，154

班度拉　Albert Bandura　40

保健因子　hygiene factors　114，115

保守现状　conservation　130

报告式的谈话　report – talk　282

比马龙效应　Pygmalion effect　83，91

必要之恶　necessary evil　43，210

变动比率制　variable – ratio　43

变动时间制　variable – interval　43

辩证法　dialectic method　259，260

标榜的价值观　espoused values　290

标杆学习　benchmarking　44 – 46

不确定性　uncertainty　20，152，172，218，308－310

不完全误差　deficiency errors　205

C

C 型行为模式　type C behavior pattern　154

参考权　referent power　164，165，174，191

参与式管理　participative management　168，170，182，222，223

操作制约　operant conditioning　38－40，52

策略情境理论　strategic contingencies theory　172，173

常规化　routinization　172

沉没成本　sunk cost　226，308

成长需求　growth needs　113，133，134，209

成就需求　need for achievement　113，179

承诺升高　escalation of commitment　226，227，236

程序公正　procedural justice　119－121

惩罚　punishment　41，42，60，164，166，201，228，293，296

冲突　conflict　2，9，26，30，54，57，80，81，98，140，148，152，153，156，161，170－172，205，208，220，224，225，230，232，235，239，241，247，249，251，255－264，266－270，282，286，287，296，299，308

冲突过程　conflict process　258

传达　transference　272－274，296，300，312

创造力　creativity　29，44，55，168，231，232，236，257，272，293

次单位　subunit　172

从众　conformity　242，243，254

代沟　generation gap　84

弹性工时　flexible work time　140－142

道德内化　internalized moral perspective　192，193

德尔菲技术　Delphi method　229

地位　status　10，24，26，44，67，79，81，84，95，97，112，137，144，151，160，240，241，251，258，261，275，281，282，293，307，309

地位不相称　status incongruence　241

地位特性理论　status characteristics theory　241

第三者介入　third－party intervention　262，263

第一印象 first impression 82, 83, 91, 206

第一印象误差 first – impression errors 206

独特性 distinctiveness 17, 77

赌徒谬论 gambler's fallacy 227

对不确定性的处理能力 coping with uncertainty 172

对人的关心 concern for people 181

对生产的关心 concern for production 181

多数效果 majority effect 242

恶性冲突 dysfunctional conflict 257, 260

反馈信息 feedback information 203, 204, 209

非评估性反馈 nonevaluative feedback 209

分配公正 distributive justice 119 – 121

分配式谈判 distributive negotiation 264

分配正义原则 distributive justice principle 57

分析型 analytic style 219 – 221

逢迎讨好 ingratiation 174

奉行的价值观 enacted values 290

负增强 negative reinforcement 41, 42

赋权 empowerment 169, 170, 191, 223, 312

概念型 conceptual style 220

感觉 sensation 1, 7, 19, 24, 25, 27 – 29, 39, 75, 79, 83, 93, 95, 96, 105, 107, 108, 118, 119, 125 – 127, 129, 138, 148, 168, 170, 176, 195, 221, 232, 256, 293

感性 feeling 27, 28, 191, 204, 284

个别关怀 individualized consideration 190

个人权益原则 individual rights principle 57

工具性 instrumentality 121, 122

工作分摊 job sharing 140, 142

工作分析 job analyses 205

工作丰富化 job enrichment 115, 134 – 136, 144, 146, 306

工作扩大化 job enlargement 134 – 136, 138, 144, 146, 306

工作轮调 job rotation 137, 138

工作满足 job satisfaction 10, 20, 25, 94, 95, 97, 98, 100, 102,

103, 108, 110, 114, 115, 117, 119, 133, 185, 228, 278

工作生活质量 quality of work life 4, 5, 138, 139, 146

工作特性模式 job characteristic model, JCM 132 – 134, 146

工作投入 job involvement 61, 94, 97, 98, 102, 197, 313

工作完整性 task identity 96, 134

工作重要性 task significance 134

公平理论 equity theory 118 – 120

功利主义原则 utilitarianism principle 56

共识性 consensus 77

沟通 communication 3, 8, 11, 23, 29, 33, 41, 44, 51, 59, 60, 62, 81, 82, 84, 85, 88, 89, 91, 103, 120, 130, 136, 139, 156, 166, 171, 172, 180, 184, 190, 191, 194, 200, 202, 207, 208, 220, 222, 223, 232, 234, 246, 247, 252, 253, 259, 263, 271 – 287, 291, 294, 305, 309, 311, 312

沟通的知觉模式 perceptual model of communication 272, 273

古典制约 classical conditioning 38 – 40, 52

鼓舞动机 inspirational motivation 190

固定比率制 fixed – ratio 43

固定时间制 fixed – interval 43

故事 stories 74, 130, 221, 282, 295, 296, 314

故意唱反调 devil's advocacy 259, 260

顾问 consultant 3, 105, 214, 247, 251, 263, 313

关系 Guan Xi 3, 4, 6, 8, 10, 11, 14, 15, 18 – 21, 24 – 27, 29, 30, 33, 36 – 38, 41, 43, 44, 54 – 57, 59 – 65, 72, 79, 81, 85 – 88, 93, 95, 96, 99, 110, 113 – 115, 117 – 119, 124, 128, 131 – 134, 141, 143, 149 – 152, 154, 163, 165, 168, 171, 174, 175, 180, 182 – 185, 187 – 189, 192 – 194, 198, 204, 206, 207, 209, 212, 220, 226, 231, 236, 238, 239, 242, 247, 253, 256, 257, 261, 262, 272, 276, 278, 279, 281, 282, 294, 297, 300, 303, 305, 306, 308, 309

关系透明 relational transparency 192

关系需求 relatedness needs 113

管理 management 4 – 15, 20 – 22, 25, 27 – 30, 41, 44, 46, 47, 50, 51, 54, 57 – 59, 64, 80, 81, 83 – 85, 87, 89, 95, 96, 99 – 102,

104，108，110 – 117，119 – 122，128，132，134，137 – 142，144，150，154，155，157，164，165，168 – 172，175，176，178，189，192，200 – 203，205 – 207，209 – 211，216，221 – 223，226，228，230，232，235，236，240，242，245，248，252，253，256，257，259，261，263，268，272，278 – 280，291，293，294，296 – 300，303 – 306，308，309，311 – 313，315，318

管理方格　managerial grid　181

归因理论　attribution theory　76 – 78，91

规范期　norming stage　239

规范性决策模型　normative decision model　223

过宽误差　leniency errors　205，214

过劳死　karoshi　158，159

过严误差　strictness errors　205，214

耗竭　exhaustion　149，150

合作　cooperation 或 collaborating　2，6，9，19，29，33，44，54，56，61，102，104 – 106，132，140，144，167，186，196，210，238，245 – 249，261 – 264，279，299，310，313

和解人　conciliator　263

核心性　centrality　172

衡量误差　measurement errors　204 – 206，214

唤起　arousal　39，110，150，191

回馈性　feedback　96，113，134，171

混淆误差　contamination errors　205

活力　viability　14，83，182，232，246，247，257，280，311

霍桑研究　Hawthorne Studies　4，242

机制设计理论　mechanism design theory　267

基本归因误差　fundamental attribution error　78

基本假设　basic assumptions　6，121，179，233，289，290，293

基于紧张的冲突　strain – based conflict　153

基于时间的冲突　time – based conflict　152

基于行为的冲突　behavior – based conflict　153

绩效　performance　2 – 5，18 – 20，22，23，25，36，42，43，45 – 49，54，58，59，80，85，94 – 97，102，104，110，111，114 – 117，

119，120，122，125，127，128，133－136，138，139，154，157，169，171，172，180，181，183，187－189，193，194，200－207

绩效回馈　performance feedback　116，117，211，278

绩效考评　performance appraisal　200，201，203，204，206，208，209，247

激荡期　storming stage　239

激励　motivation　2，6，8，10，29，43，46，59，83，84，97，101，110－112，114，115，119－123，125－128，134，135，184－186，188，208，209，223，240，252，278，280，291，293，296

激励潜在分数　motivating potential score, MPS　134

激励因子　motivation factors　114，115

计划行为理论　theory of planed behavior, TPB　99，100

技能多样性　skill variety　96，133，134，171

家长式领导　paternalistic leadership　182

价值　valence　3，14，18，28，29，54，55，57，60，61，72，79，87，90，96－98，107，112，120－122，124，129，132，134，137，152，161，164，174，192，201，217，218，220，226，239，241，258，274，277，280，290－292，294，296－298，301，303

价值观　values　6，7，9，17，25，44，55，56，58－61，84，96，98，104，127，130，131，146，182，189，192，193，238，252－254，277，289－291，293－299，305，308，312，314

价值观一致性　value congruence　130

假冲突　pseudo conflict　259

坚韧性格　hardy personality　153，154

兼听　balanced processing　192，193

奖酬制度　incentive pay system　101，102，108

奖赏权　reward power　164

交换　exchange　47，144，164，173，174，187－189，217，246，251，259，266，272，275，278，279，306

交易型领导者　transactional leaders　188，189

角色　roles　8，17，20，21，25，30，44，50，70，106，107，150－153，166，170，180，184，187，188，207，239，240，244，248，249，254，258，260，263，303，308，313

角色冲突　role conflict　151，152，158，240

角色导向　role orientation　151

角色过负荷　role overload　152

角色模糊　role ambiguity　151，152，158，240

角色期望　role expectation　182，240

角色知觉　role perception　240，254

接触期　encounter stage　294，295

揭发者　whistle blower　62，70，71

结党　coalition formation　171，173，174，269

解散期　adjourning stage　239

警觉　alarm　64，149，277

竞争　competing　7，9，11，17，23，24，30，32，45 – 47，54，56，57，61，64，72，79，110，113，128，137 – 140，153，154，159，161，171，172，190，247，248，255，256，258，261，262，291，294，298，299，303，305，310，315，316

具名群体技术　nominal group technique　230

决策风格　decision – making styles　219 – 221，223，236

开放系统　open system　4 – 7，15，63

抗拒　resistance　62，109，149，208，298，308 – 310

可被替代的程度　substitutability　172

可行方案　alternatives　216 – 218，228，231，243，244

可预测性　predictability　60，247

刻板印象　stereotypes　33，79，80，82，143，206，244，275

控制理论　control theory　203，204

跨功能团队　cross – functional teams　245，246

跨文化冲突　cross – cultural conflict　259

垃圾桶模式　garbage can model　231

劳动分工　division of labor　132

理解　perception　6，28，30，34，62，76，104，109，121，186，187，221，274 – 277，282，293

理想化　idealized influence　190，191

理性　thinking　10，12，19，27，28，44，110，121，156，163，190，207，208，216 – 219，221，222，226，231，242，287

理性决策模式　rational decision – making model　216 – 218

利社会行为　prosocial behavior　248，249

练习律　law of exercise　37，38

良性冲突　functional conflict　130，257，259

了解　understanding　2，3，5，7，8，21，22，25，28，29，31，32，44，45，47，48，51，59，65，69，76，79，82，84，85，87，88，95，98，100，101，104，108，115，122，124，131，134，138，151，154，156，163，167，169 – 171，184，186，192，200，203，205，206，209，214，217，219 – 222，228，239，240，242，251，264，265，272，274 – 278，280，282，283，285，289，291，295，299，308，309，311，312，315

零和游戏　zero – sum game　264

领导　leadership　2，3，6，11，14，20，28，30，34，36，41，43 – 45，50，51，55，56，61，67，83，84，87，98，110，160，161，164，168 – 170，178 – 198，202，205，209，216，221 – 226，232，236，239，241，244，245，248，286，297，299，304，310，311，315，316，318

领导抵消因素　leadership neutralizers　193，194

领导方格　leadership grid　181

领导替代因素　leadership substitutes　193，194

领导行为描述问卷　leadership behavior description questionnaire，LBDQ　180

领导者—成员交换理论　leader – member exchange theory，LMX　187

伦理　ethics　51，53 – 59，63，64，84，97，192，220，229，281

伦理长　ethical officer　54

伦理气候　ethical climate　57 – 59，72

马基维利性格　Machiavellianism　26，27，34

麦布二氏性格类型量表　Myers Briggs Type Indicator，MBTI　27

魅力型领导　charismatic leadership　190，191

米尔格伦实验　Milgram experiment　165

目标的困难度　goal difficulty　115

目标的明确度　goal specificity　115

目标管理　management by objectives，MBO　47，115 – 117，201，202，206，253

目标设定理论　goal - setting theory　115 - 117，127，128

脑力激荡术　brainstorming　229，231，232

内控型性格者　internals　22

内向　introversion　27，28

内在报酬　intrinsic reward　95，136

内在激励因素　intrinsic motivation factors　209

凝聚力　cohesiveness　79，103，230，239，244，247，248，252，298

判解　judgment　28

偏见　prejudice　9，80，86，275，281，298

品管圈　quality circles　223

平行沟通　horizontal communication　277 - 279，285

评估性反馈　evaluative feedback　209

期望理论　expectancy theory　121，122

期望性　expectancy　121，122

企业伦理　business ethics　54 - 56，59，63，64，72

企业社会责任　corporate social responsibility，CSR　62，63，72

企业再造　reengineering　296 - 298，301，312

强势文化　strong culture　296 - 298，301

亲和需求　need for affiliation　113

倾听　listening　33，76，184，208，232，277，283，284，299

情感式的谈话　rapport - talk　282

情境绩效　contextual performance　249

情境领导理论　situational leadership theory　184，185，198

情绪　emotions　8，19，21，24，25，29，30，32，42，78，93，135，140，154，155，179，189，208，221，222，226，233，242，249，256，257，262，275，283，286

情绪劳务　emotional labor　29，30

情绪失调　emotional dissonance　30

情绪智力　emotional intelligence，EQ　29，104

驱动力　drive　36，37，79，112，114，172，179，301

趋中误差　central tendency errors　206

权变理论　contingency theory　4，6，173，182，183，223

权力　power　2，26，57，63，120，134，151，162 - 165，167，169 -

176，178，182，183，189，190，200，220，223，240，241，258，261，263，281，291，308，309，312，316

权力—依赖关系　power – dependence relations　163

权力服从研究　obedience to authority study　165

权力需求　need for power　113，179

权威接受论　acceptance theory of authority　167

全面质量管理　total quality management　219

群体决策　group decision making　3，228 – 230

人力多样性　diversity　104

人造物　artifacts　289，290

认同基础的信任　identification – based trust　59

认知评价理论　cognitive evaluation theory　208，209

认知失调理论　cognitive dissonance theory　98，99，108

任务绩效　task performance　249

任务团队　task – oriented work team　245

三需求理论　three needs theory　113，128

上行沟通　upward communication　277，278，285

社会认定理论　social identity theory　78

社会闲散效应　social loafing effect　244，245

社会信息处理　social information processing　273

社会学习理论　social learning theory　40，41，52

社交技巧的能力　social skills　30

生存需求　existence needs　113

胜任感　self – efficacy　20 – 22，34，41，49，52，208，209

实质象征　material symbols　296

授权　delegation of authority　44，117，167 – 169，184，185，210，247，252，253，279，311

双因子理论　two – factor theory　113 – 115，128

双赢策略　win – win strategy　264

水管隐喻　conduit metaphor　272，274

顺应　accommodating　25，64，261，262，266，297

说服　persuasion　11，22，26，98，174，179，191，263

四层次评估模式　four – level evaluation model　47

算计基础的信任　calculus – based trust　59，60

态度　attitude　2，17，19 – 21，23 – 25，28，34，36，41，51，61，64，72，83，84，86，92 – 102，104 – 108，114，125，133，140，154，163，169，173，174，182，185，201，216，239，242，244，247，261，263，273，282，293，295，297，298，305，306，308，312，313

谈判协议的最佳替代方案　BATNA　265

逃避　avoiding　72，140，150，156，261，262

体恤行为　consideration　180

体验式经济　experience econom　107，108

体制行为　initiating structure　180

替代性学习　vicarious learning　41

通信上班　telecommuting　140，142，146

同理心　empathy　5，7，29，30，80，220，275 – 277

投机主义　opportunism　54

投射作用　projection　80 – 82

团队　team　2，11，15，19，23，29，33，34，43 – 45，59，61，88，89，117，126，132，136，137，140，141，150，170，181，210，223，228，229，231，232，236 – 238，241，242，244 – 254，264，276，280，299，304，306，310，313，315

团队活力　team viability　247

团体　group　9，10，17，22，25，29，44，55 – 57，63，67，68，79，82，103，183，184，186，187，194，198，206，238 – 246，248，249，254，256，257，259，261，272，279，290，298，299，306

团体规范　team norms　241 – 243

团体间冲突　intergroup conflict　258，259

团体迷思　groupthink　243，244，254，257，298

蜕变期　metamorphosis stage　294，295

妥协　compromising　23，251，261，262，264 – 266，269

外控型性格者　externals　22

外显表征　artifacts　290

外向　extraversion　18，27，28

外在激励因素　extrinsic motivation factors　209

威胁权　coercive power　164，173，174

文化智力　CQ　104

问题解决团队　problem – solving teams　245

我族中心主义　ethnocentrism　9

斡旋者　mediator　263

五大性格因素模式　big five factor of personality　18

X

X 理论　Theory X　4，5，188，201，293，294

下行沟通　downward communication　277，278，285 项目团队　project team　245

消除　extinction　41，42，80，98，114，127，135，169，187，237，256，278，279，309，312

小道消息　grapevine　279

效度　validity　204

效果律　law of effect　38

协商区域　bargaining zone　264

信度　reliability　204

信任　trust　5，20，22，23，33，44，59 – 61，71，72，83，86，95，101，102，144，151，165，170，171，174，176，186，187，190，220，245 –247，252，253，264，275，294，306，309，315

信息管控　information control　174

信息权　information power　164，165

行为型　behavioral style　220，221

行为修正术　behavior modification　41，123

形成期　forming stage　239

性格　personality　2，10，12，17 – 19，22，23，27，28，31，32，34，84，93，154，229，253，258，270，281

性格冲突　personality conflict　258

性格特质　personality trait　18，19，27，28

性骚扰　sexual harassment　151

虚拟团队　virtual teams　245，246

需求层级理论　hierarchy of needs theory　111，113，128，134

选择性注意　selective attention　75，76，91，275

学习　learning　2，3，7，9－12，29，36－48，50－52，75，80，82－84，105，123，125，128，131，135，137，138，152，154，156，157，166，168，190，207，208，212，253，262，282，289，291，294，296，301，303－305，316

学习型组织　learning organization　43，44，52

寻求上级支持　upward appeal　174

Y

Y 理论　Theory Y　4，5，117，201，293，294

压力　stress　3，19，21，22，24，30，60，64，66，81，83，99，110，126，130，132，136，140，142，145，147－161，163，186，187，193，197，229，230，236，240，242－244，251，257，258，262，265，282，297，299，303，306，312

压缩工作周　compressed work week　141

一般适应症候群　general adaptation syndrome，GAS　148，149

一致性　consistency　25，26，60，77，93，130，204，226，229，244，247，259，297

仪式　rituals　290，295，296

意思　meaning　60，98，151，213，272－274，277，285，315，317

印记　imprinting　82，175

印象管理　impression management　174

婴儿潮　baby boom　84

影响力　influence　2，26，30，40，55，56，65，79，87，91，95，134，156，163，165，170，171，173－176，178，188，189，191，193，195，204，221，228，235，239，241，242，279，281，290，298，301

勇于变革　openness to change　130

有限理性模式　bounded rationality model　216

愚行　folly　210

语言　language　7，25，26，34，82，118，151，191，213，272－277，281，283，296

员工参与　employee involvement　51，56，100，102，115，139，210，222，223，225，311

员工健康方案　wellness program　157

员工流动率　turnover　103，104

员工取向　employee orientation　180

员工入股的制度　employee stock ownership plans, ESOPs　123

员工协助计划　employee assistance programs, EAPs　157

月晕效应　halo effect　205，206

运作期　performing stage　239

Z

Z 理论　Theory Z　293，294

噪声　noises　152，273，274，286

增强理论　reinforcement theory　41，122，123

照顾原则　care principle　57

真诚领导　authentic leadership　191 – 193

整合式谈判　integrative negotiation　264，270

正当权　legitimate power　164，174

正式职权　formal authority　165

正向组织行为学　positive organizational behavior, POB　9

正增强　positive reinforcement　41，42

正直　integrity　60，61，72，177，179

政治正确　politically correct communication　240，254，280，281

知觉　perception　2，10，57，73 – 75，78，79，81 – 85，90，91，97 – 99，101，118，120，156，171，173，206，220，223，240，242，256，262，273，274，287，289，298，310

知识促进者　knowledge facilitator　8

知识基础的信任　knowledge – based trust　59，60

直觉　intuition　27，28，216，218，219，232

直觉模式　intuitive decision making　216

职能　competencies　49，137，179

职前期　prearrival stage　294

职权的果断使用　assertiveness　173

职权的柔性使用　silent authority　173

指导型　directive style　185，186，220，221

智力激发　intellectual stimulation　190

忠心　loyalty　61，62，175

仲裁者　arbitrator　263

周哈里窗　Johari Window　85，86

主动倾听　active listening　276，277，287

专家权　expert power　164，165，174

专业分工　job specialization　131，132

转换型领导者　transformational leaders　188，189

准备律　law of readiness　37

资源基础理论　resource - based theory　298

自决　self - determination　170

自利性偏差　self - serving bias　78

自我辩解　self - justification　226

自我超越　self - transcendence　44，130，188

自我管理团队　self - managed work teams　245

自我监控　self - monitoring　24 - 26，30

自我利益　self - enhancement　130，191，261

自我预言的实现　self - fulfilling prophecy　83

自知　leader self - awareness　80，192，296

自主性　autonomy　21，23，94，96，125，131，134，144，171

自尊　self - esteem　19，20，26，34，57，79，81，83，102，107，111，134，167，190，205，208，282

综效　synergy　238

走动式管理　management by walking around，MBWA　280，287

组织变革　organizational change　2，171，280，296，298，303 - 305，307 - 311，315，318

组织承诺　organizational commitment　25，94 - 97，100，102，103，108，121

组织公民行为　organizational citizenship behavior，OCB　10，248，249

组织社会化　organizational socialization　294，295

组织文化　organizational culture　2，9，51，58，71，90，142，236，272，275，289 - 295，297 - 301，308，318

组织政治　organizational politics　150，151，170，171，176

最不受欢迎同事　least preferred coworker；LPC　183

371

最近印象误差 recency error 206

英文部分

A

acceptance theory of authority 权威接受论 167

accommodating 顺应 25，64，261，262，266，297

active listening 主动倾听 276，277，287

adjourning stage 解散期 239

alarm 警觉 64，149，277

Albert Bandura 班度拉 40

alternatives 可行方案 216－218，228，231，243，244

analytic style 分析型 219－221

arbitrator 仲裁者 263

arousal 唤起 39，110，150，191

artifacts 人造物 289，290

Asch effect 艾许效应 242

assertiveness 职权的果断使用 173

attitude 态度 2，17，19－21，23－25，28，34，36，41，51，61，64，72，83，84，86，92－102，104－108，114，125，133，140，154，163，169，173，174，182，185，201，216，239，242，244，247，261，263，273，282，293，295，297，298，305，306，308，312，313

attribution theory 归因理论 76－78，91

authentic leadership 真诚领导 191－193

autonomy 自主性 21，23，94，96，125，131，134，144，171

avoiding 逃避 72，140，150，156，261，262

B

baby boom 婴儿潮 84

balanced processing 兼听 192，193

bargaining zone 协商区域 264

basic assumptions 基本假设 6，121，179，233，289，290，293

BATNA 谈判协议的最佳替代方案　265

behavior modification 行为修正术　41，123

behavioral style 行为型　220，221

behavior – based conflict 基于行为的冲突　153

benchmarking 标杆学习　44－46

big five factor of personality 五大性格因素模式　18

bounded rationality model 有限理性模式　216

brainstorming 脑力激荡术　229，231，232

business ethics 企业伦理　54－56，59，63，64，72

C

calculus – based trust 算计基础的信任　59，60

care principle 照顾原则　57

central tendency errors 趋中误差　206

centrality 核心性　172

charismatic leadership 魅力型领导　190，191

classical conditioning 古典制约　38－40，52

coalition formation 结党　171，173，174，269

coercive power 威胁权　164，173，174

cognitive dissonance theory 认知失调理论　98，99，108

cognitive evaluation theory 认知评价理论　208，209

cohesiveness 凝聚力　79，103，230，239，244，247，248，252，298

collaborating 合作　2，6，9，19，29，33，44，54，56，61，102，104－106，132，140，144，167，186，196，210，238，245－249，261－264，279，299，310，313

communication 沟通　3，8，11，23，29，33，41，44，51，59，60，62，81，82，84，85，88，89，91，103，120，130，136，139，156，166，171，172，180，184，190，191，194，200，202，207，208，220，222，223，232，234，246，247，252，253，259，263，271－287，291，294，305，309，311，312

competencies 职能　49，137，179

competing 竞争　7，9，11，17，23，24，30，32，45－47，54，56，57，61，64，72，79，110，113，128，137－140，153，154，159，161，

171，172，190，247，248，255，256，258，261，262，291，294，298，299，303，305，310，315，316

compressed work week 压缩工作周　141

compromising 妥协　23，251，261，262，264－266，269

conceptual style 概念型　220

concern for people 对人的关心　181

concern for production 对生产的关心　181

conciliator 和解人　263

conduit metaphor 水管隐喻　272，274

conflict 冲突　2，9，26，30，54，57，80，81，98，140，148，152，153，156，161，170－172，205，208，220，224，225，230，232，235，239，241，247，249，251，255－264，266－270，282，286，287，296，299，308

conflict process 冲突过程　258

conformity 从众　242，243，254

consensus 共识性　77

conservation 保守现状　130

consideration 体恤行为　180

consistency 一致性　25，26，60，77，93，130，204，226，229，244，247，259，297

consultant 顾问　3，105，214，247，251，263，313

contamination errors 混淆误差　205

contextual performance 情境绩效　249

contingency theory 权变理论　4，6，173，182，183，223

control theory 控制理论　203，204

cooperation 合作　2，6，9，19，29，33，44，54，56，61，102，104－106，132，140，144，167，186，196，210，238，245－249，261－264，279，299，310，313

coping with uncertainty 对不确定性的处理能力　172

corporate social responsibility，CSR 企业社会责任　62，63，72

CQ 文化智力　104

creativity 创造力　29，44，55，168，231，232，236，257，272，293

cross－cultural conflict 跨文化冲突　259

cross – functional teams 跨功能团队　245，246

D

decision – making styles 决策风格　219－221，223，236

deficiency errors 不完全误差　205

delegation of authority 授权　44，117，167－169，184，185，210，247，252，253，279，311

Delphi method 德尔菲技术　229

devil's advocacy 故意唱反调　259，260

dialectic method 辩证法　259，260

directive style 指导型　185，186，220，221

distinctiveness 独特性　17，77

distributive justice 分配公正　119－121

distributive justice principle 分配正义原则　57

distributive negotiation 分配式谈判　264

diversity 人力多样性　104

division of labor 劳动分工　132

downward communication 下行沟通　277，278，285

drive 驱动力　36，37，79，112，114，172，179，301

dysfunctional conflict 恶性冲突　257，260

E

emotional dissonance 情绪失调　30

emotional intelligence，EQ 情绪智力　29，104

emotional labor 情绪劳务　29，30

emotions 情绪　8，19，21，24，25，29，30，32，42，78，93，135，140，154，155，179，189，208，221，222，226，233，242，249，256，257，262，275，283，286

empathy 同理心　5，7，29，30，80，220，275－277

employee assistance programs，EAPs 员工协助计划　157

employee involvement 员工参与　51，56，100，102，115，139，210，222，223，225，311

employee orientation 员工取向　180

employee stock ownership plans，ESOPs 员工入股的制度　123

empowerment 赋权　169，170，191，223，312

enacted values 奉行的价值观　290

encounter stage 接触期　294，295

equity theory 公平理论　118 - 120

escalation of commitment 承诺升高　226，227，236

espoused values 标榜的价值观　290

ethical climate 伦理气候　57 - 59，72

ethical officer 伦理长　54

ethics 伦理　51，53 - 59，63，64，84，97，192，220，229，281

ethnocentrism 我族中心主义　9

evaluative feedback 评估性反馈　209

exchange 交换　47，144，164，173，174，187 - 189，217，246，251，259，266，272，275，278，279，306

exhaustion 耗竭　149，150

existence needs 生存需求　113

expectancy 期望性　121，122

expectancy theory 期望理论　121，122

experience economy 体验式经济　107，108

expert power 专家权　164，165，174

externals 外控型性格者　22

extinction 消除　41，42，80，98，114，127，135，169，187，237，256，278，279，309，312

extraversion 外向　18，27，28

extrinsic motivation factors 外在激励因素　209

F

feedback 回馈性　96，113，134，171

feedback information 反馈信息　203，204，209

feeling 感性　27，28，191，204，284

first impression 第一印象　82，83，91，206

first - impression errors 第一印象误差　206

fixed - interval 固定时间制　43

fixed – ratio 固定比率制　43

flexible work time 弹性工时　140 – 142

folly 愚行　210

formal authority 正式职权　165

forming stage 形成期　239

four – level evaluation model 四层次评估模式　47

functional conflict 良性冲突　130，257，259

fundamental attribution error 基本归因误差　78

G

gambler's fallacy 赌徒谬论　227

garbage can model 垃圾桶模式　231

general adaptation syndrome，GAS 一般适应症候群　148，149

generation gap 代沟　84

goal difficulty 目标的困难度　115

goal specificity 目标的明确度　115

goal – setting theory 目标设定理论　115 – 117，127，128

grapevine 小道消息　279

group 团体　9，10，17，22，25，29，44，55 – 57，63，67，68，79，82，103，183，184，186，187，194，198，206，238 – 246，248，249，254，256，257，259，261，272，279，290，298，299，306

group decision making 群体决策　3，228 – 230

groupthink 团体迷思　243，244，254，257，298

growth needs 成长需求　113，133，134，209

H

halo effect 月晕效应　205，206

hardy personality 坚韧性格　153，154

Hawthorne Studies 霍桑研究　4，242

hierarchy of needs theory 需求层级理论　111，113，128，134

horizontal communication 平行沟通　277 – 279，285

hygiene factors 保健因子　114，115

I

idealized influence 理想化 190，191

identification – based trust 认同基础的信任 59

impression management 印象管理 174

imprinting 印记 82，175

incentive pay system 奖酬制度 101，102，108

individual rights principle 个人权益原则 57

individualized consideration 个别关怀 190

influence 影响力 2，26，30，40，55，56，65，79，87，91，95，134，156，163，165，170，171，173 – 176，178，188，189，191，193，195，204，221，228，235，239，241，242，279，281，290，298，301

information control 信息管控 174

information power 信息权 164，165

ingratiation 逢迎讨好 174

initiating structure 体制行为 180

inspirational motivation 鼓舞动机 190

instrumentality 工具性 121，122

integrative negotiation 整合式谈判 264，270

integrity 正直 60，61，72，177，179

intellectual stimulation 智力激发 190

intergroup conflict 团体间冲突 258，259

internalized moral perspective 道德内化 192，193

internals 内控型性格者 22

intrinsic motivation factors 内在激励因素 209

intrinsic reward 内在报酬 95，136

introversion 内向 27，28

intuition 直觉 27，28，216，218，219，232

intuitive decision making 直觉模式 216

J

job analyses 工作分析 205

job characteristic model, JCM 工作特性模式 132 – 134，146

job enlargement 工作扩大化　134－136，138，144，146，306

job enrichment 工作丰富化　115，134－136，144，146，306

job involvement 工作投入　61，94，97，98，102，197，313

job rotation 工作轮调　137，138

job satisfaction 工作满足　10，20，25，94，95，97，98，100，102，103，108，110，114，115，117，119，133，185，228，278

job sharing 工作分摊　140，142

job specialization 专业分工　131，132

Johari Window 周哈里窗　85，86

judgment 判解　28

K

karoshi 过劳死　158，159

knowledge facilitator 知识促进者　8

knowledge－based trust 知识基础的信任　59，60

L

language 语言　7，25，26，34，82，118，151，191，213，272－277，281，283，296

law of effect 效果律　38

law of exercise 练习律　37，38

law of readiness 准备律　37

leader self－awareness 自知　80，192，296

leader－member exchange theory，LMX 领导者—成员交换理论　187

leadership 领导　2，3，6，11，14，20，28，30，34，36，41，43－45，50，51，55，56，61，67，83，84，87，98，110，160，161，164，168－170，178－198，202，205，209，216，221－226，232，236，239，241，244，245，248，286，297，299，304，310，311，315，316，318

leadership behavior description questionnaire，LBDQ 领导行为描述问卷　180

leadership grid 领导方格　181

leadership neutralizers 领导抵消因素　193，194

leadership substitutes 领导替代因素　193，194

learning 学习　2，3，7，9－12，29，36－48，50－52，75，80，82－84，105，123，125，128，131，135，137，138，152，154，156，157，166，168，190，207，208，212，253，262，282，289，291，294，296，301，303－305，316

learning organization 学习型组织　43，44，52

least preferred coworker，LPC 最不受欢迎同事　183

legitimate power 正当权　164，174

leniency errors 过宽误差　205，214

listening 倾听　33，76，184，208，232，277，283，284，299

loyalty 忠心　61，62，175

M

Machiavellianism 马基维利性格　26，27，34

majority effect 多数效果　242

management 管理　4－15，20－22，25，27－30，41，44，46，47，50，51，54，57－59，64，80，81，83－85，87，89，95，96，99－102，104，108，110－117，119－122，128，132，134，137－142，144，150，154，155，157，164，165，168－172，175，176，178，189，192，200－203，205－207，209－211，216，221－223，226，228，230，232，235，236，240，242，245，248，252，253，256，257，259，261，263，268，272，278－280，291，293，294，296－300，303－306，308，309，311－313，315，318

management by objectives，MBO 目标管理　47，115－117，201，202，206，253

management by walking around，MBWA 走动式管理　280，287

managerial grid 管理方格　181

material symbols 实质象征　296

MBO 目标管理　47，115－117，201，202，206，253

meaning 意思　60，98，151，213，272－274，277，285，315，317

measurement errors 衡量误差　204－206，214

mechanism design theory 机制设计理论　267

mediator 斡旋者　263

metamorphosis stage 蜕变期　294，295

Milgram experiment 米尔格伦实验 165

motivating potential score，MPS 激励潜在分数 134

motivation 激励 2，6，8，10，29，43，46，59，83，84，97，101，110－112，114，115，119－123，125－128，134，135，184－186，188，208，209，223，240，252，278，280，291，293，296

motivation factors 激励因子 114，115

Myers Briggs Type Indicator，MBTI 麦布二氏性格类型量表 27

N

necessary evil 必要之恶 43，210

need for achievement 成就需求 113，179

need for affiliation 亲和需求 113

need for power 权力需求 113，179

negative reinforcement 负增强 41，42

noises 噪声 152，273，274，286

nominal group technique 具名群体技术 230

nonevaluative feedback 非评估性反馈 209

normative decision model 规范性决策模型 223

norming stage 规范期 239

O

obedience to authority study 权力服从研究 165

open system 开放系统 4－7，15，63

openness to change 勇于变革 130

operant conditioning 操作制约 38－40，52

opportunism 投机主义 54

organizational change 组织变革 2，171，280，296，298，303－305，307－311，315，318

organizational citizenship behavior，OCB 组织公民行为 10，248，249

organizational commitment 组织承诺 25，94－97，100，102，103，108，121

organizational culture 组织文化 2，9，51，58，71，90，142，236，272，275，289－295，297－301，308，318

organizational politics 组织政治 150, 151, 170, 171, 176

organizational socialization 组织社会化 294, 295

P

participative management 参与式管理 168, 170, 182, 222, 223

paternalistic leadership 家长式领导 182

perception 理解 6, 28, 30, 34, 62, 76, 104, 109, 121, 186, 187, 221, 274–277, 282, 293

perception 知觉 2, 10, 57, 73–75, 78, 79, 81–85, 90, 91, 97–99, 101, 118, 120, 156, 171, 173, 206, 220, 223, 240, 242, 256, 262, 273, 274, 287, 289, 298, 310

perceptual model of communication 沟通的知觉模式 272, 273

performance 绩效 2–5, 18–20, 22, 23, 25, 36, 42, 43, 45–49, 54, 58, 59, 80, 85, 94–97, 102, 104, 110, 111, 114–117, 119, 120, 122, 125, 127, 128, 133–136, 138, 139, 154, 157, 169, 171, 172, 180, 181, 183, 187–189, 193, 194, 200–207

performance appraisal 绩效考评 200, 201, 203, 204, 206, 208, 209, 247

performance feedback 绩效回馈 116, 117, 211, 278

performing stage 运作期 239

personality 性格 2, 10, 12, 17–19, 22, 23, 27, 28, 31, 32, 34, 84, 93, 154, 229, 253, 258, 270, 281

personality conflict 性格冲突 258

personality trait 性格特质 18, 19, 27, 28

persuasion 说服 11, 22, 26, 98, 174, 179, 191, 263

politically correct communication 政治正确 240, 254, 280, 281

positive organizational behavior, POB 正向组织行为学 9

positive reinforcement 正增强 41, 42

power 权力 2, 26, 57, 63, 120, 134, 151, 162–165, 167, 169–176, 178, 182, 183, 189, 190, 200, 220, 223, 240, 241, 258, 261, 263, 281, 291, 308, 309, 312, 316

power–dependence relations 权力—依赖关系 163

prearrival stage 职前期 294

predictability 可预测性　60，247

prejudice 偏见　9，80，86，275，281，298

problem – solving teams 问题解决团队　245

procedural justice 程序公正　119 – 121

project team 项目团队　245

projection 投射作用　80 – 82

prosocial behavior 利社会行为　248，249

pseudo conflict 假冲突　259

punishment 惩罚　41，42，60，164，166，201，228，293，296

Pygmalion effect 比马龙效应　83，91

Q

quality circles 品管圈　223

quality of work life 工作生活质量　4，5，138，139，146

Guan Xi 关系　3，4，6，8，10，11，14，15，18 – 21，24 – 27，29，
30，33，36 – 38，41，43，44，54 – 57，59 – 65，72，79，81，85 – 88，
93，95，96，99，110，113 – 115，117 – 119，124，128，131 – 134，141，
143，149 – 152，154，163，165，168，171，174，175，180，182 – 185，
187 – 189，192 – 194，198，204，206，207，209，212，220，226，231，
236，238，239，242，247，253，256，257，261，262，272，276，278，
279，281，282，294，297，300，303，305，306，308，309

R

rapport – talk 情感式的谈话　282

rational decision – making model 理性决策模式　216 – 218

recency errors 最近印象误差　206

reengineering 企业再造　296 – 298，301，312

referent power 参考权　164，165，174，191

reinforcement theory 增强理论　41，122，123

relatedness needs 关系需求　113

relational transparency 关系透明　192

reliability 信度　204

report – talk 报告式的谈话　282

resistance 抗拒　62, 109, 149, 208, 298, 308 - 310

resource - based theory 资源基础理论　298

reward power 奖赏权　164

rituals 仪式　290, 295, 296

role ambiguity 角色模糊　151, 152, 158, 240

role conflict 角色冲突　151, 152, 158, 240

role expectation 角色期望　182, 240

role orientation 角色导向　151

role overload 角色过负荷　152

role perception 角色知觉　240, 254

roles 角色　8, 17, 20, 21, 25, 30, 44, 50, 70, 106, 107, 150 - 153, 166, 170, 180, 184, 187, 188, 207, 239, 240, 244, 248, 249, 254, 258, 260, 263, 303, 308, 313

routinization 常规化　172

S

selective attention 选择性注意　75, 76, 91, 275

self - determination 自决　170

self - efficacy 胜任感　20 - 22, 34, 41, 49, 52, 208, 209

self - enhancement 自我利益　130, 191, 261

self - esteem 自尊　19, 20, 26, 34, 57, 79, 81, 83, 102, 107, 111, 134, 167, 190, 205, 208, 282

self - fulfilling prophecy 自我预言的实现　83

self - justification 自我辩解　226

self - managed work teams 自我管理团队　245

self - monitoring 自我监控　24 - 26, 30

self - serving bias 自利性偏差　78

self - transcendence 自我超越　44, 130, 188

sensation 感觉　1, 7, 19, 24, 25, 27 - 29, 39, 75, 79, 83, 93, 95, 96, 105, 107, 108, 118, 119, 125 - 127, 129, 138, 148, 168, 170, 176, 195, 221, 232, 256, 293

sexual harassment 性骚扰　151

silent authority 职权的柔性使用　173

situational leadership theory 情境领导理论　184，185，198

skill variety 技能多样性　96，133，134，171

social identity theory 社会认定理论　78

social information processing 社会信息处理　273

social learning theory 社会学习理论　40，41，52

social loafing effect 社会闲散效应　244，245

social skills 社交技巧的能力　30

status 地位　10，24，26，44，67，79，81，84，95，97，112，137，144，151，160，240，241，251，258，261，275，281，282，293，307，309

status characteristics theory 地位特性理论　241

status incongruence 地位不相称　241

stereotypes 刻板印象　33，79，80，82，143，206，244，275

stories 故事　74，130，221，282，295，296，314

storming stage 激荡期　239

strain - based conflict 基于紧张的冲突　153

strategic contingencies theory 策略情境理论　172，173

stress 压力　3，19，21，22，24，30，60，64，66，81，83，99，110，126，130，132，136，140，142，145，147 - 161，163，186，187，193，197，229，230，236，240，242 - 244，251，257，258，262，265，282，297，299，303，306，312

strictness errors 过严误差　205，214

strong culture 强势文化　296 - 298，301

substitutability 可被替代的程度　172

subunit 次单位　172

sunk cost 沉没成本　226，308

synergy 综效　238

T

task identity 工作完整性　96，134

task performance 任务绩效　249

task significance 工作重要性　134

task - oriented work team 任务团队　245

team 团队　2，11，15，19，23，29，33，34，43 - 45，59，61，88，89，117，126，132，136，137，140，141，150，170，181，210，223，228，229，231，232，236 - 238，241，242，244 - 254，264，276，280，299，304，306，310，313，315

team norms 团体规范　241 - 243

team viability 团队活力　247

telecommuting 通信上班　140，142，146

theory of planed behavior，TPB 计划行为理论　99，100

Theory X X 理论　4，5，188，201，293，294

Theory Y Y 理论　4，5，117，201，293，294

Theory Z Z 理论　293，294

thinking 理性　10，12，19，27，28，44，110，121，156，163，190，207，208，216 - 219，221，222，226，231，242，287

third - party intervention 第三者介入　262，263

three needs theory 三需求理论　113，128

time - based conflict 基于时间的冲突　152

total quality management 全面质量管理　219

transactional leaders 交易型领导者　188，189

transference 传达　272 - 274，296，300，312

transformational leaders 转换型领导者　188，189

trust 信任　5，20，22，23，33，44，59 - 61，71，72，83，86，95，101，102，144，151，165，170，171，174，176，186，187，190，220，245 - 247，252，253，264，275，294，306，309，315

turnover 员工流动率　103，104

two - factor theory 双因子理论　113 - 115，128

type A behavior pattern A 型行为模式　153

type A personality A 型性格　23，24，153，154

type B behavior pattern B 型行为模式　154

type B personality B 型性格　23，24，153，154

type C behavior pattern C 型行为模式　154

U

uncertainty 不确定性　20，152，172，218，308 - 310

understanding 了解 2，3，5，7，8，21，22，25，28，29，31，32，44，45，47，48，51，59，65，69，76，79，82，84，85，87，88，95，98，100，101，104，108，115，122，124，131，134，138，151，154，156，163，167，169 - 171，184，186，192，200，203，205，206，209，214，217，219 - 222，228，239，240，242，251，264，265，272，274 - 278，280，282，283，285，289，291，295，299，308，309，311，312，315

upward appeal 寻求上级支持　174

upward communication 上行沟通　277，278，285

utilitarianism principle 功利主义原则　56

V

valence 价值　3，14，18，28，29，54，55，57，60，61，72，79，87，90，96 - 98，107，112，120 - 122，124，129，132，134，137，152，161，164，174，192，201，217，218，220，226，239，241，258，274，277，280，290 - 292，294，296 - 298，301，303

validity 效度　204

value congruence 价值观一致性　130

values 价值观　6，7，9，17，25，44，55，56，58 - 61，84，96，98，104，127，130，131，146，182，189，192，193，238，252 - 254，277，289 - 291，293 - 299，305，308，312，314

variable - interval 变动时间制　43

variable - ratio 变动比率制　43

viability 活力　14，83，182，232，246，247，257，280，311

vicarious learning 替代性学习　41

virtual teams 虚拟团队　245，246

W

wellness program 员工健康方案　157

whistle blower 揭发者　62，70，71

win - win strategy 双赢策略　264

Z

zero - sum game 零和游戏　264